W. Mödinger

Kirchenmarketing

Forum *Marketing & Management*

PROBLEME • KONZEPTE • LÖSUNGEN

Herausgegeben von

Karlheinz Wöhler, Lüneburg

Claudia Fantapié-Altobelli, Hamburg

Cornelia Zanger, Chemnitz

Bd. 2: W. Mödinger, Kirchenmarketing

FORUM Marketing & Management ist konzipiert für Lehrende und Studierende an Hochschulen, insbesondere jedoch für die anwendungsorientierte Fortbildung in der Praxis. Die Bände wenden sich an alle, die

- auf der Basis des jeweiligen Forschungs- und Diskussionsstandes ihr spezifisches Marketing-/Managementproblem analysiert haben wollen,

- vor dem Hintergrund strategischer Setzungen bzw. Ziele mögliche Marketingmaßnahmen als ihre Problemlösungen kennenlernen wollen,

- die Durchsetzung von Marketingkonzeptionen beispielhaft demonstriert sehen wollen

Kirchenmarketing

Strategisches Marketing für kirchliche Angebote

von Wilfried Mödinger

mit 93 Abbildungen

Lucius & Lucius

Anschrift des Autors:

Dr. Wilfried Mödinger
Hinter den Gärten 3
74357 Bönnigheim
E-Mail: moedinger.smi@t-online.de

Die Deutsche Bibliothek - CIP-Einheitsaufnahme

Mödinger, Wilfried: Kirchenmarketing : Strategisches Marketing für kirchliche
Angebote / von Wilfried Mödinger. - Stuttgart : Lucius und Lucius, 2001

  (Forum Marketing & Management: 2)
  ISBN 3-8282-0177-6

©Lucius & Lucius Verlagsgesellschaft mbH · Stuttgart · 2001
Gerokstraße 51 · D-70184 Stuttgart

Druck und Einband: Thomas Müntzer, Bad Langensalza

Printed in Germany

Meinen Eltern,
Ruth und Jost Wirz
und allen Menschen,
die mich auf dem Weg
mit der Kirche kritisch
und konstruktiv bis heute
begleitet haben.

Vorwort

Auch für die Kirchen und religiösen Gemeinschaften gibt es einen Wettbewerb und Markt: Die Lieblingsbeschäftigung der Deutschen ist laut Freizeitbarometer 2000 mit 63 Prozent das Ausschlafen. Damit steht das kirchliche Angebot am Sonntag Vormittag in Konkurrenz zu einem hartnäckigem Mitbewerber. Die Kirchen und religiösen Gemeinschaften sind herausgefordert, neue Produkte und Angebote zu entwickeln, ungewohnte Vertriebswege zu gehen und in einer aufgeschlossenen Art und Weise mit dem Kunden zu kommunizieren. Allerdings ist es falsch, in einen Aktionismus zu verfallen oder sich nur der Methoden des Marketing zu bedienen. Die Wirkung des Marketing wird zwar durch den Einsatz der Marketinginstrumente wie z. B. der Werbung oder Öffentlichkeitsarbeit am deutlichsten. Im Hintergrund aber stehen wie beim Umgang mit jedem Instrument, ein verantwortungsbewusster Umgang und die fachliche Kompetenz.

Diesen beiden Zielen will diese Veröffentlichung gerecht werden: In den ersten Kapiteln werden die Grundlagen des Marketing allgemein dargestellt. Dabei wird deutlich, dass nicht nur das „hard-selling-Prinzip" zum Marketing gehört, sondern alle umfassenden Versorgungsaktivitäten des Menschen sowohl als Anbieter als auch als Nachfrager. Allerdings wird das Grundprinzip des Marketing klar hervorgehoben: Grundlage des Marketing ist das Tauschprinzip, bei dem die Tauschpartner, die ihre Handlungsweise je für sich aus Freiheit selbst bestimmen, Leistung und Gegenleistung tauschen. Dass dieses Tauschprinzip sowohl in der Sterbebegleitung als auch im Kommunions- und Konfirmandenunterricht funktioniert, machen die konkreten Erkenntnisse und praktischen Fallbeispiele deutlich.

Die Fachkompetenz mit Blick auf die Anwendung des Marketing wird mit zwei Schwerpunkten vermittelt: Zum einen geht es darum, ein Unternehmen als Ganzes in der Öffentlichkeit zu vermarkten, zum anderen muss die Handlungsweise im Markt durch ein so genanntes Marktprogramm aktiv gesteuert werden. Die Leitlinien der badischen Landeskirche sind ein ermutigendes Beispiel, wie sich eine ganze Landeskirche nicht nur auf der Basis ihrer Bekenntnisschriften oder des Kirchenrechts, sondern mit zeitgemäßen betriebswirtschaftlichen Marketingmethoden in der Öffentlichkeit präsentiert. Auch die Methode, mit Hilfe eines konkreten Marktprogramms die Angebote einer Kirche zu vermarkten, findet in der Praxis durch das so genannte Münchner Programm eine konkrete Anwendung. Das so genannte Absatzmarketing, durch das ein Angebot und die Zielgruppen im Markt klar definiert werden und mit dessen Hilfe sich ein Unternehmen im Markt positioniert, ist das Herzstück des Marketing. Damit kommen die strategischen Überlegungen zum Ausdruck, dass ein Unternehmen nicht mit jedem Angebot jedem gerecht werden kann.

Die Umsetzung der strategischen Marketingüberlegungen mit Hilfe der Marketinginstrumente und des so genannten Marketingmix machen das Marketing in seiner praktischen Anwendung deutlich.

Die Kirchen oder religiösen Gemeinschaften sind keine Produktionsbetriebe, sondern Dienstleistungsunternehmen, die ihre Produkte vor allem in Form der Beratung, der Begleitung – also durch einen Dienst – anbieten und erbringen. Die Darstellung der Methoden und Maßnahmen des Dienstleistungsmarketing machen die grundlegenden Elemente des Marketing noch einmal bewusst: Im Mittelpunkt des Marketing steht die Vorgehensweise, durch den wirtschaftlichen Einsatz von Ressourcen und Potentialen ein Höchstmaß an Qualität und Kundenzufriedenheit zu bewirken. Dabei spielt der Kunde die maßgebliche Rolle: Der Kunde entscheidet mit seiner Zufriedenheit über die wirtschaftliche Zukunft und Existenz eines Unternehmens.

Natürlich ist aus der Sicht des glaubenden Menschen ein Potential unbegrenzt: Ein glaubender Mensch betrachtet die Zuwendung und die Liebe von Gott sowie die Aufforderung, sich selbst in der Liebe zum Nächsten dem anderen zuzuwenden, als unbegrenzt. Diese Überzeugung ist aber keine Entschuldigung, ohne Strategie und wirtschaftliches Bewusstsein zu handeln. Im Gegenteil: ein klarer Bezug zwischen religiöser Überzeugung und wirtschaftlichem Handeln bringt die starke Verantwortung zum Ausdruck, mit den anvertrauten Pfunden zu wirtschaften.

Wilfried Mödinger

März 2001

Inhaltsverzeichnis

1. Beobachtungen

„Ich sitze mit zwei Menschen an einem Tisch, die heiraten wollen. Wir suchen gemeinsam nach den Liedern und Texten und besprechen miteinander den Ablauf des Gottesdienstes. Wir sind an der wichtigsten Stelle der Trauhandlung angelangt und ich erkläre dem Brautpaar, wie die Traufrage lautet: `So frage ich euch vor Gott und dieser christlichen Gemeinde`: N.N. willst du mit N.N. als deiner Ehefrau ... so antworte: Ja, und Gott helfe mir!". Plötzlich kommt der Bräutigam ins Stocken und fragt mich erschrocken: `Muss ich das sagen – Gott helfe mir?`. In Sekundenschnelle zischen Gedanken durch meinen Kopf und ich frage mich: `Will der etwas von mir oder will ich etwas von ihm?`. Es ist die Situation, in der man das Gefühl hat, im falschen Film zu sein. Ich will aufspringen und gehen. Aber ich kann meine Überraschung verbergen. Etwas verlegen stottere ich: `Ja, ich kann mir alles vorstellen`. Aber eigentlich würde es mich schon interessieren, warum er als Bräutigam Gottes Hilfe nicht in Anspruch nehmen will, wenn er die Hochzeit mit seiner Frau mit einem Gottesdienst feiern möchte. Der Bräutigam erzählt mir seine Geschichte: Seine Schwester war als Pflegepersonal in einem Krankenhaus beschäftigt. Der psychische Druck und vieles mehr hatte sie vor kurzem in den Tod getrieben. Unausgesprochen steht die Frage im Raum: Wo war beim Freitod seiner Schwester damals die Hilfe von Gott? Wir reden lange miteinander über den Tod, das Schicksal und die Hochzeit. Am Ende finden wir gemeinsam eine gute Möglichkeit, wie sich die Frage nach Gottes Hilfe für die Ehe dieses Brautpaares am besten beantworten lässt: Anstatt jeder für sich sagt das Brautpaar gemeinsam: `Ja, mit Gottes Hilfe.`

Noch immer denke ich an das Gespräch mit diesem Brautpaar zurück. Ich bin sehr glücklich darüber, diese Situation gemeistert zu haben. Die einen würden ganz einfach sagen: „Glück gehabt!". Für die ausgebildeten Theologinnen und Theologen ist es das seelsorgerliche Gespür, für mich persönlich ist es die Leidenschaft, meine Arbeit *im Sinne einer Dienstleistung* zu tun, die einen Kunden zufrieden macht. Nach meinem Theologiestudium und kirchlichen Ausbildung als Pfarrer habe ich ein berufbegleitendes Studium im Bereich der Werbung absolviert und als Werbefachwirt einen zweiten Beruf erlernt. Es war mir immer bewusst, wie kostbar der Schatz ist, den ich in meinem Studium und in meiner Praxis als Pfarrer kennengelernt habe. Das Angebot auf der einen Seite, der Glaube an Gott, die Gemeinschaft unter Christen, das Evangelium, der befreiende Zuspruch Gottes für den Menschen, war für mich immer eines der wertvollsten Angebote, die es in meinem Leben gab. Aber wie lässt sich dieses Kostbare vermitteln? Wie sieht die Methode aus, mit denen man ein sehr gutes Angebot vermitteln kann?

Meine erste Antwort, die ich gefunden habe, war die Werbung und die Öffentlichkeitsarbeit. Als Menschen, die sehr viel reden und mit den Worten beschäftigt sind, fällt es einer Theologin oder Theologen nicht schwer, einen Artikel zu schreiben und mit Verlautbarungen sich hier und dort zu Wort zu melden.

Abbildung 1:   Der Weg zur Kirche ist wie ein Irrgarten (Quelle: Karikatur von © W. Mandzell 2001)

Viele Mitglieder meiner Zunft sind von sich aus neugierig. Das reicht manchmal bis zum Technikfreak. In der Zeit des Desktop Publishing werden die Gemeindebriefe schöner und auch die Werbung mit Hilfe von Graphikprogrammen anspruchsvoller. Bei vielen Gelegenheiten hat die Werbung einen guten Dienst getan [1]. Ich kenne aber auch Beispiele, bei denen die Werbung mehr versprochen als das Angebot gehalten hatte. Eine Frau Mitte vierzig hat mir von ihren Erfahrungen erzählt. Sie war neu in eine Gemeinde gezogen und hatte ein Begrüßungsschreiben von ihrer Kirchengemeinde und ihrem Pfarrer erhalten.

Dieses Schreiben war werblich so toll aufgemacht, dass es diese Frau überzeugt hatte, den Kontakt zu der neuen Kirchengemeinde vor Ort zu knüpfen und wieder einmal zum Gottesdienst zu gehen. Die Enttäuschung war groß: in der Kirche war ein Gefühl von Distanz und Fremde, die Lieder, die gesungen wurden, waren alt, die Menschen im Gottesdienst abweisend. Ein gravierender Fehler kann darin bestehen, dass die Werbung oder die Darstellung in der Öffentlichkeit mehr verspricht als das, das eigentliche Angebot einhalten kann.

---

[1]   Vgl. dazu Hillebrecht, S. W.: Kirchliche Werbung. Ein Abriss ihrer Geschichte und Problematik. In: Communicatio Socialis, Internationale Zeitschrift für Kommunikation in Religion, Kirche und Gesellschaft. 28/1995, S. 228 ff.

Natürlich ist es mit Blick auf die Angebote, die eine Kirche machen kann, besonders schwierig, so zu kommunizieren, dass sich jeder angesprochen fühlt und das erhält, was ihm die Werbung versprochen hat. Aber gerade deshalb muss die Werbung und die Kommunikation ganz vorsichtig in diesem Bereich eingesetzt werden. Werbung hat keine seligmachende Alleinstellung. Im Gegenteil: Werbung, Kommunikation und Öffentlichkeitsarbeit ist *ein* Marketinginstrument. Die einzelnen Marketinginstrumente bzw. Marketingmaßnahmen in diesem Bereich müssen in **eine ganzheitliche strategische Marketingkonzeption und Marketingbewusstsein** eingebunden sein. Wird ein Marketinginstrument isoliert von einer ganzheitlichen Marketingkonzeption eingesetzt und verselbständig sich damit ein Marketinginstrument wie z. B die Werbung, dann besteht die große Gefahr, dass Werbung und Marketing mehr Schaden anrichten als Nutzen stiften.

Dennoch habe ich von Grund auf gelernt, Werbung und Öffentlichkeitsarbeit in meiner Kirchengemeinde aktiv einzusetzen. Dabei habe ich vorwiegend auf das Direktmarketing als Methode zurückgegriffen. Klar: Die Mönche in den Klöstern waren die Ersten, die die Adressen der Bevölkerung gesammelt haben, die zur Taufe oder Hochzeit kamen. Seither gibt es die alten Kirchenbücher, die bis in das Mittelalter zurück reichen und der Statistik und der Ahnenforschung dienen. Noch heute wird über jedes Mitglied einer Kirchengemeinde genau Buch geführt: wann wer geboren und getauft wird, wann die Kommunion oder Konfirmation stattfindet, wer wann heiratet und stirbt usw. Das ist ein unendlich kostbarer Schatz: Während andere Unternehmen Beträge in Millionen Höhe ausgeben, um an die Adressen von Kunden zu gelangen, sind die Adressen meiner Kunden alle schon in einer Datei vorhanden. Ein Makro zwischen den Daten des Rechenzentrums und dem Personal Computer auf meinem Schreibtisch machte es möglich, die Adressen der Mitglieder meiner Kirchengemeinde auf dem PC vor Ort zu überspielen. Jetzt konnte ich noch zielgerichteter einzelne Mitglieder als Zielgruppe anschreiben und mit einem besonderen Angebot bei ihnen werben. Der Deutsche Direktmarketing-Verband hat mein Engagement mit einem Sonderpreis des Deutschen Direktmarketing honoriert und mich dadurch motiviert, weiterzudenken. Auch wenn das Direktmarketing ein sehr erfolgreiches Marketinginstrument war, wurde mir schnell bewusst, dass das **Direktmarketing** nur *ein* Instrument mit begrenzter Wirkung darstellt. Die Beschäftigung *mit einzelnen Zielgruppen* und *dem speziellen Angebot* für eine Zielgruppe hat mich in meinem **strategischen Marketingdenken** weitergebracht.

Es kam für mich die Zeit, sich mit den Grundlagen des Marketing auseinanderzusetzen. Dabei bin ich immer wieder auf ein Marketing gestoßen, das von dem Verkauf eines Produktes oder einer Ware her entwickelt wurde. Marketinginstrumente wie die Produktpolitik und der Marketingmix stehen dabei immer im Mittelpunkt. Es gab einige zaghafte Versuche, ein produktorientiertes Marketing auch auf soziale, kulturelle oder religiöse Angebote zu übertragen [2]. Aber ein Gottesdienst wie z. B. eine Trauung, die Religionsstunde in der Schule oder ein seelsorgliches Gespräch ist eben kein Produkt. Wie es der Zufall so will habe ich meinen Doktorvater kennengelernt, als ich meinen Preis vom Deutschen Direktmarketing Verband entgegennahm. Er gilt als Pioneer in dem Bereich Dienstleistungsmarketing und hatte sich schon Mitte der achtziger Jahre mit dem Thema Dienstleistung beschäftigt [3]. Seine wichtigste Erkenntnis mit Blick auf das Phänomen Dienstleistung war dabei gewesen, *die Dienstleistung* nicht aus der Perspektive der Produktion, sondern aus *der Perspektive des Marketing zu verstehen* und zu definieren. Damit entstand ein ganz eigenständiger wissenschaftlicher Ansatz mit Blick auf das Marketing von Dienstleistungen, der auch heute noch als das Fundament für dieses Thema betrachtet werden kann [4]. Diesen Ansatz habe ich mir zu nutzen gemacht und auf das Marketing für religiöse Angebote übertragen [5].

In der Theorie konnte ich dieses Thema „Marketing für kirchliche Angebote und Dienstleistungen" für mich klären. Aber wie sieht es in der Praxis als Pfarrer aus? Lässt sich das Marketing konzeptionell und methodisch einfach auch auf religiöse Angebote übertragen. Sind dann die Kirchen wieder voll?

Ich vergleiche es oft mit folgendem Beispiel: Wenn ein Mensch in ein Restaurant geht, Platz nimmt und keine Speisekarte an seinem Platz vorfindet, dann schaut er sich um, ob nicht am Nachbartisch eine Speisekarte liegt und nimmt diese beherzt und ganz selbstverständlich in seinen Besitz. Wenn derselbe Mensch in einen Gottesdienst geht, in einer Kirchenbank Platz nimmt und merkt, dass er kein Gesangbuch hat, was geschieht dann? Ich kenne viele Menschen, die führen in ihrem Beruf und in ihrer Freizeit ein sehr selbstbewusstes Leben. Aber wenn sie es mit der Kirche oder sogar mit dem Pfarrer zu tun haben, dann fehlt ihnen das Selbstbewusstsein, ihre religiösen Bedürfnisse klar zu formulieren.

Ich habe das Beispiel mit der Speisekarte und dem Gesangbuch schon oft erzählt. Viele Menschen haben mir folgendes bestätigt: „Wenn ich in die Kirche zu einem Gottesdienst gehe,

---

[2] Vgl. dazu v. Heymann, D.: Die Kirche als Dienstleistungsbetrieb. In: Deutsches Pfarrersblatt 71.1971, 1971, S. 104 ff.; Mödinger, W.: Kirchliche Angebote als Dienstleistungen – die Umsetzung des Leistungsprogramms mit Hilfe von Qualitätsstandards. In: Unternehmen Kirche. Stadtbergen 1995, 5-4-2, S. 14 ff.; Raffée, H.: Kirchenmarketing – Irrweg oder Gebot der Vernunft? In: Bauer, H. H./Dille, H.: Festschrift zum 60. Geburtstag von Erwin Dichtl. Berlin 1995, S. 161 ff.

[3] Meyer, A.: Dienstleistungs-Marketing. Erkenntnisse und praktische Beispiele (Dissertation 1983). Augsburg 1990

[4] Vgl. dazu Meyer, A. (Hrsg.): Handbuch Dienstleistungs-Marketing. Stuttgart 1999

[5] Mödinger, W.: Marketing für religiöse Angebote, München 1996

dann schaue ich, dass ich schnell einen Platz finde. An meinem Platz merke ich, dass ich das Gesangbuch vergessen habe. Aber ich getraue mich nicht, aufzustehen und ein Gesangbuch zu holen. Ich habe *ein schlechtes Gewissen*!"

Leider versteht es die Kirche heute immer noch nicht, ihr Angebot nicht negativ auf dem Hintergrund eines schlechten Gewissens, sondern positiv als eine Dienstleistung, *die den Kunden zufrieden* sein lässt, zu verkaufen. Es ist nicht der Platz dafür, hier näher auf dieses Thema „Religiosität und Gewissen" einzugehen. Aber irgendwie meldet sich mit Blick auf die Religion bei vielen Menschen **ein schlechtes Gewissen**. Irgendwie schafft es der aufgeklärte, selbstbewusste Mensch bis heute nicht, in **einer positiven Form über sein religiöses Bedürfnis zu reden** und sein tatsächliches religiöses Bedürfnis selbstbewusst zu formulieren. Das Kundenverhalten der Mitglieder der konfessionellen Kirchen reicht vom Aktivisten, der jeden von seinem religiösen Glaubensstil überzeugen will über ein latentes Christsein (oder böse formuliert: Karteileiche) bis hin zu dem Mitglied, das latent über den Kirchenaustritt nachdenkt. Anstatt klar seine tatsächlichen Bedürfnisse als Kunde zu formulieren, *pendelt das Verhalten vieler Mitglieder zwischen latenter Mitgliedschaft und latenter Austrittswilligkeit.* Die wenigsten Mitglieder machen sich diesen Zustand bewusst. Die meisten, die sich darüber bewusst werden, beenden diesen Zustand mit dem radikalen Schnitt und treten aus der Kirche aus. Beides ist unbefriedigend.

Abbildung 2:   Überstülpte Kirchenmitgliedschaft: Warum entwickeln die Menschen von heute kein selbstbewusstes Bedürfnis als Kunde einer Kirche? (Quelle: Karikatur © W. Mandzell 2001)

Aus meiner Sicht steht deshalb das Marketing für kirchliche Angebote und Dienstleistungen vor einer besonderen Herausforderung: da der Nachfrager (auf Grund seines schlechten Gewissens) sich selbst wenig in der Lage sieht, seine tatsächlichen Kundenbedürfnisse aktiv zu formulieren, bleibt das Marketing für kirchliche Angebote und Dienstleistungen immer eine vage Sache. Deshalb richtet sich dieses Buch auf der einen Seite ganz besonders an die Nachfrager kirchlicher Angebote. Mit dem Einblick in das Marketing soll dem Nachfrager eine Hilfestellung gegeben werden, sich auch im religiösen Bereich als **emanzipierter Kunde** zu verstehen und seine Wünsche und Bedürfnisse klar zu äußern. Der Einblick in das Marketing für kirchliche Angebote und Dienstleistungen soll *den Nachfrager motivieren*, ohne ein schlechtes Gewissen *seine Kundenbedürfnisse auch im religiösen Bereich zu formulieren* und durch ein eindeutiges Kundenverhalten und Kundenprofil den Anspruch auf die Erfüllung seiner religiösen Bedürfnisse deutlich zu machen. **Auch der Sünder hat einen Anspruch auf Kundenzufriedenheit!** Diesem Anspruch wird vorwiegend die Konzeption des Dienstleistungs-Marketing gerecht.

Auf der anderen Seite richtet sich diese Veröffentlichung an die Anbieter kirchlicher und religiöser Dienstleistungen. Die Frage lautet: welche Zukunft hat ein kirchliches Angebot, wenn die Mitgliederzahlen sinken, die wirtschaftliche Grundlage schmäler und der Wettbewerb mit anderen Anbietern größer wird?

Die Antwort kann nur in einem ganzheitlichen schlüssigen Konzept liegen, das auf einer wissenschaftstheoretischen Basis erarbeitet wird und sich keinem Dogma oder Offenbarung unterordnet. Theologie und Betriebswirtschaftslehre stehen auf derselben Ebene und sind einander als gleichwertige Partner zugeordnet. Erfolgreiches, wirtschaftliches Handeln ist *ein integrativer Faktor* kirchlichen, theologischen Handelns. Eine Kirche oder religiöse Gemeinschaft kann nur dann glaubwürdig ihr Angebot vertreten, wenn sie auf einer allgemeingültigen, glaubwürdigen Basis den Umgang mit den Ressourcen glaubwürdig dargestellt und begründet. Jede religiöse Gemeinschaft ist die Antwort auf die Frage nach der Wirtschaftlichkeit schuldig. Sie kann sich nicht dadurch entziehen, dass sie die Inhalte ihres Angebotes als etwas Besseres in den Vordergrund stellt und das wirtschaftliche Handeln als unerlaubt oder unethisch in Frage stellt.

Außer der ganzheitlichen Systematik eines kirchlichen Marketing interessiert mich deshalb vorwiegend *die Preisgestaltung und das Cost-Management* kirchlicher Dienstleistungen. Anders formuliert: Was ist das kirchliche Angebot, das gegenwärtig überwiegend durch die Kirchensteuer für die Allgemeinheit finanziert wird, unter betriebswirtschaftlichen Aspekten eigentlich wert? *Wofür ist der Kunde in Zukunft bereit, zu bezahlen?*

Gegenwärtig nehmen die Mitglieder der Gesellschaft ihre Situation mit Blick auf die Versorgung mit religiösen Angeboten als etwas gegebenes wahr. Achtzig Prozent der religiösen

Versorgung der Gesellschaft decken immer noch die großen Konfessionskirchen mit ihrem Angebot ab, das mit Hilfe einer im voraus erhobenen Kirchensteuer finanziert wird. Damit wird im voraus „ein Entgelt" in Form einer Steuer erhoben, für das im nachhinein ein Angebot gemacht wird. Sollen aber bestimmte Angebote mit Hilfe des Marketing vermittelt werden, *dann muss man genau umgekehrt denken*! Die Frage lautet nicht: wieviel Entgelt steht einer Organisation zur Verfügung, damit sie dieses oder jenes Angebot machen kann. Die Frage lautet vielmehr: Welches Angebot kann ein Unternehmen machen, damit es dieses oder jenes Entgelt erzielt und seine Tätigkeit und Existenz damit finanziert und legitimiert. Es macht wenig Sinn, von Marketing zu reden und die Methode und Maßnahmen des Marketing auf religiöse oder soziale Angebote zu übertragen, wenn nicht diese Denkhaltung zu Beginn eindeutig geklärt worden ist.

Diese Denkhaltung lässt sich so beschreiben, dass der Kunde mit seiner Kaufentscheidung über die Existenzberechtigung eines Unternehmens verfügt und nicht umgekehrt, dass ein Unternehmen seine Existenzberechtigung davon ableitet, dass es die Kaufentscheidung für den Kunden trifft. Auch der hohe moralische Anspruch, den eine Kirche oder religiöse Gemeinschaft hat, darf nicht darüber hinweg täuschen, dass ein Unternehmen nur dann eine Daseinsberechtigung hat, wenn es *einen tatsächlichen* (und nicht einen dogmatischen) *Nutzen* einem Käufer bietet, den der Kunde erkennt und für den er sich durch seine Kaufentscheidung entscheidet. Damit kommt das wirtschaftliche Denken und Handeln ins Spiel, das mindestens genauso gleichberechtigt betrachtet werden muss wie das dogmatische, inhaltliche Handeln einer Kirche.

In meinen Ausführungen versuche ich, *die Methode des Marketing* in den Vordergrund zu stellen. Es geht mir nicht darum, all zu schnell in eine inhaltliche Diskussion zu kommen, ob und inwieweit sich das Marketing auch auf religiöse Angebote übertragen lässt. Den Einwand mit der nachhaltigsten Wirkung hat Karl Barth gebracht: „Die Kirche kann nicht Propaganda treiben. Die Kirche kann sich nicht selber wollen, bauen, rühmen wie alle anderen... Man kann nicht Gott dienen und mit dem Teufel und der Welt solche Rückversicherungen eingehen [6]."

Ich denke, man sollte nicht vorher darüber diskutieren, bevor man die Methode des Marketing nicht gründlich genug in der Theorie studiert und einige konkrete Marketingmaßnahmen in der Praxis ausprobiert hat. Ich selber erlebe es immer wieder, dass Marketing eine größere Nähe zu der Wirklichkeit des Menschen schafft, in der er sich tatsächlich befindet. Damit unterstützt das Marketing das Bestreben, Sinn und Zweck eines religiösen Angebotes zu erfüllen.

---

[6] Barth, K.: In: Quousque tandem, Zwischen den Zeiten. München 1930, S. 1-6

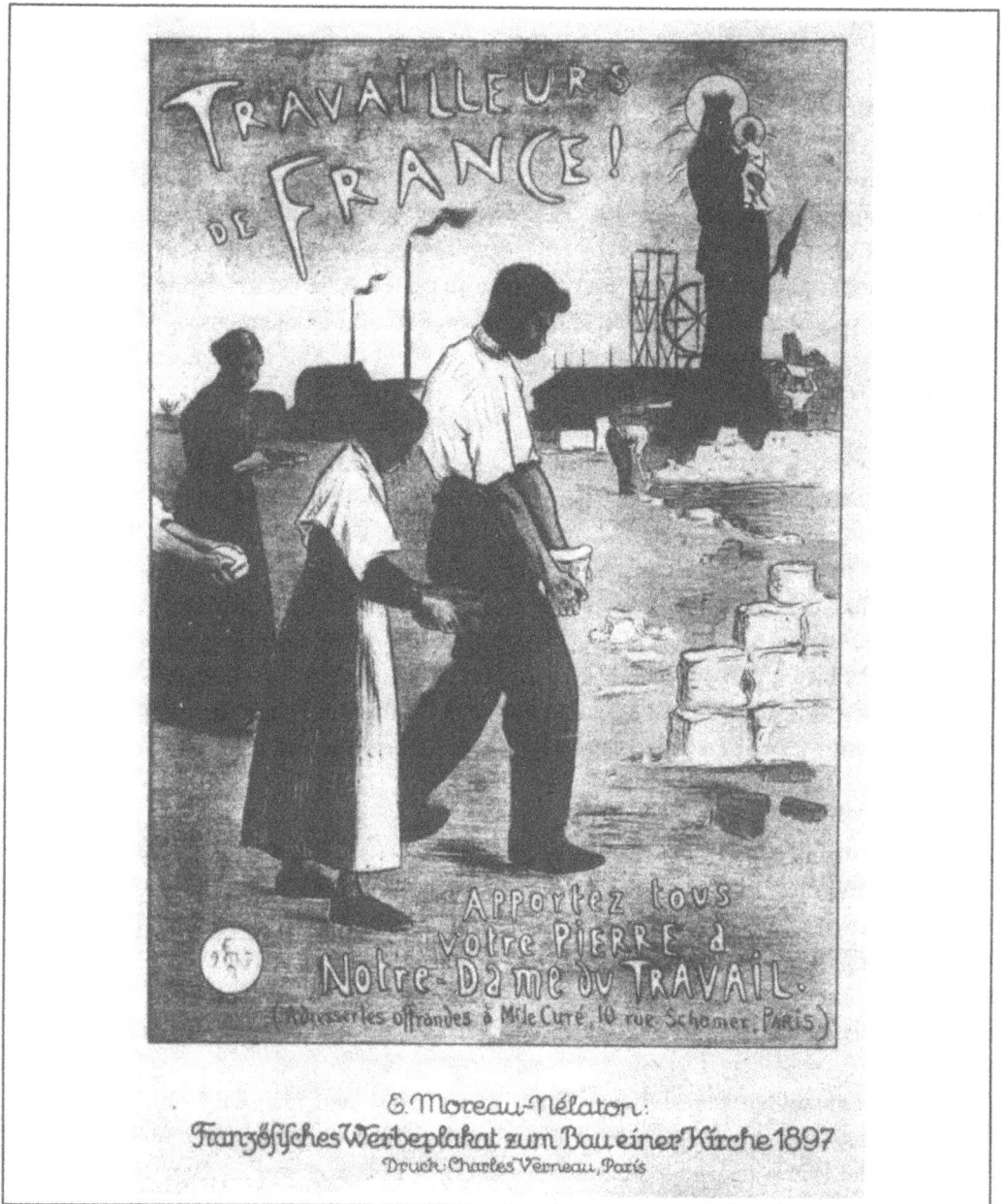

Abbildung 3:   Auch religiöse Gemeinschaften bedienen sich der Werbung
(Quelle: Holstein, P.: Kirchliche Werbetätigkeit. In: Das Plakat 12, Berlin 1921, S. 585-587)

2.   Ausgangssituation

- *Wie ist die Ausgangssituation der Kirche bzw. der religiösen Gemeinschaften zu beschreiben?*

- *Welchen Handlungsspielraum haben Kirchen und religiöse Gemeinschaften innerhalb der Gesellschaft, um ihre Angebote zu vermitteln?*

- *Wie wird dieser Spielraum bisher aktiv genutzt?*

2.1   Die Kirche und religiöse Gemeinschaften als Teil einer Wertegemeinschaft

Die konfessionellen Kirchen oder religiösen Gemeinschaften sind ein Teil der Gesellschaft. Die Gesellschaft definiert für sich bestimmte Werte und Wertevorstellungen, die sie für das Zusammenleben als besonders wichtig erachtet. Deshalb kann die Gesellschaft auch als eine Wertegemeinschaft bezeichnet werden, die besondere Werte schützt und fördert. Die Gesellschaft definiert ihre Wertevorstellungen in Form einer Verfassung oder Gesetze. Diese Wertevorstellungen gelten für die gesamte Gesellschaft als auch für besondere gesellschaftliche Bereiche.

Im Überblick lassen sich folgende Bereiche definieren:

- **Die Verfassung und Grundgesetze einer Gesellschaft als Wertekern**

- **Die Öffentliche Verwaltung als Organisation der Umsetzung der Werte**

- **Der Markt der Angebote mit privatwirtschaftlichem Interesse**

- **Der Markt der Angebote von öffentlichem und sozialem Interesse**

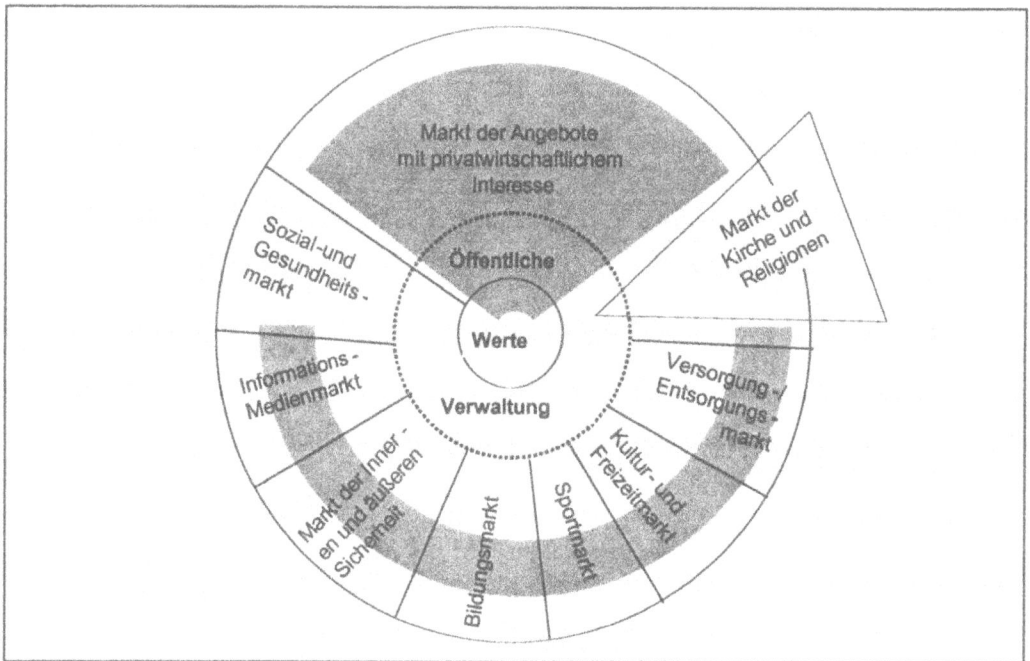

Abbildung 4:   Die Gesellschaft als Wertegemeinschaft

Die Gesellschaft in Deutschland hat für sich verschiedene Bereiche definiert, die von besonderem und damit von öffentlichem, gesellschaftlichem Interesse sind. Dazu gehören die Bereiche wie z.B.:

- der Sozial- und Gesundheitsmarkt (Krankenhäuser, Sozialstationen)
- der Informations- und Medienmarkt (öffentlich rechtliche Rundfunksender)
- der Bildungsmarkt (Schulen, Volkshochschulen u.a.)
- der Sport- und Freizeitmarkt (Sportvereine, Theater u.a.)
- der Markt der Wirtschaftsförderung (Industrie- und Handelskammern)
- der Versorgungs- und Entsorgungsmarkt (Bauhof, Wasserwerk, Recycling u.a.)

Der Markt der kirchlichen und religiösen Anbieter stellt einen besonderen Bereich dar. Mit der Weimarer Verfassung vollzog die Gesellschaft 1918 eine klare Trennung zwischen Kirche und Staat. Damit wurde zum Ausdruck gebracht, dass die Religionsgemeinschaften, insbesondere die konfessionellen Kirchen, ihre Angelegenheiten in einem **eigenständigen Rechtsrahmen** organisieren, den sie selbst definieren[7]. Der in Artikel 137 der Weimarer Verfassung

---

[7]   Vgl. dazu Campenhausen, A. F. v.: Staatskirchenrecht. München 1983

zum Ausdruck gebrachte Wille „Es besteht keine Staatskirche" unterstreicht ausdrücklich die Trennung von Kirche und Staat. Die konfessionellen Kirchen sind als so genannte „Körperschaften des öffentlichen Rechtes" ein selbständiger Teil innerhalb der Gesellschaft und des Staates. Als eine „Körperschaft des öffentlichen Rechts" sind sie für ihr wirtschaftliches, rechtliches, organisatorisches, theologisches Handeln selbst verantwortlich. Zu den Religionsgemeinschaften, die den Status einer „Körperschaft des öffentlichen Rechts" haben, gehören auch die jüdischen Gemeinden, verschiedene Ordensgemeinschaften u. a.

Der Träger nichtkonfessioneller religiöser Gemeinschaften ist in der Regel eine juristische Person wie z. B. ein Trägerverein, eine gemeinnützige GmbH (gGmbH) oder Aktiengesellschaft.

2.2 Drei unterschiedliche Versorgungsformen

Innerhalb der Gesellschaft gibt es drei verschiedene Grundformen, wie sich der Einzelne mit den verschiedenen Gütern bzw. Dienstleistungen für sein Leben versorgen kann. Jeder Mensch hat zunächst die Möglichkeit, sich selbst mit den notwendigen Gütern für sein Leben zu versorgen. Eine **Selbstversorgung** im religiösen Markt ist dann gegeben, wenn Menschen aus eigenem Antrieb über ihren Glauben nachdenken und in der persönlichen Reflexion spirituelle und religiöse Erfahrungen machen, z. B.

- Ein Naturerlebnis (Sonnenuntergang) oder persönliches Lebensereignis (Geburt eines Kindes, Tod eines Menschen) kann eine Selbstreflexion und damit eine Selbstversorgung mit Blick auf religiöse Angebote bewirken.

Die zweite Form der Versorgung besteht in der **Zuteilung durch den Staat** oder staatliche und nichtstaatliche Organisationen. Obwohl die Religionsgemeinschaften selbständige Organisationseinheiten darstellen, nutzen sie dennoch diese Form der Zuteilung, z. B. durch den

- Religionsunterricht an den Schulen.

Als Mitglied einer religiösen Gemeinschaft wird der Religionsunterricht durch die Kirche zugeteilt, ohne dass sich das einzelne Mitglied dem entziehen kann.

Die dritte Form der Versorgung mit religiösen Angeboten besteht in der **Form des Marktes**. Diese Form wird bestimmt durch zwei selbständige Tauschpartner, die eine Leistung und eine Gegenleistung im direkten Verhältnis zueinander tauschen, z. B.

- Kauf einer Bibel in einer Buchhandlung.

Neben dem Versorgungssystem durch Selbstversorgung, Staat oder Markt gibt es die so genannten „Meritorischen Güter", die eine Besonderheit darstellen.

Das Versorgungsprinzip mit „Meritorischen Gütern" ist **eine Mischform**, die auf die Prinzipien **der Versorgungsform Staat und Markt** aufbaut. Das Versorgungssystem mit „Meritorischen Gütern" nimmt „eine Art Zwitterstellung ein[8]." Diese besondere Zwitterstellung wird dadurch erreicht, dass diese Güter zwar über das Marktprinzip angeboten und erworben werden, aber gleichzeitig durch das Versorgungsprinzip des Staates bezahlt werden können, wenn die Bedeutung dieser Güter von großem öffentlichen Interesse ist. Meritorische Güter sind z.B. Sozialleistungen des Staates, Bildungsangebote, Leistungen der inneren und äußeren Sicherheit u.a. Die Versorgungsform mit „Meritorischen Gütern" wird auch als „Intermediäres System[9]" bezeichnet. Ein Beispiel für ein meritorisches Gut, das eine religiöse Organisation vermitteln kann, sind die

- Veranstaltungen gegen Rechtsradikalismus und Fremdenfeindlichkeit, die durch die Zuschüsse finanziert werden, die der Staat in einem besonderen Budget zur Verfügung stellt,

- oder der Kindergarten, der in Trägerschaft einer Kirche ist, aber durch staatliche Zuschüsse finanziert wird.

Eine weitere Bezeichnung für den Bereich der „Meritorischen Güter" ist der Begriff des so genannten **3. Sektors**[10]. Durch die internationalen Vergleichsuntersuchungen des John Hopkins Comparative Nonprofit Sector Project[11] in 12 Ländern (Phase 1 von 1990 bis 1995) bzw. 22 Länder (Phase 2 von 1996 bis 1999) wurde die Bedeutung dieses Sektors deutlich: Rund 3,6 % des Bruttoinlandsproduktes werden in Deutschland innerhalb des dritten Sektors erwirtschaftet. Weltweit beträgt der Umsatz 1,1 Billionen US $ mit 18,8 Millionen Vollbeschäftigten und einem durchschnittlichen Anteil am Bruttoinlandsprodukt von 4,7 %. Der dritte Sektor umfasst in Deutschland ein weites Spektrum von Organisationen, Vereinen, Stiftungen, gemeinnützigen GmbHs, staatsbürgerlichen Vereinigungen, Wirtschafts- und Berufsverbänden und Nicht-Regierungsorganisationen.

---

8   Finis-Siegler B.: Ökonomik sozialer Arbeit. Freiburg 1997, S. 32
9   Finis-Siegler, B.: Ökonomik sozialer Arbeit. Freiburg 1997, S. 106
10 Strachwitz, R. Graf (Hrsg.): Dritter Sektor – Dritte Kraft. Versuch einer Standortbestimmung. Düsseldorf 1998
11 Vgl. www.jhu.edu (Stand 29.10.2000) sowie www.wz-berlin.de/sb/fp/fp3.de.htm (Stand 29.10.2000)

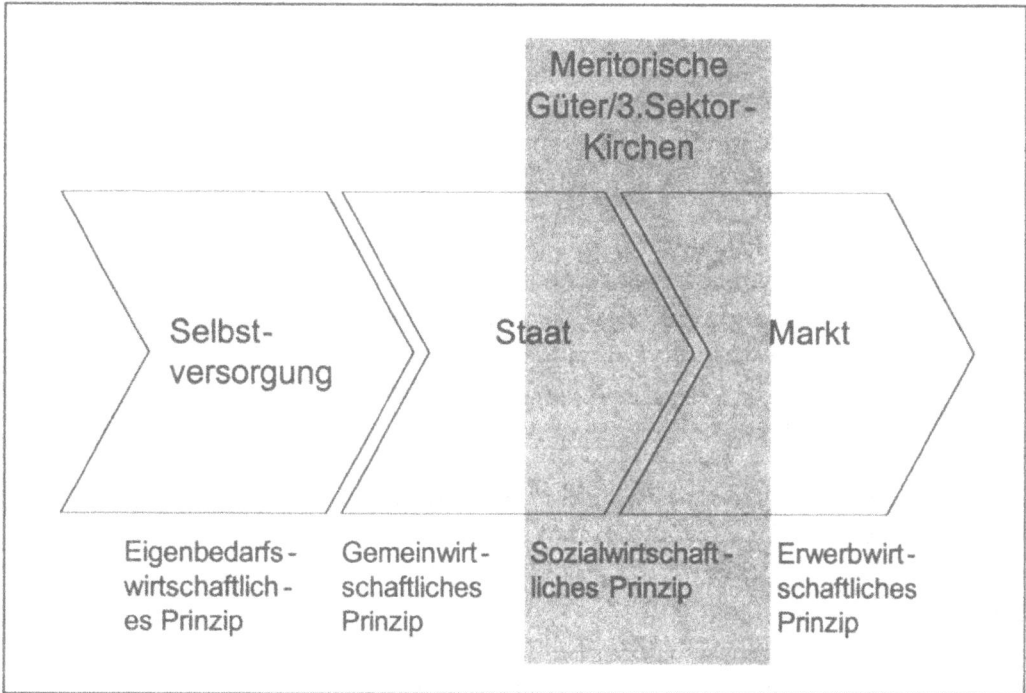

Abbildung 5:   Allokations- bzw. Versorgungssysteme

Die Mischform von zwei verschiedenen Versorgungsprinzipien „Staat bzw. Kirche und Markt" erfordert erheblichen Klärungsbedarf. Weder die Definitionsmerkmale für einen „dritten Sektor" noch die Merkmale der „Meritorischen Güter" bringen eine gewünschte Eindeutigkeit.

Die Vermittlung religiöser Angebote innerhalb der möglichen Versorgungssysteme lässt sich folgendermaßen beschreiben:

● Die Religionsgemeinschaften haben als „eine Körperschaft des öffentlichen Rechts" Hoheitsgewalt über den Versorgungsbereich religiöser Angebote und Dienstleistungen. Als religiöses Unternehmen ohne den Status einer „Körperschaft des öffentlichen Rechts" üben die Religionsgemeinschaften entsprechend ihren Statuten (Eingetragener Verein) oder Geschäftsbedingungen (gGmbH oder gAG) die Versorgungstätigkeiten mit religiösen Angeboten aus. Das Versorgungsprinzip besteht vorwiegend **in der Zuteilung** durch kirchliche oder religiöse Organisationseinheiten an die Mitglieder. Das Prinzip der Zuteilung auf Grund der Mitgliedschaft beschränkt sich vorwiegend auf die elementaren religiösen Dienstleistungen wie z. B. Taufe, Hochzeit, Beerdigung bzw. theologisch formuliert auf die sakramentalen Angebote der Kirchen. Das Prinzip der Zuteilung auf Grund der Mitgliedschaft ist aber nur ein Aspekt. So muss z. B. der Besucher eines Kirchenkonzerts oder ein Kind, das in einen Kindergarten in religiöser Trägerschaft geht, nicht Mitglied der Religionsgemeinschaft sein. Die Kirchen wenden deshalb ganz allgemein die Form der Zuteilung als Versorgungsprinzip an.

Das Prinzip der Zuteilung religiöser Güter lässt sich besser mit dem so genannten **sozialwirtschaftlichen Vorsorgungsprinzip** darstellen. Das sozialwirtschaftliche Prinzip besteht darin, dass eine Religionsgemeinschaft, die eine Leistung im religiösen Bereich anbietet und vermittelt, **kein direktes oder leistungsadäquates Entgelt bei dem Kunden** erheben muss, der die Leistung empfängt.

Durch diese klare Definition wird der Handlungsrahmen für Unternehmen im religiösen Markt deutlich. Ein Unternehmen kann im religiösen Markt für jeden Menschen ein religiöses Angebot erbringen ohne dass dieser direkt oder in einem adäquaten Umfang dafür bezahlt. Dieses Merkmal ist mit dem eigenen Anspruch an die Religion und Ethik verbunden. Umgekehrt besteht die Möglichkeiten, unabhängig vom Leistungsangebot ein indirektes Entgelt zu erheben. Beispiele für das indirekte Entgelt sind

● Direkte Kirchensteuer
● Indirekte Kirchensteuer
● Opfer, Spenden
● Kirchgeld u. a.

Das sozialwirtschaftliche Prinzip beinhaltet **zwei Handlungsdimensionen**: Das Marketing gegenüber dem Menschen, der ein religiöses Angebot in Anspruch nimmt, und das Marketing gegenüber dem Menschen, der ein religiöses Angebot finanziert. Die Marketingaktivitäten innerhalb beider Handlungsdimensionen müssen auf einander bezogen sein. Eine besondere Aufgabe des Marketing für religiöse Angebote und Dienstleistungen besteht darin, die Abhängigkeiten und Wechselbeziehungen zwischen dem Marktpartner, der ein religiöses Angebot finanziert, und dem Marktpartner, der ein religiöses Angebot in Anspruch nimmt, **strategisch erfolgreich zu managen**. Eine Grundlage dafür ist das wirtschaftliche Handeln religiöser Unternehmen.

2.3   Kirche als wirtschaftliches Unternehmen

Eine klare Definition religiöser Unternehmen im Rahmen einer Betriebswirtschaftslehre stellt eine besondere Herausforderung dar. Unternehmer und Wissenschaftler aus Theorie und Praxis sehen den eigentlichen Gegenstand der Betriebswirtschaftslehre in den Betrieben, **die Gewinn maximierend (Profit orientiert)** arbeiten. Dabei ist mit Gewinn der monetäre Gewinn gemeint. Dieses Prinzip lässt sich aber nicht ohne weiteres auf die Betriebe im öffentlichen und sozialwirtschaftlichen Sektor übertragen. Zwar besteht für die religiösen Gemeinschaften die Zielsetzung, wirtschaftlich zu arbeiten. Eine monetäre Gewinnmaximierung ist aber auf Grund rechtlicher oder steuerrechtlicher Vorgaben (Beispiel: Anerkennung der Gemeinnützigkeit) nicht möglich. Diese besondere Problematik hat dazu geführt, dass gewinnbringende Unternehmen als **Profit-(Gewinn) Unternehmen** und jene Unternehmen, die keinen monetären Profit erbringen können, als **Non-Profit** oder **Not-for-Profit-Unternehmen** bezeichnet werden. Mit dieser Einteilung in Profit- und Non-Profit-Unternehmen entsteht **eine Betriebswirtschaftslehre erster und zweiter Klasse**. Die Definition, dass alle Non-Profit-Unternehmen jene Betriebe sind, deren Ziel nicht in der Gewinnerzielung [12] liegt, ist missverständlich und irreführend. Eine solche Abgrenzung ist weder in der Theorie der Wirtschaftswissenschaften noch innerhalb der betriebswirtschaftlichen Praxis hilfreich, da sie einen wichtigen Tatbestand von Non-Profit-Unternehmen verdeckt anstatt transparent darstellt: Auch ein Non-Profit-Unternehmen muss wirtschaftlich so geführt werden, dass ein Gewinn für das Unternehmen und für die Gesellschaft als Eigentümer entsteht. Das Ziel besteht darin, eine **Betriebswirtschaftslehre in Theorie und Praxis** zu entwerfen, die sowohl für die religiösen Unternehmen als auch für gewerbliche Unternehmen **eine unteilbare Gültigkeit** besitzt. Eine steuerrechtliche Vorgabe wie z.B. das Prinzip der Gemeinnützigkeit ist dabei kein Hinderungsgrund.

Gegenstand der Betriebswirtschaftslehre sind **alle** gewinnbringenden Unternehmungen. Die Gemeinsamkeit besteht darin, dass sich **das Prinzip des gewinnbringenden wirtschaftlichen Handelns** auf alle Unternehmensformen anwenden lässt. Dieser Ansatz schließt auch jene Unternehmen mit ein, deren Versorgungstätigkeit sozialwirtschaftlich oder nach dem Prinzip der Zuteilung durch eine religiöse Gemeinschaft geschieht. Die gegenwärtige Diskussion um die hohe Verschuldung des Staates in Deutschland macht bewusst, dass auch eine Gesellschaft nur den Gewinn (z.B. Bruttoinlandsprodukt) verteilen kann, den sie zuvor erwirtschaftet hat. Durch die Einstellung und durch die konkrete Handlungsweise, mehr als den Gewinn des gemeinsamen wirtschaftlichen Handelns zu verteilen, werden zukünftige Generationen oder Gesellschaften in einer wirtschaftlich schwächeren Position (Beispiel: Entwicklungsländer, Dritte Welt) benachteiligt. Eine solche Einstellung ist vom Standpunkt einer Ethik betrachtet falsch. Diese Einstellung wird auch nicht dadurch richtig, dass mit Hilfe religiöser Angebote sinnstiftende und lebensfördernde Angebote vermittelt werden.

---

[12] Vgl. Hauser, A./Neubarth, R./Obermaier, R.: Handbuch sozialer Dienstleistungen. Neuwied 1997, S. 675

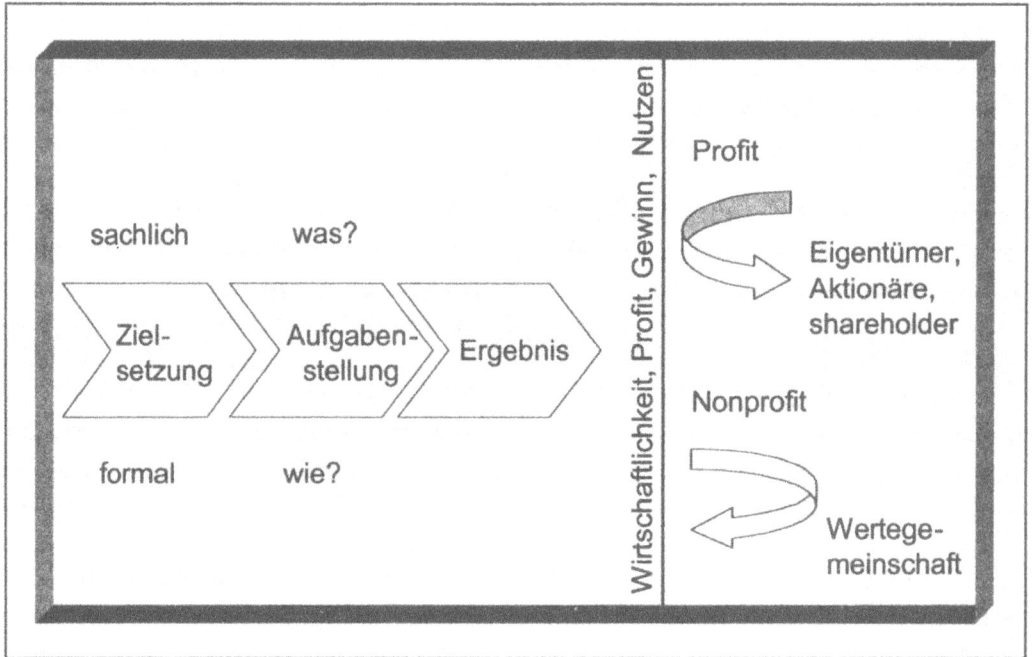

Abbildung 6:   Kriterium zur Definition von öffentlichen und privaten Non-Profit- und Profit-Unternehmen

Das Prinzip des wirtschaftlichen Handelns besteht darin, dass ein Unternehmen Profit bzw. Gewinn macht, um seine Existenz und Zukunft zu sichern. Auch ein Non-Profit-Unternehmen muss Gewinne erzielen, um eine Existenzberechtigung bzw. Existenzsicherung zu haben. Dasselbe gilt auch für religiöse Gemeinschaften. Auch eine religiöse Gemeinschaft muss wirtschaftlich handeln, um eine Existenzberechtigung und Zukunftssicherung zu haben. Das klar definierbare Unterscheidungsmerkmal zwischen Profit- und Non-Profit-Unternehmen besteht in **der Entscheidung**, was mit dem Profit geschieht: im privaten, erwerbswirtschaftlichen Sektor fließt der Gewinn als Ergebnis des wirtschaftlichen Handelns (Monetärer Gewinn, Rendite u.a.) an den privaten Eigentümer (shareholder, Eigentümer u.a.). Im religiösen, öffentlichen oder sozialwirtschaftlichen Sektor entscheidet die Gesellschaft oder die Kirche bzw. religiöse Gemeinschaft, wie mit dem Ergebnis des wirtschaftlichen Handelns (Profit, Gewinn) verfahren wird.

Bisher war die Situation dadurch geprägt, dass die Kirchen und religiösen Gemeinschaften den Bedarf an religiösen Angeboten im Voraus festgelegt haben. Auf Grund ihrer Wertestruktur und Werteüberzeugung wurde der Bedarf im Voraus geplant, z.B. durch

● Ermittlung und Festlegung der Inhalte und der Werte, für die eine Gemeinschaft steht,

- Festlegung eines finanziellen Rahmens (z. B. Haushaltsplan), innerhalb dessen die gemeinsamen Werte und Inhalte umgesetzt werden,

- Umsetzung in Form eines wirtschaftlichen Handelns, das die inhaltlichen und finanziellen Rahmenbedingungen nicht überschreiten darf.

Die Problematik einer solchen Denkweise liegt darin, dass das Angebot bzw. der Bedarf unter Umständen viel zu sehr von Anbieterseite aus definiert wird, indem die Inhalte und Werte für die Wertegemeinschaft und ihr wirtschaftliches Handeln im Voraus definiert werden. Der Zugang zum Nachfrager geschieht dann nicht über das Marktprinzip, bei dem der Nachfrager mit seiner Kaufentscheidung das Angebot maßgeblich mitbestimmt, sondern durch einen **so genannten Expertenzugang** zum Kunden. Ein unternehmerisches Handeln, das sich allgemein am Prinzip der Wirtschaftlichkeit orientiert, stellt diesen Sachverhalt auf den Kopf. Es orientiert sich zuerst an **den tatsächlichen Bedürfnissen des Kunden** und an der besonderen Herausforderung, diese gewinnbringend zu erfüllen.

2.4 Die Aufgabe des Marketingmanagements in religiösen Unternehmen

Das strategische Marketing für kirchliche Angebote und Dienstleistungen besteht vor allem in einer Managementaufgabe. Kirchliches Marketing liegt vor allem in dem Management aller Aktivitäten, die den Verkauf religiöser Angebote nachhaltig unterstützen. Dabei ist von der folgenden Grundsituation eines jeden Unternehmens auszugehen. Jedes Unternehmen hat zwei Grundziele: ein **Formalziel und ein Sachziel** [13]. Das Formalziel beschreibt die formale Zielsetzung eines Unternehmens wie z. B. Rentabilität, Gewinn, Liquidität, Wirtschaftlichkeit. Mit dem Sachziel werden vorwiegend jene Zielformulierungen beschrieben, die einen inhaltlich relevanten Bezug zur wirtschaftlichen Tätigkeit eines Unternehmens haben wie z. B. die Schaffung oder Sicherung von Arbeitsplätzen, Schonung der Ressourcen und Umwelt, Produktionsverfahren, Fachkenntnisse im Bereich der Forschung und Entwicklung usw. Normalerweise gelten die Unternehmen in öffentlichen, sozialen und religiösen Märkten als sachzieldominant. Das bedeutet, dass die sachliche Tätigkeit wie z. B. das seelsorgerliche Gespräch mit einem Menschen, der Geburtstagsbesuch u. a. als dominant betrachtet wird. Die Zielsetzung, diese Tätigkeit wirtschaftlich so auszuüben, dass **formal** betrachtet ein Gewinn oder ein (wirtschaftlicher) Nutzen erzielt wird, spielt dabei eine untergeordnete Rolle.

---

[13] Die Unterscheidung geht auf E. Kosiol zurück vgl. Organisation der Unternehmung. Wiesbaden 1976

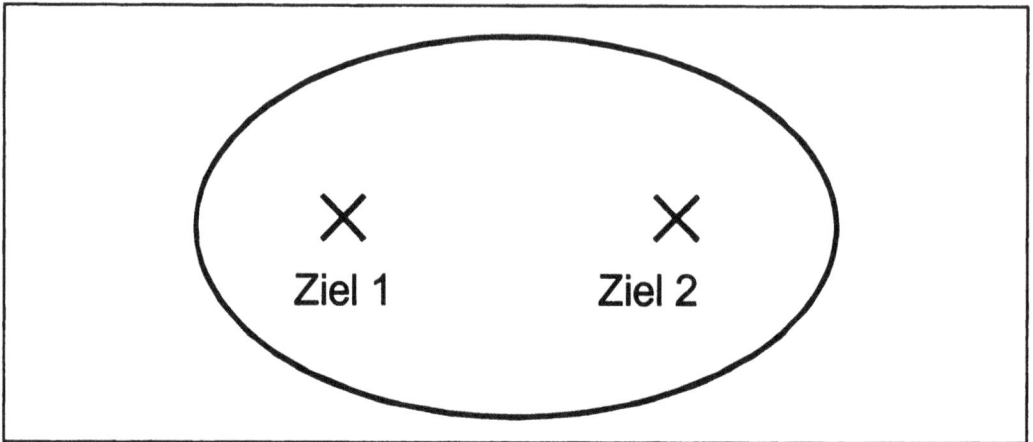

Abbildung 7:   Die idealtypische Form der Zuordnung von formalem Wirtschaftsziel und sozialem Sachziel
(Formel: Ziel 1 = Ziel 2)

Umgekehrt ist das Formalziel bei den gewerblichen Unternehmen dominant, so dass sich die **inhaltliche** Zielsetzung der Steigerung des wirtschaftlichen Ergebnisses (Rendite, Gewinn, Umsatz u. a.) unterordnet.

Eine **idealtypische** Lösung besteht darin, beiden Zielen das gleiche Gewicht innerhalb eines Unternehmens beizumessen (Ziel 1 = Ziel 2). Ethisch betrachtet darf die Rentabilität **(Ziel 1/ Formalziel/Wirtschaftlichkeitsziel)** nicht auf Kosten der sozialen Nutzenstiftung **(Ziel 2/ Sach-/Sozialziel)** erwirtschaftet werden. Umgekehrt darf unter ethischen Gesichtspunkten auch die soziale Nutzenstiftung nicht auf Kosten der Rentabilität geschehen. Eine Verschwendung finanzieller Ressourcen ist unter einem ethischen Gesichtspunkt genauso wenig akzeptabel wie die Unterordnung des Sozialprinzips unter das Formalprinzip. Eine idealtypische Form, die beiden Zielen gleichermaßen gerecht wird, gibt es in der Realität vermutlich nicht.

In der Realität gibt es drei verschiedene Möglichkeiten bzw. Organisationstypen, die die Grundentscheidung, wie das Verhältnis von Ziel 1 (Formal/ Wirtschaftlichkeitsziel) und Ziel 2 (Sach-/Sozialzielziel) geklärt werden kann, widerspiegeln.

Typ 1:   Das Verhältnis zwischen Ziel 1 und Ziel 2 wird nicht bewusst geklärt (Ziel 1 =/= Ziel 2)

Typ 1 ist dadurch geprägt, dass das Verhältnis von Ziel 1 und Ziel 2 nicht eindeutig geklärt wird. Jede Zielsetzung entwickelt einen eigenständigen Aktionsraum. Viele religiöse Organisationen wollen in gleichem Maße ihren ideellen Vorstellungen als auch der Forderung nach effektiver Wirtschaftlichkeit je für sich nachkommen. Da aber beides nicht gleichzeitig zu erfüllen ist, sondern in direkter Beziehung zueinander steht, ergibt sich oft eine ungeklärte Situation zwischen sozialer Nutzenstiftung und Wirtschaftlichkeit.

- Beispiele: Die Mitarbeiter einer Kirchengemeinde interessieren sich nicht für die Kosten, die durch die Benutzung einer Immobilie (Gemeindehaus) entstehen. Umgekehrt werden durch die Entscheidung der Verwaltung Personalstellen reduziert, denen innerhalb einer inhaltlichen Gemeindekonzeption eine Schlüsselfunktion zukommt.

- Brent Spar: Ein Unternehmen nimmt den Hinweis der Öffentlichkeit, bei der Entsorgung der Bohrinsel Brent Spar auch die Sachziele einer umweltorientierten Entsorgung gerecht zu werden, nicht wahr. Der Kunde quittiert diese falsche Einschätzung mit dem Boykott der Tankstellen.

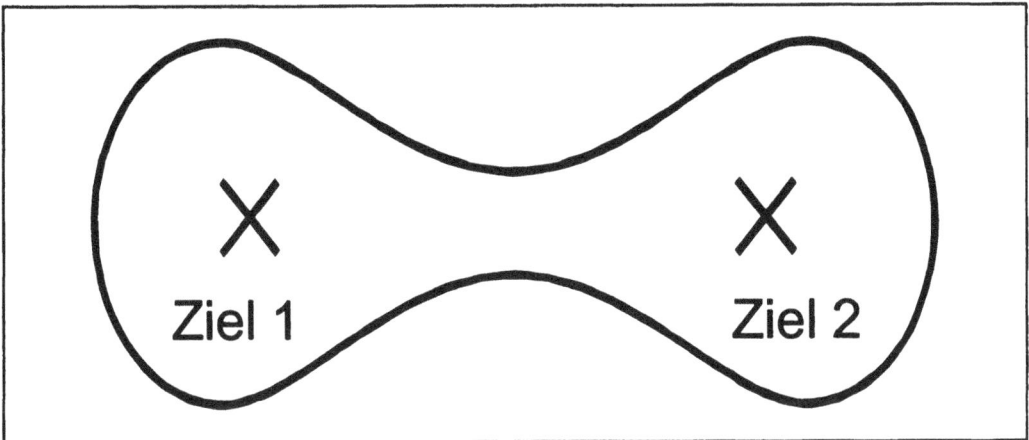

Abbildung 8:   Typ 1 Diffuse Zielsetzung durch die ungeklärte Dominanz von Formal- und Sachziel

Typ 2:   Das Verhältnis wird zu Gunsten von Ziel 2 geklärt – Die Dominanz des Sachziels vor dem Formalziel: Ziel 1 < Ziel 2

Typ 2 sind solche sozialen Unternehmen, die eine starke inhaltliche Priorität sowie Idealismus in den Vordergrund stellen. Ein solcher Typ ist durchaus denkbar und in der Realität vorhanden. Von Mutter Theresa und ihrem Orden ist bekannt, dass sie ihre karitative Tätigkeit und ihre Motivation ganz in den Vordergrund gestellt hatte ohne sich um eine Finanzierung zu sorgen. Ihrer Einstellung lag ein gewisses „Vertrauen in die Zukunft" zugrunde, dass Gott, der sie zu einem solchen Handeln motiviert und beauftragt, auch die nötige finanzielle Unterstützung schafft. Man kann mit Blick auf das erfolgreiche Spendensammeln von Mutter Teresa nicht behaupten, dass der Organisationstyp 2 mit der Dominanz eines Sachziels gegenüber einem Formalziel wirtschaftlich erfolgloser ist [14]. Im dargestellten Beispiel von Mutter Teresa ist das Gegenteil der Fall. Allerdings hat der Organisationstyp 2 eine entscheidende Schwäche: Soziale und religiöse Unternehmen mit einer Dominanz von Sachzielen kann es nur so lange geben, solange dieser Organisationstyp „irgendwie" finanziert wird. Das Controlling sowie die Finanzierungsmöglichkeiten liegen hinter einer (metaphysischen) Grenze, die der Mensch nicht rational beeinflussen kann. Entfällt die finanzielle Unterstützung durch Dritte, dann verliert ein soziales Unternehmen seine Existenz. Damit wird das strategische planerische Handeln eines Unternehmens grundsätzlich in Frage gestellt.

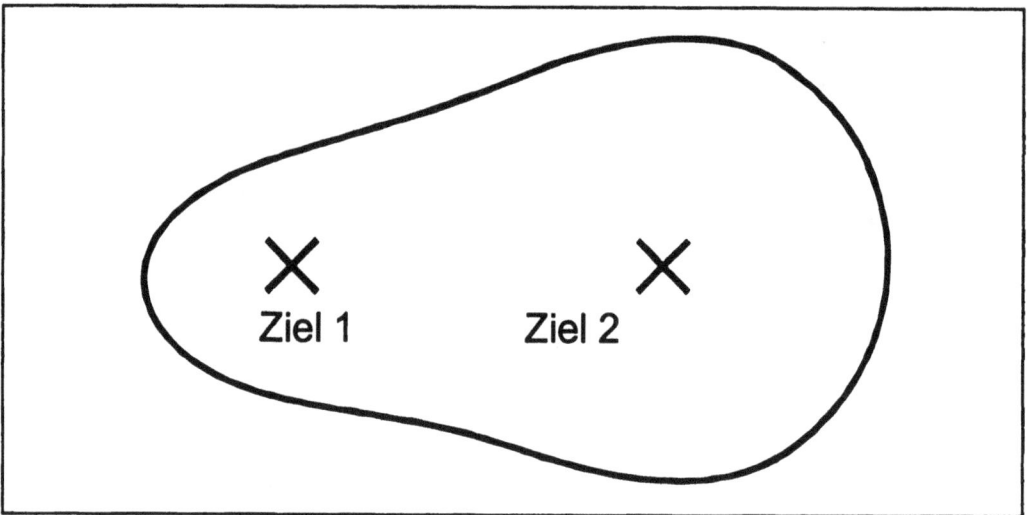

Abbildung 9:   Typ 2 Das Verhältnis wird zugunsten von Ziel 2 geklärt (Dominanz des Sachziels vor Formalziel; Ziel 1 < Ziel 2)

Typ 3: Das Verhältnis wird zu Gunsten von Ziel 1 geklärt – Die Dominanz des Formalziels vor dem Sachziel; Ziel 1>Ziel 2

Überlässt man die Finanzierung des wirtschaftlichen Handelns nicht irgendeiner unverfügbaren Macht (Gottvertrauen, Spender, dem eigenen Idealismus usw.), dann wird das Verhältnis von Ziel 1 und Ziel 2 zugunsten der formalen Zielsetzung geklärt werden müssen. Eine Entscheidung zugunsten der wirtschaftlichen Zielsetzung betrifft nicht nur die er-

---

[14] Vgl. dazu Missionaries of Charity www.allinda.com/mother Stand 31.01.2000

werbswirtschaftlichen Unternehmen, sondern auch die sozialwirtschaftlichen Unternehmen. Auch das beste religiöse Anliegen hat keinen Nutzen, wenn es nicht finanziert werden kann. Allerdings unterliegt die gegenwärtige Betriebswirtschaftslehre einem Irrtum, wenn sie die Rentabilität ausschließlich durch erzielte Erträge oder das direkte Entgelt berechnen will. **Spenden, Mitgliederbeiträge, Steuern, Zuschüsse, ehrenamtliches Engagement** sowie **die werteorientierte Einstellung** und Motivation der Mitarbeiter innerhalb eines Unternehmens tragen ebenso **zur Rentabilität** bei wie der direkte Kaufpreis, der mit einem Angebot erzielt wird. Deshalb darf die formale und sachliche Zielsetzung **nicht als Gegensatz** betrachtet werden, **innerhalb dessen sie ausschließen.**

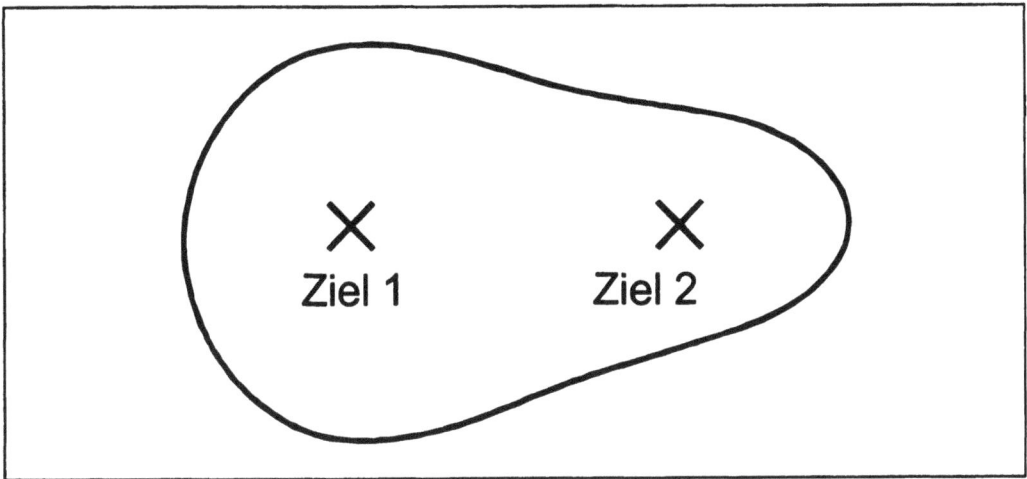

Abbildung 10:   Typ 3 Das Verhältnis wird zugunsten Ziel 1 geklärt (Dominanz des Formalziels Ziel 1 > Ziel 2)

Die wirtschaftliche und die soziale Zielsetzung eines Unternehmens sind zwei Grundbedingungen, durch die die Existenz eines Unternehmens definiert wird. Die wichtigste Aufgabe des **Marketingmanagements** besteht darin, diese Grundbedingungen innerhalb **eines integrativen Prozesses** so zusammen zu führen, dass aus den Gegensätzen **ein positiver Nutzen** entsteht.

Die wichtigste Aufgabe des Marketingmanagements besteht darin,

● das **Sachziel** in Form von Leistung und Qualität,

● das **Formziel** in Form von einem aktiven Cost-Management und Controlling sowie

- den **Werteauftrag** im Sinne eines aktiven Wertemanagements bzw. Wertemarketing innerhalb eines Managementprozesses zu klären und zu integrieren.

Diese Aufgabenstellung ist sowohl bei einem erwerbswirtschaftlichen als auch bei einem sozialwirtschaftlichen Unternehmen gleich. Ausgangspunkt ist die Kontaktsituation mit dem Kunden. Innerhalb der Kontaktsituation entscheiden Menschen und Organisationsstrukturen über die Zufriedenheit und den Erfolg. Deshalb steht das menschliche Verhalten sowie die betriebwirtschaftlichen und sozialen Prozesse im Mittelpunkt des Marketingmanagements. Ein wesentliches Instrument des Marketingmanagements ist das **Human Ressource Management**. Mit Hilfe des Human Ressource Managements werden die Mitarbeiter nicht nur in ihrer Funktion, sondern als **Menschen mit sozialen Stärken und Schwächen** wahrgenommen. Diese Wahrnehmung ermöglicht **ein Qualitätsmanagement**, innerhalb dessen nicht nur die fachlichen Qualitäten, sondern auch die emotionale und soziale Qualität beurteilt werden können. Eine emotionale oder soziale Qualität kommt in einem Unternehmen durch die Motivation und Begeisterung, aber auch durch die Zuverlässigkeit und Integrität von Menschen im Unternehmen zum Ausdruck. Diese Qualitäten werden dann optimal realisiert, wenn die **persönlichen Werte** der Menschen in einem Unternehmen sich mit den **Werten des Unternehmens** decken. Diese Übereinstimmung lässt sich durch einen internen und externen Marketingprozess erreichen. Der externe Marketingprozess besteht darin, dass ein Unternehmen im Rahmen seiner **Unternehmenskultur,** aber auch innerhalb des **Absatzmarketing, seinen Werteauftrag** gegenüber der Gesellschaft und dem einzelnen Menschen deutlich macht. Der Interne Marketingprozess richtet sich an die Mitglieder eines Unternehmens als interne Kunden. Die Mitglieder eines Unternehmens sind individuelle Werteträger, deren Einsatz dann am erfolgreichsten ist, wenn die persönlichen und die gemeinsamen Unternehmenswerte identisch sind.

Der Werteauftrag wird in Form eines schriftlich fixierten Werte-Set dargestellt. Dieses **Werte-Set** lässt sich deshalb diskutieren, weil die vereinbarten Werte nicht als Bedingung für eine Handlungsweise dargestellt werden, sondern **als ein Produktionsfaktor**, der Kosten verursacht und Nutzen bringt. Das Werte-Set eines Unternehmens ist wie ein Produkt, das sich separat oder im Rahmen einer zusätzlichen Dienstleistung verkaufen lässt.

Der dritte Faktor des Marketingmanagements ist das **Cost-Management** und **Controlling**. Sowohl die Qualität als auch das Werte-Set ist weder für den Mitarbeiter noch für den Kunden materiell erfahrbar. Im Rahmen des Cost-Managements oder Controlling lässt sich sowohl Qualität als auch die Werteeinstellung mit einem nominellen Wert sichtbar machen. Dieser nominelle Wert beziffert die Differenz zwischen dem Einsatz von Ressourcen (Zeit, Wissen, soziale und fachliche Kompetenz, Personal u. a.) und dem Nutzen bzw. der Wirkung in Form einer Kennzahl.

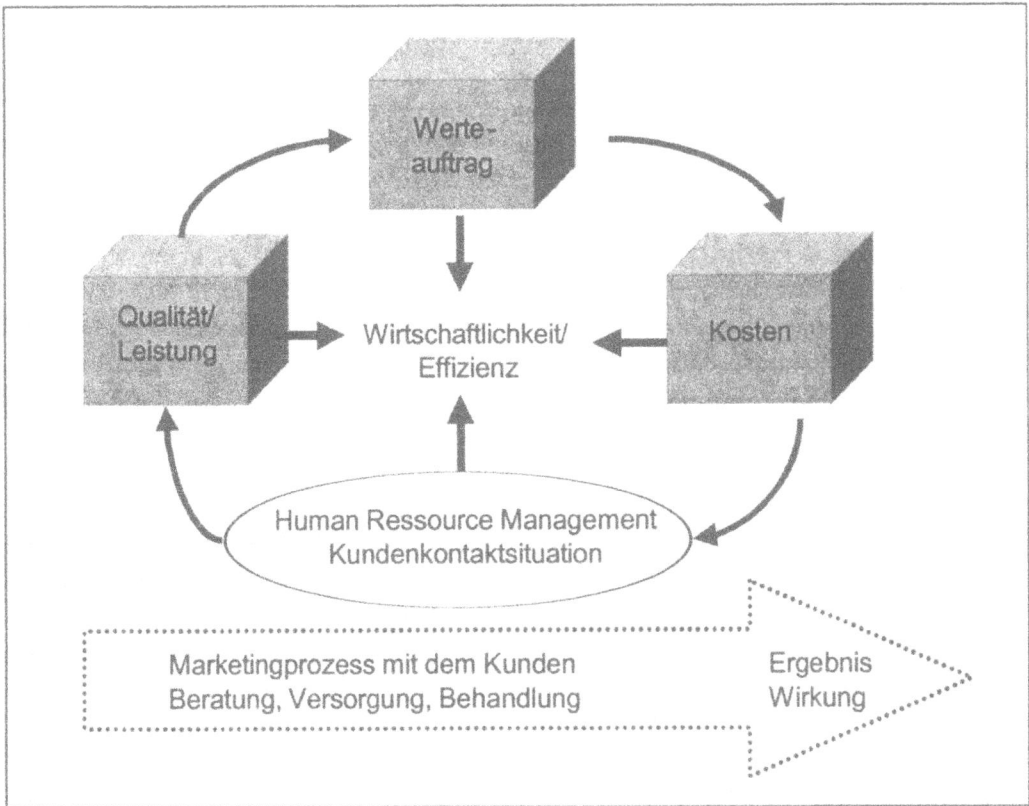

Abbildung 11:   Grundelemente und Prozess des Marketingmanagements

Das vorgeschlagene Modell eines Marketingmanagements von religiösen Unternehmen hat die **Wirtschaftlichkeit und Effizienz** als primäre Zielsetzung. Diese Zielsetzung ist sowohl von einem betriebswirtschaftlichen als auch gesellschaftlich-ethischen Standpunkt richtig, weil sie die sozialen und religiösen Fähigkeiten des Menschen in die wirtschaftlichen Prozesse integriert und nicht ausschließt.

Innerhalb des Marketing für religiöse Angebote steht der **Mensch im Mittelpunkt**. Er steht aber nicht aus humanistischen, idealistischen Beweggründen im Mittelpunkt, sondern aus wirtschaftlichen. Werden die Beziehungen zu Menschen wirtschaftlich gestaltet und werden dabei seine religiösen und sozialen Fähigkeiten nicht ausgeklammert, sondern als Faktoren des wirtschaftlichen Handelns integriert, dann rückt der Mensch mit seiner Individualität und Würde in den Mittelpunkt wirtschaftlichen Handelns.

Die strategische Umsetzung des Marketingmanagements hat folgende Schritte:

Schritt 1: Ein religiöses Unternehmen legt zuerst **das formale Ziel der Wirtschaftlichkeit** und die Effizienz seiner sozialen und religiösen Aktivitäten fest (Beispiel: Teilnehmerzahl an Veranstaltungen, Mitgliederzahl, Mitgliederbeiträge in Form von Spenden und Steuern u. a.)

Schritt 2: Dieses Ziel wird aber nicht nur dadurch erreicht, dass ausschließlich das eingesetzte Kapital (Steuern, Spenden u. a.) verzinst wird. Auch das ideelle „Vertrauen in die Zukunft" (Spenderpotentiale, Zuschüsse, Steuern, ehrenamtliche Tätigkeit, Motivation der Mitarbeiter) sowie **das gemeinsame Werte-Set** des Unternehmens und **das persönliche Werteverhalten von Mitarbeitern** werden **als Wirtschaftsfaktoren** definiert, die zur gesamten Rentabilität beitragen.

Schritt 3: Es werden **Messkriterien** definiert und angewandt, durch die die Qualität und die Wirkung des Werteauftrags gemessen werden. Die Anwendung der Messkriterien macht deutlich, welche **Veränderungsmaßnahmen** im Rahmen des Marketing selbst oder innerhalb der Organisation durchgeführt werden müssen. Im Rahmen des Controlling fließen diese Werte als Kennzahlen mit ein.

Fallbeispiel:

Taufgespräch und Taufe wirtschaftlich verkaufen

Eine besondere Herausforderung stellen die Gottesdienste im Lebenslauf eines Menschen dar. Dazu gehören vorwiegend die Taufe, Hochzeit oder Jubiläen. Dabei gibt es Menschen mit unterschiedlichen Einstellungen und Bewusstsein. Für alle Menschen stellt ein Gottesdienst in ihrem Lebenslauf etwas besonderes dar, dem sie sich mit einer persönlichen Betroffenheit zuwenden. Allerdings kann der Grad der persönlichen Betroffenheit unterschiedlich ausgeprägt sein. Für den einen ist der äußere Ablauf (Musik, lockere Atmosphäre) wichtig, für den anderen äußert sich die persönliche Betroffenheit in Form einer festen absoluten Glaubensüberzeugung, die den Ablauf des Gottesdienstes nachhaltig bestimmt (Beispiel: Gebet mit persönlicher Namensnennung u. a.). Entscheidend ist nicht der dogmatische Streit, sondern die wirtschaftliche Effizienz. Soll der Kontakt zum Kunden gelingen, dann müssen die unternehmerischen Prozesse deutlich definiert und ihre Wirksamkeit überprüft werden. Folgende Vorgehensweise erhöht **eine inhaltliche und wirtschaftliche Effizienz.**

Im Rahmen einer Vorbesprechung legt der kirchliche Mitarbeiter seine Vorgehensweise (Leistung) innerhalb verschiedener Produktkategorien fest. Menschen, deren Grad der persönlichen Betroffenheit auf den äußeren Faktoren beruhen, erhalten ein entsprechend beschaffenes Angebot ebenso wie die Menschen, die eine größere innere Betroffenheit zeigen. Damit gibt es ein Vorbereitungsgespräch und eine Durchführung der Taufe mit einem Qualitätsmerkmal A und ein Vorbereitungsgespräch und die Durchführung der Taufe mit einem Qualitätsmerkmal B.

- **Beispiel für ein Angebot mit Qualitätsmerkmal A:** Menschen mit einer stärkeren religiösen Betroffenheit suchen selbständig einen Bibeltext und Lieder für den Ablauf des Gottesdienstes.

- **Beispiel für ein Angebot mit dem Qualitätsmerkmal B:** Menschen mit einer stärkeren äußeren Betroffenheit erhalten ein vorbereitetes Informationsblatt und wählen davon einen Bibelvers und die Lieder für den Ablauf des Gottesdienstes.

Die Angebote mit den unterschiedlichen Qualitätsmerkmalen werden durch das Verhalten des Personals, durch Werbe- und Marketingaktivitäten bekannt gemacht. Dabei lässt sich auch ein unterschiedliches Preisniveau realisieren.

Von Seiten des Anbieters werden dessen Werte klar definiert und interpretiert. Liegen die Werte zwischen Anbieter und Nachfrage zu weit auseinander, dann kann es keine Basis für eine gemeinsame unternehmerische Tätigkeit geben. Ein für die Mitglieder einer religiösen Gemeinschaft vorgesehener Gottesdienstablauf kann nicht stattfinden, wenn die Hauptakteure (Braut, Bräutigam, Paten u. a.) nicht Mitglied dieser Gemeinschaft sind. Es gibt nichts Schlimmeres als ein Unternehmen, das in seinen Wertevorstellungen willkürlich differenziert. Allerdings kann eine aktive Kommunikation stattfinden, innerhalb deren unterschiedliche Wertetransaktionen realisiert werden, ohne dabei die jeweilige Werteüberzeugung zu verlieren.

- **Beispiel:** Eine Person, die Pate werden will, aber nicht Mitglied einer Kirche ist kann keine kirchliche Patenschaft (Kirchenpaten) übernehmen. Wohl aber kann eine solche Person eine persönliche Patenschaft (Familienpate) übernehmen, die z. B. durch die familiäre Beziehung oder individuelle Entscheidung geprägt ist.

Die für mich schlimmste Situation von fehlgeleiteter Wertekommunikation hat in einem selbst erlebten Praxisbeispiel stattgefunden, als ein potenzieller Pate in die Kirche eintrat, Pate wurde, und danach wieder aus der Kirche innerhalb der kürzest möglichen Zeit austrat. Persönliche Überzeugungen und die für die Gemeinschaft fixierten Glaubensinhalte müssen aktiv als Werteset verkauft werden. Das schließt aber mit ein, dass es Konkurrenzvorstellungen gibt, deren Vor- und Nachteile aus der Sicht des Käufers zu diskutieren sind.

Ein dritter Punkt betrifft den Auftrag zur Wirtschaftlichkeit, den jedes Unternehmen hat. Die unterschiedlichen Leistungsaspekte sowie die Diskussion mit Blick auf den Werteauftrag sind unter wirtschaftlichen Aspekten zu betrachten. Das bedeutet, dass z. B. ein zusätzliches Entgelt erhoben werden kann. Ein Unternehmen kann aber auch seine unternehmerischen Aktivitäten als eigene Investition sehen, um zum Beispiel im Gespräch mit Nichtmitgliedern eine Brücke zur Mitgliedschaft zu schlagen. Eine weitere Form der Finanzierung dieser Aktivitäten geschieht durch die Allgemeinheit aller Mitglieder (Kostenträger), die bestimmte Projekte oder Ressourcen langfristig finanzieren.

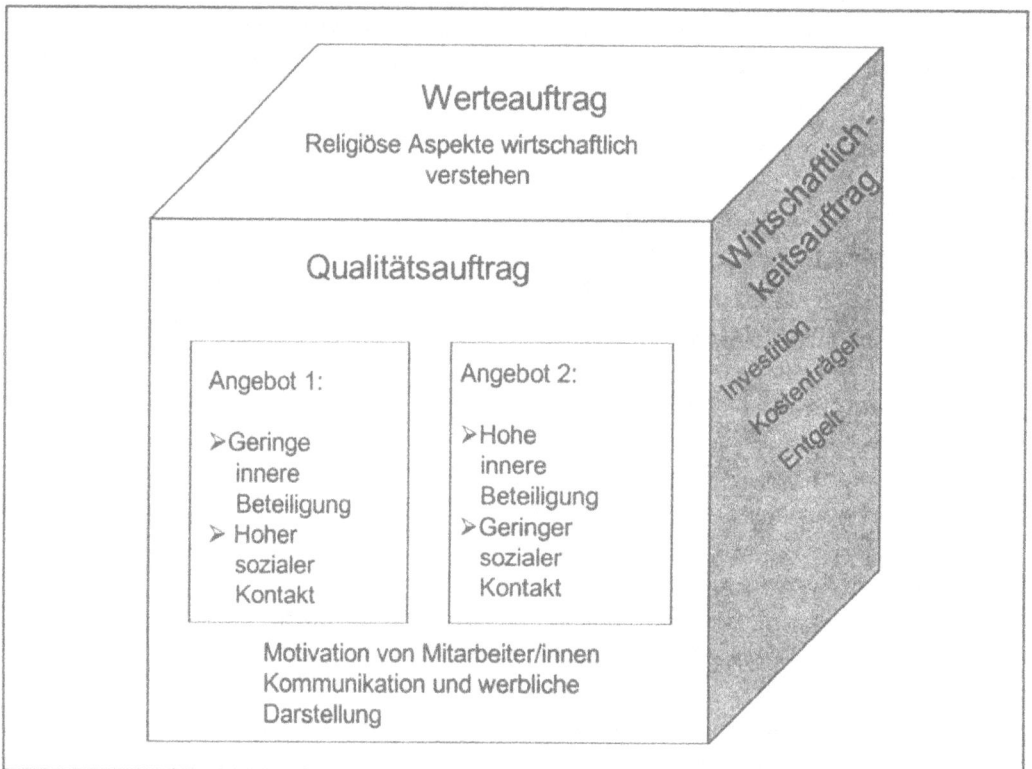

Werteauftrag
Religiöse Aspekte wirtschaftlich verstehen

Qualitätsauftrag

Angebot 1:
➢ Geringe innere Beteiligung
➢ Hoher sozialer Kontakt

Angebot 2:
➢ Hohe innere Beteiligung
➢ Geringer sozialer Kontakt

Motivation von Mitarbeiter/innen
Kommunikation und werbliche Darstellung

Wirtschaftlichkeitsauftrag
Investition
Kostenträger
Entgelt

Abbildung 12:   Der Werte-, Qualitäts- und Wirtschaftlichkeitsauftrag

3.   Grundlagen des Marketing

● *Welche Erkenntnisse und Inhalte verbergen sich hinter dem Begriff „Markt/Marketing"?*
Was ist ein Kunde und wie lässt sich von Seiten eines Anbieters die Beziehung zu einem Kunden aktiv gestalten?

● *Wie lässt sich der Markt als das Zusammentreffen von Anbieter und Nachfrager beschreiben?*
Auf welche Weise kann Marketing als aktive Gestaltung einer Beziehung im Sinne eines Austausches dargestellt werden?

● *Die Entwicklung des Marketing als Funktion eines Unternehmens hin zu einer inhaltlichen, integrativen und bewusstseinsbildenden Führungskonzeption.*

Marketing bedeutet das Verkaufen oder aktive Vermitteln von Angeboten entweder in Form einer Ware oder Dienstleistung. Viele Menschen beschränken ihr Verständnis auf den Blick der Marketingaktivitäten, die sie in der Wirklichkeit sehen. Sie verstehen unter Marketing die Aktivitäten, die sie in ihrem Umfeld erkennen und wahrnehmen. Dabei verkümmert das Marketing auf die so genannten Marketinginstrumente, vor allem auf die Werbung und Öffentlichkeitsarbeit. Marketing ist aber mehr. Marketing ist **das konzeptionelle Denken und Handeln,** mit dem der Markt als ein System der Versorgung des Menschen betrachtet wird. Der Markt wird heute neben dem Staat oder verschiedenen privaten oder öffentlichen Funktionsbereichen der Gesellschaft (Beispiel: Sozialträger, Wohlfahrtsverbände, Haushalte, Kirchen u. a.) immer noch vorwiegend als *Allokations- oder Distributionssystem* von Gütern oder Dienstleistungen verstanden. Aus dieser Perspektive stehen die Marketinginstrumente, wie zum Beispiel die Produkt-, die Kommunikations-, die Distributions- und die Preispolitik sowie der Marketingmix, im Mittelpunkt.

Bei dieser punktuellen und funktionalen, auf den Einsatz und die Wirkung von Marketinginstrumenten bezogenen Betrachtung stehen die konzeptionellen Überlegungen zum Thema Marketing meistens im Hintergrund.

Die gegenwärtigen Veränderungen der Rahmenbedingungen (Beispiel: Globalisierung) sowie des individuellen Kundenverhaltens (Beispiel: Elektronisches Marketing, Marketing im Internet) erfordern aber ein Marketingdenken, das wie folgt beschrieben werden kann:

Will it take six strong men to bring you back into the church?

Our church welcomes you no matter what condition you're in, but we'd really prefer to see you breathing. Come join us in the love, worship and fellowship of Jesus Christ this Sunday.

Abbildung 13: Marketing für ein religiöses Angebot in Form der Anzeigenwerbung
(Quelle: Church Ad Project Catalog 1992/93 Eagan MN, USA)

● Marketing beschränkt sich nicht auf die punktuelle Betrachtung von (Vertriebs- oder Zuteilungs-)Instrumenten, sondern **stellt die langfristigen konzeptionellen Überlegungen eines Unternehmens** mit Blick auf seine Umwelt und deren Veränderung dar. Im Mittelpunkt stehen dabei die Unternehmensstandards, die ein Unternehmen als seine Unternehmenswerte und Ziele definiert und in Form einer Vision oder Mission formuliert und darstellt. (Beispiel: Professionalisierung kirchlicher Angebote durch ein Qualitätsmanagement, Spezialisierung auf eine bestimmte Zielgruppe usw.).

● Marketing ist keine Einbahnschiene, auf der produzierte Güter oder noch zu erstellende Dienstleistungen mit Hilfe von geeigneten Instrumenten vertrieben werden, sondern *ein ganzheitliches Dialogsystem*, bei dem die Veränderungen der äußeren Rahmenbedingungen sowie die des individuellen Kundenverhaltens frühzeitig wahrgenommen und *in die Organisations- und Managementprozesse eines Unternehmens* integriert werden.

● Marketing kann heute mehr und mehr **als eine Führungskonzeption** von Unternehmen verstanden werden. Innerhalb einer solchen Konzeption *„Führen vom Markt her"* geht es darum, nicht nur den einzelnen Funktionsbereich des Marketing separat auf den Markt hin auszurichten, sondern ein gesamtes Unternehmen mit allen seinen Funktionsbereichen, also auch den Funktionsbereich der Beschaffung, der Produktion usw., am Markt und an den aktuellen Kundenbedürfnissen zu orientieren.

● Bei einer hundertprozentigen Kunden- und Marktorientierung ist es wichtig, die eigenen Inhalte, für die ein Unternehmen steht, zu kennen. Marketing als Führungskonzeption von Unternehmen ist deshalb immer zugleich ein *werteorientiertes Marketing*. Unternehmensspezifische Werte, die in einer Unternehmenskultur oder in einer Unternehmensethik verankert sind, werden immer gleichzeitig mitverkauft und mitvermarktet. Sie bilden gleichzeitig die geistigen Ressourcen ab, die einem Unternehmen als Wert zur Verfügung steht. Über diesen Pool der von einem Unternehmen selbst definierten geistigen Werte und Ressourcen kann das funktionale Handeln innerhalb eines Unternehmens nicht hinaus!

Die seit Mitte der 80er Jahre erweiterte Sichtweise des Marketing wird auch durch die Verwendung anderer Begriffe deutlich. Der Titel „Einführung in die Lehre der Absatzwirtschaft" des Marketingklassikers von Nieschlag, Dichtl, Hörschgen wurde in den Titel „Marketing" geändert. Marketing wird nicht mehr ausschließlich im Sinne einer einzelnen separaten Funktion von Absatz oder Vertrieb verstanden, sondern als Bestandteil einer Wertschöpfungskette innerhalb eines gesamten Unternehmens[15].

---

15 Nieschlag, R./Dichtl, E./Hörschgen, H.: Marketing. 17. Aufl. 1994, S. 3 und S. 23

Becker hat diese Veränderungen unter dem Stichwort der Marketingkonzeption beschrieben und fordert ein „marketing by conception" [16]. Er versteht darunter ein „Leitsystem", das die grundlegenden Bestandteile des Marketing, die Ziele, Strategie und der Maßnahmen-Mix, zusammenfasst und als eine Einheit betrachtet.

Auch bei Meffert gewinnt die ganzheitliche Betrachtung des Marketing an Bedeutung. Meffert versteht Marketing als ein duales Konzept marktorientierter Unternehmensführung [17], das sich in folgende Aspekte darstellen lässt:

● formale instrumentale Funktion (Marketinginstrumente u. a.) und

● inhaltlich bewusstseinsbildende Funktion des Marketing mit Blick auf die Unternehmenswerte und Unternehmenskultur (Leitbild).

Damit trägt das Marketing etwas zur Unternehmensphilosophie als ein Leitkonzept des Managements bei und ist als Bestandteil dieser Unternehmensphilosophie zu betrachten. Zum anderen wird Marketing im Sinne des Absatzmarketing als Funktion neben anderen gleichberechtigten Unternehmensfunktionen (Beschaffung, Produktion, Führung) gesehen.

Die duale Betrachtung auf zwei unterschiedlichen Ebenen von Meffert wird bei Meyer durch eine integrierte Sicht des Marketing auf eine Ebene gebracht [18]. Marketing übernimmt innerhalb eines Unternehmens drei wesentliche Aufgabenstellungen.

Marketing ist

● **Ein Bestandteil der Unternehmensphilosophie** und

---

[16] Becker, J.: Marketing-Konzeption. Grundlagen des strategischen Marketing-Management. 5. Aufl. 1993, S. 1 und S. 657 ff. Ebenso Becker, J.: 6. Aufl. 1998

[17] Meffert, H.: Marketing-Management. Analyse, Strategie, Implementierung. Wiesbaden 1994, S. 5

[18] Meyer A.: Integriertes Marketing – Abschied vom Marketing-Mix und Ressortdenken. In: Absatzwirtschaft 9/94 S. 94 und 10/94 S. 102. Mit einem integrativen Marketing-Ansatz hat schon Mitte der 70er Jahre P. W. Meyer versucht, das traditionelle instrumentale Marketing-Modell, das sich im wesentlichen an den Marketing-Instrumenten und dem Marketing-Mix orientiert, durch eine neue Grundlagenkonzeption zu ersetzen. Das multifunktionale Interaktionsmodell des Marktes im Sinne von Meyer legt den Schwerpunkt mehr auf eine funktionale Betrachtungsweise der einzelnen Marketing-Maßnahmen und umfasst folgende Schritte: Vorbereitung der Marktteilnahme, Marktkommunikation, Abschluss-Marktvertrag und Realisierung bzw. Objekttausch.

- hat eine **koordinierende integrative Aufgabe** im Sinne der Ausrichtung des gesamten Unternehmens auf den Markt und

- übernimmt **bestimmte Funktionen mit Blick auf den Absatz** von Produkten oder Dienstleistungen.

3.1   Marketing als Managementaufgabe und Führungskonzeption

Die meisten Kirchen, religiösen Gemeinschaften oder christlichen Werke werden so geführt, dass ein religiöses Gedankengut, eine Offenbarung oder ein Dogma Ausgangspunkt der Organisation und Verwaltung darstellt. Damit wird die gesamte Organisation bzw. das Management an den Verwaltungsvorschriften ausgerichtet. Demgegenüber richtet sich das Marketing als Führungskonzeption religiöser Unternehmen **zuerst nach den Bedürfnissen eines Nachfragers.** Eine Kirche, die vom Markt her geführt wird, geht nicht in erster Linie von sich selber und ihren Glaubenssätzen (status confessiones, Glaubensdogma, Offenbarung u. a.)[19] aus, sondern fragt zuerst nach den Bedürfnissen der Nachfrager, und auf welche Weise ein kirchliches Angebot das tatsächliche Bedürfnis eines Menschen erfüllen kann. Eine vom Markt her geführte Kirche verlässt die eigenen frommen Mauern und begibt sich auf den Marktplatz zu den Kunden. Damit ist ein fundamentaler Stellungswechsel verbunden: eine Kirche wartet nicht, bis ihre Kunden auf sie zu kommen, sondern geht von sich aus auf ihre Kunden zu[20].

Mit diesem Stellungswechsel geschieht ein weiterer fundamentaler Schritt: die Kirche bzw. ihre haupt- und ehrenamtlichen Mitarbeiterinnen und Mitarbeiter verlassen den so genannten *Expertenzugang zu ihren Kunden* und lassen sich auf die religiösen Bedürfnisse ein, die ein Mensch tatsächlich empfindet und hat. Keiner muss zuerst fünf Jahre Theologie studieren oder über eine außerordentliche religiöse (Glaubens-) Erfahrung verfügen, um eine Antwort bzw. Angebot auf sein tatsächliches religiöses Bedürfnis zu erhalten. Auch das Argument, sich schlecht oder gar nicht in der Bibel auszukennen, darf keine Barriere zwischen dem Anbieter religiöser Dienstleistungen und den Nachfragern darstellen. Ein Mensch, der ein religiöses Bedürfnis äußert und eine religiöse Dienstleistung nachfragt, muss sich darauf einlassen können, dass eine religiöse Gemeinschaft diese Nachfrage ohne irgendeine Vorbedingung erfüllen kann und will. Dies kann aber nur dann geschehen, wenn sich Mitarbeiter und

---

19   Vgl. Acta Apostolicae Sedis: Zweites Vatikanisches Konzil, Konstitution über die Kirche. Authentischer lateinischer Text. Aschendorf: Münster 1966; Barmer: Theologische Erklärungen. Confessio Augustana usw.

20   In der kirchlichen Literatur wird von den so genannten Komm- bzw. Gehstrukturen kirchlicher Arbeit gesprochen. Vgl. Herbst, M.: Missionarischer Gemeindeaufbau in der Volkskirche. Stuttgart 1987

Management eines religiösen Unternehmens ganz auf die Seite des Nachfragers stellen und die Position des Nachfragers zum Ausgangspunkt ihres Denkens und Handelns machen.

Der Maßstab ist nicht der religiöse Experte, sondern das religiöse Bedürfnis, aus dem sich das Expertenwissen immer wieder rekrutieren und darstellen lässt.

Dieser Stellungswechsel auf die Seite des Kunden ist aus verschiedenen Gründen für die Verantwortlichen und Mitarbeiterinnen und Mitarbeitern einer Kirche problematisch. Die Problematik ist darin zu sehen, dass jede religiöse Erfahrung *eine absolute Erfahrung ist*. Das bedeutet, dass auch die Überzeugung, die aus einer religiösen Erfahrung entsteht, eine *absolute Überzeugung ist*. Religiöse Erfahrung bzw. religiöse Überzeugung ist für denjenigen Menschen, der sie sich zu eigen gemacht hat, ein absoluter Wert bzw. eine absolute Wahrheit, die durch nichts in Frage zu stellen ist [21]. In diesem Sinne ist eine religiöse Überzeugung als Expertenwissen bzw. Expertenkompetenz zu sehen, über das nur derjenige Experte verfügt, der speziell diese religiöse Erfahrung gemacht hat. Da nur wenige Menschen die Fähigkeit bzw. die Bereitschaft haben, [22] ihre absolute religiöse Erfahrung und das daraus entwickelte Expertenwissen bzw. Expertenüberzeugung zeitweise aufzugeben, kann sich eine Religion immer mehr zu einem Fundamentalismus entwickeln. Dies wäre aber genau die gegenteilige Voraussetzung zu einer kundenorientierten Vermittlung religiöser Angebote.

In den zurückliegenden Jahren hat sich für die Unternehmen im gewerblichen Bereich immer mehr ein so genannter Integrativer Marketingansatz herausgebildet. Ein Integratives Marketing besteht nicht darin, Angebote wie in einer Einbahnstraße zu vermarkten und zu verkaufen, sondern das gesamte Umfeld, in dem ein Unternehmen steht, zu berücksichtigen. Themen, wie z.B. Schutz der Ressourcen (z.B. Ölschock), Umweltschutz (z.B. Der grüne Punkt), soziale Gerechtigkeit und Humanität, haben in der Allgemeinheit immer mehr an Bedeutung gewonnen. Im Laufe der Zeit wurde deutlich, dass ein Unternehmen oder eine Organisation nicht „im luftleeren Raum" Waren oder Dienstleistungen herstellt und verkauft.

---

[21] Diese Feststellung gilt auch für denjenigen, der die Toleranz oder Nächstenliebe als wichtigsten Wert seiner religiösen Überzeugung definiert. Wie geht ein solcher Mensch mit seiner religiösen Überzeugung um, wenn ihm ein intoleranter Mensch gegenübertritt?

[22] Die mangelnde Bereitschaft oder Unfähigkeit liegt nicht im Wesen des Menschen, sondern in der Natur der Sache. Wird der Mensch trotzdem bereit, von seinem absoluten Wahrheitsanspruch abzurücken, dann kann er **als weise** bezeichnet werden. Die Bibel kennt die Menschen, die weise mit und durch ihre Glaubensüberzeugungen geworden sind, und beschreibt sie mit folgenden Eigenschaften. „Wer von euch meint, klug und weise zu sein, der soll das durch sein ganzes Leben zu erkennen geben, durch seine Freundlichkeit und Güte. Sie sind Kennzeichen der wahren Weisheit" (Jakobus-Brief Kapitel 3 Vers 13 nach der Übersetzung Hoffnung für alle Das Neue Testament Basel, Giessen 1989, Seite 535)

Organisationen und Unternehmen stehen unter dem Einfluss von Partnern, die die öffentliche Meinung, das Image oder das allgemeine Vertrauen in eine Organisation fördern können oder nicht. Das integrierte Marketingkonzept versucht deshalb, nicht nur den (Absatz-) Kunden oder Käufer als Marktpartner zu sehen. Vielmehr stehen *die Beziehungen zu allen Marktpartnern* (Verbände, Gesellschaft usw.), die Einfluss auf eine Organisation oder Unternehmung haben, im Mittelpunkt des Interesses und sollen in ein ganzheitliches Konzept integriert werden.

Um dieses Bewusstsein zu wecken, bedarf es auch eines internen Marketingprozesses, an dem Mitarbeiter und Management aktiv beteiligt sind. Ein wichtiger Impuls zur Entwicklung eines integrierten Marketingkonzeptes ist darin zu sehen, dass alle Organisationseinheiten oder Abteilungen (Produktion, Verwaltung, Buchhaltung, Forschung usw.) integrativ organisiert sind und auf den Markt hin ausgerichtet werden müssen. Die Abrechnung für die private Nutzung des Gemeindehauses sollte in der selben angenehmen Atmosphäre geschehen wie das seelsorgerische Gespräch. Der Hausmeister im Gemeindehaus muss genau so freundlich zu den Teilnehmern einer Veranstaltung sein wie der Pfarrer oder die Pfarrerin. Das integrierte Marketingkonzept beinhaltet, dass alle Organisationseinheiten sich in einen Prozess integrieren lassen, durch den eine Gesamtorganisation aller Beziehungen zu den verschiedenen Marktteilnehmern auf den Markt hin ausgerichtet werden kann. Auf dieser Basis wird das Marketing immer mehr zu einer **Führungskonzeption und Managementaufgabe** für ein Unternehmen.

3.2   Der Markt – die aktive Gestaltung der Beziehungen zwischen Anbieter und Nachfrager

Auslöser einer wirtschaftlichen Tätigkeit des Menschen sind *seine Bedürfnisse*, die er für sich persönlich oder als Mitglied einer Gesellschaft für die Gemeinschaft wahrnimmt und formuliert. Bedürfnisse entstehen aus *der Wahrnehmung eines Mangels an Versorgungsobjekten*, zum Beispiel Mangel an Nahrungsmittel, Kleidung, Anerkennung, Unterhaltung, Sinn u. a. Dieser Mangel kann auch als eine so genannte *Minus-Position wahrgenommen werden*. Mit Hilfe seiner körperlichen und geistigen Fähigkeiten entfaltet der Mensch Aktivitäten, um diese wahrgenommenen Minus-Positionen und den Mangel an Versorgungsobjekten zu überwinden. Dabei hat jeder Mensch verschiedene Möglichkeiten.

- Der Mensch verfügt über genügend *eigene Fähigkeiten und Ressourcen*, um selbständig die Mangelsituation zu überwinden. Die Aktivitäten, die ein Mensch mit seinen eigenen Möglichkeiten entfaltet, um eine Minusposition zu überwinden, nennt man *Selbstversorgung*.

● Es kann aber auch sein, dass die eigenen Ressourcen des Menschen nicht ausreichen, um eine Minusposition oder einen Mangel zu überwinden. *Diebstahl, Betteln oder Tausch* sind deshalb neben der Kategorie der Selbstvorsorgung die drei elementaren Grundkategorien, mit deren Hilfe der Mensch seine Mangelposition überwindet.

Es versteht sich von selber, dass *der Tausch* als die Form und Möglichkeit angesehen werden kann, die am meisten *als sozial und menschenwürdig* (ethisch) bezeichnet werden kann. Dabei lassen sich nicht nur Waren gegen harte Währungen tauschen. Bei meinen Vorträgen über Marketing von sozialen Angeboten habe ich Menschen kennengelernt, die mir mit inniger Begeisterung erzählt haben, wie sie sich neben dem Management ihres prosperierenden Unternehmens gleichzeitig in der Obdachlosenhilfe aktiv engagieren. Ich bin überzeugt, dass sich diese Menschen nicht auf der Basis von Mitleid für eine besondere Gruppe engagieren, sondern ihr soziales Engagement gegen ein gutes Gefühl tauschen. Die soziale Hilfe wird gegen das gute Gefühl getauscht, etwas Sinnvolles zu leisten. Pluspositionen, die getauscht werden können, bestehen nicht nur in materiellen Produkten oder in Form einer Währung (Geld, Kredit, Zigaretten, Schnaps usw.), sondern auch in den weichen Komponenten wie zum Beispiel Zeit, Sinn, eine religiöse Erfahrung, ein gutes Gefühl usw., die als Tauschobjekt bzw. Tauschmittel angesehen werden können.

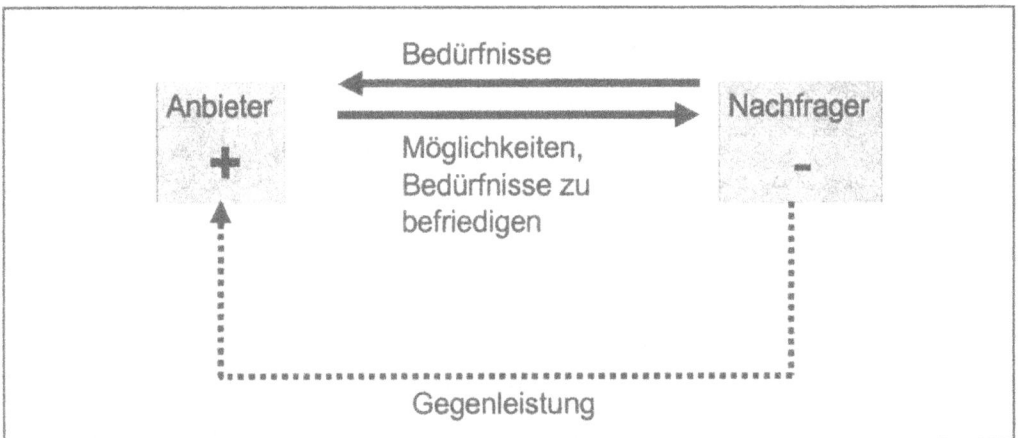

Abbildung 14:   Plus- und Minusposition als Grundlage des Tausches

Homans hatte schon 1958 mit seinem Artikel *„Social behaviour as exchange"* die Grundlagen für diese Überlegungen *im Bereich der Soziologie* geschaffen[23]. Zwei oder mehrere autonome Part-

---

23   Homans, G. C.: Social Behaviour as Exchange. In: The American Journal of Sociology. 1958

ner lassen sich in Tauschbeziehungen unterschiedlichster Art ein und tauschen gegenseitig ihre Plusposition und ihre Werte. Diese Idee des Austausches zwischen zwei selbständigen autonomen Partnern wurde später aus der Sozialwissenschaft durch den berühmten Aufsatz von Philip Kotler „A Generic Concept of Marketing" in die Betriebswirtschaftslehre übertragen.[24]

Mit Blick auf das Marketing von sozialen und religiösen Angeboten ist der Perspektivenwechsel wichtig, der dann vollzogen wird, wenn man sich in die soziale Grundkategorie des Tausches stellt und die Vermittlung religiöser Angebote im Sinne eines Tausches vollzogen wird. Damit werden die anderen Grundkategorien überwunden: Es zählt nicht mehr die Grundkategorie der gewaltsamen Aneignung oder die *gewaltsame (fundamentalistische) Verteilung* eines religiösen Angebotes („ …und willst Du nicht mein Bruder sein, dann schlag ich Dir den Schädel ein") noch die anbiedernde unterwürfige Haltung oder das Mitleid bzw. *willkürliche Generosität*, sondern *die soziale Kategorie des Tausches, die die Würde und Persönlichkeit des Menschen als autonomer, freier Tauschpartner* am meisten schützt und fördert[25].

Das Handeln des Menschen mit Blick auf das Anbieten seiner Pluspositionen (Anbieter-Position) oder mit Blick auf die Überwindung seiner Minusposition (Nachfrager-Position) lässt sich im Überblick ganzheitlich in Form eines Würfels abbilden.

Das wirtschaftliche Handeln des Menschen umfasst folgende Dimensionen:

- **Das System:** Selbstversorgung, Zuwendung, Zuteilung oder Leistungsaustausch

- **Die Funktion:** Erwerbswirtschaftlich, Sozialwirtschaftlich, Gemeinwirtschaftlich, Eigenbedarfswirtschaftlich

- **Die Form:** Ware, Dienstleistung, Ökonomische Chance oder Objektsystem

---

24   Kotler, P.: The Generic Concept of Marketing. In: Journal of Marketing. Vol. 36/4, 1972

25   Martin Luther sieht „im fröhlichen Wechsel" (Tausch) sogar eine theologische Grundkategorie, die der Freiheit und der Wesensbestimmung des Menschen entspricht: „Christus est gratia, vita et salute, Anima plena est peccatis, morte et damnatione. Intercedat iam fides, et fiet, ut Christui sint peccata, mors et infernus, animae vero gratia, vita et salus: opertet enim eum, si sponsus est, ea simul quae sponsa habet acceptare et ea quae sua sunt sponsae impartire." Luther, Marti (Hrsg. von Schmitt): Von der Freiheit eines Christenmenschen. L. E. 1954, Tübingen M. S. 48

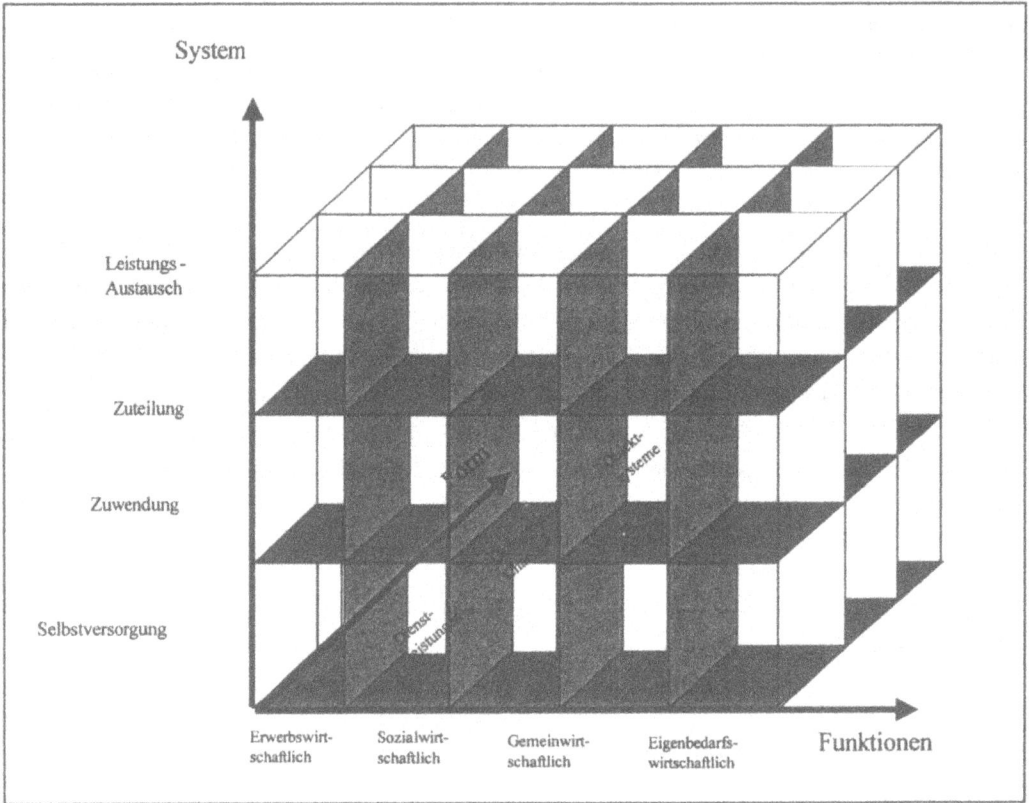

Abbildung 15:   Der Würfel als ganzheitliche Abbildung der Versorgungsprozesse des Menschen

3.3   Formen religiöser Angebote

Religiöse Angebote können in Form einer **Ware, Dienstleistung,** einer **ökonomischen Chance** oder in Form einer Kombination dieser Formen **als System** vorliegen. Eine *Ware* ist ein äußerlich abgrenzbarer, messbarer Gegenstand wie zum Beispiel die Bibel (Seitenzahl, Größe, Gewicht), ein Buch als Geschenk bei einem Besuch, eine Video- oder Musikkassette. *Dienstleistungen* sind überwiegend immaterielle Leistungsfähigkeiten (Potentiale) von Menschen, die im Dienstleistungsprozess auf das Potential übertragen wird, das ein Kunde extern zur Verfügung stellt (z.B. Predigt, Gespräch, Besuch, Konzert, Gruppe usw.). Eine *ökonomische Chance* besteht in einem Versprechen, das erst in der Zukunft realisiert wird. So ist zum Beispiel die Anmeldung für eine Taufe oder eine Hochzeit das Versprechen einer ökonomischen Chance. Das Angebot zur Gestaltung und Durchführung einer Taufe bzw. Hochzeit wird zu einem Zeitpunkt angemeldet, vorbereitet und im Sinne einer zukünftigen Chance „gekauft". Die eigentliche Taufe bzw. Hochzeit findet erst in der Zukunft in Form einer

Dienstleistung (Begleitung) statt. Die gesamte Durchführung entspricht einem so genannten System, nämlich als Kombination von verschiedenen Angebotsformen: die Anmeldung als Kauf einer ökonomischen Chance, die Vorbereitungsgespräche und die Durchführung einer Taufe oder einer Hochzeit als Dienstleistung und die Ware in Form einer Taufkerze, Hochzeitsbibel usw.

Diese verschiedenen Angebotsformen lassen sich auf verschiedene Art und Weise finanzieren.

3.4   Funktion und Prinzip wirtschaftlichen Handelns

Die wirtschaftlichen Tätigkeiten des Menschen geschehen nicht nur mit Blick auf seine Versorgung, sondern auch mit einer bestimmten Zielsetzung und einem bestimmten Zweck. Dieser wird im wesentlichen davon geprägt, *auf welche Weise die wirtschaftliche Tätigkeit finanziert werden soll*. Hinter der Entscheidung stehen Menschen, die als Subjekte im Rahmen der Zielsetzung und Aufgabenstellung von Versorgungsprozessen darüber entscheiden, ob ein Angebot *erwerbswirtschaftlich, sozialwirtschaftlich, gemeinwirtschaftlich, eigenbedarfswirtschaftlich vermittelt bzw. finanziert werden soll*.

Das erwerbswirtschaftliche Prinzip

Zwei Kriterien kennzeichnen die Aufgabenstellung und Zielsetzung eines erwerbswirtschaftlichen Unternehmens: zum einen werden Angebote bzw. Leistungen *zugunsten Dritter erstellt* und *gleichzeitig von diesen Dritten bezahlt*. Zu der Kategorie erwerbswirtschaftlicher Unternehmen gehören dementsprechend alle Unternehmen, die ihr Angebot und ihre Leistung gegen ein direktes Entgelt verkaufen. Wird eine Immobilie einer religiösen Gemeinschaft gegen Gebühr vermietet (Gemeindehaus, Kirchengebäude u.a.), entspricht dies einem erwerbswirtschaftlichen Prinzip.

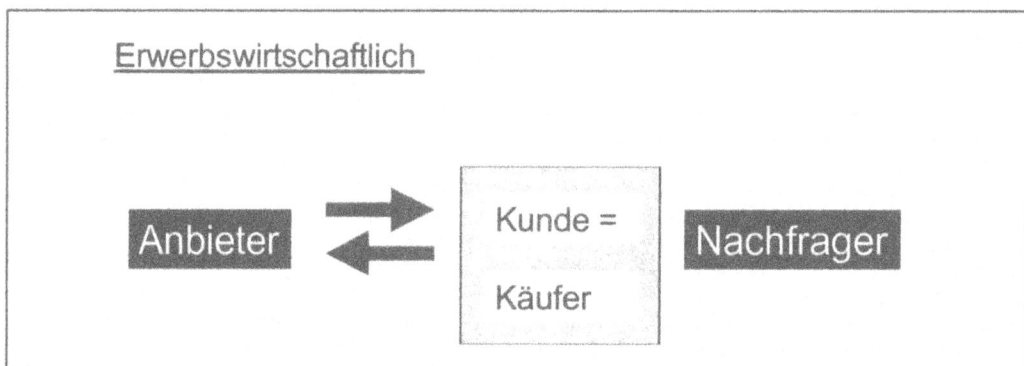

Abbildung 16:   Erwerbswirtschaftliches Prinzip: Der Kunde ist gleichzeitig der Käufer

Das sozialwirtschaftliche Prinzip

In voller Absicht hat die Gesellschaft auch die Möglichkeit geschaffen, die wirtschaftliche Tätigkeit von Menschen mit dem so genannten sozialwirtschaftlichen Prinzip zu finanzieren. Dabei wird die direkte Entgelt-Regelung zwischen demjenigen, der ein Angebot bzw. eine Leistung empfängt, und demjenigen, der sie herstellt, bewusst unterbrochen. Die direkte Entgelt-Regelung wird deshalb bewusst außer Kraft gesetzt, um einerseits eine falsche Abhängigkeit zwischen Leistungsanbieter und Leistungsempfänger zu vermeiden (Integritätsprinzip). Andererseits soll dadurch die Möglichkeit geschaffen werden, dass Menschen, die unter Umständen sich kein religiöses Angebot finanziell leisten können, nicht ausgegrenzt werden (Solidaritätsprinzip). Die charakteristischen Merkmale von Unternehmen, die sozialwirtschaftlich handeln, bestehen darin, *kein direktes oder kein leistungsadäquates Entgelt* beim Kunden (Leistungsempfänger) zu erheben. Sozialwirtschaftliche Organisationen finanzieren sich und ihr Angebot über andere Möglichkeiten, wie z.B. durch Steuern, Spenden, Beiträge, Zuschüsse u. a. Obwohl die Mitglieder einen Mitgliedsbeitrag bzw. Steuer bezahlen, trifft das soziwirtschaftliche Prinzip auf die meisten religiösen Gemeinschaften zu. Der Mitgliedsbeitrag wird in den meisten Fällen unabhängig von der direkten Leistung erhoben [26].

---

[26]   Die Definition der Kirchensteuer stellt eine eigene Problematik dar. Grundlage dafür ist heute immer noch die Definition aus dem Jahre 1910: „Den Begriff der Kirchensteuer hat Friedrich Giese, ihr sorgsamer Erforscher, folgendermaßen definiert: `Kirchensteuern sind die an kirchliche Verbände von ihren Verbandsmitgliedern kraft der Verbandsangehörigkeit für kirchliche Zwecke unentgeltlich zu entrichtenden unständigen geldlichen Zwangsbeiträge". Huber, W.: Die Kirchensteuer als wirtschaftliches Grundrecht. In: Lienemann, W.: Die Finanzen der Kirche. München 1989, S. 130

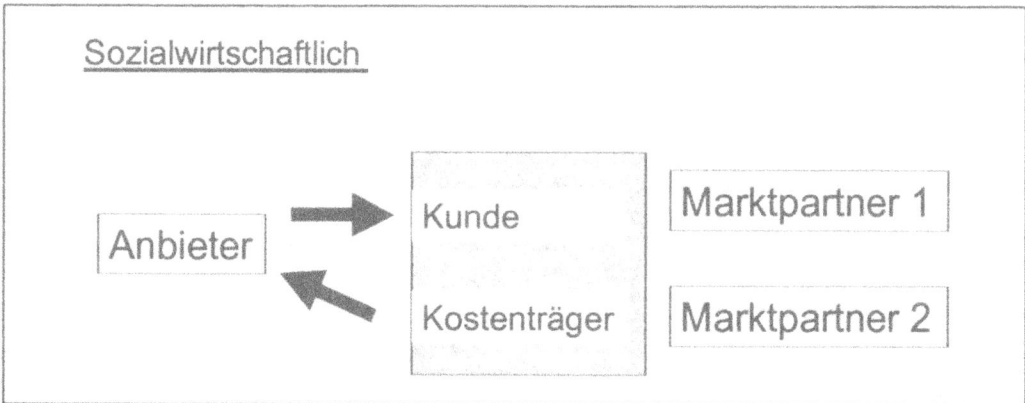

Abbildung 17:   Das sozialwirtschaftliche Prinzip: Der Kunde entrichtet kein direktes Entgelt und ist damit
nicht gleichzeitig der Käufer

Das erwerbswirtschaftliche und sozialwirtschaftliche Prinzip darf nicht mit der Organisationsform eines Profit- bzw. Non-Profit-Unternehmens gleichgesetzt werden.

Das gemeinwirtschaftliche Prinzip

Organisationen, die ihre wirtschaftliche Tätigkeiten gemeinwirtschaftlich wahrnehmen, tun dies im Sinne einer gesamten Gesellschaft und für ihr Gemeinwohl, wie z.B. bei der Herstellung und Gewährleistung der inneren oder äußeren Sicherheit u.a. Im Gegensatz zum sozialwirtschaftlichen Prinzip, bei dem auf einer breiten Basis Einzelinitiativen im sozialwirtschaftlichen Bereich ergriffen und organisiert werden können (z.B. durch gemeinnützige Vereine, Initiativgruppen, Einzelpersonen u.a.), kommt die Zielsetzung und Finanzierung von gemeinwirtschaftlichen Organisationen ausschließlich durch eine gemeinsame politische Willensbildung zustande. Spenden an gemeinwirtschaftliche Organisationen wie Bundeswehr oder Polizei sind nicht möglich.

Das eigenbedarfswirtschaftliche Prinzip

Wesentliches Definitionskriterium einer eigenbedarfswirtschaftlichen Aktivität liegt darin, dass die Versorgung *nicht zugunsten eines Dritten*, sondern zugunsten der Organisation geschieht, die diese Tätigkeit ausübt. Auch durch die eigenbedarfswirtschaftliche Versorgungstätigkeit entstehen Kosten, die finanziert werden müssen. Als Beispiel in diesem Bereich kann der Offset- oder Digitalkopierer genannt werden, mit dem die Pfarramtsekretärin den Gemeindeinformationsbrief druckt.

Die Gesellschaft bietet einen Raum zur Organisation wirtschaftlicher Tätigkeiten mit verschiedenen Funktionen und Prinzipien. Das erwerbswirtschaftliche Prinzip mit seiner direkten Entgeltregelung muss nicht auf alle Organisationsformen übertragen werden. *Gemeinsame ethische Grundwerte und die soziale Grundeinstellung* vieler Menschen innerhalb einer Gesellschaft bilden die Grundlage für die Erkenntnis, dass *die Versorgungsgüter im sozialen, kulturellen, religiösen Bereich anders und damit u. U. optimaler durch das sozialwirtschaftliche Prinzip vermittelt werden können.*

---

1. **Erwerbswirtschaftlich**
   Definition: Produktionsbetriebe oder Dienstleistungsorganisationen, die für ihr Angebot ein direktes Entgelt beim Kunden erheben (Kunde = Käufer).

2. **Sozialwirtschaftlich**
   Definition: Sozialwirtschaftlich bedeutet, dass ein Angebot vorwiegend im Interesse und zum Nutzen Dritter erbracht wird und dabei nicht notwendigerweise ein adäquates Leistungsentgelt direkt beim Leistungsempfänger erhoben werden muss. Beispiele: Krankenhaus, Sozialhilfe, karitative Einrichtungen, Kirche, u. a.

3. **Gemeinwirtschaftlich**
   Definition: Im Interesse des Gemeinwohls werden Aufgaben wahrgenommen und deshalb auch direkt durch die Gesellschaft allgemein finanziert. Beispiel: Sicherheit, Versorgungssysteme, Bildung, Verkehrswesen u. a.

4. **Eigenbedarfswirtschaftlich**
   Definition: Für den eigenen Bedarf wirtschaftende Organisationen. Beispiel: Wäscherei im Krankenhaus, Gärtnerei einer Behinderten-Einrichtung, Digitalkopierer in einer Kirchengemeinde.

3.5 Unterschiedliche Systeme wirtschaftlichen Handelns und ihre Auswirkung auf das Marketing

Die wirtschaftlichen Tätigkeiten einzelner Menschen oder Organisationen finden in einer gewissen Systematik statt. In historischer Sichtweise lassen sich folgende vier Systeme entwerfen.

Die Selbstversorgung

Historisch betrachtet gilt die *Selbstversorgung* als eines der ersten Versorgungssysteme. Kennzeichnend für die Selbstversorgung ist die selbständige, autarke Gruppe, die sich und ihre Mitglieder mit allen benötigten Versorgungsobjekten selbst versorgt. Organisatorisch kommt eine vollständige Selbstversorgung schnell an Grenzen, wenn die Anzahl ihrer Gruppenmitglieder zu groß oder der Versorgungsraum für die Gruppe (Sippschaft) zu klein wird.

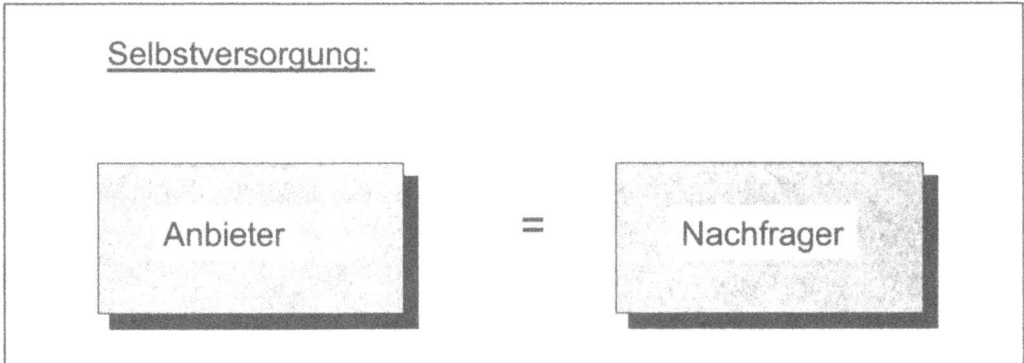

Abbildung 18:   Merkmale der Selbstversorgung

Eine Abwandlung der Selbstversorgung ist die Teilselbstversorgung, die heute noch von einzelnen Personen oder *natürlichen Gruppen* angewandt wird (Beispiel: Gemüse und Obst aus dem eigenen Garten oder die Hausapotheke mit verschiedenen Kräutern oder religiöse Erziehung von Kindern z.B. Abendgebet). Eine Teilversorgung gibt es auch bei künstlichen Gruppen, wie z.B. in Anstalten (Gärtnerei), Gefängnissen (Produktion verschiedener Hauswarenartikel für den eigenen Gebrauch) oder Krankenhäusern (Wäscherei) u.a. Im sozialen Bereich kann die Hausapotheke, die mit gewissen Hausmitteln erweitert ist, als Selbstversorgung betrachtet werden. Auch die Selbstbeobachtung, die Selbsterfahrung mit einem eigenen Leben, kann als Selbstversorgung verstanden werden. So ist zum Beispiel die Selbsthilfegruppe bei Verlusterfahrungen oder Trauer ein wichtiges Instrument der Selbstversorgung. Auch das Gespräch, das Jugendliche untereinander „über Gott und die Welt" führen, fällt in die Kategorie Selbstversorgung. Auch der Selbstversorger steht vor gewissen *Marketingproblemen*, wie z.B.: Wie hoch kann der Grad der Selbstversorgung sein? Wie teuer können die Eigenkosten, die die Selbstversorgung verursacht, sein (Zeit, Engagement, Geld)? Wann ist der Selbstversorger auf eine andere Versorgungsform angewiesen?

Die Zuwendung

In Ablösung vom Selbstversorgungsprinzip entstand historisch gesehen die zweite wirtschaftliche Form *der Versorgung*, das so genannte Versorgungssystem der Zuwendung. Kennzeichnend für das Versorgungssystem der Zuwendung ist das Merkmal, dass Versorgungsgüter bereitgestellt und überlassen werden, ohne dass dabei ein Rechtsanspruch besteht. Die

Zuwendung entsteht aufgrund *moralischer, ethischer oder persönlicher Überlegungen*. Eine moderne Variante der Zuwendung besteht in Form der Schenkung, Spende oder Stiftung, die zwischen einzelnen Personen oder Personengruppen geschieht. Eine weitere Form ist *die Subvention*, durch die auf Grund besonderer gesellschaftspolitischer Überlegungen besondere Gruppen, z. B. Landwirte, begünstigt werden. Auch die schnelle Hilfe im Katastrophenfall, z. B. Erdbeben-Opfer u. a., die durch Hilfsorganisationen erbracht und durch aktuelle Spenden-Aufrufe finanziert wird, gelangt durch das wirtschaftliche Versorgungssystem der Zuwendung zu den betroffenen Menschen.

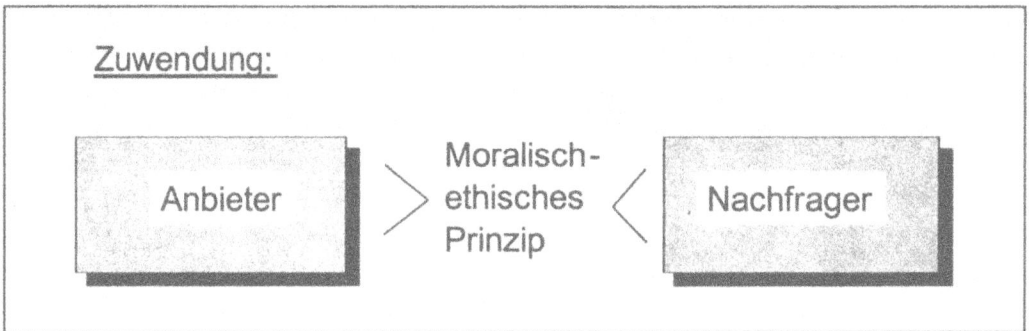

Abbildung 19:   Merkmale der Zuwendung

Für diejenigen, die eine Zuwendung erhalten wollen, oder stellvertretend eine Zuwendung weitervermitteln, besteht die große *Herausforderung im Marketing darin, eine moralisch-ethische Legitimation dafür nachzuweisen*. Der ganze Bereich des *Spendenmarketing und des Social Sponsoring* beschäftigt sich damit.

Die Zuteilung

Im Gegensatz zum Versorgungsprinzip der Zuwendung muss bei *der Zuteilung* ein Rechtsanspruch nachgewiesen werden. Das Versorgungsprinzip der Zuteilung findet in der allgemeinen Sozialfürsorge ebenso Anwendung wie bei der Lizenzierung spezieller Berufe oder innerhalb der Planwirtschaft der ehemaligen Ostblock-Staaten. Der Nachweis eines Rechtsanspruchs ist meistens inhaltlich begründet. Als Mitglied einer Gesellschaftsform (Deutscher, Amerikaner, Europäer u. a.) besteht durch Geburt ein natürlicher Rechtsanspruch für die Beteiligten (natürlicher Rechtsanspruch).

Ein künstlicher Rechtsanspruch kann durch die Mitgliedschaft in Verbänden, Gruppen oder Organisationen geschaffen werden, denen Menschen beitreten können. In den meisten religiösen Gemeinschaften beginnt die Mitgliedschaft mit einem religiösen Ritual wie z. B. Taufe, oder Bekenntnis zu einer religiösen Überzeugung. Der finanzielle Ausgleich für diesen Rechtsanspruch der Zuteilung kann in Form von Mitglieder-Beiträgen oder allgemeinen Steuern oder Spenden geschehen. Unter geschichtlichen Aspekten betrachtet steht das Versorgungssystem der Zuteilung an dritter Stelle.

Abbildung 20:   Merkmale der Zuteilung

Damit ist es geschichtlich gesehen ein sehr junges Versorgungssystem. Aktuelle Beispiele lassen sich deshalb auch aus unserer Zeit nennen. Normalerweise wurde oder wird das Versorgungssystem der Zuteilung in Krisenzeiten, wie z.B. in oder nach einem Krieg, in gesellschaftlichen Entwicklungssituationen, in denen noch keine demokratischen Verhältnisse anzutreffen sind (z.B. Entwicklungsländer) oder in bestimmten Gesellschaftssystemen (ehemalige DDR) oder gesellschaftlichen Bereichen (Kirche, Gewerkschaften, Mitgliederverbände u.a.) angewandt.

Die besondere Herausforderung an das Marketing von Unternehmen, die ihr Angebot über das System der Zuteilung absetzen, liegt vorwiegend in der *kostengünstigen und kundenorientierten Organisation des Rechtsanspruchs.* So stellt sich zum Beispiel die Frage, wieviel Ansprechpartner ein Kunde hat, wenn er einen Rechtsanspruch in einer Kommune oder bei einer Kirchengemeinde wahrnimmt (Pfarramt, Dekanat u.a.).

Der Tausch bzw. der Markt

Das am weitesten entwickelte Versorgungssystem und damit geschichtlich gesehen das jüngste ist der so genannte *Leistungsaustausch oder Markt.* Eigentlich steht der Begriff „Markt" ganz allgemein für das Zusammentreffen von Menschen, die unabhängig von den Versorgungssystemen der Zuwendung, der Zuteilung oder des Leistungsaustausches als Nachfrager und Anbieter tätig werden. Da aber das Versorgungssystem des Leistungsaustausches gegenwärtig die am weitesten entwickelte und verbreitete Form darstellt, steht der Begriff „Markt" synonym für das Versorgungssystem Leistungsaustausch.

Eine wichtige Voraussetzung dieses Versorgungssystems Leistungsaustausch/Markt ist darin zu sehen, dass autonome, selbständige Partner zusammentreffen und ihre Leistung austauschen. Prinzipiell bestimmt die selbständige Kommunikation zweier Partner das Versorgungssystem des Leistungsaustausches. *Selbständig und autonom je für sich* bestimmen die beiden Austauschpartner (Marktpartner) Form und Inhalt dieser Kommunikation, durch die der Leistungsaustausch wesentlich charakterisiert wird. Im gegenseitigen Tausch werden angebotene oder nachgefragte Versorgungsgüter (Tausch-Objekt) gegen ein allgemeingültiges Tauschmittel (Geld) ausgetauscht.

Die ursprüngliche Form des Tausches war der **Natural-Tausch** (Grundstück gegen Grundstück, Lebensmittel gegen Produktionsgeräte u.a.). Mit gesteigertem Tausch-Volumen und mehr Tausch-Partnern setzte sich die Suche nach einer General-Tauschware (Tauschmittel) durch. Historische Beispiele für ein Tauschmittel sind das Vieh, Edelmetalle, Kauri-Muscheln oder auch Zigaretten u.a. Mit der Einführung des Geldes als organisatorisches Hilfsmittel innerhalb dieses Versorgungssystems des Marktes bzw. Leistungstausches änderte sich grundsätzlich die Situation. Zwar blieb die Voraussetzung, dass jeweils zwei Tausch-Partner als Anbieter oder Nachfrager sich direkt gegenübertreten und miteinander kommunizieren müssen, bestehen. Allerdings kam eine weitere wichtige Aufgabe dazu: Es galt, nicht mehr Objekt gegen Objekt zu tauschen, sondern dabei die jeweiligen Werte der Objekte (Preis) und die Tausch-Menge zu ermitteln. Auf diese Weise entwickelte sich ein kompliziertes Versorgungssystem, bei dem Versorgungsobjekte gegen eine Generaltauschware getauscht werden konnten.

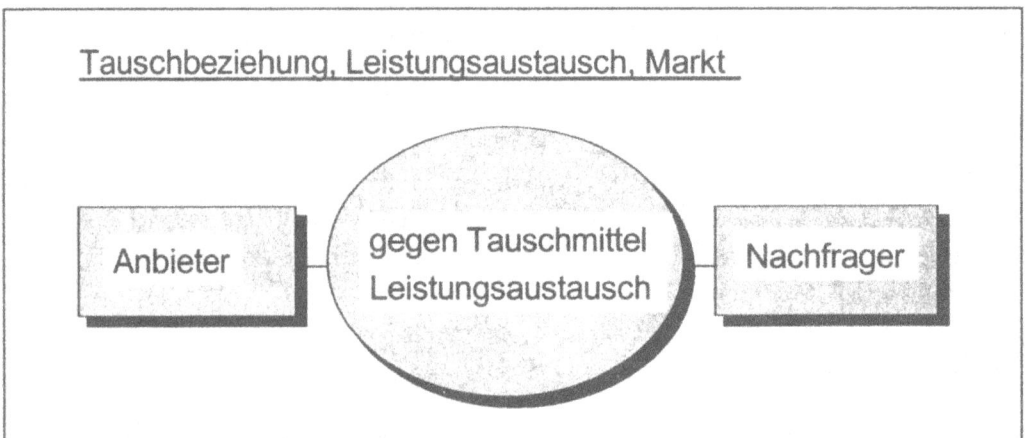

Abbildung 21:   Merkmale des Leistungsaustausches, Markt

Die besondere Marketingaufgabe im Versorgungssystem des Marktes bzw. des Leistungs-austausches zwischen zwei selbständigen Austauchpartnern besteht darin, *den tauschfähigen Partner* zu suchen und zu finden.

Durch seine besonderen Kriterien (mindestens zwei Tauschpartner tauschen Leistung und Gegenleistung in einer klar definierten Markt-Beziehung und beenden diese Beziehung nach dem Tausch) schafft der Tausch die Voraussetzung, durch die am meisten wirtschaftlich ge-plant und gehandelt werden kann. Im Gegensatz zu den anderen Versorgungssystemen der Zuwendung, Zuteilung oder der Selbstversorgung fordert der Tausch die Tauschpartner her-aus, ihre Leistung bzw. Gegenleistung klar zu definieren. Damit wird nicht mehr nach dem Prinzip einer allgemeinen Bedürftigkeit gehandelt, sondern nach den wirtschaftlichen Grundelementen, Leistungen und Gegenleistungen klar zu definieren.

Reflexion

Die geschichtlich betrachteten Formen der Systeme, innerhalb der derer Mensch wirtschaft-lich tätig wird, brachte folgende Erkenntnisse: Die am weitesten entwickelte Form der Ver-sorgung ist der Leistungsaustausch bzw. Markt. Diese Form ist im wesentlichen dadurch gekennzeichnet, dass mindestens *zwei autonome, selbstständige Markt- oder Tauschpartner sich gegen-übertreten, miteinander kommunizieren und ihre Tausch-/Marktbeziehung nach dem Leistungsaustausch wieder beenden.*

Die Form des Leistungsaustausches bzw. der Marktbeziehung muss nicht als die beste Form wirtschaftlichen Handelns gewertet werden. Dennoch muss sie als die Form wahrgenom-men werden, die am weitesten entwickelt ist und deshalb wohl *die aktuellste From des wirtschaft-lichen Handelns darstellt.* Die Erfahrung mit der Geschichte zeigt, dass es schwierig ist, hinter die Erkenntnisse und Entdeckungen des Menschen zurückzugehen, die er auch im Bereich des Wirtschaftens gemacht hat. Es ist deshalb schwierig, die alten Versorgungssysteme der Selbstversorgung, Zuwendung oder Zuteilung neben dem aktuellen Versorgungssystem des Leistungsaustausches oder der Marktbeziehung aufrechtzuerhalten. Dennoch haben auch die älteren Versorgungssysteme ihre Bedeutung und liefern auch heute noch einen wichtigen Beitrag zum wirtschaftlichen Handeln des Menschen.

An dieser Stelle müssen zwei Annahmen gemacht werden: Zum einen ist davon auszugehen, dass unter *der Zunahme des Wettbewerbs* das am weitesten entwickelte System des Leistungsaus-tausches/Marktes sich auch im religiösen Bereich stärker etabliert. Zum anderen müssen die Mitglieder einer Gesellschaft sich immer wieder neu dafür entscheiden, inwieweit die alten Systeme der Selbstvorsorgung, der Zuteilung und der Zuwendung aufrechterhalten und im religiösen Bereich benutzt werden sollen.

1. **Selbstversorgung**
   Autarke Gruppe, Familienverband, Besonderheit: Teilversorgung

2. **Zuwendung**
   Kein Rechtsanspruch, Subvention, die Zuwendung geschieht auf Grund persönlicher, moralisch-ethischer Prinzipien

3. **Zuteilung**
   Bestehender Rechtsanspruch, z.B. durch Mitgliedschaft. Planwirtschaftlich in Krisenzeiten (Bezugsscheine) oder wenig entwickelten Gesellschaftsformen

4. **(Leistungs-) Austausch/Markt**
   Tausch zwischen mindestens zwei autonomen, selbständigen Tauschpartnern. Getauscht werden Versorgungsobjekte gegen Tauschmittel wie Kaurimuschel, Zigaretten oder Geld u. a. Der Tausch findet in einem räumlich oder zeitlich definierten Rahmen statt (Markt/Marktbeziehung).

Fallbeispiel

Eine Zeit der besonderen Herausforderungen erlebe ich als Pfarrer in der Zeit, in der ich am meisten von meiner Arbeitszeit und meiner inneren Beteiligung gefordert bin. Weihnachten ist eine solche Zeit. In einer solchen Zeit nehme ich oft an dem Schicksal von anderen Menschen teil, die nach langer Krankheit noch vor Weihnachten sterben, weil sie ihren Angehörigen nicht zur Last fallen wollen oder die in einer Kurzschlusshandlung sich selbst das Leben nehmen. Vor drei Jahren habe ich eine solche besondere Zeit mit Benjamin erlebt. Mit zehn Jahren war Benjamin an Krebs erkrankt. Sein starker Wille und die Fürsorge seiner Eltern haben ihn damals wieder gesund werden lassen. Ich habe Benjamin zum ersten Mal während der Konfirmationszeit kennen gelernt. Dann gingen zwei Jahre vorüber. Benjamin wurde wieder krank. Ich habe ihn einige Male zuhause besucht. Fünf Tage vor Weihnachten ist Benjamin gestorben. Ich war bei ihm. Am nächsten Tag habe ich seine Eltern besucht. Es war der 17. Geburtstag von Benjamin, den wir ohne ihn gefeiert haben. Dann kam die Vorbereitung für die Beerdigung. An einem Dienstag, den 23. Dezember wurde Benjamin beerdigt. Am nächsten Tag war Heilig Abend. Ich bin lange zwischen zwei unterschiedlichen Positionen hin- und hergeschwankt. Mit der einen Position habe ich mir klar gemacht, dass das einfach mein Beruf ist und ich die Sterbebegleitung und Beerdigung eines 17-jährigen drei Tage vor Weihnachten als Profi zu erledigen habe. Diese Position war für mich zu abstrakt und ohne Emotion. Ich habe mich für die andere Position entschieden und danach gefragt, was ich außer meinem Gehalt und dem Weihnachtsgeld für meine Leistung als Gegenleistung von Benjamin bekomme. Benjamin hat mit mir etwas ganz besonderes getauscht. Wenn Jugendliche etwas zum ersten Mal tun, dann geschieht dies mit einer Ehrlichkeit und einem großen jugendlichen Charme. In dieser Weise hatte auch Benjamin seinen Abschied, seinen Tod und auch die Beerdigung vorbereitet. Er hatte nie zuvor mit jemandem darüber gesprochen. Aber jetzt lagen die Lieder und Texte auf dem Tisch, die Benjamin für seine Beerdigung ausgesucht hatte. „Its time to say good by…". Die Gegenleistung, die mich für meine Leistung mehr als einmal entschädigte, war das Vorrecht, dass Benjamin mich an seinen Gedanken über seinen Tod und sein Sterben teilhaben ließ. Es waren Gedanken, die vor Ehrlichkeit und Echtheit strahlten und die den Charme eines Jugendlichen hatten, den es sonst nirgendwo im Leben gibt.

3.6 Die Aufgabe des Marketing

Jedes Unternehmen kann als ein soziales System **mit Input und Output** bezeichnet werden. Im Rahmen eines Systems werden bestimmte Inputmaßnahmen durchgeführt, die als solche zu einem Output führen. Die Aufgaben einer Organisation als System lassen sich dabei in vier Hauptaufgaben bzw. Hauptfunktionen einteilen:

Hauptaufgabe/-funktion 1: Beschaffung der Grundelemente, mit deren Hilfe etwas produziert oder eine Leistung zukünftig erstellt werden kann (Grundstoffe, Werkzeuge, Personal, Kompetenz u.a.).

Hauptaufgabe/-funktion 2: Die Erstellung oder Produktion einer Leistung (Ware, Sachgut, Dienstleistung u.a.).

Hauptaufgabe/-funktion 3: Die Verwertung bzw. der Verkauf einer erstellten Leistung (Marketing, Verkauf).

Hauptaufgabe/-funktion 4: Die Leitung einer Organisation oder Unternehmung (Management/Führung), durch die die verschiedenen Teilaufgaben koordiniert und gefördert werden sollen.

Während sich die Hauptfunktion der Beschaffung, der Leistungserstellung/Produktion sowie die Hauptfunktion der Leitung vorwiegend auf die Ausgangssituation und interne Lage einer Organisation beziehen, kommt bei der Hauptfunktion der Leistungsverwertung/Marketing ein wichtiger Aspekt hinzu: Menschen, die **außerhalb einer Organisation stehen**, soll eine Leistung bzw. ein bestimmtes Angebot (Output) verkauft bzw. aktiv vermittelt werden.

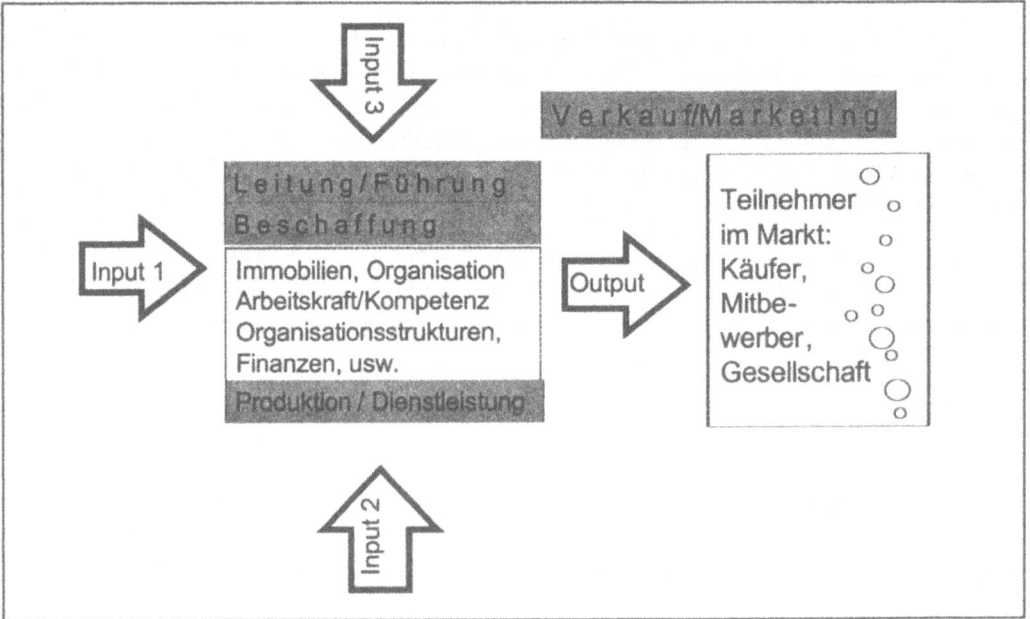

Abbildung 22:   Marketing als Hauptfunktion/-aufgabe von Betrieben, die als Input-/Output-Systme in einer Umwelt existieren

Mit dem Begriff Marketing wird eine der vier Hauptfunktionen einer Organisation beschrieben. Die Hauptaufgabe des Marketing besteht darin, hergestellte Leistungen, produzierte Güter oder im Bereich der Dienstleistung vorhandene und noch zu aktivierende Potentiale aktiv zu vermitteln und zu verkaufen. Eine besondere Herausforderung an das Marketing besteht darin, dass dieser so genannte Output an Menschen vermittelt werden soll, die **nicht innerhalb, sondern außerhalb dieses Systems** (dem Unternehmen) stehen. Personen, die innerhalb eines Organisationssystems stehen wie zum Beispiel Mitarbeiter/innen, Lieferanten usw. sind meistens an klar definierte rechtliche Absprachen und Verpflichtungen gebunden. Deshalb ist es normalerweise kein Problem, mit den Menschen innerhalb der Organisation und des Systems bestimmte Regelungen zu treffen, z. B. durch die Formulierung eines Dienstauftrages, durch Urlaubssperren oder durch die Termine für Veranstaltungen.

Die Menschen außerhalb eines Unternehmens bzw. Systems stehen (noch) nicht in einer rechtlichen Beziehung. Es ist Aufgabe des Marketing, diese durch Vereinbarungen wie zum

Beispiel durch Kaufverträge oder die Entscheidung zu einer Mitgliedschaft usw. zu vermitteln und herzustellen. *Das Marketing kann also noch nicht auf eine Rechtsbeziehung zugreifen, sondern muss die Strategien und Aktivitäten entwickeln, die zu einer solchen Rechtsbeziehung zum Beispiel durch Kauf (Kaufvertrag) oder Mitgliedschaft führt.* Das Marketing kann eine solche Entscheidung normalerweise nur *auf kommunikativem kreativem Weg* erreichen. Ein Kunde wird, da er noch außerhalb des Systems bzw. eines Unternehmens steht, immer zuerst von den äußeren und den inneren Bedingungen beeinflusst werden, wie zum Beispiel seiner Zeit, seiner persönlichen Verfassung usw. Die einzige Möglichkeit, dem Kunden ein Output zu verkaufen, besteht für ein Unternehmen in der Kommunikation. Dies gilt auch für ein religiöses Angebot. Auch wenn die Mitglieder einer Kirche bestimmte Rechtsverpflichtungen eingegangen sind, muss das einzelne religiöse Angebot immer noch mit Hilfe der Kommunikation verkauft werden. Auch *die Mitglieder* eines Verbandes oder einer Gemeinschaft können *als Kunden betrachtet werden*, denen das eigentliche Angebot ihres Verbandes immer wieder neu verkauft werden muss.

Außerhalb eines Unternehmens oder eines Verbandes mit seinen Mitgliedern gibt es noch weitere Faktoren, die sich ausschließlich mit Hilfe der Kommunikation gestalten lassen. So sind zum Beispiel im Markt noch weitere Anbieter zu finden, die als Mitbewerber oder Konkurrenten auftreten. Es gibt niemanden auf der Welt, der ein Verbot aussprechen bzw. durchsetzen könnte, dass ein solcher Mitbewerber nicht den Kunden eines anderen Unternehmens umwerben darf. Ein Unternehmen kann wiederum nur *mit Hilfe der Kommunikation* versuchen, ein solches Verhalten des Kunden zu beeinflussen.

Neben der Eigenständigkeit des Kunden sowie der autonomen Aktivitäten der Mitbewerber gibt es noch allgemeine Bedingungen der Gesellschaft und Umwelt, die das Verhalten des Anbieters und Nachfragers beeinflussen.

- **Beispiel:** Abschaffung des Buß- und Bettages zur Finanzierung der Pflegeversicherung

Ein Unternehmen hat wiederum *nur kommunikative Möglichkeiten*, diese allgemeinen Bedingungen zu beeinflussen und zu steuern.

Es ist deshalb die Aufgabe des Marketing,

- *den Kunden in seiner Eigenständigkeit* wahrzunehmen und so mit ihm zu kommunizieren, dass er von der Inanspruchnahme und dem Kauf eines Angebotes überzeugt werden kann.

- *mit den Mitbewerbern* so zu kommunizieren, dass gemeinsam der Markt bearbeitet werden kann und dabei ein möglichst großer Nutzen für den und die Anbieter entsteht.

- *und kommunikativ auf die Umwelt und Gesellschaft so Einfluss zu nehmen*, dass ein optimales Klima für den Kauf und Verkauf eines bestimmten Angebotes geschaffen wird.

Das Marketing eines Unternehmens (System) analysiert deshalb *die Ausgangsbedingungen (den Markt)* und entwickelt *eine langfristige Marketingstrategie* sowie *operative Maßnahmen*, die *mit Hilfe von Marketinginstrumenten* in der Praxis zu realisieren sind.

3.7 Was verbirgt sich hinter dem Begriff „Markt"?

Die konstitutiven Kriterien des Marktes

Obwohl es seltsam klingt und das Wort nicht so recht zu passen scheint, bezeichnet das Wort „Markt" *die Besonderheit der Beziehung zwischen Anbieter und Nachfrager*. Der Begriff „Markt" ist vergleichbar mit den Begriffen, wie z.B. Freundschaft, Familie, Partnerschaft, Mann/Frau-Beziehung, Eltern/Kind-Verhältnis u.a. Solche Begriffe beschreiben nichts anderes als die Beziehung von verschiedenen Personen, die in unterschiedlichen Funktionen zueinander stehen. *Der Begriff „Markt" ist die Bezeichnung für die Beziehung von Anbieter und Nachfrager, die als gleichberechtigte Partner Leistungen austauschen.*

Der Begriff „Markt" ist formal gesehen ein Begriff, der die Beziehung zwischen Anbieter und Nachfrager analysiert, klärt und die möglichen Mechanismen und Verhaltensweisen dieser Beziehung unter dem Prinzip des Austausches darstellt und bewusst macht.

Personen	Name der Beziehung	Besondere Eigenschaften
Freund-Freundin	Freundschaft	Gegenseitige Unterstützung, gemeinsame Freizeitgestaltung durch gemeinsame Interessen
Eltern-Kind	Familie	Vermittlung von Werten, Erziehung
Mann-Frau	Ehe, Partnerschaft	Gemeinsame Lebensgestaltung durch gemeinsame Ziele und Lebenspotentiale
Anbieter-Nachfrager	Markt	Austausch von Versorgungs-gütern gegen Tauschmittel/ware

Kurz formuliert wird der Begriff „Markt" immer wieder *„als das Zusammentreffen von Anbieter und Nachfrager"* beschrieben.

Dieses Zusammentreffen von verschiedenen Personen oder Personengruppen muss ganz bestimmte Kriterien erfüllen, um als „Markt" bezeichnet zu werden. Eine erste Besonderheit besteht darin, dass dieses Verhältnis zwischen Anbieter und Nachfrager so bestimmt ist, dass

diese als *autonome, selbständige Individuen* auftreten. Das Verhältnis bzw. die Beziehung von Anbieter und Nachfrager als „Markt" wird in erster Linie nicht durch natürliche Kriterien, wie
z. B. miteinander verwandt oder befreundet zu sein u. a., bestimmt. „Markt" bezeichnet das
Verhältnis, *bei dem mindestens zwei autonome Partner zusammentreffen, Leistungen austauschen und ihre
aktuelle (Markt-) Beziehung zueinander nach dem Austausch wieder auflösen.*

Als zweites besonderes Kriterium, welches die Beziehung zwischen Anbieter und Nachfrager als „Markt" charakterisiert, ist *der Leistungsaustausch* zu nennen. Anbieter und Nachfrager
verfügen je für sich über Leistungen, die nur durch sie und ihre jeweilige Verfügungsgewalt
aktiviert und getauscht werden können. Die Beziehung von Anbieter und Nachfrager als
„Markt" ist also dadurch charakterisiert, dass selbständige, autonome Menschen und Personen zusammentreffen und ihre Beziehung zueinander (Markt) *auf Grund ihrer Selbständigkeit
und persönlichen Freiheit gestalten, indem sie Leistungen austauschen, über die nur sie verfügen.* Ein letztes
Kriterium der Beziehung zwischen Anbieter und Nachfrager ist darin zu sehen, dass *diese Beziehung (Markt) nach dem Austausch autonomer Leistungen bewusst wieder aufgelöst wird* und erst dann
wieder von neuem gebildet wird, wenn Anbieter und Nachfrager sich bewusst mit dem Ziel
des Austausches von autonomen Leistungen darauf einlassen. Leistungen, die autonom je für
sich von seiten des Anbieters und des Nachfragers erbracht und getauscht werden, sind auf
der Anbieter-Seite eine Dienstleistung oder ein Versorgungsangebot, auf der Nachfrager-
Seite ein Tauschmittel, wie z. B. das Geld als Generaltauschware.

Kriterien, die die Beziehung „Markt" charakterisieren:	1. Anbieter und Nachfrager als Beziehungspartner, die auf Grund ihrer persönlichen Freiheit und Selbständigkeit ihren Anteil zur Gestaltung ihrer Beziehung selbständig und autonom einbringen.
	2. Tausch von verschiedenen Leistungen: Anbieter tauscht seine Leistung als Versorgungsobjekt, Nachfrager tauscht z. B. Geld als Generaltauschmittel/-ware.
	3. Die Beziehung von Anbieter und Nachfrager (Markt) löst sich nach dem Tausch wieder auf.

**Wo ist der Markt? Wann finden die Austauschbeziehungen zwischen Anbieter und
Nachfrager statt?**

Um die Beziehung und das Verhältnis von Anbietern und Nachfragern (Markt) zu klären,
fragt das Marketing zuerst danach, wann diese Austauschbeziehung bzw. *wo dieser Markt stattfindet.* Ein Kriterium zur Unterscheidung liegt *in der Formulierung des Interesses.*

Es gibt Menschen, die kein Interesse haben, *eine Austausch-Beziehung miteinander einzugehen.*
Dieser Bereich wird als „*kein Markt*" bezeichnet. Die Entscheidung, kein Interesse an einer

Austausch-Beziehung zwischen Anbieter und Nachfrager zu haben, kann von seiten des Anbieters oder Nachfragers getroffen werden. Wichtig ist, dass man den bedeutenden Vorteil dieser Entscheidung kennt: Wer sich entscheidet, sich nicht auf eine Tausch-Beziehung bzw. einen Markt einzulassen, schafft *eine Entlastung* und damit eine Möglichkeit, konzentriert andere Tausch-Beziehungen zu fördern und zu gestalten. „Kein Markt" bzw. „Menschen mit keinem Interesse an einer Austausch-Beziehung zwischen Anbieter und Nachfrager" stellen somit eine wesentliche Entlastung dar. Gerade für religiöse Organisationen ist es gut, wenn diese unter einem wirtschaftlichen Gesichtspunkt die Bereiche definieren, in denen keine Austausch-Beziehungen bzw. „kein Markt" stattfindet.

Ein zweites Kriterium, wo Markt bzw. Austausch-Beziehungen stattfinden, ist darin zu sehen, *ob Anbieter oder Nachfrager ein mögliches Interesse* daran haben. Dieser Bereich wird als ein „*potentieller Markt*" bezeichnet, in dem sich das Interesse an der gegenseitigen Austausch-Beziehung anbahnt und formuliert.

Als „*wirklicher Markt*" wird der Bereich beschrieben, in dem gegenwärtig Austauschprozesse stattfinden und Anbieter und Nachfrager als Marktpartner in einer wirklichen Beziehung zueinander stehen.

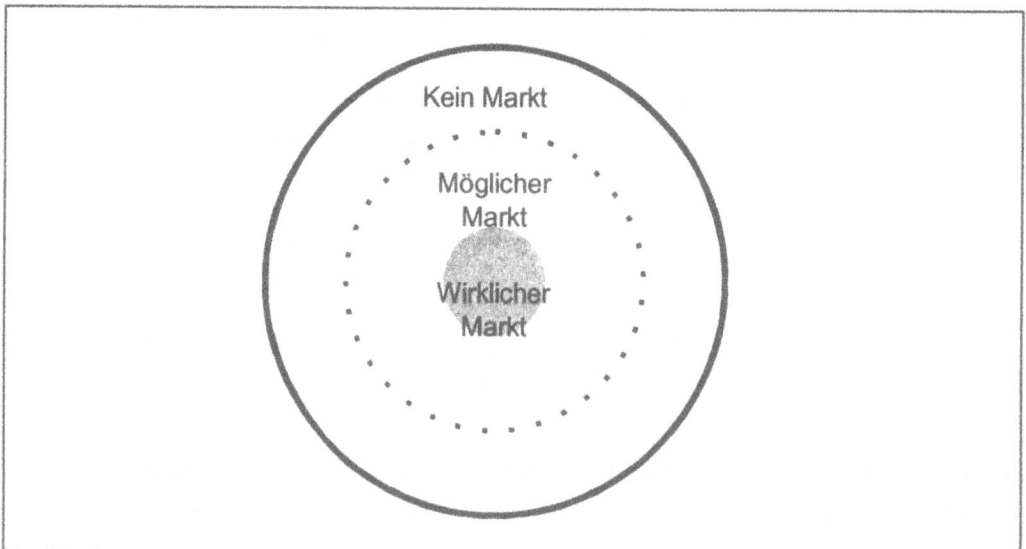

Abbildung 23:   Einteilung der Leistungsaustausch-Beziehungen in keinen Markt, potentiellen Markt und wirklichen Markt

Fallbeispiel:

Eine Kirchengemeinde in einer Stadt mit 20 000 Einwohnern hat einen offenen sozialen Jugendtreff, für den ein Gemeindediakon angestellt ist. Um eine Beziehung zu den Jugendlichen aufzubauen, teilt der Gemeindediakon seine Ausgangssituation wie folgt ein: Das Einzugsgebiet umfasst 20 000 Mitbürger einer Stadt. 16 000 Mitbürger erfüllen nicht die Alterskriterien 12 - 18 Jahre und stellen somit *„keinen Markt"* dar. Es bleiben noch 4 000 Menschen. Von diesen 4 000 Menschen ist durch eine Analyse bekannt, dass zirka 2 600 Jugendliche in den festen Gruppen der Vereinen organisiert sind und keine Doppelbelastung wünschen. Von weiteren 1 000 Mitmenschen ist bekannt, dass sie wegen persönlicher Gründe (Beispiel : Auswärtiger Freundeskreis, Verbot durch die Eltern, keine Lust u. a.) kein Interesse an diesem Jugendtreff haben. Von 20 000 Einwohnern bleiben also 400 Jugendliche, die möglicherweise Interesse an einer solchen Jugendeinrichtung haben. Es ist bekannt, dass der potentielle Markt in den kommenden Jahren durch die geburtenstarken Jahrgänge zunehmen wird. Auch wurde ein neues Baugebiet erschlossen. Wahrscheinlich werden ca. 100 Jugendliche der Altersgruppe in einem überschaubaren Zeitraum zuziehen. Sie alle stellen den *potentiellen Markt* dar, der in Zukunft wachsen wird. Gegenwärtig stellen ca. 40 Jugendliche den *wirklichen Markt* dar, sie nehmen die Angebote des Jugendtreffs tatsächlich wahr. Fazit: Obwohl der Sozialarbeiter davon überzeugt ist, dass seine Arbeit mit den Jugendlichen eine sehr wichtige Arbeit ist und deshalb alle 20 000 Einwohner dieser Stadt interessieren müsste, wird die Einteilung der Austauschbeziehung zwischen ihm und den Nachfragern in keinen Markt, potentiellen Markt und tatsächlichen Markt eine wichtige Hilfe sein. Diese Einteilung schafft nämlich eine enorme Entlastung: Nicht alle 20 000 Einwohner müssen von dem guten Anliegen des kirchlichen Sozialarbeiters überzeugt werden. Im Mittelpunkt stehen die Mitmenschen, die ein echtes Bedürfnis für dieses Angebot haben (wirklicher Markt) oder möglicherweise dafür entwickeln (möglicher Markt). Auf diese Weise schaffen die Marketinginhalte und eine bewusste Marketingeinstellung *eine größere Nähe zur Realität*, so wie sie wirklich ist, und entkräftet manchen erhöhten, ideellen Anspruch an die soziale Arbeit.

Aufgabe:

Machen Sie sich bitte Ihre Ausgangssituation mit der oben beschriebenen Einteilung in „kein Markt – möglicher Markt – wirklicher Markt" deutlich. Machen Sie sich auf diese Weise bewusst, *„wo Ihr Markt tatsächlich ist"* und in welchem Umfang und mit welchen Menschen die Austauschbeziehungen mit ihren Kunden wirklich stattfinden.

Marktpotential, Marktvolumen, Marktanteil

Die Größe eines Marktes kennzeichnet den *quantitativ messbaren Umfang von Austausch-Beziehungen.* Als oberste Messeinheit kann das so genannte *Marktpotential* ermittelt und angegeben werden. Das Marktpotential umfasst alle potentiellen Nachfrager, die gegenwärtig zu verzeichnen sind (Mit Blick auf eine Kirchengemeinde sind es: alle Menschen in einem Einzugsgebiet wie z. B. Parochie, Stadtteil, Ortschaft u. a.;). Das *Marktvolumen* gibt jenes Potential an, das bereits genutzt bzw. in Anspruch genommen wird (alle Menschen, die zu einer religiösen Gemeinschaft gehören). Der *Marktanteil* kennzeichnet den Wert bzw. die Quantität, die eine einzelne Organisation bzw. ein Anbieter am Umfang aller tatsächlichen Marktbeziehungen hat.

Unternehmen als Anbieter werden versuchen, mit Hilfe von geeigneten Marketingmaßnahmen langfristig auf die Veränderung im Umfang der Austauschbeziehungen (Marktpotential, Marktvolumen, Marktanteil) zu reagieren. Schrumpft zum Beispiel die Einwohnerzahl durch eine geringere Geburtenrate, dann verändern sich Potentiale, Volumen und Anteile sowie der Umfang bzw. Anteil an Austauschbeziehungen (Markt).

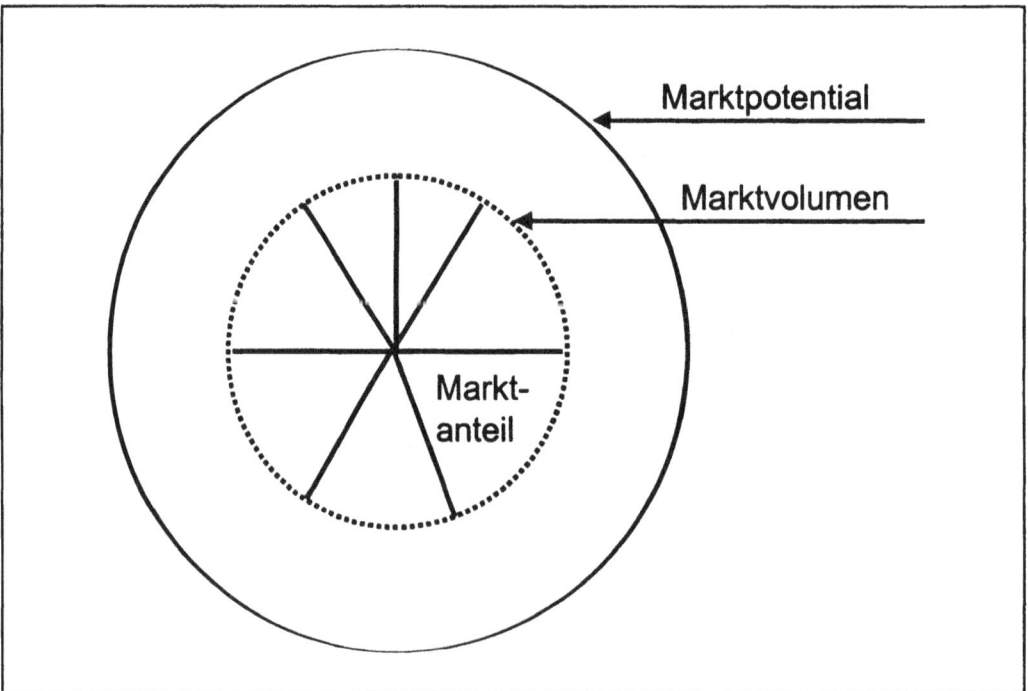

Abbildung 24: Marktpotential, Marktvolumen, Marktanteil

Marktdurchdringung, Marktsättigung

Der Umfang der Austauschbeziehungen bzw. die Marktgröße lassen sich aber nicht nur unter quantitativen Aspekten (Potential, Volumen, Anteil) messen, sondern auch unter qualitativen Aspekten. Setzt man zum Beispiel das Marktvolumen in Beziehung zum Marktpotential, dann resultiert daraus die so genannte *Marktdurchdringung*. Eine Marktdurchdringung wird normalerweise in Prozenten angegeben. Erreicht sie 100 %, dann ist eine so genannte Marktsättigung erreicht. Auf Grund der Wirtschaftlichkeit und Existenzsicherung wird ein Unternehmen immer zuvor das Maß der Marktsättigung bzw. der Marktdurchdringung berechnen, um die eigenen Marktchancen besser wahrzunehmen. Ein niedriger Sättigungsgrad beinhaltet mehr Marktpotential und ist damit für Organisationen und Unternehmen interessanter und ergiebiger. Die Formel zur Berechnung der Marktsättigung bzw. Marktdurchdringung lautet:

Marktvolumen/Marktpotential * 100 = Prozent/Marktsättigung

Beispiel: In einem Einzugsbereich gibt es 100 000 Einwohner als potentielle Spender (Marktpotential). 20 000 Menschen spenden bereits (Marktvolumen). 20 000 tatsächliche Spender/100 000 Einwohner = 0,2 * 100 = 20 %. Die Marktdurchdringungsquote beträgt 20 %.

Das mit Hilfe dieser Formel ermittelte Ergebnis dient als betriebswirtschaftliche Kennziffer, auf die sich weitere Kennziffern z.B. Vorgabe für Umsatzsteigerung, für die Steigerung der Marktanteile usw. beziehen.

Die Sättigung des Marktes ist von vielen *qualitativen* Faktoren abhängig. Einen gewissen Einfluss hat das *Alter eines Marktes*, die Anzahl der Nachfrager und der Anbieter usw. (Beispiel: Der Markt der elektronischen Medien ist ein sehr junger Markt und bietet deshalb noch große Wachstumschancen, aber auch hohe Risiken). In verschiedenen Märkten gibt es bestimmte *Eintrittsschranken*, z.B. gesetzliche Vorschriften im Gesundheitsbereich, Verordnungen, wie z.B. durch die Pflegeversicherung, durch allgemeine Verhaltensformen oder Absprachen (Beispiel: Verpackungen u. a.). Die Angebote verschiedener Unternehmen haben eine unterschiedliche Geltung (Marktgeltung). Dominiert ein Unternehmen mit ihrem Angebot, dann spricht man von einer *Marktbeherrschung bzw. von einem Marktführer*.

Andere Angebote können so genannte Nischen des Marktes abdecken. Diese entstehen deshalb, weil Nischen aus produktionstechnischen oder wirtschaftlichen Gründen uninteressant für die anderen, größeren Unternehmen sind. Eine Organisation, die ihren Markt vorwiegend in den Nischen sieht, verfolgt eine *so genannte Nischen-Strategie*.

Eine Marktregulierung sollte möglichst durch die autonome Beziehung von Anbieter und Nachfrager erfolgen und keine große Regulierung durch staatliche oder gesellschaftliche Kräfte erhalten (Gesetze, politische Rahmenbedingungen, Lobby, Kirchenpolitik u. a.).

Für ein Unternehmen, das seine Existenz langfristig sichern will, ist es immer von großer Bedeutung, die oben beschriebenen Merkmale eines Marktes exakt zu berechnen und zu kennen. Ein solches Unternehmen ist immer auf der Suche nach neuen Marktpotentialen. Es wird versuchen, durch die *Berechnung der Marktsättigung* frühzeitig festzustellen, welche Marktpotentiale noch nicht ausgeschöpft sind und wo neue Marktchancen entstehen.

Aufgabe 1: Versuchen Sie, das neue Vokabular (Marktpotential, Marktvolumen, Marktanteile, Marktsättigung, Marktregulierungen usw.) sich besser bewusst zu machen. Machen Sie sich bewusst, mit welchen Begriffen (z. B. Einzugsgebiet, zukünftige Jahrgänge usw.) Sie bisher sich das klargemacht haben, was das neue Vokabular meint. Ordnen Sie Ihren bisherigen Sprachgebrauch dem neuen Vokabular zu.

Aufgabe 2: Analysieren und beschreiben Sie konkret das Marktpotential, Marktvolumen sowie den Marktanteil und die Marktsättigung des Marktes, in dem Sie tätig sind.

Reflexion: Markt und Marketing als besondere Herausforderung für religiöse Unternehmen

Reflexion 1

In den vorausgehenden Abschnitten wurden die Grundlagen beschrieben, wie im betriebswirtschaftlichen Sinne *der Markt als Leistungsaustausch* zwischen Anbieter und Nachfrager definiert wird. Dabei wurden die Maßnahmen und Methoden beschrieben, die angewendet werden, um diese Austauschbeziehung zwischen Anbieter und Nachfrager *wirtschaftlich erfolgreich und damit existenzsichernd für ein Unternehmen zu nutzen.*

Die besonderen Kriterien für die Austauschbeziehung bzw. das Austauschverhältnis zwischen Anbieter und Nachfrager, also für den Markt, wurden in diesem Kapitel deutlich gemacht. Der Markt als Definition des besonderen Austauschverhältnisses zwischen Anbieter und Nachfrager setzt voraus, dass beide Tauschpartner autonom und auf Grund *ihrer persönlichen Freiheit und Entscheidung* eine Austauschbeziehung eingehen, in der sie gleichberechtigt sind und autonom entscheiden.

Diese Voraussetzung schafft eine besondere Herausforderung für das Marketing religiöser Angebote.

Aus der Sicht des Anbieters gibt es ein theologisches, pädagogisches oder vielleicht sogar ein verwaltungsrechtliches Vorverständnis des Kunden.

- **Beispiel:** In der Kirche darf man nicht klatschen oder fotografieren, Kinder müssen stillsitzen, Jugendliche müssen sich in den vorgegebenen Strukturen anpassen u. a.

Es hat den Anschein, dass die Selbständigkeit und Autonomie des Nachfragers gerade bei religiösen Angeboten nicht mehr umfassend gegeben ist. Im Gegensatz zu einem Nachfrager, der ein Auto kauft und im Prozess der Austausch-Beziehung (Markt) sich absolut autonom und selbständig verhalten kann, ist ein Mensch, der eine Antwort und einen Sinn für sein Leben sucht, scheinbar nicht immer absolut autonom. Darin liegt eine besondere Herausforderung, wenn man die Marketingprinzipien auf dieses besondere Verhältnis von Anbieter und Nachfrager im religiösen Bereich überträgt. Für den Anbieter entsteht deshalb gerade im Prozess des Marketing **die besondere ethische Verantwortung**, die Selbständigkeit und Autonomie des Nachfragers zu gewährleisten, auch wenn diese unter äußeren Gesichtspunkten scheinbar nicht mehr gegeben ist. Anbieter von religiösen Angeboten sind gerade im Marketingprozess darin gefordert, **die Würde, die Entscheidung und die Selbständigkeit ihrer Marktpartner** zu respektieren (Beispiel: Obdachlosenhilfe) sowie gedanklich und real die vollkommene Autonomie und Selbständigkeit des Nachfragers im Marketingprozess immer vorauszusetzen.

Oft ist gerade im religiösen Bereich das Gegenteil der Fall: Die nach außen hin wahrnehmbare Einschränkung der Autonomie und Selbständigkeit des Nachfragers wird von vielen Mitarbeiterinnen und Mitarbeitern in religiösen Unternehmen intuitiv gespürt. Durch die religiösen Aspekte ihres Angebotes und durch eine besondere Verpflichtung hinsichtlich dieser Aspekte von Seiten des Anbieters versuchen sie, gerade deshalb eine besondere Verantwortung für den Nachfrager zu übernehmen. Ein solches ausgleichendes Verhalten im Rahmen einer Tauschbeziehung zwischen zwei gleichberechtigten Partnern führt natürlich zu Konflikten. Auf der einen Seite wird durch das besondere Engagement des Anbieters die Gleichberechtigung des Nachfragers in Frage gestellt und der Nachfrager entmündigt. Auf der anderen Seite benutzt der Anbieter gerade diesen scheinbaren Mangel in der Beziehung zu seinem Nachfrager, um sich hinter seiner sozialen Verpflichtung und hinter seinem sozialen Ethos zu verstecken. Das Marketing im betriebswirtschaftlichen Sinne könnte die Verantwortlichen und Mitarbeiter in religiösen Unternehmen dazu herausfordern, eine besondere ethische Verantwortung im religiösen Bereich wieder wahrzunehmen, indem sie die Würde und Selbständigkeit ihrer Marktpartner akzeptieren und fördern. Normalerweise müssen religiöse Organisationen schon auf Grund ihrer sozialen Einstellung und Überzeugung im Nachfrager einen gleichberechtigten Partner sehen. Vielleicht ist die Betrachtungsweise des Marketing, mit dessen Hilfe die Beziehung zwischen Anbieter und Nachfrager als Austauschbeziehung zweier selbständiger und gleichberechtigter Partner (Markt) definiert wird, eine Hilfe, sich dessen neu bewusst zu werden.

3.8   Definition und Entwicklungen von Marketing

Marketing ist ein Kunstwort der amerikanischen Sprache und bedeutet sinngemäß: *„in bzw. auf den Markt gehen"* (to go into the market). Damit ist grundlegend gemeint, dass Organisationen und Unternehmen „vom Markt her geführt bzw. organisiert werden". Diesen grundlegenden Aspekt beinhalten alle Marketingdefinitionen, wie z. B.:

> Marketing ist marktorientiertes Denken und Handeln, ist steuernde Funktion zur Ausrichtung aller einzelwirtschaftlichen Aktivitäten am Markt [27]

Damit ist gemeint, dass eben alle organisatorischen und wirtschaftlichen Tätigkeiten eines Unternehmens sich zuerst an der Beziehung Anbieter – Nachfrager, also am Markt, ausrichten.

Marketing als *die bewusste Führung des ganzen Unternehmens vom Markt* her war in den 70er Jahren teilweise noch als Modeerscheinung verkannt. Heute ist es nichts anders als die rationale Antwort auf die veränderten Marktverhältnisse und Ausgangsbedingungen wirtschaftlichen Handelns. Im Rahmen der gegenwärtigen Marketingdefinitionen wird der Schwerpunkt des Marketing durch eine integrative Management-Funktion ergänzt. Dadurch finden die allgemeinen gesellschaftlichen (Sicherung der Arbeitsplätze, gerechte Verteilung der Arbeit) und umweltpolitischen (Schutz der Umwelt und Ressourcen) Veränderungen der 90er Jahre eine gewisse Berücksichtigung.

An die Stelle des Marketing als Führungsfunktion, vorwiegend im wirtschaftlichen, organisatorischen Sinne des Verkaufens, rückt eine ganzheitliche Interpretation als marktorientierte Führungskonzeption. Diese beinhaltet die Integration aller marktrelevanten Maßnahmen und Kontakte, also auch die zu politischen oder gesellschaftlichen Marktpartnern sowie deren Darstellung im Bewusstsein (Unternehmenskultur, Unternehmensgrundsätze) und in der konkreten Handlungsweise.

---

[27]   Meyer, A./Mattmüller, R.: Marketing. In: Corsten H./Reiß H. (Hrsg): Betriebswirtschaftslehre. 1994, S. 841

Marketing wird folgerichtig als eine Führungskonzeption von Unternehmen und Organisationen betrachtet, die erstens als Leitkonzept des Management im Sinne eines gelebten Unternehmenswertes („shared values") und zweitens als gleichberechtigte Unternehmensfunktion interpretiert wird[28].

Frühere Definitionen von Marketing leiten sich vorwiegend vom Knappheits- oder Engpass-Prinzip ab. Das bedeutet, dass es nicht unbegrenzt Ressourcen (Personal, Rohstoffe usw.) zur Befriedigung der Bedürfnisse der Menschen gibt, sondern diese wirtschaftlich klar berechnet eingesetzt werden müssen. Die gegenwärtigen Marketingdefinitionen beinhalten zusätzlich ein integratives Element, mit dessen Hilfe Marketing nicht nur im Sinne eines wirtschaftlichen Kalküls definiert, sondern zu einem sinnstiftenden Denken und Handeln wird.

Marketing im Sinne von Führungskonzeption bedeutet auch ein Stück Sinngebung[29].

Neben dem integrativen Werteaspekt der neueren Marketingdefinition hat ein weiteres Umdenken stattgefunden. Grundlage der früheren Marketingdefinitionen war ein schrittweises Denken: Zuerst werden Angebote oder Leistungen erstellt und produziert, die dann in einem zweiten Schritt verkauft bzw. vermarktet werden müssen (Leistungserstellung/Leistungsverwertung). Die gegenwärtigen Marketingdefinitionen versuchen dagegen, Marketing aus der Perspektive des letzten Schrittes zu verstehen und beim letzten Schritt beginnend alle anderen Marketingprozesse zurückverfolgend zu definieren.

Marketing ist so grundlegend, dass man es nicht als separate betriebliche Funktion sehen darf. Marketing umfasst das gesamte Unternehmen, und zwar vom Endergebnis her betrachtet, d.h. vom Standpunkt des Kunden[30].

Es ist schwierig, die aktuellen gesellschaftsbezogenen Veränderungen immer wieder neu im Rahmen einer Marketingdefinition zu berücksichtigen. Der grundlegende Aspekt von Marketing besteht darin, dass es im Verhältnis von Anbieter und Nachfrager zu einem *Interessen-*

---

[28] Meffert, H.: Marketing-Management, Analyse, Strategie, Implementierung. Wiesbaden 1994, S. 2
[29] Nieschlag, R./Dichtl, E./Hörschgen, H.: Marketing. Aufl. 17, 1994, S. 24
[30] Drucker, Peter: In: Kotler P./Bliemel, F.: Marketing-Management. 1993, S. 3

ausgleich kommt, der für beide Teile positive Chancen beinhaltet und unter wirtschaftlichen Aspekten gestaltet werden kann. Es ist Aufgabe des Anbieters, diese Grundlage für einen Interessenausgleich als erster zu schaffen, um das Verhältnis und die Beziehung zwischen Anbieter und Nachfrager positiv zu beeinflussen und wirtschaftlich effektiv zu steuern. Diese grundlegenden Erkenntnisse kommen in folgender, ganz einfachen Marketingdefinition zum Ausdruck:

Marketing ist die Einstellung, Denk- oder Handlungsweise, die nicht allein von den Interessen des Initiators ausgeht, sondern die auch die Wünsche und Vorstellungen von Menschen, die sich als gleichwertige (Markt-) Partner gegenübertreten, bewusst in Betracht zieht. Auf der Basis dieser Einstellung, Denk- und Handlungsweise umfasst das Marketing die Analyse, Planung, Umsetzung und Kontrolle sorgfältig ausgearbeiteter Programme, deren Ziel es ist, freiwillige Austauschprozesse bzw. Austauschbeziehungen zu ausgewählten und definierten Marktpartner (Märkte) anzuregen und zu steuern, um ein geplantes Unternehmensziel inhaltlich und wirtschaftlich zu erreichen.

Interpretation: Marketing nimmt nicht nur die eigenen Interessen wahr, sondern auch die Wünsche, Vorstellungen, Probleme, Schwierigkeiten usw. der Marktpartner (Kunde, Kostenträger, Lieferant usw.).

Aufgabe: Mit Hilfe des Marketing soll sich der Anbieter in die Rolle des/der Marktpartner hineinversetzen, vom Marktpartner aus denken und fühlen und den Vermittlungsprozess (Austausch) aus dessen Sicht verstehen.

Ergebnis: Das eigene Interesse kann besser realisiert werden, je mehr das Interesse des/der Marktpartner/s wahrgenommen wird.

Auf der Basis dieses Bewusstseins baut ein zielgerichtetes Programm (*Analyse, Planung, Umsetzung und Kontrolle*) auf, das einem Unternehmen hilft, seinen *Zweck und seine Zielsetzung inhaltlich und wirtschaftlich zu erfüllen.*

3.9 Phasen und Entwicklungen des Marketing

Vom Verkäufer-Markt zum Käufer-Markt

Verkäufermarkt nennt man die Situation, in der die Verkäufer, also die Anbieter, sich in der besseren Ausgangslage befinden. Das ist dann der Fall, wenn *die Nachfrage größer ist als das*

Angebot. Diese Situation haben z.B. die Menschen in der Zeit nach dem 2. Weltkrieg erlebt. In dieser Zeit gab es einen großen Nachholbedarf an vielen Dingen des alltäglichen Lebens. Die Unternehmen konnten gar nicht so schnell und so viel produzieren wie nötig war. In dieser Zeit und in dieser wirtschaftlichen Situation nach dem zweiten Weltkrieg war die Nachfrage viel größer als die Angebote, die in der damaligen Zeit produziert werden konnten.

In der Situation des Verkäufermarktes beschränkt sich das Marketing von Organisationen im wesentlichen auf zwei Schwerpunkte: Marketing im Verkäufermarkt konzentriert sich darauf, die Voraussetzungen zu schaffen, dass möglichst viel und möglichst schnell produziert werden kann (*product*). Dabei werden Marketingwerkzeuge (*tools*) entwickelt, durch die die hergestellte Ware möglichst schnell zu den Kunden vor Ort gebracht werden kann. Vereinfacht ausgedrückt kann man sagen, dass die Unternehmen in der Verkäufer-Markt-Situation vor der Aufgabe stehen, möglichst schnell die Regale mit Hilfe der konzeptionellen Methoden und Instrumente (*der Distribution*) zu füllen.

Mit der Veränderung der wirtschaftlichen Situation Mitte der 50er Jahre, Anfang der 60er Jahre veränderte sich auch das Verhältnis zwischen Anbietern und Nachfragern. Es entstand der so genannte *Käufermarkt*, bei dem der Käufer immer mehr mit seinen Wünschen und seiner Nachfrage die Situation bestimmt. Der Käufer-Markt ist dadurch bestimmt, *dass das Angebot größer ist als die Nachfrage.*

Mit dem aufkommenden Wirtschaftswunder der 60er Jahre entstanden immer mehr Unternehmen. Damit wurde das Angebot an Waren und Produkten immer größer. Auf der anderen Seite war der Nachholbedarf nach einer gewissen Zeit befriedigt. Damit war die Nachfrage nach einer bestimmten Zeit befriedigt. Es entstand die Situation, in der es mehr Angebote gab als Nachfrage. Damit änderte sich das Verhältnis von Verkäufer und Käufer, Anbieter und Nachfrager grundsätzlich. Nicht mehr die Unternehmen bzw. Anbieter hatten wie beim Verkäufer-Markt einen größeren Vorteil auf ihrer Seite, sondern die Käufer bzw. Nachfrager bestimmten mit ihren Wünschen und Bedürfnissen mehr und mehr das Verhältnis zwischen Anbieter und Nachfrager.

Die Unternehmen haben diese Problematik sehr schnell erkannt. In dieser Situation hat *das Marketing eine neue Bedeutung und Aufgabe* erhalten. Die neue Aufgabe und Bedeutung des Marketing kann darin gesehen werden, dass in der Situation des Käufermarktes die Unternehmen ihre Denk- und Handlungsweisen noch intensiver am Käufer orientieren. Mit der Marktforschung und der Marketingplanung sowie deren Umsetzung wurde z.B. die Möglichkeit geschaffen, dass der Käufer von Anfang an im Bewusstsein und Handeln der Unternehmen aktiv wahrgenommen wurde. Damit erhielt das Marketing eine entscheidende Wende: Die Unternehmen konnten sich nicht mehr ausschließlich darauf konzentrieren, nur zu produzieren und ihr Angebot mit Hilfe von geeigneten Werkzeugen zu vertreiben. Vielmehr mussten sie ihr Denken und Bewusstsein ändern und sich nicht nur mit sich selber und ihren Möglichkeiten (product und tools) beschäftigen, sondern intensiv mit dem Käufer und Kunden (consumer) auseinandersetzen. Dabei waren die Unternehmen in dieser neuen Situation gezwungen, *von Anfang an den Käufer bzw. Kunden bewusst in ihr Denken und Handeln mit einzubeziehen.* Diese Neuausrichtung am Kunden bzw. Käufer war die einzige realistische Chance, die Veränderung im Verhältnis zwischen Anbieter und Nachfrager sinnvoll aufzunehmen.

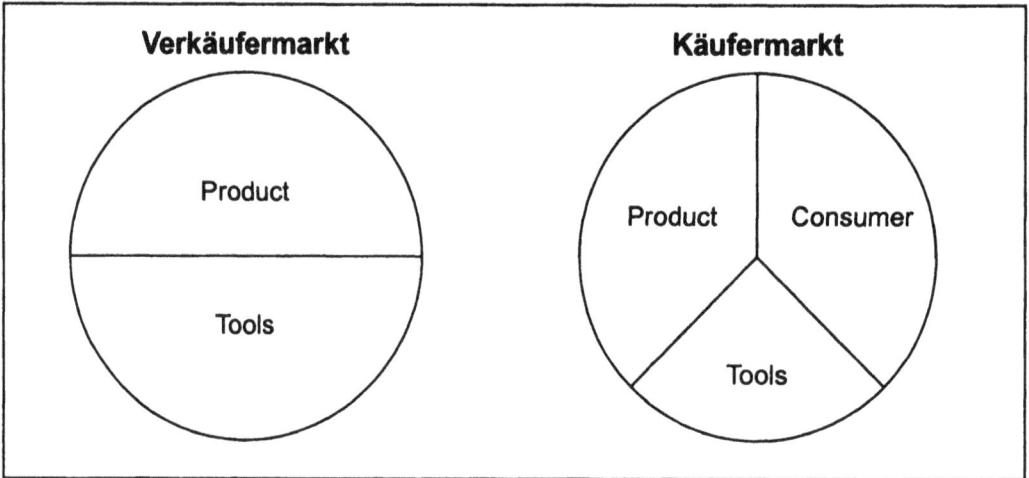

Abbildung 25:   Vom Verkäufermarkt zum Käufermarkt

In derselben Weise vollzieht sich gegenwärtig ein gleicher Wandel *vom Verkäufermarkt zum Käufermarkt im religiösen Markt.* Das Freizeitangebot für die früheren Generationen war meistens beschränkt. Der Besuch eines Gottesdienstes am Wochenende entsprach dem persönlichen Bedürfnis und Gebrauch. Gegenwärtig verändert sich diese Verkäufermarktsituation durch die Mobilität und ein größeres Angebot der Freizeitgestaltung hin zur Situation des Käufermarktes. Um auf diese Veränderung sinnvoll zu reagieren, müssen religiöse Unternehmen ihren Kunden *von Anfang an* in ihr Denken, Bewusstsein und Handeln aktiv integrieren.

Fallbeispiel:

Vom Verkäufermarkt zum Käufermarkt im sozial-diakonischen Bereich
Die Mitarbeiterinnen und Mitarbeiter der evangelischen und katholischen Kirche, der Arbeiterwohlfahrt und des Roten Kreuzes veranstalten einmal im Jahr einen so genannten großen Altentag, bei denen Senioren ab 70 Jahre eingeladen sind. Veranstaltungsort ist die

Festhalle einer kommunalen Gemeinde. In einer Nachbesprechung fällt die Bemerkung, dass in früheren Jahren die Halle ganz bestuhlt werden musste, während heute eine drei-viertel Bestuhlung vollkommen ausreicht. Diese Bemerkung einer Mitarbeiterin wird kom-mentiert durch die Beobachtung einer anderen Mitarbeiterin: Heute haben gerade die Se-nioren immer mehr Möglichkeiten, etwas selbständig zu unternehmen. Viele von ihnen sind rüstig und planen Ausflüge für sich selbst oder mit ihrem Jahrgang. Busunternehmen bieten immer mehr Tagesreisen und Ausflüge an. War früher dieser Seniorennachmittag noch eines der herausragenden Angebote für Senioren (Verkäufermarkt), so ist das An-gebot der Freizeitgestaltung für Senioren heute viel größer und attraktiver geworden (Käufermarkt).

Aufgabe:

Formulieren Sie einige Beispiel, wie sich die Situation im sozialen Bereich vom Verkäufer-markt zum Käufermarkt geändert hat.

3.9.1 Gegenwärtige Entwicklungen und Zukunftsperspektiven

Die technischen Innovationen vorwiegend in der Informationstechnologie (elektronische Medien, Computer, Internet) geben dem Marketing zur Zeit einen maßgebenden Impuls. Zwei Auswirkungen sind gegenwärtig durch diesen Impuls festzustellen. Durch die schnelle Verarbeitung von großen Informationsmengen mit Hilfe des Computers wird es für die Unternehmen möglich, ihre Zielgruppen noch genauer zu selektieren und individueller anzusprechen. Dadurch verändert sich auch das Marketing grundlegend: Marketingkonzep-tionen, durch die die Massen angesprochen wurden (Werbung, Massenkommunikation), wer-den durch die individuelle Kommunikation mit dem einzelnen Kunden ergänzt. Da diese Methode auf der Verarbeitung vieler Informationen über den Kunden mit Hilfe von Daten-banken beruht, nennt man sie auch *Database Marketing*.

Eine weitere Auswirkung auf das Marketing hat das Internet. Gewinner dieser Entwicklung ist der Kunde. Denn das Internet verändert die räumlichen und zeitlichen Einschränkungen des Marktes für den Kunden. Dadurch gewinnt der Kunde mehr Information und mehr Chancen, dort einzukaufen, wo er möchte. *Marketing im Internet* muss darauf reagieren, indem sich die Anbieter noch mehr um ihre Kunden bemühen. Ein wichtiger Schritt ist dabei, den Kunden im Internet als Partner wahrzunehmen und zu verstehen.

Marketing für Szenen und virtuelle Erlebniswelten

Außerhalb der betriebswirtschaftlichen Marketinglehre wird gegenwärtig eine Marketingform diskutiert[31], innerhalb der nicht nur Produkte in ihren Kerneigenschaften vermarktet werden, sondern *die Szenen und virtuellen Erlebniswelten*, die sie erzeugen. Dieser Impuls nimmt die gegenwärtige Erkenntnis der Soziologie auf[32]. Das oben dargestellte traditionelle Marketingverständnis der gegenwärtigen Betriebswirtschaftslehre wird dabei weiterentwickelt bzw. sogar ersetzt[33]. Ein Blick in die Marketingpraxis zeigt, dass einige Angebote heute mehr über eine virtuelle Erlebniswelt, über Szenen, Lifestyles, virtuelle Netzwerke (Interfusionen) u.a. vermarktet werden als über ihren Kern- oder Zusatznutzen selbst. Auf die gesicherte Erkenntnis der bisherigen betriebswirtschaftlichen Marketinglehre kann allerdings nicht verzichtet werden.

Aufgabe für Lifestyle- oder Szenenmarketing: Ergänzen Sie den Produkt- bzw. den Firmennamen bei folgenden Slogans.

● Nicht immer, aber immer öfter - ...

● Wir machen den Weg frei ...

● Brille - ...

Nennen Sie weitere Beispiele:

3.9.2 Social Marketing als Sonderform des Marketing[34]

Es ist der Verdienst von Philip Kotler mit seinen Co-Autoren, die bis zu Beginn der 70er Jahre vorliegenden Marketingerkenntnisse auf das Marketing von sozialen, religiösen, kulturellen Angeboten übertragen zu haben[35]. Inhalte und Erkenntnisse der Marketingtheorie beschränkten sich zu der damaligen Zeit auf die Erkenntnisse über die Marketinginstrumente[36] und auf die Konzeption des Marketingmanagements. Diese Marketinggrundlagen wurden

---

[31] Gerken, G./Merks, J. M. (Hrsg.): Szenen statt Zielgruppen. Frankfurt a.M. 1996

[32] Schulze, G.: Die Erlebnisgesellschaft – Kultursoziologie der Gegenwart. Frankfurt, New York 1992

[33] Gerken, G.: Abschied vom Marketing. Interfusion statt Marketing. Düsseldorf, Wien, New York 1991

[34] Vgl. dazu auch Kotler, P./Andreasen M./Mödinger, W.: Social Marketing. Stuttgart 2001

[35] Kotler/Levy 1969; Kotler/Zaltmann 1971; Kotler/Roberto 1991

[36] Mc Carthy: Basic Marketing. A Managerial Approach. 1968

vorwiegend bzw. ausschließlich am Beispiel des Marketing für Produkte oder Waren gewonnen. Die meisten Veröffentlichungen zum Thema Social Marketing sind Kotler auf diesem Weg gefolgt und übertragen das Marketing für Produkte und Waren nahezu unverändert auf das Marketing sozialer Organisationen. „In vielen Fällen ist eine Übernahme des traditionellen, aus dem Konsumgüter-Marketing stammenden Gedankenguts die Regel. Eine eigene Forschungsorientierung des Social Marketing existiert demnach nicht..." [37].

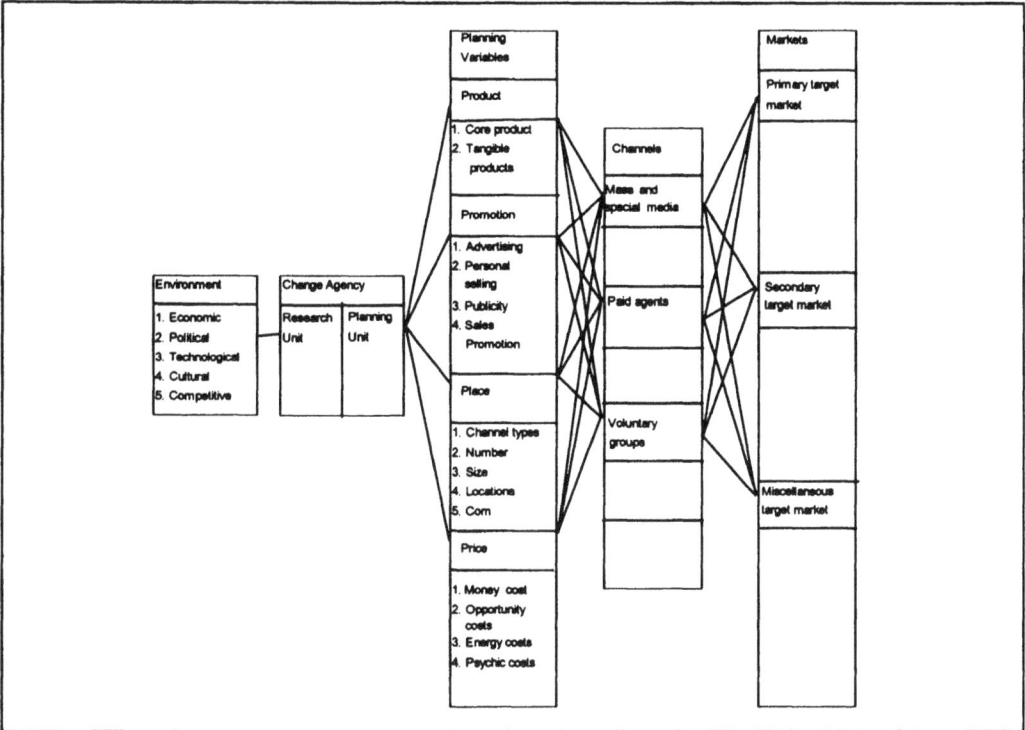

Abbildung 26: Die Übertragung des Marketing sozialer und religiöser Angebote, vgl. Kotler P. (1972), S. 10

Einige Autoren haben versucht, den Impuls von Kotler auf das religiöse Marketing zu übertragen [38]. Allerdings lassen sich die besonderen Marketinginhalte anderer Kulturen nicht direkt auf die europäische Kultur übertragen.

---

37 Bruhn M./Tilmes J.: Social Marketing. Stuttgart 1994, Seite 29

38 Vgl. dazu gep Texte 2/1978 Social Marketing oder Werbung im Dienst sozialer Ideen. Hrsg. Gemein-schaftswerk der Evangelischen Publizistik e.V. Frankfurt 1978

Betrachtet man aber die Angebote sozialer, kultureller oder religiöser Organisationen, dann wird man sehr schnell feststellen, dass soziale Angebote überwiegend in *Form einer Dienstleistung* (Lebensberatung, Pflege, Betreuung, Unterhaltung u.a.) bestehen. Setzt sich diese empirische Erfahrung durch, dann muss dieser Erkenntnis zumindest in der Form Rechnung getragen werden, dass die Übertragung des Marketing von Produkten und Waren verändert und angepasst werden muss. Eine Übertragung des Marketing für Produkte und Konsumgüter auf das Marketing von sozialen oder religiösen Angeboten und Dienstleistungen ist auf dem direkten Wege nicht möglich.

Kotler hat einen grundlegenden Versuch unternommen, eine Anpassung dadurch zu erreichen, indem er das gesamte Marketingverständnis erweiterte. Kotler definiert zum einen Marketing als einen *Austauschprozess* (transaction) zwischen mindestens zwei Marktpartnern. Zum anderen bezeichnet Kotler die ausgetauschten Waren, Produkte, soziale Einstellungen oder Handlungsformen usw. als *Werte*. Als klassisches Beispiel für diesen Gedankengang Kotlers kann folgendes Zitat angeführt werden: „*The core concept of marketing is transaction. A transaction is the exchange of values between two parties. The things-of-values need not be limited to goods, services, and money, they include other resources such as time, energy and feelings. (...) A transaction takes places, for example, when a person decides to watch a television programme; he is exchanging his time for entertainment. (...) A transaction takes place when a person gives money to a charity; he is exchanging money for good conscience* [39].“

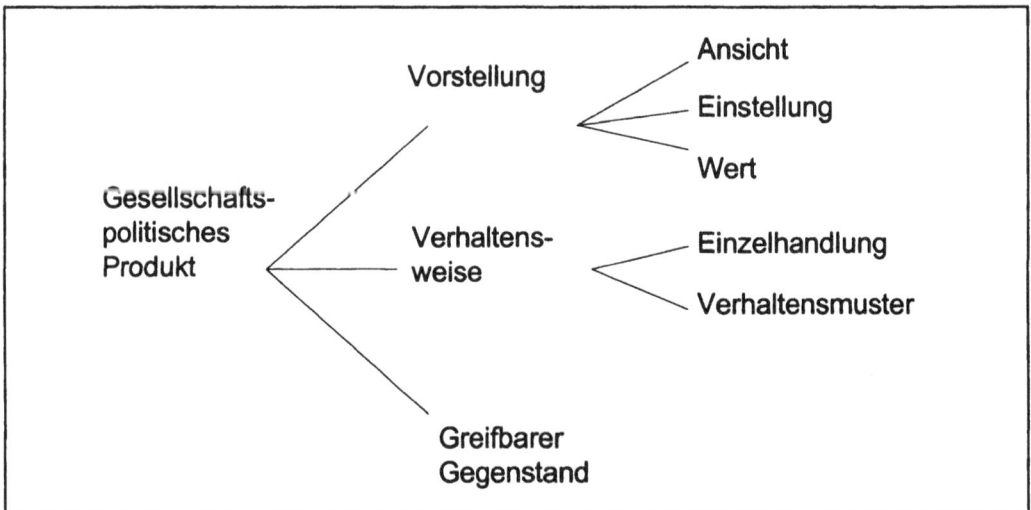

Abbildung 27:   Soziale Angebote als Produkte (Quelle: Kotler P./Roberto E.: Social Marketing. 1991, S. 38)

[39]   Kotler, P.: The Generic Concept of Marketing, 1972, S. 48 f.

Interessanterweise findet dieser Adaptionsversuch Kotlers, der die Probleme bei der Übertragung des produktorientierten Marketing auf das Marketing von sozialen Angeboten und
Dienstleistungen lösen will, bei den meisten Veröffentlichungen zum Thema Social Marketing keine Berücksichtigung.

Kotlers Adaptionsversuch beinhaltet eine schwierige Problematik, die nicht zur Lösung der
Adaptionsprobleme beiträgt, sondern diese verschleiert.

Die begriffliche Erweiterung, (soziale) Dienstleistungen und materielle Produkte *als Werte* zu
verstehen, führt zu Problemen auf zwei verschiedenen Ebenen. Wird ein Produkt bzw. eine
Ware im Sinne eines Wertes verstanden und soll dieser als Wert vermarktet werden, dann werden die betriebswirtschaftlichen Determinanten eines Unternehmens und die Einflussgrößen des Leistungsverwertungsprozesses fließend und undurchschaubar. Kotler entfernt sich
damit mehr und mehr von der Marketingpraxis und versteht Marketing als ein begriffliches
System, das in verschiedenen Lebensbereichen angewendet werden kann. „Wir sehen das
Marketing nicht als eine Anzahl von Unternehmen, die auf Austauschbeziehungen speziali-
siert sind, sondern als begriffliches System, das sich mit Austauschbeziehungen und Trans-
aktionen befasst [40]. Auf diese Weise wird jede Tätigkeit des Menschen, durch die er etwas
vermitteln will (Erziehung, Freundschaft usw.), zum Marketing.

Wird umgekehrt das religiöse Angebot und die religiöse Dienstleistung als Wert verstanden
und soll als Wert vermarktet werden, dann muss bewusst oder unbewusst eine bestimmte
Wertigkeit vorausgesetzt werden, die von beiden Partnern gleichermaßen akzeptiert wird. Da
ein religiöses Angebot außerdem in Form einer Dienstleistung unsichtbar als Potential vor-
liegt und sich nur immateriell als Potential im Prozess vermitteln lässt, kann auf ein solches
Wertesystem nicht verzichtet werden. Kotler behilft sich damit, dass er den Begriff „quality
of life" oder „social welfareness" einführt und bei fast allen seinen Veröffentlichungen zum
Thema „Social Marketing" mit ins Spiel bringt [41].

Dieser Gedanke wurde in der deutschen Social Marketingliteratur stets mit übernommen[42].
Begriffe wie „quality of life" oder „social welfareness" stellen aber letztendlich keine teil-
nehmer- oder kundenorientierte Beziehungsebene dar, sondern sind als *positivistisch unabge-
klärter Hintergrund zu verstehen*. Damit wird die Konsequenz der direkten Übertragung des Marketing von Produkten bzw. Waren auf das Social Marketing und dem unschlüssigen
Adaptionsmodell von Kotler durch die Erweiterung des Marketingbegriffs deutlich: Die ein-

---

[40] Kotler, P.: Nonprofit-Marketing. Stuttgart 1978, S. VII
[41] Kotler P. 1972, S. 50; P. Kotler 1992a, S. 10; P. Kotler 1992b, S. 40
[42] Raffée, H., 1976, S. 74 ff.; H. Specht 1974

fache Übertragung des Marketing von Produkten auf das Social Marketing verkürzt die Dimension religiöser Angebote auf die von Produkten und Waren und lässt diese zwar als Wert, aber dennoch ungeklärt in einem positivistischen Rahmen stehen.

Der elementare Kern religiöser Angebote, nämlich nicht in Form religiöser Produkte z. B. Veranstaltungen, Verhaltensvorschriften u. a., sondern überwiegend in Form religiöser Dienstleistungen vorzukommen, bleibt dabei unberücksichtigt.

Die direkte Übertragung des produkt- oder konsumorientierten Marketing auf religiöse Angebote führt zwangsläufig in eine Sackgasse. Mit Hilfe der Orientierung am Dienstleistungsmarketing kann eine Wendung vollzogen werden. Marketing für religiöse Angebote ist ein *Marketing für religiösen Potentiale und Prozesse.*

3.9.3 Etappen erschiedener Marketingkonzeptionen

Das Marketing orientiert sich vorwiegend an den Märkten, die Menschen mit ihrem individuellen Verhalten oder innerhalb der Gesellschaft aktiv mitgestalten. Deshalb ist das Marketing keine statische Angelegenheit. Die Konzeptionen und Formen des Marketing entwickeln sich in derselben dynamischen Weise wie sich das Verhalten von Menschen weiter entwickelt. Mit Blick auf die zurückliegenden vier Jahrzehnte lassen sich folgende Etappen und Entwicklungen des Marketing darstellen:

Zu Beginn der 50er Jahre hat sich Marketing stark an der **Produktion orientiert**. Marketing selbst wurde als Maßnahme und Methode der Verteilung (Distribution) verstanden. Nachdem die Märkte immer mehr gesättigt und die Nachfrage immer mehr gestillt worden waren, ergaben sich verschiedene weitere Marketingaspekte. Zunächst hat das Marketing sehr stark auf das **Marketinginstrument der Werbung und des Verkaufes** gesetzt. Mit allen Möglichkeiten der Kommunikation und der Werbung wurde versucht, den Verkauf von Produkten und Angeboten zu fördern. Im Amerikanischen gibt es dafür den Begriff des „hard selling". Hard-Selling meint, dass die vorgegebenen Absatzzahlen vorwiegend mit Hilfe einer direkten Werbung und Kommunikation erreicht werden (**absatzorientiert**). Ein weiterer Marketingaspekt ergab sich bei der Orientierung an den einzelnen Produkten bzw. Angeboten (**produktorientiert**). Die einzelnen Produkte wurden immer mehr differenziert und zielgruppengerecht entwickelt. Die quantitative Vermehrung von Angeboten und Produkten hat aber bei weitem nicht ausgereicht, um die Entwicklung im Verhältnis zwischen Anbieter und Nachfrager zu adaptieren. In den 70er Jahren rückt deshalb immer mehr **der Markt mit seinen Wachstumschancen (Absatz)** in den Mittelpunkt. Das Marketing orientiert sich immer mehr **am Markt** selbst und versucht, durch höhere Zielgruppendifferenzierung, strategische Geschäftsfelder, Portfolio-Analysen usw. eine größere Marktausschöpfung zu erreichen. Im Rahmen des so genannten PIMS-Programm (Profit Impact of Market Strategy) wurden weltweit Daten von Firmen in unterschiedlichen Geschäftsfeldern gesammelt. Die Auswertung der Daten brachte Erkenntnisse über unterschiedliche Wettbewerbsstrategien.

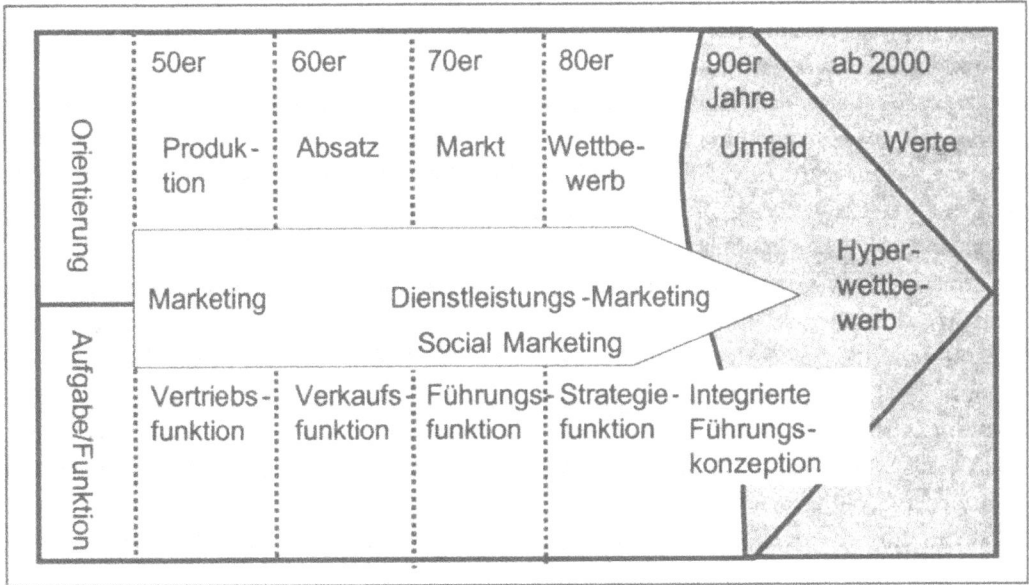

Abbildung 28:   Entwicklung des Marketingverständnisses

Die 80er Jahre bringen einen weiteren Aspekt in der Veränderung des Marketingverständnisses. Dabei tritt der Aspekt der Strategieformulierung und der Auseinandersetzung mit dem Wettbewerb immer mehr in den Vordergrund. Die Fragen nach dem Qualitätsmanagement, der Kundenbindung und Kundenzufriedenheit sowie des so genannten bench marking gewinnen mehr und mehr an Bedeutung.

In den 90er Jahren wird deutlich, dass die Kundenzufriedenheit nicht ausschließlich die Aufgabe der Marketingabteilung sein kann, sondern das Handeln eines ganzen Unternehmens umfasst. Damit übernimmt das Marketing eine integrative Funktion, durch die alle Aktivitäten des Unternehmens und seiner Mitarbeiter extern auf den Markt hin ausgerichtet werden. Um diese externe Ausrichtung des gesamten Unternehmens zu gewährleisten, müssen alle Aktivitäten zuerst intern zusammengeführt werden. Diese integrative Funktion nimmt das Marketing vorwiegend auf der Ebene wahr, auf der ein kundenorientiertes Bewusstsein geschaffen wird und innerhalb des Unternehmens auf einer breiten Ebene umgesetzt wird. Eine Hilfestellung dazu bietet das Marketing als eine integrierte Führungskonzeption.

Marketing als **eine integrierte Führungskonzeption** wird von zwei Aspekten bestimmt: Marketing als Führungskonzeption wird im wesentlichen von den Kriterien und Impulsen bestimmt, die **vom Markt** gegenwärtig ausgehen. Ein Unternehmen wird sozusagen **vom Markt her geführt**, indem wesentliche Impulse aus dem Verhältnis zwischen Anbieter und Nachfrage direkt auf die Organisation und Führung von Unternehmen Einfluss haben. Der Kunde bestimmt immer das interne Handeln eines Unternehmens und seiner Mitarbeiter. Damit die interne Ausrichtung auf den Markt hin funktioniert, müssen alle Mitarbeiter so organisiert sein, dass ihr Handeln möglichst direkt beim Kunden ankommt oder andere Mitarbeiter, die im Kundenkontakt stehen, eine interne Unterstützung durch das Unternehmen erhalten. Damit werden Mitarbeiter zum internen Kunden. Das Integrierte Marketingkonzept macht deutlich, dass es keine Kundenzufriedenheit ohne eine Mitarbeiterkultur gibt, die intern zu einer Zufriedenheit von Mitarbeitern führt. Seit Ende der 90er Jahre bestimmt ein so genannter **Hyperwettbewerb** [43] die Marketingsituation. Als Hyperwettbewerb ist die Situation zu verstehen, in der sich Unternehmen **dem gleichzeitigen Zusammenwirken** bislang isolierter Wettbewerbsbedingungen ausgesetzt sehen. Damit geraten Märkte in eine so genannte Gleichgewichtslabilität mit der Folge, dass unternehmerische Entscheidungen nicht mehr langfristig, planend und strategisch getroffen werden können, sondern oft aus der gegebenen Situation kurzfristig entstehen. Das besondere Merkmal des Hyperwettbewerbs liegt in der **Gleichgewichtslabilität**, die durch vier Wirkungsfaktoren hervorgerufen werden kann. Im Hyperwettbewerb findet ein gleichzeitiger Wettbewerb zwischen vier verschiedenen Wettbewerbsbedingungen statt [44].

Mit Blick auf die Auswirkungen auf **das Kundenverhalten** lassen sich heute schon folgende Beobachtungen treffen: Das Verhalten des Kunden entwickelt sich mit Blick auf die genannten Aspekte des Hyperwettbewerbs gerade gegenläufig. Der Kunde fordert durch sein Verhalten in vielen Bereichen genau das Gegenteil von dem, was die treibenden Kräfte des Hyperwettbewerbs bewirken. Mit Blick auf die Polarisierung von Preis und Qualität bedeutet dies, dass der Kunde Preis- und Leistungsvorteile zugleich fordert. Damit bringt der Kunde **ein gegenläufiges Verhalten** zu der treibenden Kraft der Polarisierung im Hyperwettbewerb zum Ausdruck. Mit Blick auf die Technisierung und Globalisierung fordert der Kunde mehr und mehr eine individuelle Zuwendung. Mit Blick auf die Unsicherheiten, die durch die Branchenerosion und Deregulierung der Märkte im Hyperwettbewerb entstehen, entwickelt der Kunde ein Verhalten, das auf Vertrauen hin angelegt ist und ein vertrauenswürdiges Verhalten fordert (Beispiel: Weiterempfehlung durch Freunde oder vertraute Personen).

---

[43] D'Aveni 1995; Rühle 1997; Bruhn 1997
[44] In Anlehnung an d'Aveni 1995

Die besondere Herausforderung an das Marketing besteht darin, sowohl die Merkmale des Hyperwettbewerbs als auch ihre Auswirkungen auf das Kundenverhalten zu kennen. Dabei können die Maßnahmen in einer gegenseitigen Spannung stehen. So muss z.B. das Dienstleistungsmanagement die Chance ergreifen, die sich durch Branchenerosion oder Deregulierung der Märkte ergibt und muss gleichzeitig mit Blick auf das Verhalten des Kunden **vertrauensfördernde** Maßnahmen ergreifen. Dasselbe gilt auch für den Informationsbedarf: Einerseits kann ein Unternehmen durch mehr Informationen den Informationsdruck auf den Kunden verstärken und damit zu einer gewissen Unsicherheit auf Seiten des Kunden beitragen. Auf der anderen Seite kann die Information aber auch z.B. durch Call-Center u.a. individualisiert werden. Damit agiert das Marketingmanagement auf **das gegenläufige Verhalten des Kunden** zu den treibenden Kräften im Hyperwettbewerbs.

Deshalb gewinnen in der gegenwärtigen Situation die strategischen Managementmaßnahmen an Bedeutung, die vor allem durch **die schnelle und kurzfristige Gestaltung der Situation** bzw. des Kontexts aktiv Einfluss auf Kaufentscheidungen nehmen können. Eine wichtige strategische Maßnahme besteht deshalb in der Herstellung **der Flexibilität und Dynamik** des unternehmerischen Verhaltens durch die Mitarbeiter und das Management. Die besondere Aufgabe der Unternehmensführung ist darin zu sehen, je nach situativen Kontext immer wieder **neu** zu entscheiden.

Mit der **kontinuierlichen Bestimmung der Märkte** definiert sich ein Unternehmen selbst immer wieder neu mit seinem Angebot und seinen unternehmerischen Aktivitäten. Die Antwort auf die Frage „Was ist unser Geschäft?" kann deshalb nicht als statischer und stabiler Faktor einer Unternehmensstrategie vor formuliert werden, sondern wird täglich neu in de Auseinandersetzung und Neudefinition der Märkte beantwortet.

Da der Kunde oft selbst über die neuesten Möglichkeiten der **Informations- und Kommunikationstechnologie** verfügt, muss ein Unternehmen selbst diese Möglichkeiten nutzen. Dabei geht es vor allem darum, die Menge an Informationen zu vernetzen und **eine kommunikationstechnologische Infrastruktur** zu schaffen, mit deren Hilfe ein erfolgreiches Wissens- und Wertemanagement stattfinden kann. Eine besondere Herausforderung stellt **die Einschätzung der Zeitdimension** dar. Auf Grund der aggressiven Wettbewerbssituation entsteht ein hoher Innovationsdruck. Dadurch werden Produktneuheiten immer **schneller und in unregelmäßigen Abständen** auf den Markt gebracht (Beispiel: Computer, Mobiltelefon u.a.). Das strategische Management von Unternehmen ist deshalb nicht nur darin gefordert, besonders schnell Innovationen zu entwickeln, sondern vor allem mit einer gewissen **Zeitsensibilität** auch auf den Märkten zu platzieren[45].

---

[45] Backhaus, K.: Industriegütermarketing. 5. Aufl., München 1997, S. 15

Die **Sicherstellung der Flexibilität** des unternehmerischen Handelns lässt sich nicht durch eine statische Organisationsform, sondern vor allem durch **eine dynamische Netzwerk-Organisationsform** erreichen.

Der besondere Schwerpunkt des strategischen Managements von Unternehmen liegt in Zukunft noch mehr auf dem aktiven Management von

- Konflikten
- Komplexität
- Widersprüchen und
- Wissen/Werte

Damit ist das strategische Management im Sinne eines situativen Managements besonders herausgefordert. Allerdings kann sich das Management nicht auf die Maßnahmen eines **situativen Managements** beschränken, sondern umfasst auch jene Aktivitäten, die die verschiedenen Teilnehmer in Situationen sowie die unterschiedlichen Situationen miteinander in einer **Lebenskultur und Lebenseinstellung** verbindet. Gerade mit Blick auf das Management von Widersprüchen ist es entscheidend, den Widerspruch nicht nur situativ durch ein Ergebnis zu lösen, sondern durch Managementmaßnahmen in eine umfassende Ebene zu integrieren.

- Beispiel für das Management eines Widerspruchs: Der gleichzeitige Stellenabbau und die Akquisition neuer Mitarbeiter für andere Unternehmensbereiche führen zu einem Widerspruch. Dieser Widerspruch muss nicht nur punktuell durch ein situatives Management (Beispiel: hohe Abfindungssummen) gelöst werden, sondern ist ein Bestandteil der Unternehmenskultur bzw. der gegenwärtigen Unternehmenssituation. Dieser Widerspruch kann dann am besten in die Unternehmensaktivitäten integriert werden, wenn er nicht verdrängt, sondern in geeigneter Form immer wieder neu im Dialog mit Mitarbeitern, Kunden und Lieferanten u.a. diskutiert wird.

Mit Blick auf diese besondere Aufgabe des Managements von Widerspruch, Wissen, Komplexität und Konflikte greift das Marketing im Hyperwettbewerb auf die Werte zurück, die für einen gemeinsamen Lebenskontext formuliert werden. Marketing im Hyperwettbewerb ist deshalb als **eine werteorientierte Führung eines Unternehmens** zu verstehen.

4.   Der Marketing-Managementprozess

Die wesentliche Aufgabe des Marketing besteht in der Analyse, Planung und Steuerung eines Prozesses von Aktivitäten, durch die ein Kontakt bzw. Beziehung zu ausgewählten Personen oder Gruppen im Markt entwickelt und durchgeführt werden. Das Marketing ist deshalb vorwiegend ein Organisations- und Managementprozess, der die Analyse des Umfeldes, die Formulierung der *Strategie* sowie deren *Umsetzung und Controlling* umfasst. Dabei gibt es immer eine *interne und eine externe Dimension*. Die interne Dimension betrifft die interne Ausrichtung der Organisation und der Mitarbeiter auf den Markt hin, die externe Dimension betrifft die aktive Gestaltung der Beziehung zu den Markteilnehmern wie z.B. Kunde, Lieferant, Mitbewerber oder Mitbürger.

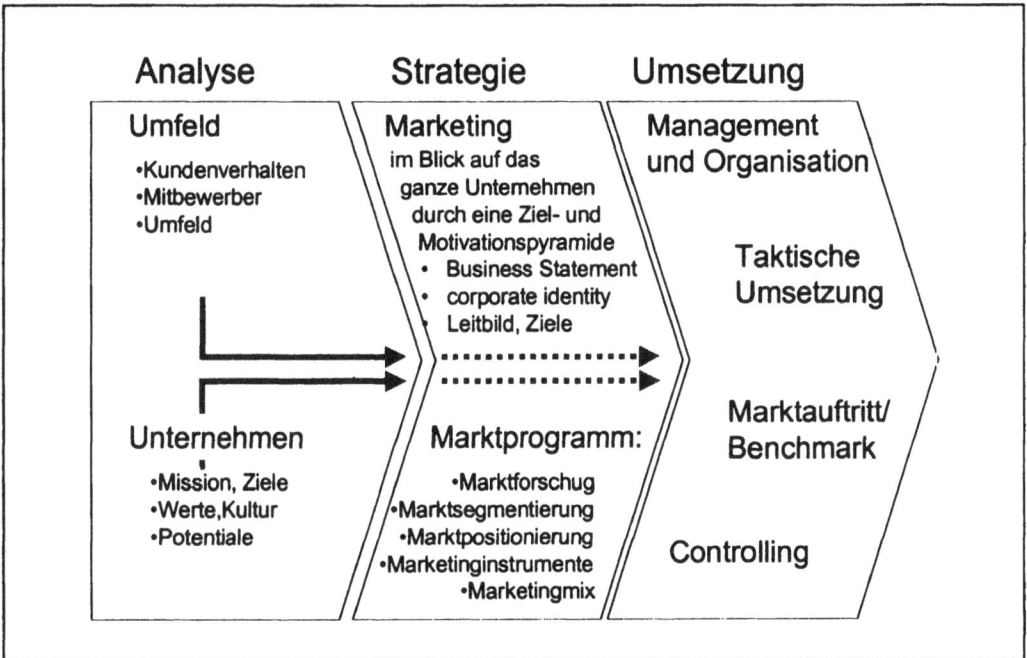

Abbildung 29:   Marketing als Managementprozess

Die Analyse umfasst *die externe Analyse des Umfelds sowie die interne Analyse des eigenen Unternehmens.*

Analyse des Kundenverhaltens
Die Analyse des Kundenverhaltens umfasst die Analyse des religiösen Bedürfnisses. Dabei sind die Verhaltensaspekte zu berücksichtigen, die den Kunden bei der Erfüllung eines reli-

giösen Bedürfnisses nachhaltig beeinflussen, wie z.B. Freizeitgestaltung, Zugehörigkeit zu einer Gruppe, Sozialisation u. a.

Innerhalb der Evangelischen Kirche Deutschlands werden in regelmäßigen Abständen soziologische Untersuchung zum Mitgliederverhalten durch geführt. Dabei wurde der Begriff der latenten Mitgliedschaft entwickelt. Der Begriff der latenten Mitgliedschaft beschreibt die passive Mitgliedschaft innerhalb der Kirche. Die aktive Unterstützung beschränkt sich dabei auf die finanzielle Unterstützung der konfessionellen Kirchen durch die Bereitschaft, Mitglied zu bleiben und den Mitgliedsbeitrag in Form der Kirchensteuer zu bezahlen [46].

Da die religiösen Gemeinschaften auf die aktive Teilnahme und freiwillige Mitarbeit angewiesen sind spielt das allgemeine Freizeitverhalten der potentiellen Kunden eine wichtige Rolle. Seit 1995 veröffentlicht das Hamburger Freizeitforschungsinstitut einen so genannten Freizeitmonitor, der das Freizeitverhalten der Bürger in Deutschland widerspiegelt [47]. Die Ergebnisse beruhen auf einer repräsentativen Umfrage bei 2.000 Personen ab 14 Jahren.

Die Freizeitbeschäftigung, der die meisten Menschen in Deutschland nachgehen, ist das Schlafen. Mit über 63 % bei den Singles und 46 % bei den Familien mit Kindern liegt das Schlafen als Freizeitbeschäftigung an der Spitze im Freizeitmonitor 2000. Der Freizeitmonitor 2000 macht deutlich, dass vorwiegend solche Freizeitaktivitäten unternommen werden, bei denen Menschen überwiegend passiv bleiben können (Beispiel: 57 % mit Freunde etwas unternehmen, 40 % in die Kneipe gehen, 49 % Faulenzen, Nichtstun). Selbst der Sport als Freizeitaktivität erhält nur 20 Prozentpunkte. Das Hamburger Forschungsinstitut hat auch das Freizeitverhalten am Sonntag untersucht. In der repräsentativen Untersuchung im Oktober 1999 bei 1 000 Personen wurde deutlich, dass 56 % der Bevölkerung den Sonntag als Ruhetag erhalten wollen. Über 81 % der Bevölkerung ab 25 Jahren wünscht keinen Einkauf am Sonntag [48].

---

[46] Vgl. dazu Feige, A.: Kirchenmitgliedschaft in der Bundesrepublik Deutschland. Gütersloh 1990 sowie „Wie stabil ist die Kirche?", „Was wird aus der Kirche?" und „Fremde Heimat Kirche", Ergebnisse der EKD-Umfragen über die Mitgliedschaft (1974, 1994, 1994), Gütersloh

[47] Vgl. dazu www.bat.de

[48] Vgl. Quo vadis, Sonntag? Freizeit aktuelle Ausgabe 151, 20. Jahrg. 30. November 1999 oder www.bat.de/ freizeit/aktuell/freizeit_18.html (Stand 30.11.2000)

Freizeit-Monitor 2000:
Mehr Betriebsamkeit als Einsamkeit.
Ein Single bleibt selten allein.

Von je 100 befragten Singles im Alter von 25 bis 49 Jahren nennen - im Vergleich zu Familien - als regelmäßige Freizeitaktivität (wenigstens einmal pro Woche):

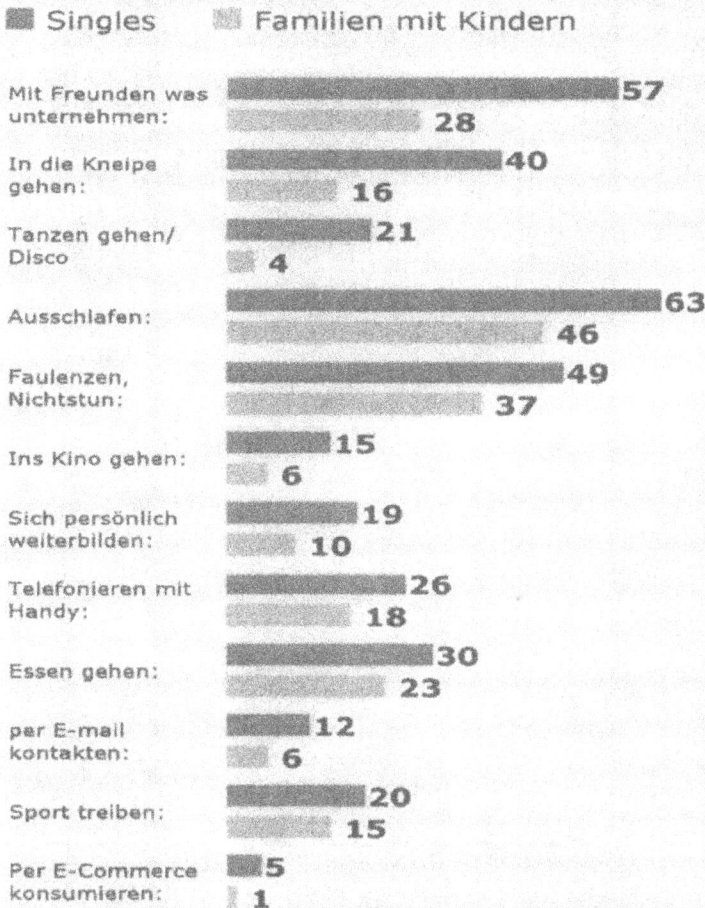

■ Singles   ▓ Familien mit Kindern

Aktivität	Singles	Familien mit Kindern
Mit Freunden was unternehmen:	57	28
In die Kneipe gehen:	40	16
Tanzen gehen/ Disco	21	4
Ausschlafen:	63	46
Faulenzen, Nichtstun:	49	37
Ins Kino gehen:	15	6
Sich persönlich weiterbilden:	19	10
Telefonieren mit Handy:	26	18
Essen gehen:	30	23
per E-mail kontakten:	12	6
Sport treiben:	20	15
Per E-Commerce konsumieren:	5	1

Repräsentativbefragung von 2.000 Personen ab 14 Jahren in Deutschland

Abbildung 30:   Freizeitmonitor 2000 (Quelle: www.bat.de/freizeit/aktuell/freizeit_24.html [Stand 08.12.2000])

Was die Menschen zur Jahrtausendwende fasziniert
Spagat zwischen Spaß und Sinn

Von je 100 Befragten finden **"besoners attraktiv"**:

Olympische Spiele	34
SOS Kinderdorf	32
Rotes Kreuz	31
Formel-1-Rennen	31
Mercedes	29
BMW	29
Champions League	26
Nobelpreis	25
Religion	22
Greenpeace	22
Adidas	22
Aldi	22
Amnesty International	21
Bibel	19
Coca-Cola	18
Levis	17
Mc Donald's	15
UNO	14
CDU	13
SPD	12
VIVA	10
MTV	09
Bündnis 90/Die Grünen	08
F.D.P.	03

Repräsentativbefragung von 3.000 Personen ab 14 Jahren im Juli 1999 in Deutschland

Abbildung 31:   Zwischen Sinn und Spaß – Lebenseinstellung an der Jahrtausendwende
(Quelle: www.bat.de/freizeit/aktuell/freizeit_17.html [Stand 08.12.2000])

In einer Untersuchung über Kult, Konsum und Kirche hat das Freizeit-Forschungsinstitut das Verhalten der Menschen zur Jahrtausendwende deutlich gemacht. Nach dem Spaß-Jahrzehnt der achtziger Jahre haben die Trendforscher ein Sinn-Jahrzehnt für die neunziger Jahre vorausgesagt. Im Rückblick ist es aber ganz anders gekommen: Beide, der Spaßfaktor und der Sinnfaktor des Lebens, sind an der Jahrtausendwende gleich bedeutsam. Zur Jahrtausendwende lebt die deutsche Bevölkerung im Zwiespalt zwischen alten Werten und neuen Märkten: Die Kirche ist genauso wichtig wie Aldi und Adidas (jeweils 22 %) und in der persönlichen Wertschätzung liegt die Bibel (19 %) nur knapp vor Coca-Cola (17 %) und McDonald's (15 %). Auch die individualistische Erlebniskultur des 21. Jahrhunderts kommt ohne die Sozial- und Sinnorientierung des Lebens nicht aus, weil sich sonst viele Menschen in einer „individualistischen" Konsumgesellschaft alleingelassen fühlen.

Dieses Ergebnis wird durch die Untersuchung des Statischen Bundesamtes bestätigt [49]. Innerhalb des Datenreports veröffentlicht das Bundesamt für politische Bildung auch Erkenntnisse über das subjektive Wohlbefinden, Wertorientierung sowie Zukunftserwartungen. Rund 42 % der deutschen Bevölkerung gehören der evangelischen und 41 % der katholischen Kirche an. In den alten Bundesländern sind rund 15 % ohne konfessionelle Zugehörigkeit. In den neuen Bundesländern sind es 73 %. Diese Zahlen zeigen die starke Akzeptanz der konfessionellen Kirchen zumindest bei der Bevölkerung in den alten Bundesländern. Die formale Kirchenmitgliedschaft lässt noch keinen Rückschluss auf die persönliche Bindung an eine Kirche zu. Zwei besondere Werte geben diesbezüglich mehr Auskunft. Seit 1984 ist der Prozentsatz der Mitglieder, die mindestens einmal im Monat den Gottesdienst besuchen, von 31 % auf 23 % gesunken. Ein deutlicher Rückgang ist auch auf der Skala der Zufriedenheit zu verzeichnen. Auf einer Skala von 10 Punkte ist der Anteil der Personen, die mit ihrer Kirche zufrieden sind, von 5,8 auf 5,3 Punkte gesunken. Bei den Mitgliedern der katholischen Kirche ist der Anteil von zufriedenen Mitgliedern sogar unter 50 % auf 48 % 1998 gesunken. Dem stehen die Aussagen über die Bedeutung des Glaubens gegenüber.

Der Wert für die Wichtigkeit des Glaubens seit 1984 ist stabil geblieben bzw. hat sich in Ostdeutschland von 21 % (1993) auf 26 % (1998) gesteigert. Die Altersgruppe zwischen 35-54 Jahren (Westdeutschland) äußert sich mit dem größten Zuwachs von 41 % (1993) auf 48 % (1998) über die Wichtigkeit des Glaubens für das persönliche Wohlempfinden [50]. Für das Marketing bedeuten diese Zahlen, dass es die größten Marktchancen und das größte Marktpotential in der Altergruppe zwischen 35-54 Jahren in Westdeutschland für eine religiöse Gemeinschaft gibt.

Neben diesen allgemeinen Beobachtungen steht die Frage im Raum, wie das Kundenverhalten mit Blick auf ein religiöses Bedürfnis definiert werden kann. Da die religiöse Erfahrung meistens in Form einer spirituellen Erfahrung gemacht wird, ist die Beschreibung eines allgemeingül-

---

[49] Vgl. dazu Datenreport 1999, Bundesamt für politische Bildung. Bonn 2000
[50] Vgl. dazu Datenreport 1999, Bundesamt für politische Bildung. Bonn 2000 S. 530 ff.

tigen Bedürfnisses sehr schwierig[51]. Neben der religionssoziologischen, der religionspädagogischen oder der psycho-therapeutischen Darstellungsform eines religiösen Bedürfnisses spielt ein theologisches Erklärungsmodell eine wesentliche Rolle[52]. Dieses baut vorwiegend auf die Beziehung zwischen Mensch und Gott auf und auf die Beziehung der Menschen untereinander.

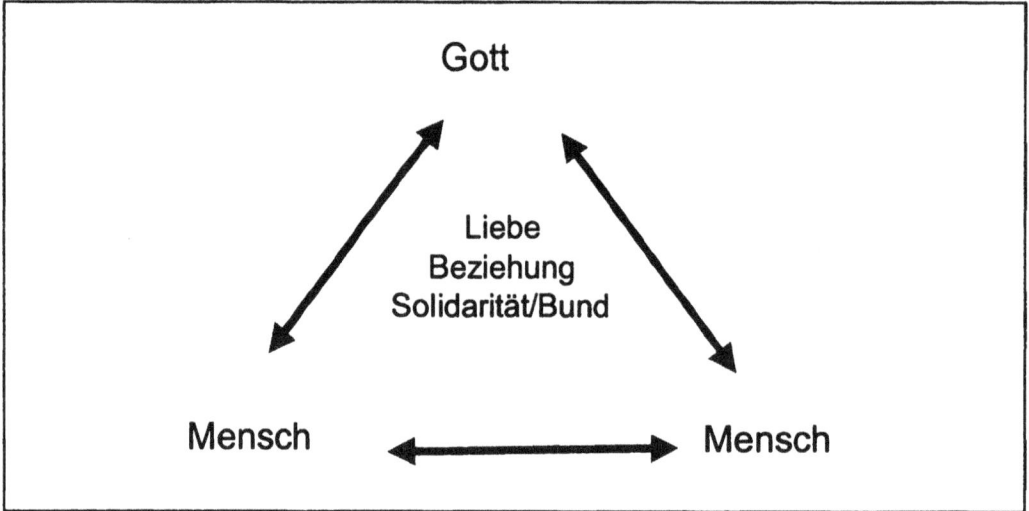

Abbildung 31:   Theologisches Modell als Basis der Darstellung religiöser Bedürfnisse [53]

An dieser Stelle sollen aber die beiden Ansätze dargestellt werden, die als Grundlage für die Definition eines religiösen Bedürfnisses auf betriebswirtschaftlicher Sicht bisher genutzt wurden. Diese bauen auf die Erklärungsversuche der Religionssoziologie bzw. Psychotherapie auf[54].

Schon 1965 definierte Glock[55] in einer religionssoziologischen Untersuchung fünf Dimensionen einer religiösen Nachfrage:

---

[51] Vgl. dazu Der Spiegel, Nr. 52/25.12.2000, Jenseits des Wissens – warum glaubt der Mensch?

[52] Vgl. z.B. Gollwitzer, H.: Befreiung zur Solidarität. München 1978

[53] In Anlehnung an: Selmayr, M.: Marketing eines „Glaubens"-Gutes Magisterarbeit, Universität Lüneburg vom 26. März 1998, S. 3 ff.

[54] Ergänzend zu einer Darstellung eines religiösen Bedürfnisses aus der Sicht der Religionssoziologie, der Psychotherapie könnte auch der theologische oder religionspädagogische Aspekt diskutiert werden, vgl. dazu z.B.: Nipkow, K. E./Schweitzer, F./Fowler, J. W.: Glaubensentwicklung und Erziehung. Gütersloh 1989. Da diese Ansätze aber bisher nicht für die Definition eines religiösen Bedürfnisses im betriebswirtschaftlichen Sinn betrachtet wurden, werden sie in diesem Zusammenhang nicht diskutiert.

[55] Glock, Ch. Y.: Über die Dimension der Religiosität, 1965. In: Matthes, J.: Kirche und Gesellschaft, Einführung in die Religionssoziologie II. Hamburg 1969, S. 150-168

- Die rituelle Dimension (D1)
  Sie umfasst alle besonderen religiösen Handlungsformen, die die Mitglieder einer Religionsgemeinschaft praktizieren. Dazu gehört das Gebet, Gebräuche wie z. B. das Fasten, die Teilnahme am Gottesdienst sowie die Feier besonderer religiöser Anlässe (Taufe, Hochzeit, Namenstag u. a.)

- Die ideologische Dimension (D2)
  Sie umfasst den Glauben und das Bekenntnis zu den Inhalten und Prinzipien einer Religion. Hierzu gehören die Aussagen über die Existenz eines göttlichen Wesens, über die Inhalte und Ziele des göttlichen Willens sowie über das rechte Verhalten des Menschen gegenüber Gott und den Mitmenschen mit Blick auf die Erfüllung des göttlichen Willen (Zehn Gebote, Glaubensbekenntnis u. a.)

- Die intellektuelle Dimension (D3)
  Sie überprüft die Möglichkeit, inwieweit einem Menschen die grundlegenden Lehrsätze und Inhalte seines Glaubens und der Heiligen Schrift bekannt und vertraut sind. Die intellektuelle Dimension liefert eine objektiv orientierte Verstehenshilfe für die spirituellen Glaubenserfahrungen.

- Die Dimension des religiösen Erlebens (D4)
  Diese umfasst jede Art der religiösen Erfahrung wie z. B. das Gefühl der Geborgenheit, des seelischen Friedens, der inneren Freude, des Glücks bis hin zur Erleuchtung, Ekstase, aber auch Buße und Demut.

- Die Dimension der sozialen Kompetenz (D5)
  Diese Dimension betrifft die konkreten Anweisungen mit Blick auf eine Ethik, die den Alltag bestimmt.

Die Weiterentwicklung dieses Modells versucht, Religiosität als eine Funktion dieser fünf Dimensionen in folgender Formel darzustellen:

$$\text{Religiosität} = f\ (D1, D2, D3, D4, D5)$$

Ergänzt wird diese Formel durch einen Gewichtungsfaktor b_i (i=1-5) und eine Einflussgröße e_j, durch die beispielsweise Persönlichkeitsmerkmale wie Alter, Geschlecht, Bildung u. a. eine Berücksichtigung finden. Als weitere Einflussgrößen muss die bisherige Erfahrung mit religiösen Angeboten sowie die allgemeine Situation berücksichtigt werden. Daraus ergibt sich folgende Formel zur Definition eines religiösen Bedürfnisses: [56]

---

56   Hillebrecht, S. W.: Grundlagen des kirchlichen Marketing. In: Marketing ZFP H. 4, 4. Quartal 1995, S. 221 ff.

$$\text{Religiosität} = f \; [\text{Di bi(ej)}]$$

Allerdings scheint diese Formel zu komplex zu sein, als dass sie in der Praxis der strategischen Marketingplanung Anwendung findet.

Eine Besonderheit der Definition des Nachfragerverhaltens religiöser Angebote besteht darin, dass eine religiöse Nachfrage immer nur retrospektivisch definiert werden kann. Da der Mensch weder über Gott noch über seine Erfahrungen mit einem göttlichen Wesen verfügt, kann er sein Verhalten nur aus der Retroperspektive erklären und darstellen. Diese Erkenntnis macht sich das Modell [57] zu nutze, das die Religiosität als Verbindungsglied zwischen Unbewusstem und Bewusstem, zwischen Unverfügbarem und Verfügbaren definiert. Grundlagen dafür sind die therapeutischen Erkenntnisse von C. G. Jung. Die religiöse Erfahrung übt dabei *eine katalysatorische Wirkung* zwischen dem Unbewussten und dem Bewussten im Prozess der Selbstwerdung aus. Der Mensch erlebt dabei eine religiöse Erfahrung, indem er sich in das Übergeordnete einfügt und die Führung seines Lebens nicht mehr ausschließlich einem rationalen Ich-Bewusstsein überlässt, sondern dieses in Beziehung zu den Prozessen seiner unbewussten Seele stellt. Ausgangspunkt dieser Überlegungen ist die Tatsache, dass der Mensch weder über den Anfang noch über das Ende seines Lebens absolut verfügt. Damit ist das Leben eines jeden Menschen immer *in einen größeren Zusammenhang* eingebettet, über den der Mensch nicht autonom verfügt.

1. **Das Bewusstsein:** Der Mensch nimmt durch die vier kognitiven, rationalen Fähigkeiten seines Bewusstseins die Wirklichkeit selektiv wahr. Jung definiert das Bewusstsein als das, was in einer Beziehung zu einem bewussten Ich steht. Das Zustandekommen des Bewusstseins erklärt Jung durch eine seelische Bilderfolge als Vorgang, der sich zwischen dem sensorischen Reiz und dem motorischen Anstoß eingeschoben hat. „Auf diese Weise kann man sich eine Vorstellung machen von der Art des Seelischen. Es besteht in fast unendlicher Reihenfolge. Diese Abbilder haben die Eigenschaft des Bewusstseins [58]."

2. **Das Unbewusstsein:** Jung erklärt das Unbewusste als den Zustand der menschlichen Seele, der dem Menschen (noch) nicht bewusst ist. Im Gegensatz zu Freud sieht Jung im Unbewussten nicht nur *die verdrängten Inhalte*, die das Bewusstsein nicht wahrnehmen will. Das Unbewusste hat auch noch eine andere Seite: In seinem Umfang ist auch dasjenige psychische Material einbezogen, das den Schwellenwert des Bewusstseins

57   Vgl. Mödinger, W.: Marketing für religiöse Angebote (Dissertation). München 1996, Seite 84 ff.

58   Jung, C. G.: Seelenprobleme der Gegenwart. München 1991, S. 212

nicht erreicht. Dazu gehört das Unpersönliche, *Kollektives in Form von vererbten Kategorien* und so genannten Archetypen. Jung bezeichnet die verdrängten psychischen Inhalte als das persönliche Unbewusste, die vererbten, kollektiven Inhalte als das „kollektive Unbewusste". Das Verdrängte kann durch Bewusstwerdung in positiven Einklang mit dem Bewusstsein gebracht werden. Die Inhalte des kollektiv Unbewussten sind autonom und dynamisch. Sie wirken auf Handlungen, Meinungen, Affekte und Triebe, Phantasien und Träume, oder durch ein komplexes seelisches Fehlverhalten. Der Konflikt zwischen denkendem Bewusstein und natürlichem unbekannten Unbewussten ist vorprogrammiert. Ein solches Konfliktpotential bezeichnet Jung als „Schatten".

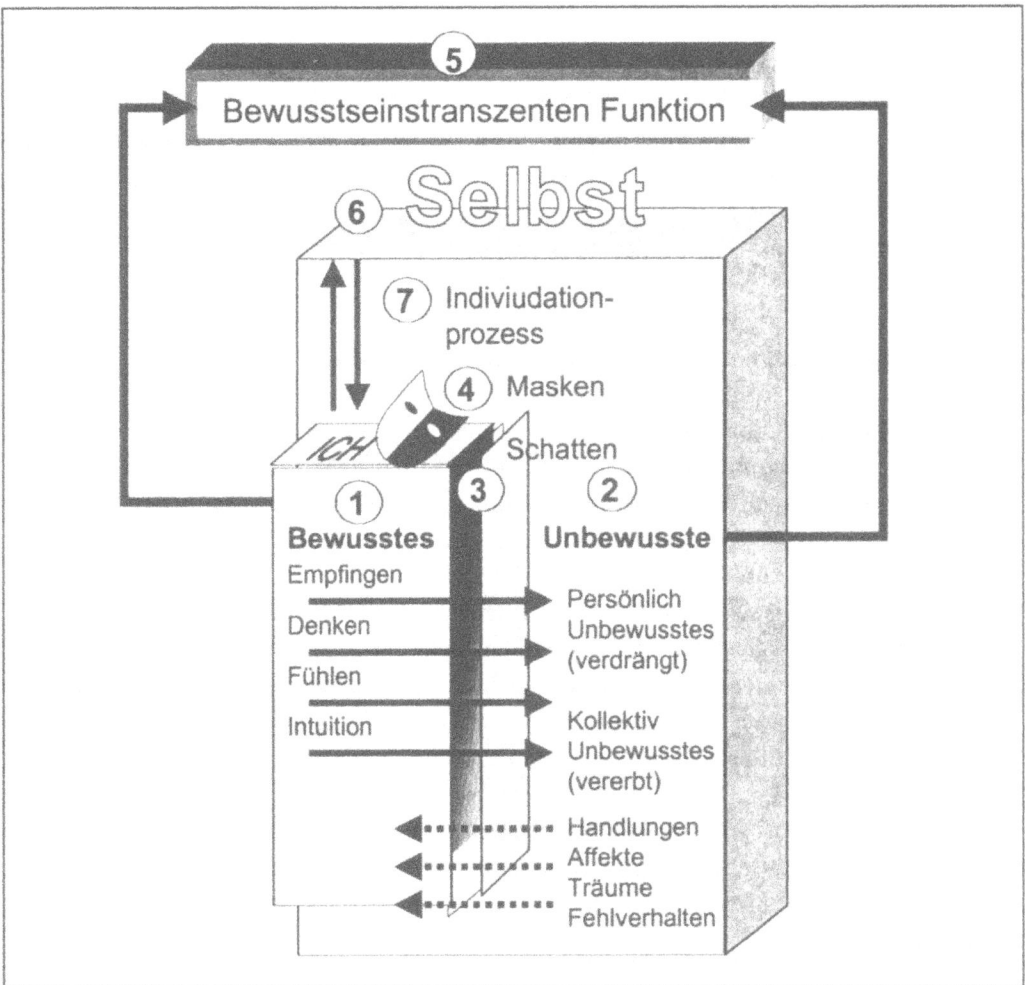

Abbildung 32: Selbstwerdung als Grundlage für ein religiöses Bedürfnis (Quelle: Psychotherapeutisches Modell auf der Basis der Erkenntnisse von Jung, C. G.: (1996) S. 92

3.   **Schatten:** „Wir tragen unsere Vergangenheit mit uns, nämlich den primitiven und inferioren Menschen mit seinen Begehrlichkeiten und Emotionen. Eine bloße Unterdrückung des Schattens ist ebenso wenig ein Heilmittel wie Enthauptung gegen Kopfweh"[59] Innerhalb des Bewusstseins hat der Mensch bestimmte Ideen, wie er als ein zivilisierter und moralischer Mensch leben sollte. Wir tun unser Bestes, um diese ehrgeizigen Erwartungen selber zu erfüllen. Wo uns dies nicht gelingt, versuchen wir unser Fehlverhalten zu verniedlichen oder durch Vergleich mit anderen zu nivellieren. Damit wird das Fehlverhalten aus dem Bewusstsein verdrängt. Da es aber weiterhin aktiv bleibt produziert sich das Fehlverhalten des Menschen wie ein Schatten zwischen dem Bewussten und Unbewussten.

4.   **Masken/Persona:** Um damit leben zu können, schafft das rationale Bewusstsein für sich Masken, die Jung auch im Vergleich mit der ursprünglichen Theaterrolle „persona" nennt. Das Bewusstsein versucht individuell zu sein. Dem steht aber der kollektive, dynamische Einfluss des Unbewussten mit seinen verdrängten und vererbten Inhalten entgegen. Eine Lösung entsteht durch die so genannte *bewusstseinstranszendente Funktion*, die eine Katalysatoren-Rolle im Bewusstwerdungsprozess des Menschen spielt.

5.   **Die bewusstseinstranszendente Funktion:** Zur Aussöhnung zwischen Bewusstem und Unbewusstem entwirft Jung die so genannte bewusstseinstranszendente Funktion[60]. Die Funktion kann deshalb wirksam werden, weil das Bewusste in einem ganz bestimmten Zusammenhang mit dem Unbewussten steht. Das Bewusste ist nicht losgelöst, sondern in den größeren Horizont des Unbewussten eingebettet. Bewusstes und Unbewusstes verhalten sich wie zwei Kreise oder wie die Sonne zur Erde. „In diesem Ganzen ist das Bewusstsein enthalten, vielleicht wie ein kleinerer Kreis in einem größeren. Daher wohl besteht die Möglichkeit, das ‚Ich' zum Objekt zu machen, respektive der Möglichkeit, dass eine umfängliche Persönlichkeit stufenweise aus dem Unbewussten hervortritt. Dieser Zuwachs an Persönlichkeit geht aus dem Unbewussten hervor, dessen Grenzen nicht absteckbar sind. Insofern die Persönlichkeit noch potentiell ist, kann sie als transzendent bezeichnet werden."[61]

6.   **Das Selbst:** Das Selbst ist ein transzendentes Postulat, das sich psychologisch rechtfertigen, aber wissenschaftlich nicht beweisen lässt. Jung gebraucht diesen Begriff, um die Totalität des Menschen (Ganzheit), die Summe bewusster und unbewusster Gege-

---

[59] Jung, C. G.: Psychologie und Religion. München 1991, S. 80
[60] Jung, C. G.: Die transzendente Funktion. In: Gesammelte Werke (GW), Bd. 8, Zürich 1967, S. 75 ff.
[61] Jung, C. G.: Psychologie und Religion. München 1991, S. 192

benheiten zu bezeichnen. Im Integrationsprozess von (objektivem) Selbst und (subjektivem) Ich-Bewusstsein ergibt sich die Möglichkeit zur Aussöhnung von Unbewusstem und Bewusstem, von subjektiver und objektiver Wirklichkeit. Diesen Prozesse bezeichnet Jung als Individuation oder Selbstwerdung.

7.   **Individuation:** Das Selbst ermöglicht den Prozess der Individuation. Dabei muss das Ich-Bewusstsein seine subjektiven, egoistischen Ansprüche sich bewusst machen und das Selbst muss seinen Anspruch gegen das Ich-Bewusstsein aufheben. Der Zweck der Individuation ist es, das Selbst aus den falschen Hüllen der Persona/Masken einerseits und der Suggestivgewalt unbewusster Bilder andererseits zu befreien. Dabei spielen Sprachbilder im allgemeinen sowie Bilder, Symbole u. a. im besondern eine wichtige Rolle. Der Prozess der Individuation und Selbstwerdung ist schmerzhaft und fordert sowohl von dem Bewussten als auch von dem Unbewussten Opfer. „Was ich opfere, das ist mein egoistischer Anspruch, womit ich zugleich mich selber aufgebe. Wir gewinnen aus dem Selbstopfer uns selber, das Selbst, denn nur, was wir geben, das haben wir [62]."

Den Prozess der Selbstwerdung und Individuation versteht Jung nicht in dem Sinne, dass der Mensch sich aus diesem Prozess selber schafft. Dieser Prozess widerfährt vielmehr dem Menschen. Er ist aktiv beteiligt, aber nicht der Initiator oder Akteur dieses Prozesses. Vielmehr ist es ein Werden, das dem Menschen geschenkt wird bzw. widerfährt. Insofern kann Jung diesen Prozess der Selbstwerdung des Menschen auch als einen Prozess bezeichnen, der auf einer religiösen Erfahrung des Menschen beruht. „Religion ist, wie das lateinische Wort religere meint, eine sorgfältige und gewissenhafte Beobachtung dessen, was Rudolf Otto treffend das **Numinosum** genannt hat, nämlich eine dynamische Existenz oder Wirkung, die nicht von einem Willkürakt verursacht wird. Man könnte also sagen, der Ausdruck **Religion** bezeichnet die besondere Einstellung eines Bewusstseins, welches durch die Erfahrung des Numinosum verändert worden ist [63]." Jung bezeichnet das Wesen der Seele/Psyche eines Menschen allgemein als religiös. Der Vorwurf, dass damit die Seele des Menschen vergottet wird, ist unhaltbar. „Man hat mir **Vergottung der Seele** vorgeworfen. Nicht ich, Gott selbst hat sie vergottet. Nicht ich habe der Seele eine religiöse Funktion angedichtet, sondern ich habe die Tatsachen vorgelegt, welche beweisen, dass die Seele **naturaliter religiosa** ist, das heißt eine religiöse Funktion besitzt: eine Funktion, die nicht ich hineingelegt oder gedacht habe, sondern die sie selber von sich aus veranlasst zu sein" [64]. Auf der Basis seiner psychotherapeutischen Erkenntnisse und der eigenen religiösen Erfahrungen stellt Jung deshalb folgende Forderung: „Wir brauchen nicht so sehr Ideale als ein wenig Weisheit und Introspek-

---

[62] Jung, C. G.: Psychologie und Religion. München 1991, S. 195
[63] Jung, C. G.: Die Beziehung zwischen dem Ich und dem Unterbewussten. München 1991, S. 124
[64] Jung, C. G.: Zitiert nach „Gott existiert". Hrsg. KJK Königsbach 1992

tion, eine sorgfältige Berücksichtigung der Erfahrungen aus dem Unbewussten. Ich sage absichtlich **religiös**, weil mir scheint, dass diese Erfahrungen, die dazu helfen, das Leben gesünder oder schöner oder vollständiger oder sinnvoller zu gestalten, für einen selbst oder für die, die man liebt, genügen, um zu bekennen: es war eine Gnade Gottes [65]."

Ausgangspunkt bei der Suche nach einem religiösen Bedürfnis war die Beobachtung, dass der Mensch weder über den Anfangspunkt noch über den Endpunkt seines Lebens verfügt. Damit sieht sich der Mensch in die Situation hineingestellt, dass sein Leben nicht nur durch die subjektive Wirklichkeit von Lebensanfang bis Lebensende bestimmt wird, sondern in eine größere, sein Leben umgebende Wirklichkeit eingebettet ist. Der Mensch wird sich seines Lebens nicht dadurch bewusst, dass er ausschließlich die subjektive Wirklichkeit zwischen Lebensanfang und Lebensende gestaltet oder die ihn umgebende größere Wirklichkeit nach den Prinzipien der subjektiven Wirklichkeit bestimmt. Eine persönliche Bewusstwerdung seiner ganzheitlichen Existenz gelingt dem Menschen dann, wenn er die ihn umgebende größere Wirklichkeit mit seiner subjektiven Wirklichkeit in Einklang bringen kann, das heißt, wenn eine vermittelnde Qualität dazwischen liegt. Diese Vermittlung ist in verschiedener Hinsicht ein religiöser Prozess und beschreibt als solches ein existentielles, religiöses Bedürfnis. Dieser Prozess kann deshalb als religiös bezeichnet werden, weil der Mensch dabei etwas erkennt und anerkennt, das stärker ist als alles andere in seinem Leben (Gott als der stärkste Faktor im Leben des Menschen), und weil der Mensch selbst mit seinem Leben zur Verfügung steht, damit dieser Prozess der Vermittlung geschehen kann (Opfer, Hingabe, Bekehrung, Wiedergeburt u. a.).

Die Wirksamkeit der ihn umgebenden größeren Wirklichkeit hat C. G. Jung vorwiegend in dem Bereich eines menschlichen Lebens gesehen, der dem Menschen nicht immer gegenwärtig oder bewusst sein kann. Im Unbewussten des menschlichen Lebens ist ein Potential vorhanden, das von seiner Wirksamkeit maßgeblich durch die den Menschen umgebende größere Wirklichkeit bestimmt ist. Auf der Basis der Erkenntnis von C. G. Jung kann vorausgesetzt werden, dass sich *jeder Mensch zu jedem Augenblick* auf dem Weg der Selbstbewusstwerdung befindet und dabei *auf alle Erfahrungen* angewiesen ist, die er machen kann. Dieser Prozess dauert für jeden Menschen ein Leben lang: „Der Prozess der Ganzwerdung und Selbstfindung ist prinzipiell unendlich [66]."

Die Selbstwerdung des Menschen geschieht im Rahmen seiner Persönlichkeitsfindung, die C. G. Jung wie folgt definiert.

---

[65] Jung, C. G.: In Wehr, 1992; Jung, C. G.: rowohlts monographien, S. 7
[66] Seifert, T.: Lebensperspektiven der Psychologie. 1981, S. 323

Persönlichkeitswerdung ist

1.   die Verwirklichung der angeborenen Eigenart der besonderen lebenden Wesen,

2.   die Tat des höchsten Lebensmuts, der absoluten Bejahung des individuellen Seienden,

3.   die erfolgreichste Anpassung an das universal Gegebene bei größtmöglichster Freiheit der eigenen Entscheidung [67].

Dabei folgt der Mensch seiner inneren Stimmung und Bestimmung: „Die Stimme des Inneren ist die Stimme eines volleren Lebens, eines weiteren, umfänglicheren Bewusstseins [68]." Folgt der Mensch nicht seiner inneren Bestimmung, so treten an diese Stelle die Stimme der sozialen Gruppe und ihre Konventionen (moralische Vorschriften), an die Stelle der Bestimmung treten die kollektiven Bedürfnisse, die der Mensch im sozialen Rollenverhalten befriedigt.

Marketing für religiöse Angebote zielt darauf ab, das existentielle, religiöse Bedürfnis des Menschen zu befriedigen. Marketing für religiöse Angebote macht sich die Ausgangssituation der menschlichen Existenz zwischen unbewusstem und bewusstem, zwischen subjektiv erlebter und der den Menschen umgebenden größeren Wirklichkeit deutlich. Dabei unterstützt es den Menschen in einem lebenslangen Selbstwerdungs- und Individuationsprozess, indem es zu einer positiven Entwicklung beiträgt und den Konflikt zwischen Unbewusstem und Bewusstem in einer positiven Spannung entschärft. Marketing für religiöse Angebote zielt deshalb darauf ab, prozessuale (psychologische) Vorgänge zur Selbstfindung und (Neu-) Gestaltung existentieller Wirklichkeit auszulösen und zu begünstigen. Die Komponenten dieser Prozesse können gleichsam als Energien oder als (psychische) Kräfte betrachtet werden, die es mit Hilfe des Marketing zu aktivieren und *als Potential zu nutzen* gilt.

Im Sinne von C. G. Jung besteht eine Marketingmaßnahme darin, den Menschen von falschen (krankhaften) Konventionen und Kompromissen mit der Gesellschaft und ihren Normen zu befreien und etwas zu seiner Selbstfindung und Freiheit beizutragen.

Dieser prozessuale Vorgang kommt nicht zustande, wenn er nur auf der Basis der intellektuellen Vernunft oder von moralischen, dogmatischen Handlungsappellen durchgeführt

---

[67]   Jung C. G.: 1990d, S. 97
[68]   Jung C. G.: 1990d, S. 13

wird [69]. Religiöse Angebote wollen und müssen *erlebt und erfahren* werden, um eine absolute, persönliche Bedeutung für den Einzelnen zu erhalten. Erfahrungen, die für einen Menschen eine absolut persönliche Bedeutung erhalten, gibt es nur dort, wo die Freiheit eines Menschen absolut garantiert und berücksichtigt wird [70]. Marketing für religiöse Angebote nimmt diese Erkenntnis als eine wichtige Voraussetzung für den Marketingprozess ernst.

Kriterien eines religiösen Bedürfnisses in Anlehnung an die Erkenntnisse von C. G. Jung
Ein religiöses Bedürfnis in Anlehnung an die Erkenntnis von C. G. Jung kann unter folgenden Kriterien definiert werden:
1.   Der Mensch verfügt nicht über den Anfangs- oder Endpunkt seines Lebens. Seine Existenz ist deshalb in eine ihn umgebende Wirklichkeit eingebettet. Einen Teil der Wirklichkeit zwischen Anfang und Ende seines Lebens macht sich der Mensch subjektiv bewusst, der überwiegend größte Teil der ihn umgebenden Wirklichkeit bleibt ihm unbewusst.
2.   Die subjektiv bewusste Wirklichkeit seines Lebens und die dem Menschen oft unbewusste umgebende Wirklichkeit stehen im Konflikt zueinander und **drängen** auf eine Vermittlung.
3.   Eine existentielle Vermittlung kann nicht dadurch geschehen, dass sich der Mensch auf die ihm bewusste Wirklichkeit beschränkt oder die ihn oft unbewusst umgebende Wirklichkeit ausschließlich nach den Prinzipien seiner subjektiv, bewussten Wirklichkeit beurteilt oder erschließt.
4.   Eine Vermittlung geschieht durch eine gleichwertige Beteiligung der bewussten, subjektiven Wirklichkeit und der umfassenden meistens unbewussten Wirklichkeit des Menschen.

Daraus abgeleitete Marketingaspekte	
Diese Vermittlung ist in verschiedener Hinsicht ein religiöser Prozess: - Der Mensch erkennt etwas an, das stärker ist als er selbst und über das er mit seinen subjektiven Möglichkeiten und Erkenntnissen nicht verfügt (Gott als der stärkste Faktor in einem Leben).	Mit Hilfe geeigneter Maßnahmen stellt sich das Marketing für religiöse Angebote in dem als religiös erfahrenen Prozess so zur Verfügung, dass er innerhalb dieses Prozesses Orientierung und Impulse geben kann. Religiöse Angebote und ihre Vermarktung sind dabei in erster Linie **in ihren Potentialen** zu sehen, d.h. vorwiegend

---

[69] Vgl. C. G. Jung (1967a), S. 376: „Ein bloß intellektuelles Verstehen (reicht) hier nicht (aus). Wir gewinnen damit nämlich nur gewisse Wortbegriffe, vermissen aber deren eigentlichen Gehalt, welcher in einer lebendigen und eindrücklichen Erfahrung des Prozesses an uns selber besteht. Man tut gut daran, sich in dieser Hinsicht keinen Illusionen hinzugeben: Man kann mit keinem Verstehen von Wörtern und keinem Anempfinden wirkliche Erfahrung ersetzen."

[70] Vgl. im Bereich der absoluten religiösen Erfahrungen die Erkenntnis von Paulus in Brief an die Galater 5,1 u.a.: „Zur Freiheit hat euch Christus befreit".

- Der Mensch stellt sich selbst umfassend mit seinem ganzen Leben zur Verfügung, damit dieser Prozess der Vermittlung geschehen kann (Hingabe, Opfer).

unter der Fragestellung: Welche Möglichkeiten und Kräfte setzen sie im Prozess frei? Auf diese Weise kommt es zu einer echten Befriedigung religiöser Bedürfnisse.

Auf Grund der Tatsache, dass das Marketing für religiöse Angebote den Menschen in seinem ganzen Verhalten anspricht, hat sich folgende Kategorisierung des Kundenverhaltens durchgesetzt [71]. Marketing für religiöse Angebote geht in vier Schritten vor und ermöglicht dem Kunden folgende Veränderungen:

● Kognitive Veränderung

● Konkret handlungsbezogene Veränderung

● Verhaltensveränderung

● Werteänderung

Bei der Entwicklung dieser Kategorisierung spielt aus der Sicht des Marketing *der zeitliche Faktor* eine große Rolle. Eine Veränderung der Werte oder Verhaltensformen, von denen ein Mensch überzeugt ist, braucht Zeit und kann in den meisten Fällen nur durch *die Kommunikation in Etappen* erreicht werden. Mit Blick auf das Vermarkten von religiösen Anliegen will der Mensch zuerst kognitiv angesprochen werden. Das bedeutet, dass sich der Kunde zuerst informiert. Sein Kaufverhalten ist zuerst von *einem Informationsverhalten* geprägt. Da die Veränderung von Werten und Einstellungen einen umfangreichen Prozess darstellt, braucht der Kunde soviel Information wie möglich. Viele religiöse Marketingkampagnen nehmen diesen Aspekt des Kundenverhaltens wahr und informieren ausführlich den Kunden. Im Sinne einer Informations- oder Aufklärungskampagne vermitteln sie die gewünschte Information über Ort und Zeitpunkt von Veranstaltungen u. a.

Die Vermittlung von Information bringt noch keine Verhaltens- oder Werteänderung mit sich. Deshalb bedarf es eines neuen Impulses. Dieser besteht darin, mit Blick auf *eine konkrete einmalige Handlung* eine Veränderung zu erzielen. Ein solcher Impuls kann z. B. darin bestehen, einmal an einem besonderen Gottesdienst (Heilig Abend, Gottesdienst im Grünen) teilzunehmen. Für diesen handlungsbezogenen Impuls setzt das Marketing auf den

---

[71] Kotler, P./Roberto, E.: Social Marketing. Düsseldorf 1991, S. 31

Faktor Zeit. Um diesen Impuls mit Blick auf eine einzige Handlung zu geben ist es wichtig, den Zeitpunkt der höchsten Motivation zu kennen.

Eine verhaltensbezogene Veränderung findet dann statt, wenn aus der einmaligen Handlung eine kontinuierliche Handlungsweise des Menschen wird. Im dargestellten Beispiel besteht die Handlungsbezogene Veränderung darin, dass ein Mensch regelmäßig Jahr für Jahr an einer Sonderform eines Gottesdienst teilnimmt. Ein wichtiger Marketingfaktor mit Blick auf die handlungsbezogene Veränderung ist nicht mehr ausschließlich der Zeitfaktor, sondern die positive Erfahrung, die ein Mensch bereits mit seiner Handlungsweise und einem religiösen Angebot gemacht hat. Durch die Veränderung mit Blick auf einzelne Handlungsweisen und mit Blick auf sein Verhalten kann es jetzt zu einer *Werteveränderung* kommen. Diese besteht darin, dass der Mensch die neue Verhaltensweise mit einem neuen Wertecode hinterlegt. Im angesprochenen Beispiel kann eine Werteänderung darin bestehen, dass ein Mensch selbst zu einem Multiplikator für den Gottesdienst im Grünen wird und andere Menschen dazu einlädt. Unter Umständen lässt er sich auch für eine Mitarbeit gewinnen.

Dieses Grundmodell des Kundenverhalten findet bei allen religiösen Angeboten seine Anwendung. Das Ziel des Marketing besteht in der Vermittlung von Werten und neuen Verhaltensweisen. Religiöse Angebote stellen sich als Angebote mit einem hohen Erklärungsbedarf dar. Deshalb braucht der Kunde zuerst einen Pool an Informationen. Dieser Informationspool wird durch sein kognitives Denken gespeichert und gesteuert. Allerdings ist dieser erste kognitive Aspekt nicht ausreichend. Es bedarf eines konkreten, auf eine Handlung bezogenen Impulses, um dieses Wissen aktiv einzusetzen. Der Impuls für eine einmalige Handlung ist so etwas wie ein Testangebot. Damit legt sich der Kunde nicht entgültig fest, sondern hält alle Möglichkeiten offen. Auf Grund der gemachten Erfahrung mit einer Testhandlungsweise kann das Marketing eine grundlegende Verhaltensänderung vermarkten, die in einem letzten Schritt zu einer Werteveränderung führt.

Das Kundenverhalten bei den meisten sozialen Angeboten ist mit Blick auf diesen Ablauf identisch. Ein Mensch informiert sich zuerst über das Angebot einer Kirchengemeinde. Er sucht nach Informationen durch persönliche Gespräche oder mit Hilfe von anderen Medien (Broschüren, Videofilm u. a.). Der Besuch eines Gottesdienstes ist schon ein erster Schritt mit Blick auf eine handlungsbezogene Veränderung. Die Veränderung mit Blick auf eine konkrete einmalige Handlungsweise besteht darin, das Angebot zu testen. Eine verhaltensbezogene Veränderung tritt dadurch ein, dass ein Mensch regelmäßig am Gottesdienst teilnimmt. Nach einer gewissen Zeit kommt es zu Werteänderung. Der Mensch vermisst den Gottesdienst, wenn er nicht daran teilnehmen kann. Inzwischen ist die Identifikation mit dem Angebot so gewachsen, dass der Kunde diesen Wert in sein persönliches Werte-Set implementiert hat und das Angebot selbst aktiv mitgestaltet oder weiterempfiehlt.

4.1   Die Analyse der Mitbewerber

Die Analyse der Mitbewerber umfasst eine horizontale und eine vertikale Ebene. Auf der **horizontalen** Ebene finden alle Aktivitäten statt, die im direkten Wettbewerb stehen. Dazu zählen nicht nur die Angebote verschiedener religiöser Unternehmen, sondern auch die unterschiedlichen Angebotsformen, die in einem Wettbewerb stehen.

- **Beispiel:** Durch die Digitalisierung der Medien bis zum Jahre 2010 werden interaktive Medien wie z.B. Fernsehen, Internet u.a. eine größer werdende Rolle spielen. So gibt es heute schon regelmäßige Übertragungen von Gottesdiensten im Internet (vgl. www.skyline.de).

Die direkte Konkurrenz zwischen den verschiedenen religiösen Unternehmen spielt überwiegend in bestimmten Konfliktfällen eine gewisse Rolle. Meistens versuchen die religiösen Gemeinschaften im direkten Austausch, den Wettbewerb zu verhindern. Trotz möglicher inhaltlicher Unterschiede versuchen die religiösen Gemeinschaften nach außen hin eine Einheit darzustellen. Aus der Sicht des Kunden wird diese Einheit erwartet, da die religiösen Nachfrager zwar nach biographischen, aber nicht nach historischen, dogmatischen Gesichtspunkten der Konfessionen differenzieren.

Eine größere horizontale Konkurrenz entsteht oft innerhalb einer religiösen Gemeinschaft, weil das Angebot eines religiösen Unternehmens in viele einzelne Angebote differenziert wird, ohne dabei strategische Marketingaspekte zu berücksichtigen, z.B.,

- der Gottesdienst einer religiösen Gemeinschaft, der sich an alle richtet, wird durch viele Gottesdienste für verschiedene Zielgruppen ergänzt (Jugendliche, Familie, junge Erwachsene u.a.)

- die Kirchenmusik, die traditionell gespielt wird (Orgel, Kirchenchor), wird durch ein anderes Instrument oder Gruppe ergänzt (Key-Board, Jugendchor).

Natürlich ist diese Differenzierung wichtig. Damit wird ein wesentlicher Aspekt einer Marketingstrategie umgesetzt. Wird diese Differenzierung aber willkürlich vollzogen, dann entsteht eine interne horizontale Konkurrenz. Deshalb muss die Strategie der Differenzierung von Angeboten aktiv geplant und umgesetzt werden [72].

---

[72] Vgl. dazu Kapitel 7

Auf der vertikalen Ebene befinden sich alle Aktivitäten von Mitbewerbern, die sich um die Freizeit von Mitbürgern bemühen. Dazu gehören nicht nur die Vereine oder Gruppen, die sich im gesellschaftlichen Bereich um Aktivitäten bemühen, sondern auch Unternehmen aus dem gewerblichen Freizeitbereich. So stehen die Aktivitäten eines Freizeitparks, Fitness-Clubs u.a in Konkurrenz zu den kirchlichen Angeboten. An vielen wichtigen kirchlichen Feiertagen wie z.B. Pfingsten oder Trinitatis sind die Menschen verreist. Damit tritt das Angebot eines Reiseunternehmens in eine direkte Konkurrenz zu den religiösen Angeboten.

Eine weitere wesentliche Konkurrenz entsteht durch das Angebot, das durch Medien gemacht wird. Untersuchungen zeigen, dass sich die Mediennutzung bis in das Jahr 2015 auf 7,1 Stunden pro Tag erhöhen wird[73]. Das hat zur Folge, dass das Angebot religiöser Gemeinschaften in Zukunft mehr in den Medien vertreten sein muss.

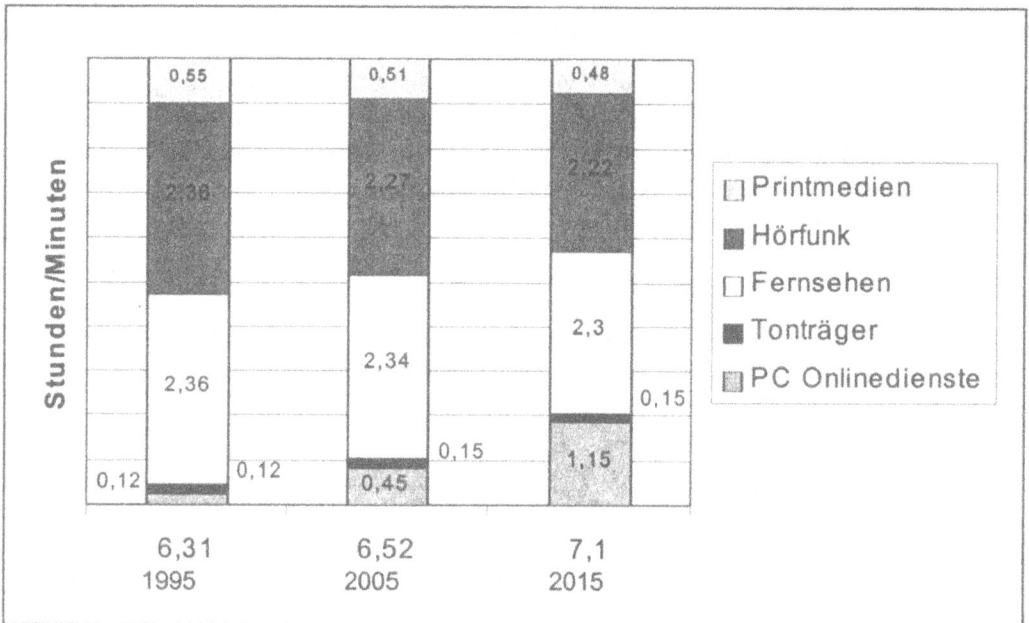

Abbildung 34: Freizeitgestaltung durch Mediennutzung (Quelle: Medienpädagogischer Forschungsverbund Südwest/Fraunhofer Institut für Innovationsforschung und Systemtechnik (ISI), 1998)

---

[73] Quelle: Medienpädagogischer Forschungsverbund Südwest/Fraunhofer Institut für Innovationsforschung und Systemtechnik (ISI), 1998

4.2 Analyse des Umfeldes

Die Analyse des Umfeldes umfasst in der Regel die fünf verschiedenen Dimensionen der wirtschaftlichen, technologischen, politischen, gesellschaftlichen und juristischen Gegebenheiten oder Veränderungen.

Das wirtschaftliche Umfeld

Sowohl die Kirchensteuern als auch die Mitgliederspenden sind direkt oder indirekt an das Einkommen der Mitglieder bzw. Bevölkerung gekoppelt. Deshalb besteht ein direkter Zusammenhang zwischen der wirtschaftlichen Situation der gesamten Gesellschaft und der religiösen Gemeinschaften. Auf das wirtschaftliche Umfeld haben die Kirchen und religiösen Gemeinschaften wenig Einfluss: Bei einer geringen Beschäftigungsquote und einer hohen Arbeitslosenzahl sind die direkten Einnahmen durch die Kirchensteuer geringer. Auch das Spendenaufkommen wird in dieser Situation in der Regel geringer sein. Eine kontinuierliche Analyse des wirtschaftlichen Umfeldes trägt zur finanziellen Stabilität eines religiösen Unternehmens bei. Bei einer starken wirtschaftlichen Situation müssen die Marketingmaßnahmen unternommen werden, durch die ein Teil des wirtschaftlichen Wachstums abgeschöpft werden kann. Schwächere wirtschaftliche Situationen fordern die religiösen Gemeinschaften heraus, nach innovativen neuen Finanzierungsmöglichkeiten zu suchen.

Das technische Umfeld

Die zukünftigen technischen Innovationen liegen vor allem im Bereich der Informations- und Kommunikationstechnologie. Für die konfessionellen Kirchen oder religiösen Gemeinschaften ergeben sich dabei zwei unterschiedliche Aspekte: zum einen können interne Organisationsprozesse z. B. in der Betreuung von Facilities (Facility Management) sich kostenreduzierend auswirken und damit Wettbewerbsvorteile ergeben (Beispiel: das Management eines Gebäudes übernimmt ein professionelles Gebäudereinigungsunternehmen). Zum anderen ermöglicht die Kommunikations- und Informationstechnologie die Möglichkeit, rund um die Uhr an allen Tagen für den Kunden individuell zur Verfügung zu sein (Beispiel: call-center u. a.).

Das politische Umfeld (Regionen und Europa)

Die politischen Veränderungen beziehen sich vor wiegend auf den Aspekt der Globalisierung und gleichzeitigen Regionalisierung. So bringt die Erweiterung der Europäischen Gemeinschaft nach Osteuropa die Herausforderung mit sich, mit den religiösen Formen der orthodoxen Kirche sich mehr auseinander zusetzen und gleichzeitig die eigenen religiösen Wurzeln neu regional zu entdecken.

Das gesellschaftliche Verhalten

Die gesellschaftlichen Veränderungen beziehen sich auf die Verhaltensformen von einzelnen Personen oder Personengruppen innerhalb der Gesellschaft. Durch die Auflösung der Familie in Singlehaushalte oder Alleinerziehende stellt sich die Frage der Vermittlung von religiösen Inhalten durch die Familie.

Im Mittelpunkt steht die Frage, inwieweit gesellschaftliche Formen der religiösen Erziehung auch in Zukunft noch gegeben sind.

Das juristische Umfeld

Im juristischen Umfeld kann es Veränderungen innerhalb der juristischen Voraussetzungen einer Gesellschaft geben, z.B. Veränderung des Spendenrechts, Stiftungsrechtes oder die Gleichstellung der gleichgeschlechtlichen Partnerschaft mit der Ehe u.a. Außerdem können gegenwärtig die Entwicklungen der Harmonisierung der unterschiedlichen Rechtssysteme der einzelnen Länder der Europäischen Gemeinschaft eine bestimmte Auswirkung auf die Rechtssituation für religiöse Gemeinschaften haben. So besteht die Möglichkeit, dass im Rahmen einer Vereinheitlichung des Steuerrechts die Kirchensteuer in Zukunft wegfällt.

4.3   Die Analyse des Unternehmens

Die Analyse des Unternehmens betrifft alle organisatorischen und unternehmerischen Aktivitäten einer religiösen Gemeinschaft nach innen und außen. Dazu gehören folgende Aspekte:

- Alter, Geschichte, Tradition, Standort

- Name der Kirchengemeinde oder der kirchlichen Gebäude (Kirche, Gemeindehaus u.a.)

- Größe und Umfang der Aktivitäten: Mitgliederzahl, Mitgliederwachstum oder Mitgliederschwund, Anzahl der Immobilien, Haupt- und Ehrenamtlichen, Finanzen, Spendenaufkommen u.a.

- Aktivitäten, Angebote, Innovationen, neue Angebote

- Organisationsstruktur, Organisationsentwicklung

- Kommunikation, Information, Werbung

- Beteiligung und Wirkung in der Öffentlichkeit

- Gegenwärtige Akzeptanz und Image bei den Mitgliedern, im Markt und in der Gesellschaft.

Viele Informationen liegen bereits in Form von sekundärem Informationsmaterial vor wie z. B.

- Kirchenführer

- Image-, Informationsbroschüre oder Internetpräsentation

- Gemeindeinformationsbrief

- Haushaltsplan

- Protokolle von Klausurtagungen u. a.

Mit Hilfe einer so genannten *Stärke/Schwäche-Analyse* lassen sich aktuelle Stärken und Schwächen eines religiösen Unternehmens darstellen. Eine Stärken/Schwächeanalyse ist eine Beurteilung mit Blick auf bestimmte Kriterien z. B. Mitgliederzahl, Mitgliederbeteiligung, Aktivitäten u. a. Die Stärke/Schwäche-Analyse findet auf Grund einer allgemeinen Beurteilung oder im Vergleich zu den Faktoren statt, die die Situation allgemein als Konkurrent mit bestimmen (Beispiel: religiöse Gemeinschaften, kommerzielle oder ehrenamtliche Freizeitangebote, allgemeine Freizeitaktivitäten von Menschen u. a.).

Mit Blick auf die unterschiedlichen Kriterien kann eine Gewichtung vorgenommen werden. So kann z. B. die Beteiligung als Mitarbeiter höher gewichtet werden als ein anderes Kriterium.

Stärke/Schwäche	Gewichtung	schlechter als Konkurrenz					besser als Konkurrenz					Wert gewichtet
		1	2	3	4	5	6	7	8	9	10	
Mitgliederzahl												
Kundenzufriedenheit												
Beziehung zu Medien												
Beziehung zu Entscheidungsträgern												
Image												
Standort												
Angebot/Aktivitäten												
Flexibilität der Organisation												
Motivation der Mitarbeiter/innen												

5.   Marketing – Einstellung und Bewusstsein

● *Auf welche Weise lässt sich ein Unternehmen als Ganzes, und nicht nur ein einzelnes Angebot, darstellen und vermarkten?*

● *Wie lässt sich eine Ziel- und Motivationspyramide formulieren, durch die die Identität und Persönlichkeit eines Unternehmens zum Ausdruck gebracht werden?*

● *Was ist ein Leitbild?*

● *Was ist eine Marketingkonzeption im engen Sinne?*

Die Entwicklung einer am Markt orientierten Einstellung beruht auf einem Management-prozess, der die Analyse, Planung der Marketingtrategie sowie der Marketingmaßnahmen und deren Controlling umfasst. Dieser Planungsprozess wird in Form einer Marketingkonzeption dargestellt und lässt sich in zwei Abschnitte einteilen:

● Die Marketingkonzeption im engen Sinne: die Entwicklung einer umfassenden Mar-ketingeinstellung mit **Blick auf das gesamte Unternehmen.**

● Die Marketingkonzeption im weiten Sinne: die Entwicklung einer Marketing-einstellung mit Blick auf **die Planung der Marketingtrategie und der Marketing-maßnahmen.**

5.1   Die Marketingkonzeption im engen Sinne: Die Ausrichtung eines ganzes Unternehmens am Markt mit Hilfe einer Ziel- und Motivationspyramide

Das Verhältnis von Unternehmen, die wirtschaftlich tätig sein wollen, zu ihrem Umfeld wird im wesentlichen **durch zwei Faktoren bestimmt:** Zum einen beauftragt bzw. ermöglicht die Gemeinschaft von Menschen einzelne Personen oder Personengruppen, im Sinne der Ver-sorgung wirtschaftlich tätig zu werden. Die Grundlage dafür bilden im allgemeinen die ethi-schen, sittlichen oder moralischen Überzeugungen und Werte sowie **die rechtlichen Rege-lungen und Prinzipien** im besonderen (Kaufvertrag, Anstellungsvertrag, Auflagen und Gesetze zum Schutz der Umwelt u. a.). Der andere Faktor wird von den Organisationen und Unternehmen selbst bestimmt. Er beinhaltet die Formulierung **der Zielsetzung und Moti-**

vation von Personen oder Personengruppen, die sich zum Zweck der wirtschaftlichen Tätigkeit in einer Organisation oder einem Unternehmen zusammenschließen. Mit der Formulierung der Ziele bzw. Aufgabenstellung werden die **Beweggründe** (Motivation) deutlich, warum ein Unternehmen bzw. eine Organisation wirtschaftlich tätig sein will. Die Ziel- und Motivationspyramide macht außerdem die **Werte und Normen** eines Unternehmens deutlich. Werte und Motivation stellen **die Nützlichkeit** dar, die ein Unternehmen für die Allgemeinheit oder für den einzelnen hat. Eine solche aktive Darstellung gegenüber Dritten (einzelnen Menschen oder der Gesellschaft), die nicht Teil des Unternehmens sind, gewinnt immer mehr an Bedeutung, da auf Grund eines Informationsüberflusses die Nützlichkeit und Motivation in Vergessenheit gerät.

Die Formulierung von Zielen, mit denen ein Unternehmen sein Verhältnis zum Umfeld zum Ausdruck bringt, geschieht normalerweise in abgestufter Form und ist in eine so genannte **Ziel- oder Motivationspyramide** eingebettet. Die Zielplanung ist ein mehrstufiger Prozess, durch dessen Hilfe eine **klare, langfristige Orientierung** für alle Beteiligten (Kunde, Mitarbeiter, Inhaber oder Geschäftsführung, Gesellschaft u. a.) erreicht werden soll. Ohne eine zielorientierte Ausrichtung einer Organisation als klarer Ausdruck der Formulierung und Definition des Verhältnisses zum Umfeld besteht die Gefahr des „muddling through".

An der Spitze der **Zielpyramide** steht **die grundsätzliche Formulierung des Organisations- bzw. Unternehmenszwecks.** Darauf folgen die Organisations- oder Unternehmensgrundsätze, die Formulierung einer Organisations- oder Unternehmensidentität im Sinne einer corporate identity, die klare Formulierung strategischer Ziele (Oberziele, Funktionsbereichsziele, Zwischenziele, Unterziele), durch die eine allgemeine Organisationsstrategie zum Ausdruck gebracht wird.

Zu der Zielpyramide als elementarer Bestandteil der Formulierung des Verhältnisses zum Umfeld lassen sich folgende Grundsätze formulieren:

Grundsatz 1: Die Zielpyramide ist ein ganzheitliches System. Alle Bestandteile dieser Pyramide müssen formuliert sein und in einem dynamischen Prozess zusammenwirken. Die Formulierung einzelner Bestandteile, wie z. B. die der Unternehmensidentität (corporate identity), erfüllt noch nicht die Funktion, die eine ganzheitliche Zielpyramide erfüllen soll. Entscheidend ist das Zusammenwirken aller Bestandteile in einem ganzheitlichen System.

Grundsatz 2: Während im oberen Teil der Zielpyramide die Formulierung überwiegend **bewusstseinsbildend und philosophisch** geschieht, nimmt die konkrete, quantitative Zielformulierung in den unteren Bereichen zu. Dies wird durch die Form der

Pyramide zum Ausdruck gebracht: In den unteren Bereichen gibt es eine **zuneh-mende Anzahl und einen höheren Detaillierungsgrad von Zielen**.

Grundsatz 3: Die Zielpyramide als Ausdruck der Formulierung des Verhältnisses zum Umfeld (Gesellschaft und Markt) ist kein statisches Gebilde, sondern **dynamisch**. Die Ziele stehen in einer **strengen Mittel-Zweck-Beziehung** zueinander. Das jeweils untergeordnete Ziel stellt zugleich auch das Mittel für die Realisierung des darüberliegenden Zieles dar.

Schritte zur Formulierung einer Zielpyramide durch Reflexion und Festlegung von

● Unternehmenszweck (Nützlichkeit, Mission)

● Unternehmensgrundsätzen (Leitlinien, Leitbilder)

● Unternehmensidentität (Profil, Motivation)

● Unternehmenszielen.

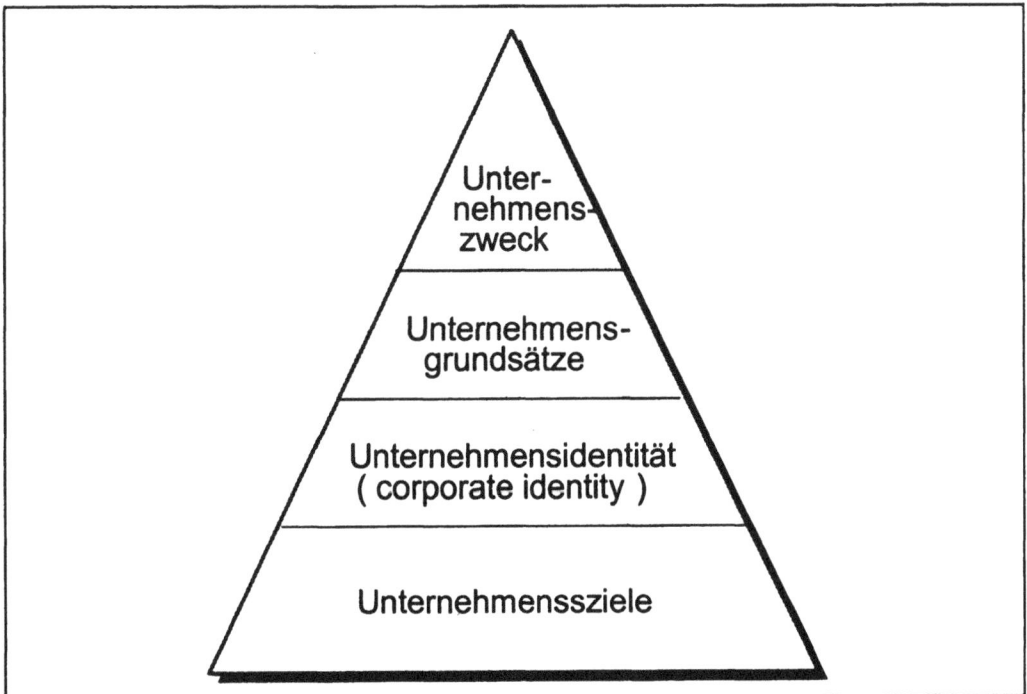

Abbildung 35: Festlegung einer Ziel- und Motivationspyramide

5.1.1 Mission, Nützlichkeit, Zweck eines Unternehmens (business message)

Von der Außenperspektive betrachtet sieht es so aus: Menschen, die sich außerhalb einer Organisation oder eines Unternehmens befinden, fragen danach, wem eine solche Organisation **nützt und für welchen Zweck** eine Organisation da ist. Vielleicht war die Nützlichkeit und der Zweck einer Organisation in früheren Gesellschaftsformen für den einzelnen leichter zu erkennen (Beispiel: Wohlfahrtsorganisationen). Eine zunehmende Informationsflut und ein Überangebot an Kommunikation machen es heute schwierig, **Sinn, Zweck und Nutzen von Organisationen sofort zu erkennen**. Organisationen und Unternehmen sind deshalb unter den gegenwärtig veränderten gesellschaftlichen Bedingungen mehr und mehr darin gefordert, ihren Unternehmenszweck kontinuierlich darzustellen und zu kommunizieren. Einige Beispiele aus dem kommerziellen und sozialen Bereich machen das deutlich:

Unternehmen	Produkt/Dienstleistung	Botschaft
Revlon	We make cosmetics	We sell hope
Xerox	We make copying equipment	Freu Dich aufs Büro!
IBM	Computerhersteller	Solution for a small planet
Volksbanken/ Raiffeisenbanken	Finanzdienstleistungen	Wir machen den Weg frei
Douglas	Handel mit Parfüm und Kosmetikartikeln	Come in and find out
Philips	Elektronische Waren (Haushalt, Unterhaltung usw.)	Let`s make things better

● **Beispiel 1:** Das amerikanische Unternehmen Revlon stellt Kosmetikartikel her. Den Unternehmenszweck sieht das Unternehmen nicht so sehr in der Produktion von Kosmetikartikeln, sondern darin, **neue Hoffnung, ein besseres Lebensgefühl** usw. mit Hilfe der Produktion von Kosmetikartikeln zu verkaufen. Die Botschaft, die den Unternehmenszweck vermitteln soll, lautet deshalb „We sell hope!".

● **Beispiel 2:** Ähnliche Überlegungen stehen auch hinter der Formulierung des Organisationszwecks von Kopiergerätehersteller Rank Xerox. Seine Daseinsberechtigung und damit die Nützlichkeit und den Zweck für andere leitet diese Firma nicht von ihrem Können ab, Kopiergeräte zu produzieren, sondern von der Möglichkeit, die Produktivität im Büro zu verbessern. Diese Unternehmensbotschaft klingt deshalb so: Es gibt eine Organisation, die hilft, Papierstaus beim Kopieren zu verhindern, Kopiergeräte noch einfacher und bedienerfreundlicher zu machen usw. Die Unternehmensbotschaft (business message) wurde in einer Werbeaktion mit dem Motto umgesetzt „Freu dich aufs Büro".

- **Beispiel 3:** IBM, Hersteller von Computern und Bürogeräten, war jahrelang stolz darauf, mengenmäßig der größte Produzent in diesem Bereich zu sein. Dies hat sich verändert: IBM hat erkannt, dass es wenig Sinn macht, die Unternehmensbotschaft vorwiegend in Form der Produktmenge darzustellen. Mit dem neuen Motto „Solution for a small planet!" macht IBM den Anspruch und die Botschaft deutlich, warum und wozu es IBM gibt.

- **Beispiel 4:** Um noch besser die Nützlichkeit und die Botschaft darzustellen, warum es ein Unternehmen gibt, wurde der Slogan der Volks- und Raiffeisenbanken geändert. Jetzt steht nicht mehr ausschließlich das Produkt bzw. die Dienstleistung im Vordergrund (Wir bieten mehr als **Geld** und **Zinsen**), sondern eben der Nutzen und der Zweck, den Weg freizumachen für viele Wünsche und Bedürfnisse (Wir machen **den Weg frei**).

Ein Beispiel aus dem sozialen Bereich für die gelungene Formulierung einer Unternehmensbotschaft ist der Taschenkalender von **unicef 1997**. Im Umschlag dieses Kalenders werden nicht viele Adressen und Informationen über die Tätigkeit der unicef abgedruckt, sondern vielmehr die Nützlichkeit und der Unternehmenszweck. So werden z.B. die vier Grundprinzipien der Konvention über die Rechte des Kindes von 1989 mit folgenden Worten eingeleitet: „Vier Grundprinzipien spiegeln **den Geist der Konvention** über die Rechte des Kindes wider: ...".

An diesem Beispiel wird deutlich, dass die Formulierung einer Unternehmensbotschaft keine materielle, sondern vor allem **eine geistige Angelegenheit** ist. Eine solche Formulierung eines Organisationszweckes transportiert eine (geistige) Botschaft (message). Diese Botschaft **ist mehr** als alle Aktivitäten zum Ausdruck bringen können. Die Formulierung eines Organisationszweckes in dieser Weise macht eine **Inspiration und Motivation** deutlich. Damit wird der eigentlichen **Grundidee einer Organisation ein (geistiger) Ausdruck verliehen**, warum und wozu es eine solche Organisation überhaupt gibt. Die Formulierung eines Organisationszweckes wird in der Marketingliteratur auch als **Formulierung einer Mission** (company mission) beschrieben.

Die **Formulierung einer Unternehmensbotschaft oder einer Unternehmensmission** ist eine Antwort auf die Frage:

● Welche Daseinsberechtigung hat eine Organisation aus der Sicht des Kunden?

● Wozu ist sie nützlich?

● Was ist ihre Bestimmung/Mission **(business mission)?**

Die Unternehmensbotschaft sollte klar im Rahmen einer Unternehmensphilosophie **schrift-lich fixiert sein** und nach außen hin deutlich z.B. in Form von Unternehmensslogans, aber auch durch das konkrete Verhalten von Management und Mitarbeiter, dokumentiert werden.

Für die Formulierung eines Unternehmenszwecks können folgende Grundsätze angewandt werden:

● **Grundsatz 1:** Die Formulierung eines Organisationszwecks bringt **die Nützlichkeit, den Zweck, die Motivation, die Inspiration, die Botschaft und Sendung einer Organisation** und ihrer Mitglieder zum Ausdruck **(business mission).**

● **Grundsatz 2:** Ein Organisationszweck (business mission) wird **mit Blick auf die von Menschen wahrgenommenen Bedürfnisse oder Mangelsituationen** formuliert. Die Formulierung eines Organisationszwecks bringt zum Ausdruck, mit welcher Motivation und mit welchem Nutzen ein Angebot für die Menschen erbracht werden kann, die ein Bedürfnis bzw. einen Mangel an Versorgungsgütern empfinden.

● **Grundsatz 3:** Ein Organisationszweck wird vorwiegend mit Blick auf **die Mitmenschen** formuliert, **die außerhalb einer Organisation stehen.** Die Formulierung orientiert sich deshalb an den Möglichkeiten der Kommunikation und Verständigung dieser Menschen und ist leicht und verständlich.

Aufgabe:

Formulieren Sie die **Unternehmensbotschaft (Nützlichkeit, Daseinsberechtigung, Mission, Botschaft)** Ihres Unternehmens in wenigen Worten.

Workshop: Formulierung von business Statements in Form von
Unternehmensmarken [74]

GOTT. DER TUT WAS.   *Gott*

Jesus... find' ich gut.

GOTT
Solutions for a small planet

JESUS

FREUDE AM LEBEN

5.2   Unternehmensgrundsätze/Leitlinien

Leitlinien oder schriftlich fixierte Organisations- oder Unternehmensgrundsätze regeln das
Verhalten einer Organisation in bestimmten Bereichen. Leitlinien bzw. Grundsätze bringen
damit nicht nur substantiell die Unternehmensbotschaft zum Ausdruck, sondern **schaffen
Maßnahmen und Regeln,** auf welche Weise der Organisationszweck durch die Organisation einer Unternehmung und ihrer Mitglieder konkretisiert wird. Die Abstimmung und Formulierung von Leitlinien und Organisationsgrundsätzen bedarf einer breiten Diskussion mit

---

[74] Anhand von Unternehmensmarken gibt Prof. Busch, ein Marketingpezialist für internationales Marketing,
die dargestellten kreativen Anregungen. Vgl. dazu Marketing und Christentum – Widerspruch oder Notwendigkeit? In: Hochschulbildung im aus? 2. Symposium des Professorenforums 20./21. März 1999. Hrsg. von
E. Beckers u.a., Gießen 1999, Seite 41 ff.

allen Beteiligten. Leitlinien oder Organisationsgrundsätze werden immer mit Blick auf bestimmte inhaltliche Aspekte formuliert, z. B. mit Blick auf

- die Gesellschaft und den einzelnen,

- das Wirtschaftssystem bzw. die Wirtschaftlichkeit,

- die Ökologie und die Verwendung von Rohstoffen und Ressourcen,

- das Verhalten von Mitarbeiterinnen und Mitarbeitern,

- das Verhalten gegenüber Kunden und Interessierten,

- das Verhalten gegenüber Mitbewerbern,

- auf politische Institutionen, Verbände oder auf die Öffentlichkeit

Mit der Formulierung einer Leitlinie mit Blick **auf die Gesellschaft** kann zum Ausdruck gebracht werden, wie eine Organisation ihre Beauftragung durch die Allgemeinheit versteht und was sie selbst an sozialem Engagement für die Gesellschaft leistet (Schaffung und Sicherung von Arbeitsplätzen u. a.). Leitlinien mit Blick **auf das Wirtschaftssystem** bringen zum Ausdruck, durch welche Art des Wirtschaftens (erwerbswirtschaftlich, sozialwirtschaftlich, gemeinwirtschaftlich usw.) eine Organisation ihre wirtschaftlichen Ziele erreichen will. Die Formulierung einer Leitlinie mit Blick **auf die Umwelt oder Ökologie** macht deutlich, wie eine Organisation den Umgang mit Ressourcen und die Entsorgung von Müll u. a. regelt. Leitlinien mit Blick **auf das Mitarbeiterverhalten** bringen die Rolle von Mitarbeiterinnen und Mitarbeitern zum Ausdruck. Natürlich ist die Kundenorientierung ein unsichtbares, allgegenwärtiges Prinzip in jeder Funktions- und Handlungsweise eines Unternehmens. Dennoch muss gerade im Rahmen der Formulierung von Unternehmensleitlinien das Verhalten **gegenüber dem Kunden** explizit deutlich gemacht werden. Auch das Verhalten **gegenüber dem Mitbewerber** und Konkurrenten kann in einer Leitlinie geregelt werden (Fairness, Toleranz, Offenheit, Informationsaustausch usw.). Da es oft ein Interesse der Öffentlichkeit an Unternehmen gibt, sollte im Rahmen einer Leitlinie eine positive Umgangsform **gegenüber politischen, gesellschaftlichen oder gesetzlichen Organisationen** (Verbände, Kommunen, usw.) formuliert werden. Durch die Formulierung einer Leitlinie mit Blick **auf die Führungsstruktur und das Führungsverhalten** macht ein soziales Unternehmen die inneren Werte deutlich.

Folgendes Beispiel macht deutlich, wie ein Unternehmen die Verhaltensweise aller Beteiligten mit Blick auf verschiedene Aspekte regelt:

„Das Credo der Endress+Hauser Gruppe" [75]

Auf dem Gebiet der industriellen Messtechnik und Automation wollen wir überragende Leistungen für unsere Kunden erbringen und dabei unsere Mitarbeiter und die Gesellschaft fördern, die Umwelt schonen und wirtschaftlichen Erfolg haben.

---

1. Kunde
Wir dienen unseren Kunden und lernen von ihnen.

2. Strategie
Wir betreiben Geschäfte, die wir verstehen und die zu uns passen.

3. Selbständigkeit
Wir wollen eine selbständige, unabhängige Unternehmensgruppe bleiben.

4. Organisation
Wir wollen so viel dezentrale Organisation wie möglich, sehen aber die Notwendigkeit bestimmter zentraler Funktionen.

5. Führung
Wir fördern die Eigenverantwortung des Mitarbeiters. Wir führen mittels Gespräch, Ziel-vereinbarung und Erfolgskontrolle.

6. Qualität
Wir wollen vorbildliche Qualität bei unseren Produkten und Dienstleistungen.

7. Mitarbeiter
Wir wollen motivierte und engagierte Mitarbeiter.

8. Kommunikation
Wir sprechen offen miteinander. Wir gehen mit Informationen freizügig und verantwor-tungsbewusst um.

9. Kreativität
Wir wollen ein Umfeld, in dem Ideen und Fortschritt gedeihen.
Wir fördern die Kreativität unserer Mitarbeiter.

---

[75] Quelle: Changes – Das Endress+Hauser Magazin 6/1996, CH-4153 Reinach/BL

> **10. Gewinn**
> Wir bejahen den Gewinn und sehen in ihm die treibende Kraft der Unternehmensgruppe.

5.2.1 Die Leitlinien der evangelischen Landeskirche von Baden

Die insgesamt 34 Leitsätze untergliedern sich in die drei Kapitel „Was wir glauben" (9 Leitsätze), „Wer wir sind" (14 Leitsätze) und „Was wir wollen (11 Leitsätze). Der folgende Text
benennt die 34 Leitsätze und fügt jedem Leitsatz als Kommentar einen kurzen Hinweis auf
Schwerpunkte des Leitsatz-Diskussionsprozesses hinzu.

> # I. Was wir glauben
>
> Viele Menschen fragen nach dem, was mehr ist als die Spanne zwischen Geburt und Tod,
> die wir Leben nennen. Sie suchen nach Sinn, nach Orientierung. Sie fragen nach Religion
> und Glauben, weil sie ahnen, dass der Mensch von Voraussetzungen lebt, die er nicht selbst
> geschaffen hat. Christinnen und Christen möchten in der Lage sein, über das zu reden, was
> sie glauben. Sie wollen deutlich machen können, was das Leben trägt und sinnvoll macht.
> Dafür haben wir in der Tat die Bibel und das Glaubensbekenntnis als Grundlage. Das gilt
> nach wie vor. Die Leitsätze wollen uns helfen, kurz und prägnant in zeitgemäßer und
> gegenwartsnaher Sprache zu sagen, woran wir als Christenmenschen glauben.
>
> **1   Gott liebt die Menschen, ob sie es glauben oder nicht.**
> Dieser Leitsatz entspricht der Formulierung des Vor-Entwurfs. In hohem Maße
> wurde in den Rückmeldungen zum Ausdruck gebracht, dass die Liebe Gottes nicht
> erst durch den Glauben begründet wird, sondern dass Gottes Liebe dem Glauben
> des Menschen voran geht und diese durch die Annahme im Glauben erfahrbar wird.
>
> **2   Gottes Wort begegnet uns in der Bibel. Ihr ist nichts Menschliches fremd.**
> Die inhaltliche Zustimmung zur Formulierung des Vor-Entwurfs war so umfang-
> reich und eindeutig, dass dieser Leitsatz unverändert wiedergegeben wird. Dabei ist
> der erste Satz völlig unumstritten. Zum zweiten Satz werden Variationen angeboten,
> die den konsensgetragenen Vorschlag des Vor-Entwurfs nicht zutreffender aus-
> drücken.

3   Gott hat die Welt geschaffen und gesagt, was gut ist.
Die Formulierung des Vor-Entwurfs wird von einem hohen Konsens getragen. Durch das Streichen der ursprünglichen Formulierung: Gott hat die Welt geschaffen und „den Menschen von Anfang an" gesagt, was gut ist, wird der Leitsatz in der Intention noch klarer. Viele Rückmeldungen schlagen dies auch vor. Die vorliegende Formulierung stellt eine Verbindung von Schöpfung und Ethik ebenso her wie die Nähe zum biblischen Schöpfungsbericht.

4   Unser Leben ist wertvoll – nicht durch unsere Leistung, sondern weil Jesus Christus für uns gestorben ist und lebt.
Der Begriff Leistung wurde durch Hinzufügen des Possessivpronomens „unsere" unmissverständlich beschrieben. Auf keinen Fall sollte auf ihn verzichtet werden, weil in einer Zeit, in der menschliches Leben immer stärker nach seiner Leistungsfähigkeit beurteilt und nicht leistungsfähigem Leben zunehmend die Existenzberechtigung abgesprochen wird, die Besinnung auf die Rechtfertigung des Menschen durch das stellvertretende Sterben Jesu von besonderer Aktualität ist.

5   Durch Jesus Christus ist Gott auch in den Tiefen menschlicher Not bei uns.
Dieser Leitsatz kommt aus der Mitte des Diskussionsprozesses. Viele Formulierungsvorschläge beschäftigen sich mit Jesus Christus, seinem Wirken damals und heute; ebenso mit der erlebbaren Nähe Gottes in allen Höhen und Tiefen unseres Lebens.

6   Wer mit Gott rechnet, hat Hoffnung und kann besser mit Gelingen und Scheitern umgehen.
Die inhaltliche Grundaussage fand große Zustimmung. Die Ergänzung „... und kann *besser* mit Gelingen und Scheitern umgehen" zeigt zum einen auf, dass der Glaube nicht automatisch mit Gelingen und Scheitern fertig zu werden hilft. Sie führt ebenso einen Annäherungswert ein, durch den sich der Abstand zwischen Können und Nichtkönnen verringert. Der Verzicht auf die ursprüngliche Formulierung „„...und kann mit dem eigenen Gelingen und Scheitern" umgehen, ändert die inhaltliche Aussage nicht, erweitert jedoch diesen Satz in seelsorgerlicher Hinsicht.

7   Der Heilige Geist hilft uns zur Umkehr und eröffnet neue Wege.
Die Formulierung dieses Leitsatzes nimmt das Anliegen vieler Rückmeldungen und Diskussionen auf, die inerseits einen Leitsatz zum Heiligen Geist vermissen und andererseits eine Aussage zum Thema „Schuld, Buße, Umkehr" anmahnen.

8   **Unser Leben ist mit dem Tod nicht zu Ende. Wir glauben an die Auferstehung der Toten.**

Dieser Glaubensinhalt kann wohl kaum in anderen Worten beschrieben werden. Wo die Grenzen menschlichen Lebens zu beschreiben sind, kommt offensichtlich auch die Sprache an ihre Grenze. Erstaunlich ist immerhin, dass zum ersten Satz noch größere Zustimmung herrschte als zum zweiten.

9   **Gott ist größer als unser Wissen. Zu allen Zeiten hält er Geheimnisse bereit, die die menschliche Vernunft übersteigen.**

Auch wenn im ersten Satzteil in den Rückmeldungen zum Teil der Begriff des Wissens durch „Vorstellung" oder „Vorstellungsvermögen" ersetzt wird, bleibt dieser Leitsatz in seiner Formulierung gegenüber dem Vor-Entwurf unverändert. Die Änderungsvorschläge zeigen, dass der christliche Glaube eine Wirklichkeit bezeugt, die „höher ist als alle Vernunft" und die Begrenzung der Wirklichkeit auf das naturwissenschaftliche oder durch Erfahrung Begreifbare eine dem Glauben widersprechende Reduzierung bedeutet.

II. Wer wir sind

Was ist das Besondere, das Unverwechselbare an unserer Evangelischen Landeskirche in Baden? – Wir sind eine unierte Kirche, die lange nach der Reformation, aber nicht zu spät versucht hat, unterschiedliche Strömungen zu einer Union zusammenzubinden. Leitsätze zeigen, wo und wie der Glaube bei uns gelebt wird. Sie zeigen, wie er konkret Gestalt annimmt bei Taufen, Konfirmationen, Trauungen, Beerdigungen, im Kindergarten, im Religionsunterricht, in der Erwachsenenbildung, in Gottesdiensten für Kinder, für Jugendliche, für Familien und für alle jeden Sonntagmorgen, schließlich dort, wo konkrete seelische und körperliche Hilfe gebraucht wird. Zwischen Wertheim und Bodensee, in der Großstadt wie in den kleinen Dorfgemeinden treffen sich Menschen, um gemeinsam ihren Glauben zu leben, als hoffentlich gastfreundliche, offene Kirche. Sagt doch bereits die Gründungsurkunde unserer Landeskirche aus dem Jahre 1821, die Landeskirche sei in sich einig und mit allen Christen in der Welt befreundet.

1   **Wir suchen Wahrheit und erfülltes Leben. Das finden wir durch den Heiligen Geist in Jesus Christus.**

Hier handelt es sich um einen aus dem Diskussionsprozess neu hervorgegangenen Leitsatz. Er nimmt wie Satz 7 in Kapitel „Was wir glauben" das Anliegen vieler Rückmeldungen auf, die eine explizite Formulierung über den Heiligen Geist vorschlagen.

Obwohl der Satz mit guten Gründen in das Kapitel „Was wir glauben" eingeordnet werden kann, wurde er an den Anfang des Kapitels „Wer wir sind" gestellt, um damit augenfällig zu machen, dass das ganze Kapitel mit seinen Aussagen über die Kirche Inhalte des 3. Glaubensartikels des Apostolischen Glaubensbekenntnisses aufnimmt.

2   **Wir sind getauft. Die Taufe verbindet uns mit den christlichen Kirchen auf der ganzen Welt.**
In sehr großem Umfang wird in den Rückmeldungen darauf Wert gelegt, dass nicht nur die Taufe, sondern auch der Glaube das verbindende Element zu Gott und den christlichen Kirchen auf der ganzen Welt darstellt. Die häufig vorgeschlagene Erweiterung des Satzes „...Die Taufe und der Glaube..." verbinden uns, wurde nicht explizit aufgenommen, aber in der neuen Formulierung berücksichtigt. Der Satz nimmt die Verbindung mit den anderen Kirchen in den Blick. Mit diesen verbindet uns in ökumenischer Geschwisterschaft die Taufe, während beim Glaubensverständnis immer noch Unterschiede vorhanden sind. Die Verbindung zu Gott ist in den Sätzen des Kapitels „Was wir glauben" bereits ausreichend zum Ausdruck gekommen.

3   **Wir feiern Gottesdienst: Gebet und Musik, Predigt und Abendmahl stärken uns, Gott zu lieben und den Nächsten wie uns selbst.**
Dieser Satz hat in den Diskussionen des Leitsatzprozesses in der Grundaussage hohe Zustimmung erfahren. Die Ergänzungen nehmen die inhaltlichen Vorschläge zu diesem Satz auf. So wird nun auch die Musik explizit genannt, weil sie ein wichtiger Bestandteil des Gottesdienstes ist und viele Menschen gerade die geistliche Musik als Stärkung erfahren.

4   **Wir nehmen Menschen so an, wie sie sind und begleiten sie in den Höhen und Tiefen ihres Lebens.**
Auch wenn es immer wieder Vorschläge gab, die Aussage dieses Satzes durch Begriffe wie „bemühen", „versuchen" oder „wollen" mehr als Willenskundgebung zu verstehen, da manche Erfahrung diesen Satz als zu „steil" oder zu „arrogant" erscheinen lässt, wurde an der Intention der Formulierung festgehalten und nur der Artikel vor „Menschen" gestrichen, weil die Botschaft von der Rechtfertigung des Sünders allein aus Gnade alltäglich unauffällig umgesetzt wird im seelsorgerlichen und diakonischen Handeln der Kirche. Gewiss vorhandene Defizite verändern an dieser Stelle nicht das Grundprofil von Kirche.

5   **Wir ermutigen Menschen, sich mit der Wahrheit Gottes auseinander zu setzen.**
Zwar war die Zustimmung zur ursprünglichen Formulierung dieses Satzes „Wir muten den Menschen die Auseinandersetzung mit der Wahrheit Gottes zu" durchaus vorhanden. Gleichwohl wurden zahlreiche Änderungswünsche angemeldet, die

Auseinandersetzung mit der Wahrheit Gottes nicht als Zumutung zu betrachten. Dass Mut zur Auseinandersetzung mit dem gehört, was Gott vom Menschen fordert und wie er den Menschen sehen will, ist der Endfassung des Satzes nicht genommen.

6   Unsere Gemeinden sind Oasen zum Auftanken.
Der Begriff „Oase" wurde fast durchgängig aufgegriffen und jeweils in einen veränderten formulatorischen Zusammenhang gestellt. Es gibt aber keine Aussage, die das dahinter stehende Anliegen auf einen verständlicheren Nenner bringen könnte. Der Begriff des „Auftankens" wird zum Teil durch Begriffe wie „Kraft schöpfen" und „Sinnfindung" ersetzt. Oasen sind eindeutig Räume der Erholung und des Anhaltens, sogar des Innehaltens. Auftanken bedeutet, etwas zu sich zu nehmen, in diesem Falle im geistigen und geistlichen Sinne, das vorher in diesem Maße nicht oder nicht mehr vorhanden war. Die Begriffskombination „Oasen zum Auftanken" stellt eine Metapher dar für einen Raum, in dem es möglich ist, neue Kraft zu sammeln; in dessen Sinngebung können sich die meisten Vorschläge wiederfinden.

7   Unser Glaube sucht Gemeinschaft und gewinnt auch darin Gestalt, wie wir unsere Kirche organisieren.
Die Verbindung von Glauben und Gemeinschaft wird von einem fast hundertprozentigen Konsens getragen. Die Rückmeldungen deuten an, dass dabei der Frage nach der institutionellen Organisation der gewünschten Gemeinschaft weniger Bedeutung beigemessen wird. Unaufgebbar ist aber die Verbindung von Glaube, Gemeinschaft und Gestalt.

8   Zum Profil unserer Kirche gehören die vielen verantwortlich handelnden ehrenamtlichen Mitarbeiterinnen und Mitarbeiter.
Viele Vorschläge nehmen auch die hauptamtlichen Mitarbeiterinnen und Mitarbeiter in diesen Satz mit auf. Das Anliegen ist unter dem Blickwinkel nachvollziehbar, dass ohne seine Hinzufügung der Eindruck entstehen könnte, bei den engagierten und verantwortlich handelnden Mitarbeiterinnen und Mitarbeitern der Kirche handle es sich ausschließlich um ehrenamtliche. Klar, dass dies nicht der Fall ist. Der Leitsatz will hervorheben, dass es zum besonderen Profil unserer Landeskirche gehört, viele engagierte ehrenamtliche Mitarbeiterinnen und Mitarbeiter zu haben.

9   Mit Kindern entdecken wir, was es heißt, heute christlich zu leben.
Bei allen Diskussionsforen in den Kirchenbezirken und in anderen Rückmeldungen wird mit Hinweis auf das Kinderkirchenjahr und den „Perspektivenwechsel" die Notwendigkeit hervorgehoben, Kinder in den Leitsätzen besonders zu erwähnen.

Neue Vorschläge legen alle Wert darauf, damit den thematischen Schwerpunkt religiöse Erziehung zu verbinden, denn Glaube bedarf der Information, und die junge Generation muss mit den christlichen Wurzeln unserer Kultur bekannt gemacht werden.

10 Wir geben weiter, wovon wir selbst leben: Die gute Nachricht von Gottes Liebe.
Der Satz erfuhr in den Diskussionen, ebenso wie bei anderen Rückmeldungen, eine fast hundertprozentige Zustimmung. Er wurde in das Kapitel „Wer wir sind" eingeordnet, weil er im Alltag gelebt wird. Dies gilt auch dann, wenn in manchen Rückmeldungen die Formulierung mitschwingt: „Auch wenn wir manchmal selbst Zweifel haben."

11 Unser Glaube hat Hand und Fuß. Nah und fern helfen wir Menschen in Not, auch durch diakonische Arbeit.
Bei den Vorschlägen zum Thema Diakonie steht die praktizierte Nächstenliebe in der Weise im Vordergrund, dass dabei nicht nur die faktische Seite beschrieben wird, sondern es wird dargestellt, dass Reden ohne Handeln und Glaube ohne Umsetzung zu kurz greifen. Dass Kirche in ihrer Glaubwürdigkeit auch am diakonischen Handeln gemessen wird, darf bei der Selbstdarstellung von Kirche nicht fehlen.

12 Wir treten in Verantwortung für die zukünftigen Generationen für Frieden, Gerechtigkeit und Bewahrung der Schöpfung ein.
Dieser Satz wurde in Anlehnung an den konziliaren Prozess formuliert. Er nimmt eine große Anzahl von Formulierungsvorschlägen auf, die in Kombination mit unterschiedlichen Themen angeboten wurden, so im Zusammenhang mit Ökumene oder der jungen Generation, dem gesellschaftlichen Auftrag von Kirche oder eben mit dem konziliaren Prozess. Der Leitsatz steht jetzt im Kapitel „Wer wir sind", weil in unserer Landeskirche das Eintreten für Frieden, Gerechtigkeit und Bewahrung der Schöpfung nicht mehr nur unter der Perspektive Ziel oder Vision zu sehen ist.

13 Wir sind eine offene Kirche. In christlicher Verantwortung nehmen wir gesellschaftliche Entwicklungen wahr, greifen Impulse auf und wirken in die Gesellschaft hinein.
Auch dieser Leitsatz ist neu gegenüber dem Vor-Entwurf. Die damit aufgegriffenen Aspekte von Kirche wurden vielfach eingefordert. Denn der Blick in die Zukunft mit Orientierung an sozialen und politischen Gegenwarts- und Zukunftsfragen sowie an der Botschaft Christi sollte mit ausgeprägter Klarheit zum Ausdruck kommen.

14   Für unsere vielfältigen Aufgaben setzen wir das uns anvertraute Geld sinnvoll und effizient ein.

Völlig unumstritten war, dass in den Leitsätzen auch etwas zum Geld gesagt werden muss, denn kirchliche Arbeit braucht Geld. Das Vertrauen auch in den verantwortlichen Umgang mit dem Geld ist ungebrochen. Die Kirche ist darauf angewiesen, um ihre Aufgaben in der Gesellschaft wahrzunehmen. Auch das ist Konsens.

III. Was wir wollen

Der moderne Mensch will wissen, wo es lang geht. Also sind wir auch herausgefordert, den kirchlichen Katalog mit den „Reisezielen" für das Leben vorzustellen. Mit den Leitsätzen wollen wir den Menschen zeigen: Wir sind auf einem Weg, auf dem wir von Gott nicht verlassen sind und der uns mitten durch die Welt, ihre Probleme und ihre wunderbaren Schönheiten führt. Wir haben nichts zu verbergen. Man soll spüren: Wir wissen, was wir wollen und sagen das auch in einer klaren und allgemein verständlichen Sprache. Aber wir sagen auch, was wir nicht wissen.

1   Wir wollen in einer zweckbestimmten Welt das Heilige erfahren und erfahrbar machen.

Das Heilige meint nicht nur das Göttliche an sich, sondern Praxisformen des Glaubens sowie bestimmte Werte, die als Konsequenz des Glaubens an Gott unangetastet bleiben sollen. Die Vokabel „Gott", die in vielen Rückmeldungen anstelle des „Heiligen" genannt wurde, trifft daher nur teilweise das ursprünglich Gemeinte, denn es erfasst nicht die sichtbaren sowie fühl- oder erlebbaren Auswirkungen des Gegenwärtig-Seins Gottes. Inhaltlich findet der Leitsatz eine erwähnenswert hohe Zustimmung.

2   Wir wollen den Mitgliedern unserer Kirche eine geistliche Heimat bieten und noch mehr Menschen für Jesus gewinnen.

Fast durchgängig wurde vorgeschlagen, einladende Kirche zu sein. Als gemeinsamer Nenner sollte dabei zum Ausdruck kommen, dass die Kirchenmitglieder sich ihrer Kirche verbunden fühlen. Dies wird durch die Formulierung „eine geistliche Heimat bieten" besonders deutlich aufgenommen.

3   Wir wollen eine Kirche, in der man weinen und lachen kann.

Die Formulierungsidee kommt aus der Mitte des Diskussionsgeschehens. Es wird nach einer Kirche verlangt, in der Fröhlichkeit gleichrangig neben Traurigkeit, genauso wie Heiterkeit neben Ernsthaftigkeit zu stehen kommt. Vor allem die Gleichzeitigkeit und die Mischung der Gefühlslagen sind hoch positioniert.

4   Wir wollen, dass alle zum Lesen der Bibel ermutigt werden und zur Auslegung der Schrift beitragen.

Der intensive Umgang mit der Bibel ist durchweg unumstritten. Das durch die Verwendung des Begriffs „mündig" entstandene Missverständnis, der Umgang mit der Bibel sei unabdingbar mit der Mündigkeit verknüpft, wurde in dem jetzt formulierten Satz vermieden. Das evangelische Proprium des Priestertums aller Glaubenden gewinnt in diesem Leitsatz konkrete Gestalt.

5   Wir wollen durch religiöse Erziehung und Bildung das Christliche in unserer Kultur lebendig halten.

Die Aufnahme des Aspektes der religiösen Erziehung und Bildung in die Leitsätze wurde durchweg gewünscht. Die gewählte Formulierung verbindet dabei das Vergangene, das Gegenwärtige und das Zukünftige.

6   Wir wollen offen, ehrlich und glaubwürdig miteinander umgehen.

Die Formulierung dieses Leitsatzes wurde inhaltlich auf breiter Basis bestätigt. Die vielfach eingebrachte Ergänzung, den Begriffen „offen" und „glaubwürdig" noch den Begriff „ehrlich" hinzuzufügen, wurde aufgenommen. Dabei zeigt sich, dass vor allem die Kombination „offen" und „ehrlich" einen basisfreundlichen Charme entfaltet.

7   Wir wollen den Weg fortsetzen zu einer Kirche, die gleichermaßen von Frauen und Männern geleitet wird.

Ein gewichtiger Teil der artikulierten Auffassungen beurteilt die im Vor-Entwurf formulierte Zustandsbeschreibung im Kapitel „Wer wir sind: Wir sind eine Kirche, die von Frauen und Männern geleitet wird" als in der Gegenwart noch nicht in hinreichendem Maße umgesetzt.

8   Wir wollen eine ökumenische Gemeinschaft der Kirchen, in der die Vielfalt als Bereicherung erlebt wird.

Das Bedürfnis war groß, über die Aussage hinaus, dass uns die Taufe mit allen Kirchen verbindet (Satz 11 in Kapitel „Wer wir sind"), eine Leitaussage zur ökumenischen Dimension kirchlicher Ziele zu formulieren. Dabei war es besonders wichtig, die Aufhebung von Trennendem zwischen den Konfessionen deutlich aufzuzeigen.

9   Wir wollen unsere Arbeit in der Öffentlichkeit darstellen und scheuen den Vergleich mit anderen nicht.
Beide Satzteile wurden im Diskussionsprozess weitgehend aufgenommen, indem beide Elemente – nämlich Präsentation und Außenwirkung – bejaht wurden. Der geäußerten inhaltlichen Kritik, dass Kirche eine Organisation von Gläubigen sei und nicht Anbieter auf einem Religionsmarkt, wurde Rechnung getragen, indem man den Begriff Leistung durch Arbeit ersetzte, damit aber zu Recht nicht ganz auf den Wettbewerbsaspekt verzichtet wird, dem die Kirche ausgesetzt ist, ob sie will oder nicht.

10   Wir wollen eine menschliche Gesellschaft gestalten, die von Freiheit, Gerechtigkeit und Menschenwürde geprägt ist.
Insgesamt lässt sich feststellen, dass die Zustimmung zu den wesentlichen Elementen, nämlich eine menschliche Gesellschaft mit zu gestalten, die von Freiheit, Gerechtigkeit und Menschenwürde geprägt ist, annähernd hundert Prozent beträgt. Unausgesprochene Einigkeit besteht offenbar auch darin, dass dieses Anliegen ein noch anzustrebendes Ziel ist, zu dessen Erreichbarkeit auch die Kirche ihren Beitrag leisten will.

11   Wir wollen nicht alles machen, was machbar ist.
Die Formulierung im Vor-Entwurf erfuhr ein hohes Maß an Zustimmung. Legt man die wesentlichen Elemente der Aussage zugrunde, die zum Teil anders ausgedrückt oder in einen anderen Zusammenhang gestellt wurden, aber implizit identische Inhalte transportierten, dann steigt die Zustimmung auf einen über neunzigprozentigen Konsens. Auch die verbleibenden abweichenden Aussagen sind nicht konträr, sondern setzen zum Teil lediglich andere Schwerpunkte. Offenbar wurde erkannt, dass sich der Kreis an dieser Stelle zu Leitsatz 24 in Kapitel „Was wir wollen" schließt: Wir wollen in einer zweckbestimmten Welt das Heilige erfahren und erfahrbar machen.

Reflexion

Leitlinien oder Organisations- bzw. Unternehmensgrundsätze wollen **das Verhalten** des Einzelnen bzw. einer ganzen Organisation **bewusst zu bestimmten Verhaltensrichtlinien** bündeln. Mit Hilfe der Leitlinien werden die (Verhaltens-) Standards deutlich gemacht, die innerhalb und außerhalb eines Unternehmens gelten. Dadurch nehmen die Leitlinien Einfluss auf organisatorische Strukturen. Leitlinien sind gedanklich und **schriftlich formulierte Verhaltensrichtlinien,** die umgesetzt und eingehalten werden sollen.

Damit stellen Leitlinien und Organisationsgrundsätze einerseits **eine Einschränkung der persönlichen Freiheit des einzelnen** dar. Andererseits aber tritt an die Stelle der Einschränkung der persönlichen Freiheit **die Erweiterung hin zu einer neuen gemeinsamen Freiheit** und einem Aktionsrahmen (Wir-Gefühl nach innen und einheitliches Erscheinungsbild nach außen). Leitlinien sind deshalb auch immer der Ausdruck eines „gemeinsamen Nenners". Dieser gemeinsame Nenner kann nicht von oben herab verordnet werden, sondern muss immer wieder neu im Kommunikationsprozess unter allen, die an einer Organisation (Führungskräfte, Personal, Kunden, Lieferanten, Geldgeber usw.) beteiligt sind, gefunden werden. Leitlinien sind ein Ausdruck dafür, die Chancen und Grenzen aller an einer Organisation Beteiligten zu kennen und zu nutzen (Interessenausgleich, Prioritäten).

Viele Verhaltensrichtlinien sind unbewusst bereits vorhanden. Das Bewusstmachen dieser Verhaltensweisen mit Hilfe von Leitlinien bringt zusätzlich den Vorteil mit sich, Verhaltensweisen bewusst in ein **längerfristiges strategisches Verhalten** zu integrieren. Leitlinien lassen sich nicht gegen die Beteiligten, sondern immer nur gemeinsam mit ihnen entwickeln. Je früher und intensiver alle Beteiligten (Beispiel: Mitarbeiterinnen und Mitarbeiter) in den Prozess der Formulierung von Verhaltensrichtlinien eingebunden werden, um so erfolgreicher werden Leitlinien auch in der Praxis angewandt und umgesetzt.

Gegenwärtig findet das Thema „Leitlinien" bei vielen Unternehmen ein großes Interesse. Dabei sollte aber nicht übersehen werden, dass die Leitlinien einer Organisation nicht mehr darstellen und leisten können als die Markierungen bzw. Leitlinien auf einer Straße. (Leitplanke oder Mittelstrich). Das bedeutet: Die Formulierung von Unternehmensleitlinien ist **ein Bestandteil einer Strategie** und nicht die ganze Strategie selbst. Die ganze Strategie besteht in der ganzheitlichen Ausrichtung eines Unternehmens auf den Markt sowie in der Formulierung eines Marketing für das Angebot eines Untnehmens (Absatzmarketing).

5.3 Die Unternehmenspersönlichkeit und Identität (corporate identity)

Organisationen haben wie natürliche Personen „eine Persönlichkeit", die sich in einer Identität ausdrückt. Durch die Formulierung eines Organisationszwecks und den Verhaltensrichtlinien (Leitlinien) werden wesentliche Elemente der Identität und Persönlichkeit von Organisationen oder Unternehmen zum Ausdruck gebracht. Darüber hinaus wird die corporate identity im wesentlichen durch das äußere Erscheinungsbild **(corporate design)**, durch das Verhalten **(corporate behaviour)** und durch die Art der internen und externen Kommunikation **(corporate communication)** bestimmt. Persönlichkeit und Identität (Corporate Identity) von Organisationen und Unternehmen können in verschiedenen Bereichen entwickelt und gefördert werden.

5.3.1 Entwicklung einer corporate identity im Bereich von Design und Gestaltung (corporate design)

Der designorientierte Ansatz zur Entwicklung einer Corporate Identity beschäftigt sich vorwiegend mit den **formalen gestalterischen** Elementen, die zu einer Identität oder Persönlichkeit von Organisationen beitragen. Dabei steht das **formale Erscheinungsbild** mit seinen gestalterischen Elementen im Vordergrund. Dazu gehört die Hausfarbe, das Logo (Größe, Gestaltung, Form, Farbe, Plazierung u. a.), die einheitliche Gestaltung von Kommunikationsmitteln, z. B. Größe und Gestaltung von Visitenkarten, die einheitliche Gestaltung von Briefbögen, eine einheitliche Schrift bei Veröffentlichungen usw. Alle Aktivitäten, die formale Gestaltung des äußeren, formalen Erscheinungsbildes und des Design im Blickfeld haben, werden unter dem Fachbegriff corporate design zusammengefasst. Basis eines gestaltungs- oder designorientierten Ansatzes zur Entwicklung einer Corporate Identity ist die Bewusstwerdung der **gestalterischen Elemente,** die zur Ausbildung einer Identität oder Persönlichkeit eines Unternehmens führen.

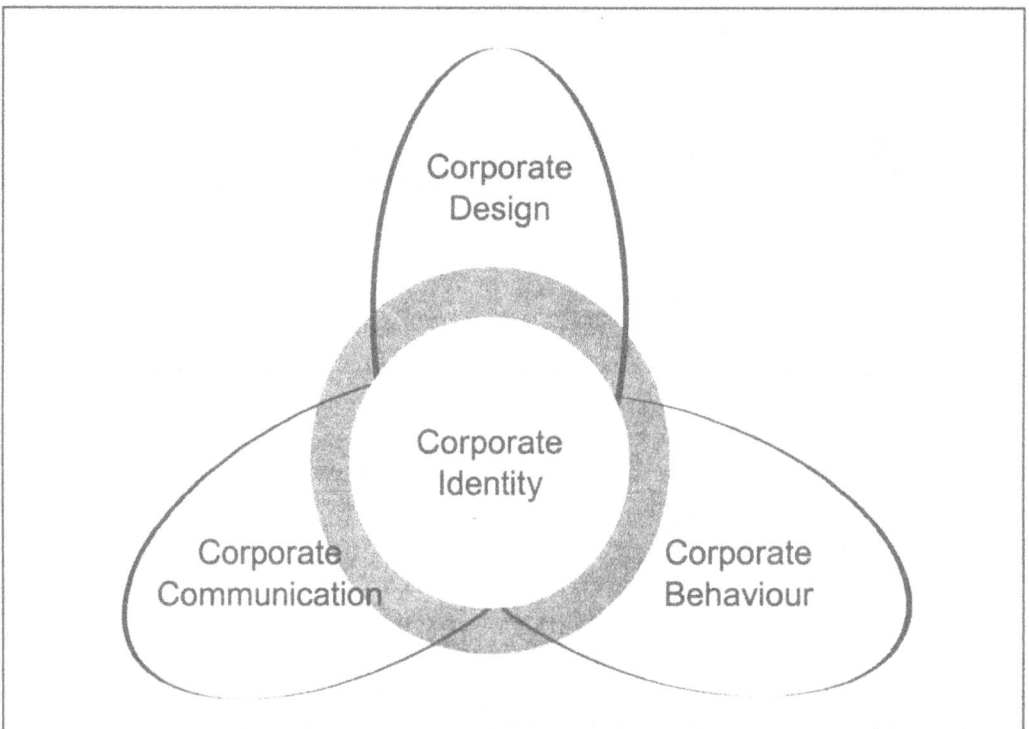

Abbildung 36:   Bestandteile der Corporate Identity

5.3.2 Entwicklung einer corporate identity im Bereich der Kommunikation (corporate communication)

Unternehmen sind nicht nur daran interessiert, ihre Persönlichkeit unter formalen, gestalterischen Gesichtspunkten zu optimieren, sondern auch die Kommunikation über die äußere Erscheinung. In den Bereich der so genannten corporate communication gehört die einheitliche Gestaltung von Kommunikations- (Pressemappen u. a.) und Werbemitteln (Außenwerbung, Werbung an Gebäuden oder Autos usw.), ein einheitliches Produktdesign oder Produktverpackung, eine einheitliche architektonische Gestaltung von Verwaltungs- oder Produktionsgebäuden, die einheitliche Ausstattung von Büroräumen usw. Basis für den kommunikativen Ansatz zur Entwicklung einer Corporate Identity ist die Bewusstwerdung der **kommunikativen Elemente**, die zur Ausbildung einer Identität oder Persönlichkeit eines Unternehmens führen.

5.3.3 Entwicklung einer Corporate Identity im Bereich von Verhalten und Mitarbeiterführung (corporate behaviour)

Identität und Persönlichkeit einer Organisation können vor allem auch durch das Mitarbeiterverhalten zum Ausdruck gebracht werden. Dabei geht es um die Identifizierung von Mitarbeiterinnen und Mitarbeitern mit ihrer Organisation, um ihr Verhalten untereinander und als Mitarbeiter oder Mitarbeiterin einer Organisation in der Öffentlichkeit. Im wesentlichen werden diese Fragen **durch eine aktive Führung** von Mitarbeiterinnen und Mitarbeitern beantwortet. Die Führung von Mitarbeiterinnen und Mitarbeitern kann in einem **partnerschaftlichen, kooperativen Stil** geschehen. Sie kann aber auch **autoritär, patriarchalisch** geschehen. Der führungs- bzw. mitarbeiterbezogene Ansatz zur Entwicklung einer Corporate Identity hat zur Aufgabe, intern ein möglichst übereinstimmendes Mitarbeiterverhalten aufzubauen und zu fördern, durch das **eine hohe Identifikation** von Mitarbeiterinnen und Mitarbeitern mit ihrer Organisation und damit ein einheitliches Bewusstsein zum Ausdruck gebracht werden. Die höchste Motivation zur Entwicklung eines gemeinsamen Verhaltens ist **das bewusste Vorleben als Vorbild** auf der jeweils vorgesetzten Ebene. Daneben spielt aber auch die gesamte **Unternehmenskultur** (Rituale, Sprachgebrauch, Normen) eine große Rolle. Basis für den verhaltensbezogenen Ansatz zur Entwicklung einer Corporate Identity ist die Bewusstwerdung der Elemente, die das Verhalten der Mitarbeiterinnen und Mitarbeiter formal (Organisationsstruktur) und informell (Unternehmenskultur) beeinflussen und zur Ausbildung einer Identität oder Persönlichkeit eines Unternehmens führen.

5.3.4 Verkaufs- oder strategiebezogener Ansatz zur Entwicklung einer Corporate Identity

Sind die Maßnahmen zur Entwicklung einer Corporate Identity auf das Mitarbeiterverhalten bezogen, das im Kundenkontakt vorwiegend nach außen gerichtet ist, dann kann man von einem verkaufs- oder strategiebezogenen Ansatz sprechen. Entscheidend für diesen Ansatz ist die Überlegung, dass jeder Kunde in einer gleichbleibenden positiven Form angesprochen und betreut werden soll. Dabei ist ein annähernd identisches Mitarbeiterverhalten von großem Vorteil. Dieses schafft eine Wiedererkennung und gleichbleibende Qualität und vermittelt damit die Zuverlässigkeit, die eine Organisation in ihrer Identität und Persönlichkeit zum Ausdruck bringen kann. Als ein Beispiel für diesen strategiebezogenen Ansatz zur Entwicklung von Identität und Persönlichkeit einer Organisation kann das Mitarbeiterverhalten der Organisationen genannt werden, die Tiefkühlkost direkt in die Haushalte liefern (Eismann-Verhalten, United Parcel Service).

Fallbeispiel:

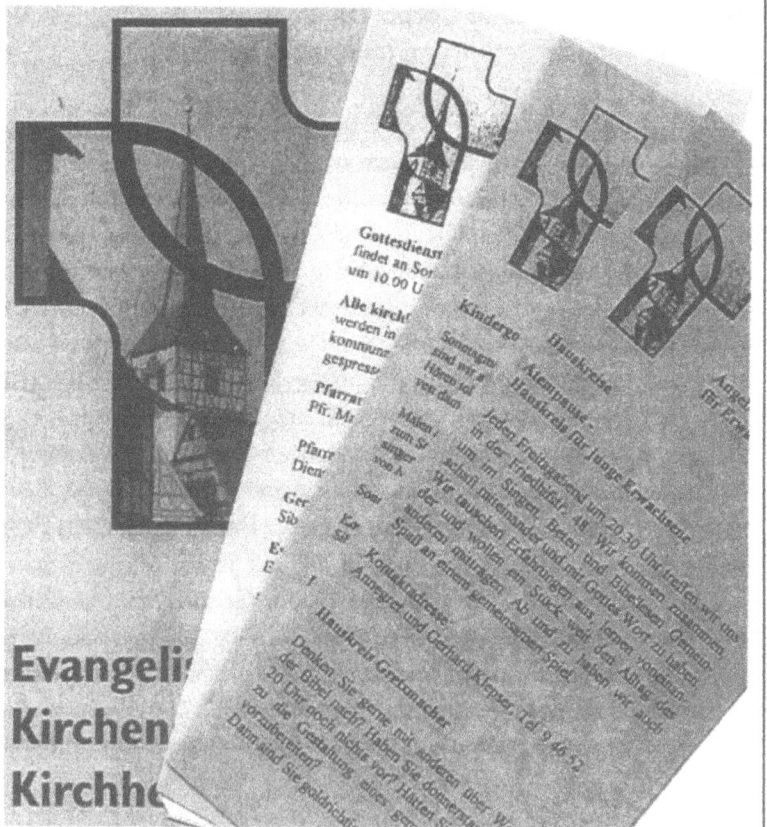

Die Corporate Identity der Evangelischen Kirchengemeinde am Neckar hat folgende gestalterische Element: Zwei übereinanderliegende Schleifen, den Kirchturm der Kirche
sowie den stilisierten Fisch. Der Fisch (griechisch Ictus/Ichtus, die Abkürzungszeichen für
Jesus Christus Gottes Sohn Retter) kommt durch die Schleifen zu stande. Geographisch
betrachtet gibt es bei Kirchheim eine Neckarschleife. Dieses Corporate Identity hat einen
hohen Wiedererkennungswert und wird in allen kommunikativen Medien der Kirchengemeinde verwendet (Briefbogen, Anzeigen für Personalstellen im Kindergarten, Spenden-
bescheinigung, Prospekte u. a.)

5.3.5 Konkrete Schritte zur Entwicklung einer Corporate Identity

Eine Konzeption zur Entwicklung einer Corporate Identity beginnt mit der Analyse der Ist-
Identität und entwirft eine Soll-Identität in den Bereichen der Gestaltung (Corporate Design),
der Kommunikation (Corporate Communication) und des Mitarbeiterverhaltens bzw. der
allgemeinen Unternehmenskultur (Corporate Behaviour). Danach werden die Schritte zur
Umsetzung und Realisierung festgelegt und eine Strategie entworfen, mit welchen Mitteln
und Maßnahmen die Soll-Identität erreicht werden kann (Mitarbeiter-Fortbildungsmaßnah-
men, Beauftragung von Graphikern usw.). Die Kontrolle und Anpassung ist der letzte Schritt
zur Entwicklung einer Corporate Identity.

Reflexion

Die konzeptionelle Entwicklung und Förderung der Identität und Persönlichkeit von Organisationen hat folgende Funktionen und kann folgende Vorteile mit sich bringen:

- **Identifikation:** Durch eine optimale Gestaltung der internen Information und Kommunikation kann eine optimale Identifikation mit der Organisation geschaffen werden, für die man arbeitet. Durch die Maßnahmen einer Corporate-Identity-Konzeption wird die Kommunikation vereinfacht und in einem positiven Sinn gefördert.
  Dadurch kann eine hohe Motivation entstehen, das mit einem starken „Wir-Gefühl"
  zum Ausdruck gebracht werden kann.

- **Imagebildende Funktion:** Eine verbesserte Kommunikation bringt einen besseren
  Bekanntheitsgrad und damit eine Imageverbesserung nach außen.

- **Verhaltensbeeinflussende Funktion:** (Sozialverhalten u. a.): Mit Hilfe von Mitar-
  beiterfortbildungsmaßnahmen kann ein gleichbleibendes Mitarbeiterverhalten initiiert
  und entwickelt werden. Dies schafft langfristige Vorteile in der Kundenbindung und
  gibt Stabilität und Orientierung im Mitarbeiterverhalten.

● **Integrationsfunktion:** Eine umfassende Corporate-Identity-Konzeption schafft die Möglichkeit der bewussten Integration von Mitarbeiterinnen und Mitarbeitern in die Gesamtorganisation. Die Möglichkeit zur Integration ist eine wichtige Voraussetzung zur größtmöglichen Entfaltung der Mitarbeiter-Potentiale innerhalb einer Organisation.

5.4 Festlegung von Unternehmenszielen

Während bisher mit Hilfe der Formulierung eines Unternehmenszweckes, der Leitlinien oder Grundregeln sowie der Kriterien für eine Unternehmensidentität überwiegend die qualitative, ideelle Absicht einer Organisation definiert wurde, wird mit Hilfe der Festlegung von Unternehmenszielen **die quantitative Absicht** formuliert. Die Festlegung von Zielen ist eine Absichtserklärung. Ziele werden nicht wie üblich als lokaler Ort oder Punkt (Zielort) verstanden, sondern **als richtungsweisende Orientierungs- bzw. Richtgröße** für das wirtschaftliche Handeln (Zielrichtung).

Ziele (goals, objectives) stellen ganz allgemein Orientierungs- bzw. Richtgrößen für ein wirtschaftliches Handeln dar.

Die Festlegung von Zielen **als Richtgrößen** ist in **ein Planungs- bzw. Zielkoordinationssystem** eingebunden. Entscheidend für ein solches Zielsystem sind die Erkenntnisse, dass sich unterschiedliche Ziele ergänzen (komplementär) und begünstigen, aber auch widersprechen (konkurrierend) und sich in ihrer Wirkung aufheben können oder ohne Wirkung nebeneinander stehen (indifferent).

Im Rahmen einer Zielplanung lassen sich verschiedene Zielebenen festlegen. Im Rahmen der Formulierung eine Zielpyramide unterscheidet man **Oberziele, Funktionsziele, Zwischenziele und Unterziele.** Die Ordnung dieser Ziele ist hierarchisch, das bedeutet: Die Erfüllung des jeweils nachgeordneten Zieles trägt maßgeblich dazu bei, dass das vorgeordnete Ziel erreicht werden kann.

Oberziele

Eines der obersten Ziele **eines jeden Unternehmens** besteht darin, das investierte Kapital zu vermehren und Gewinne zu erzielen, damit der Fortbestand eines Unternehmens gewährleistet ist **(Formalziel).** Da Geld (Vermögen oder Kapital) keine statische, sondern eine sich in ihrem Wert verändernde Größe darstellt (Wertverlust durch Inflation, finanzielle Verluste usw.), kann nur auf der Basis der Maximierung des Geld(wertes) eine Organisation in ihrem Fortbestand gesichert werden. Ein Formalziel eines Unternehmens kann z.B. darin bestehen, eine bestimmte Rendite für die Kapitalanleger zu erreichen oder ein ausgeglichenes wirtschaftliches Ergebnis zu haben. Da die Ausschüttung von Gewinnen in religiösen Unternehmen mit einem Status der Gemeinnützigkeit nicht möglich ist, werden die Überschüsse des Haushalts den Rücklagen zugeführt.

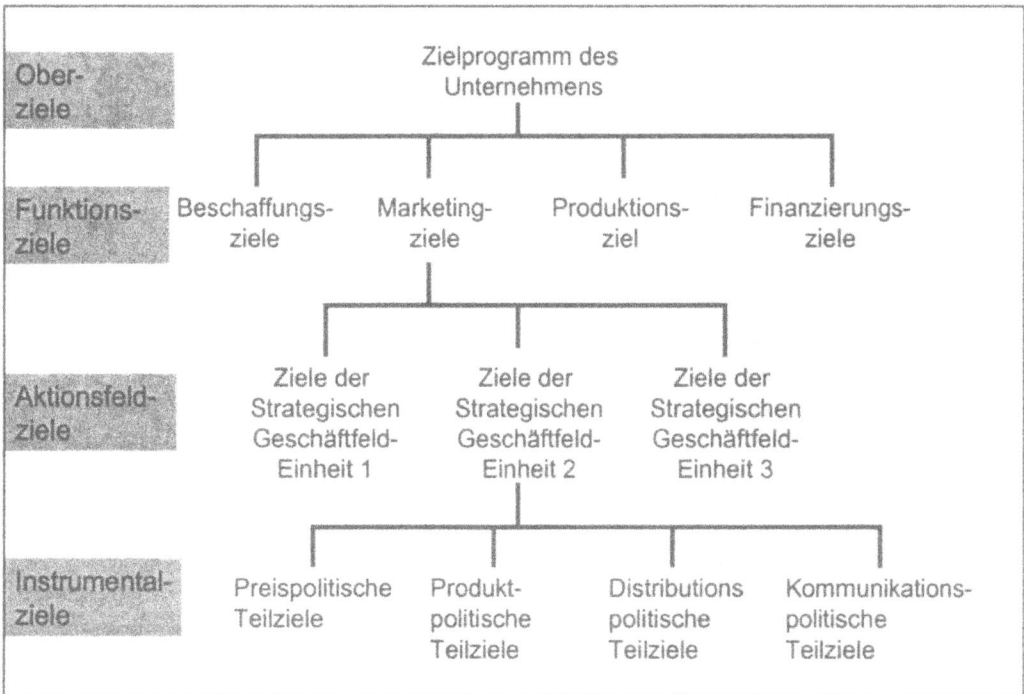

Abbildung 37: Zielpyramide

Das bekannteste System, durch dessen Hilfe die Rentabilität ermittelt werden kann, ist das so genannte **Du Pont-System**, durch das der **Return on Investment errechnet wird**. Dabei wird **die Rendite des eingesetzten Kapitals** ohne Einbezug von Fremdkapitalzinsen durch die Multiplikation der **Umsatzrendite (Gewinn/Umsatz)** mit dem **Kapitalumschlag (Umsatz/Gesamtkapital)** ermittelt. Diese beiden Kennzahlen entsprechen dem Bereich des Marketing (Umsatzrendite) bzw. dem Kapitalumschlag (Lagerhaltung, Beschaffung).

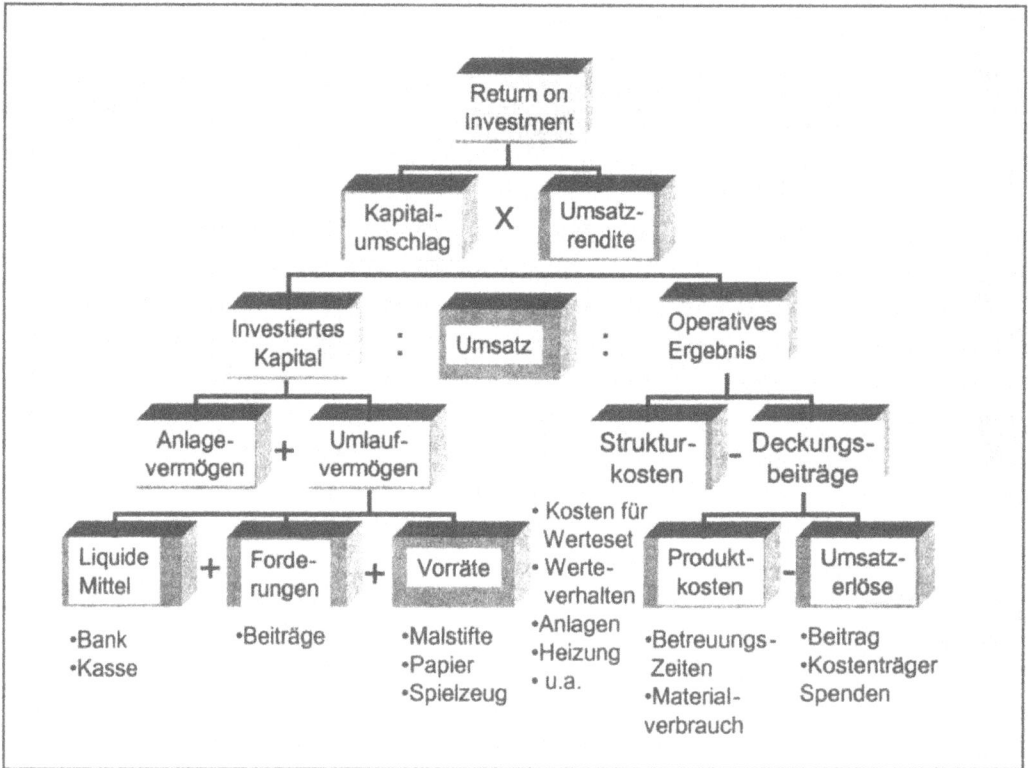

Abbildung 38:   Du Pont-System zur Berechnung der Wirtschaftlichkeit

Auch religiöse Unternehmen werden in Zukunft ihre Wirtschaftlichkeit darstellen müssen. Dazu bedarf es im Allgemeinen ein System der Kostenrechnung, das über die Haushaltsplanung bzw. Haushaltführung hinausgeht und die Besonderheiten der wirtschaftlichen Tätigkeiten eines religiösen Unternehmens berücksichtigt. So müssen z. B. die (variablen) Strukturkosten für Umsetzung eines besonderen Werteverhaltens mit in die Kostenrechnung einfliesen. Die Zielsetzung, einen Wertezuwachs bzw. Werterhalt des investierten Kapitals zu schaffen, steht nicht losgelöst von anderen Zielsetzungen. Vielmehr muss gerade diese Zielsetzung in weiteren **Basiskategorien von Unternehmens-(Ober)zielen** integriert werden. Zu den Basiselementen unternehmerischer Oberziele können folgende Kategorien gerechnet werden: Marktstellungsziele, Rentabilitätsziele, finanzielle Ziele, soziale Ziele, Macht- und Prestigeziele, gesellschaftliche Ziele oder Umweltschutzziele.

● **Die Stellung eines Unternehmens im Markt** ist häufig die wichtigste Voraussetzung und Grundlage wirtschaftlicher Ergebnisse. Die Marktstellung wird durch folgende Kennzahlen oder Größen zum Ausdruck gebracht: Über wieviel Marktanteil verfügt eine Organisation, wie groß ist ihr Umsatz, ihre Marktgeltung (Marktführer)?

Ist eine Organisation auf gesättigten Märkten tätig (Verdrängungswettbewerb) oder kann sie neue (Wachstums-) Märkte erschließen?

- **Rentabilitätsziele** als Oberziel einer Organisation beschreiben ihre finanzielle Situation. Diese lässt sich darstellen in Form der Höhe von Gewinn oder Verlust, Umsatzrentabilität, Eigenkapital- oder Gesamtkapitalrentabilität, Rücklagen u. a.

- Die **finanzielle Zielsetzung einer Organisation** stellt ebenfalls eine Basiskategorie der Oberziele dar. Sie wird mit den Kategorien der Kreditwürdigkeit, Liquidität, Selbstfinanzierungsgrad, Kapitalstruktur u. a. zum Ausdruck gebacht.

- Eine weitere Kategorie der Oberziele ist die **soziale Zielsetzung** einer Organisation, die durch das Betriebsklima, Einkommensstruktur, soziale Integration, der persönlichen Entfaltung von Mitarbeiterinnen und Mitarbeitern zum Ausdruck kommt (Beispiel: Schutz am Arbeitsplatz).

- Geld verleiht Macht. Weder religiöse noch erwerbswirtschaftliche Unternehmen kommen daran vorbei, dass mit ihrem wirtschaftlichen Handeln ihre Macht und Ohnmacht, Prestige und Prestigeverlust zum Ausdruck kommen kann (Beispiele: Bestechungsaffären, Steuerhinterziehung, Spendenaffären, Manipulationen u. a.). In der obersten Zielkategorie muss das Verhältnis von **Macht und Prestige zum eigentlichen wirtschaftlichen und sozialen Handeln** geklärt und definiert werden. Dies kann im Rahmen der Entwicklung einer Unternehmenskultur sowie in der Entwicklung eines werteorientierten Managements und eines werteorientierten Verhaltens von Mitarbeitern realisiert werden.

- Im Rahmen einer **gesellschaftlichen Zielsetzung** definiert eine Organisation ihren gesellschaftlichen Beitrag zum Schutz der Umwelt und der Menschen. Dabei geht es darum, in Form einer Zielsetzung auf oberster Ebene eine Formulierung zu finden, wie Ressourcen geschützt werden können und sich soziale Gerechtigkeit entwickeln kann u. a.

Funktionsbereichsziele

Funktionsziele beziehen sich auf bestimmte **Funktionen** im Unternehmen, wie z. B. Einkauf oder Beschaffung, Verwaltung oder Finanzierung, Absatz, Marketing oder Produktion. An folgenden Beispielen lassen sich Funktionsziele konkret darstellen:

Funktionsbereich	Zielformulierung	Maßnahmen
Beschaffung/Einkauf	Reduzierung der Kosten im Einkauf/Beschaffung durch eine kleinere Anzahl von Lieferanten	
Verwaltung bzw. Finanzierung	Einführung eines EDV-unterstützten Buchhaltungssystems, Vernetzung mit E-Mail oder Internet	
Produktions- bzw. Dienstleistungsbereich	Umstellung eines Produktionsverfahrens, Einführung eines Qualitätsmanagements und Zertifizierung	
Absatz bzw. das Marketing	Entwicklung einer neuen Marketingkonzeption, Kontakt zu neuen Zielgruppen/Marktsegmenten	

Aktionsfeldziele

Während durch die Zielformulierung im Funktionsbereich die Ziele in bestimmten Unternehmensfunktionen festgelegt werden, definieren die Aktionsfeldziele die Zielsetzung bestimmter Aktions- bzw. Geschäftsfelder. Diese Unterteilung ist wichtig, um die allgemein größere Zielsetzung innerhalb der Funktionsbereiche einer Organisation besser zu definieren. Innerhalb eines religiösen Unternehmens gibt es verschiedene Aktionsfelder wie z.B. die Verwaltung der Mitglieder und Immobilien, Angebotsaktivitäten in verschiedenen Bereichen wie zum Kirchenmusik, gruppenbezogene Angebote, gesellschaftliche Aktivitäten u.a.

Funktionsbereich	Zielformulierung	Geschäftsbereich 1: Kindergarten	Geschäftsbereich 2: Jugendarbeit
Beschaffung/Einkauf	Reduzierung der Kosten im Einkauf/Beschaffung durch eine kleinere Anzahl von Lieferanten		
Verwaltung bzw. Finanzierung	Einführung eines EDV-Systems, Vernetzung mit E-Mail od. Internet		
Produktions- bzw. Dienstleistungs-	Umstellung eines Produktionsverfahrens,		

bereich	Einführung eines Qualitätsmanagement und Zertifizierung		
Absatz bzw. das Marketing	Entwicklung einer neuen Marketingkonzeption, Kontakt zu neuen Zielgruppen		

Instrumental- oder Unterziele

Mit Hilfe der Instrumental- oder Unterziele werden einzelne Instrumente und Maßnahmen sowie deren Anwendung und Zielsetzung definiert. Im Bereich der Produktion/Dienstleistung lassen sich z. B. klar die Möglichkeiten und Zielsetzung eines Qualitätszirkels unter folgender Fragestellung definieren: Wer soll daran teilnehmen? In welchen zeitlichen Abständen findet ein Qualitätszirkel statt? Der Bereich Absatz/Marketing wird durch die verschiedenen Möglichkeiten der absatzpolitischen Instrumente definiert. Dazu gehören z. B. sämtliche Kommunikationsmaßnahmen. Instrumental- oder Unterziele im Bereich Absatz/Marketing legen z. B. fest, welche Kommunikationsmaßnahmen in welchem Zeitraum durchgeführt werden.

Funktionsbereich	Zielformulierung	Maßnahmen
Beschaffung/Einkauf	Einholen und Vergleich verschiedener Angebote von Lieferanten	
Verwaltung bzw. Finanzierung	Anschaffung einer bestimmten EDV-Anlage, Entscheidung für einen bestimmten Internet-Provider	
Produktions- bzw. Dienstleistungsbereich	Fortbildungsmaßnahmen für Mitarbeiter	
Absatz bzw. das Marketing	Entwicklung einer neuen Patientenbroschüre	

Fallbeispiel: [76]

Die Darstellung mit Hilfe einer Motivations- oder Zielpyramide ist ein Beispiel für die Ausrichtung eines gesamten Unternehmens am Markt. Die Unternehmensdarstellung der Presbyterian Church West Hills in Ohmaha, USA folgt einer ähnlichen Systematik und hat folgende Bestandteile:

- **Our Welcome**

- **Our Mission Statement**

- **Our Values**

- **Our Approach**

Grundlage für die Unternehmensbotschaft ist der Slogan: Unterwegs mit dem lebendigen Christus („on a journey with the living Christ").

Als Fundamt dafür werden folgende Werte definiert:

- ein beziehungsorientierter Lebensstil

- die Vertiefung des geistlichen Lebens

- gemeinsames Leben zu gestalten

- Heilung und Zurüstung für die Aufgaben des Einzelnen

- Qualität und

- Liebe zu Gottes Kindern.

Diese Werte werden durch folgende Maßnahmen umgesetzt: Sammlung, Zurüstung, Motivation und Sendung. Innerhalb einer Fünf-Jahres-Vision werden die Ziele der Gemeinde festgelegt.

---

[76] Vgl. dazu www.westhillspc.org (Stand: 5.12.2000)

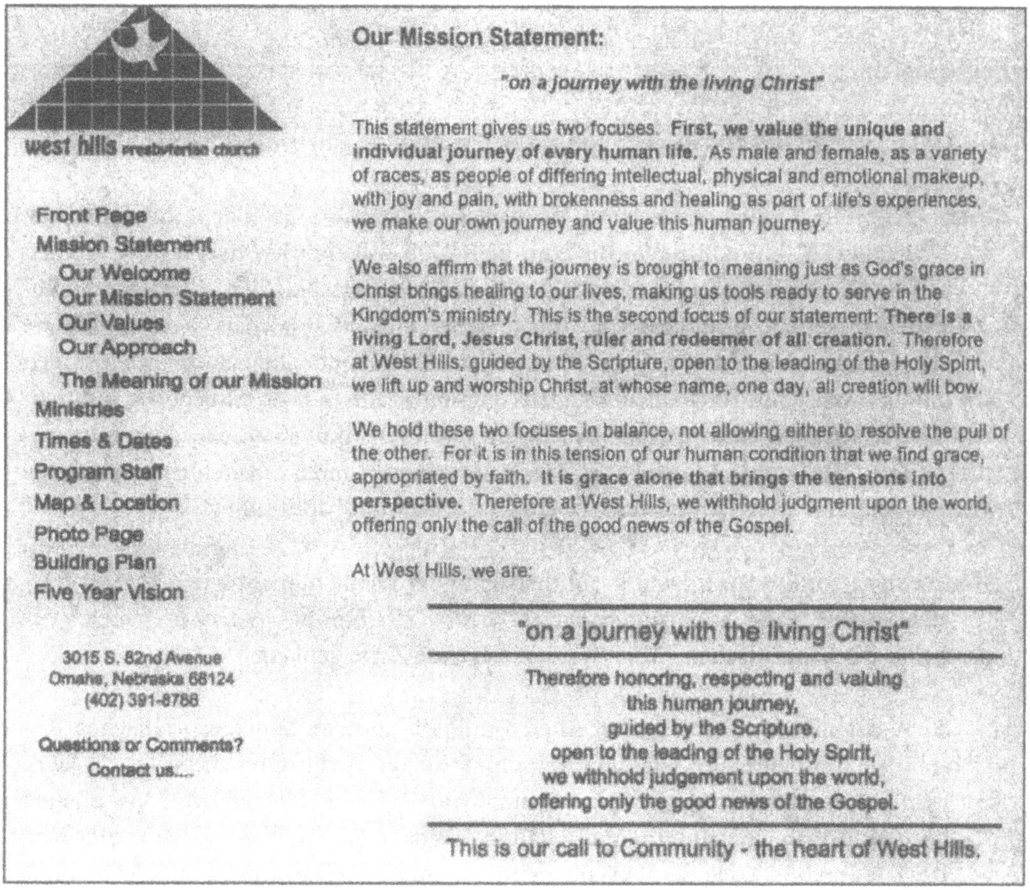

Our Mission Statement:

"on a journey with the living Christ"

This statement gives us two focuses. First, we value the unique and individual journey of every human life. As male and female, as a variety of races, as people of differing intellectual, physical and emotional makeup, with joy and pain, with brokenness and healing as part of life's experiences, we make our own journey and value this human journey.

We also affirm that the journey is brought to meaning just as God's grace in Christ brings healing to our lives, making us tools ready to serve in the Kingdom's ministry. This is the second focus of our statement: **There is a living Lord, Jesus Christ, ruler and redeemer of all creation.** Therefore at West Hills, guided by the Scripture, open to the leading of the Holy Spirit, we lift up and worship Christ, at whose name, one day, all creation will bow.

We hold these two focuses in balance, not allowing either to resolve the pull of the other. For it is in this tension of our human condition that we find grace, appropriated by faith. **It is grace alone that brings the tensions into perspective.** Therefore at West Hills, we withhold judgment upon the world, offering only the call of the good news of the Gospel.

At West Hills, we are:

"on a journey with the living Christ"

Therefore honoring, respecting and valuing
this human journey,
guided by the Scripture,
open to the leading of the Holy Spirit,
we withhold judgement upon the world,
offering only the good news of the Gospel.

This is our call to Community - the heart of West Hills.

west hills presbyterian church

Front Page
Mission Statement
   Our Welcome
   Our Mission Statement
   Our Values
   Our Approach
   The Meaning of our Mission
Ministries
Times & Dates
Program Staff
Map & Location
Photo Page
Building Plan
Five Year Vision

3015 S. 82nd Avenue
Omaha, Nebraska 68124
(402) 391-8788

Questions or Comments?
Contact us....

Abbildung 39: Ziel- und Motivationspyramide der Kirchengemeinde West Hills, USA
(www.westhillspc.org [Stand 2.1.2000])

Fallbeispiel:

Die Zielpyramide der freien evangelischen Gemeinde Dortmund Körne [77]

Finanzziele: Die Gemeinde strebt an, bis zum Jahr 2003 ihre Schulden von derzeit ca. 1 Million DM zu reduzieren. Bis zum Jahr 2005 soll eine Kostendeckung erreicht werden. Die bisher überdurchschnittliche Geberbereitschaft der Mitglieder an finanziellen Mitteln und Sachspenden soll weiter intensiv gefördert werden. Weitere Einnahmequellen wie z. B. Sponsoring sollen für die Gemeinde erschlossen werden und bis zum Jahre 2003 einen Finanzierungsanteil von 5 % erbringen. Bis zum Jahresende wird ein Costmanagement für die gesamten Aktivitäten der Gemeinde eingeführt. Alle haupt- und ehrenamtlichen Mitarbeiter/innen erhalten eine zweitägige Schulung mit dem Schwerpunkt Costmanagement und Controlling.

Marketingziele: Der gestützte Bekanntheitsgrad der Gemeinde unter den Körner Bürgern soll bis Ende 2003 von derzeit 51 % auf 85 % erhöht werden. Im Bereich der zielgruppenspezifischen Arbeit werden folgende Ziele geplant:

20 % Beteiligung der Bürger im Alter von 25-35 Jahre an familienspezifischen Angeboten. Aufbau eines Seniorenprogramms für die Zielgruppe ab 65 bis 75 Jahre (60plus-Programm) mit einem Marktanteil von 45 % der Altersgruppe. Vorarbeiten für den Aufbau einer Internetpräsentation (Testphase). Die in der Zielformulierung 1999 definierten Ziele der Qualitätssicherung und Kundenzufriedenheit werden für das folgende Jahr weiter festgeschrieben.

Personalziele: Die Gemeinde baut verstärkt das Personal in der Familien- und Kinderarbeit aus. Bis Ende 2001 soll eine zweite 50 % Stelle mit einer Kinder- und Familienreferentin geschaffen werden.

Managementziele: Bis 2001 wird die Gemeindeleitung eine organisatorische Transparenz z. B. durch die Beschreibung des Führungsstils, der Aktivitäten und Tätigkeiten in der Gemeinde (Stellenbeschreibung) realisieren. Dabei werden die ehrenamtlichen Stellen (Gruppenleiter) mit eingeschlossen.

---

[77] Sinn, H. 1993 Entwicklung einer Marketingkonzeption für Freikirchen, dargestellt am Beispiel der freien evangelischen Gemeinde Dortmund-Kröme; Diplomarbeit am Lehrstuhl für Marketing der Universität Dortmund, Prof. Dr. H. G. Meissner. Dortmund 1993. S. 94 ff.

6.   Die Marketingkonzeption im weiten Sinne – Externes Marketing mit Blick auf einzelne Angebote und Zielgruppen

●   *Was sind die Bestandteile einer Marketingkonzeption im weiten Sinne?*

●   *Was ist die Aufgabe der Marktforschung?*

●   *Welche konzeptionellen Maßnahmen und Instrumente werden innerhalb der Marktforschung angewendet?*

●   *Was ist ein Marktprogramm?*

Grundlage für die Formulierung einer Marketingkonzeption im weiten Sinne ist die schriftliche Formulierung einer Marketingtrategie. Dabei steht der **einzelne Kunde** bzw. **die Zielgruppe** sowie **das einzelne Angebot bzw. der gesamte Umfang und die Struktur des Angebotssortiments** eines Unternehmens im Mittelpunkt.

Um eine Marketingkonzeption im weiten Sinne zu entwickeln ist es wichtig, soviel Information und Kenntnis über den einzelnen Nachfrager, sein Verhalten und über den Markt zu erhalten und umgekehrt möglichst präzise, umfangreiche, aktuelle und langanhaltende Informationen über ein einzelnes Angebot an den Nachfrager weiterzugeben. Die Information und Kenntnis über den Nachfrager gewinnt man durch die so genannte **Marktforschung**. Über den Inhalt, Umfang und die Struktur eines Angebotes gibt ein so genanntes **Marktprogramm** Auskunft. Das Marktprogramm liegt meistens in einer schriftlich fixierten Form als ein so genanntes **Strategiepapier** vor. Das Marktprogramm kann deshalb auch als Kernstück der **Marketingstrategie** bezeichnet werden. Diese beinhaltet **die theoretische Reflexion** der in der Marktforschung gewonnenen Informationen über den Nachfrager sowie **die strategische Festlegung** mit Blick auf das Angebot für einen längeren Zeitraum (ein bis drei Jahre). Auf der Basis der Marktforschung und des Marktprogramms werden **operative Handlungsmaßnahmen** geplant und realisiert. Die Anwendung dieser Maßnahmen geschieht durch die so genannten **Marketinginstrumente bzw. den so genannte Marketingmix dieser Handlungsmaßnahmen (Produktpolitik, Preispolitik, Kommunikationspolitik, Distributionspolitik)**.

Die Marketingkonzeption im weiten Sinne ist sozusagen **eine (theoretische) Reflexionsstufe,** die ein Unternehmen zwischen der Wahrnehmung seiner Ausgangssituation und der tatsächlichen Beeinflussung dieser Ausgangssituation durch konkrete operative Handlungsmaßnahmen bezieht. Viele Unternehmen haben erst in den zurückliegenden Jahren die wichtige Bedeutung dieser Reflexionsstufe entdeckt. Eine solche Reflexion bietet zwei wichtige Vorteile: Sie ermöglicht und fordert die Unternehmen dazu auf, ihre Angebote mit Blick auf die Veränderungen im Markt **kontinuierlich zu verändern** und zu verbessern. Ein Stillstand ist auf Grund dieser strategischen Reflexionsstufe nicht mehr möglich! Gegenüber dem Nachfrager wird dabei gleichzeitig **eine gewisse Verläßlichkeit** für einen bestimmten Zeitraum festgelegt. Eine solche Reflexionsstufe ermöglicht eine größere strategische Vorgehensweise, da die Handlungsweise nicht ausschließlich auf dem Prinzip Aktion-Reaktion beruht.

6.1   Die Marktforschung

Die Marktforschung ist ein wesentlicher Bestandteil der Vorbereitung zur Teilnahme am Markt. Zwar beschäftigt sich der Anbieter in der Vorbereitung zur Marktteilnahme intensiv mit dem Nachfrager und den Bedürfnissen des Kunden sowie mit den Möglichkeiten, wie er diese durch sein Angebot befriedigen kann. Eine Grundüberzeugung der Marktforschung besteht aber darin, dass die Einstellungen, Absichten und Verhaltensweisen eines Nachfragers nicht a priori dem Anbieter durch seine eigenen Reflexionen bewusst sein können, sondern dass diese **direkt in der Realität beim Kunden** abgefragt werden müssen. Darüber hinaus soll mit Hilfe der Marktforschung überprüft werden, welche Informationen oder welcher emotionaler Eindruck beim Kunden von einem Anbieter schon vorhanden ist und welche Mitbewerber den Markt und das Kundenverhalten mit beeinflussen. Marktforschung besteht also darin, **die Realität** in einem bestimmten Ausschnitt zu erfassen und diesen mit Blick auf eine bestimmte Vermutung bzw. Fragestellung zu überprüfen, die Kriterien zu analysieren, die diesen Ausschnitt der Realität maßgeblich beeinflussen, und das Fremdbild zu erheben, das beim Nachfrager vom Anbieter existiert.

Mit der Entscheidung, aktiv in die Marktforschung einzutreten, nimmt ein Unternehmen die gegebene Situation wahr, dass es **einen Informationsbedarf, einen Planungsbedarf und einen Prognosebedarf** mit Blick auf das Marketing gibt. Bleibt diese Wahrnehmung aus und wird die Marktforschung deshalb vernachlässigt, dann besteht die Gefahr, dass ein Unternehmen seine Marketingaktivitäten falsch beurteilt. Die Marktforschung trägt deshalb zur Wirtschaftlichkeit und zur Existenzsicherung von Unternehmen bei, indem sie Informationen, Entscheidungshilfen zur Planung und Prognosen mit Blick auf das zukünftige Handeln eines Unternehmens im Markt erforscht und darlegt.

- **Informationsbedarf: Mit Blick auf den Nachfrager** und Kunden besteht unter anderem folgender Informationsbedarf: Wie ist das tatsächliche Verhalten und die tatsächliche Einstellung des Käufers und des Kunden? Wie kann sein Verhalten als Nachfrager beschrieben werden und wodurch wird sein Nachfrageverhalten bestimmt? Was ist die Motivation des Nachfragers, dass er sich auf das Angebot eines Anbieters einlässt, und durch welche Faktoren wird seine Motivation beeinflusst? Verfügt der Nachfrager auch über die Kaufkraft, um ein Angebot zu erwerben und welchen Stellenwert hat das Angebot eines Anbieters beim Nachfrager?

- **Mit Blick auf den Anbieter** ergibt sich folgender Informationsbedarf: Wie wird das Angebot eines Unternehmens im Markt und in der Gesellschaft wahrgenommen? Wie lässt sich die Stellung und Position eines Unternehmens in der Beziehung zum Nachfrager (Markt) beschreiben? Welche Mitbewerber beeinflussen zusätzlich durch ihr Verhalten die Wirkung, die ein einzelner Anbieter im Markt hat? Wie ist die öffentliche Meinung zu den Angeboten eines Unternehmens?

- **Planungsbedarf:** Ein Planungsbedarf ergibt sich mit Blick auf den Nachfrager daraus, auf welche Weise in Zukunft mit ihm kommuniziert werden kann und an welchen Orten oder auf welche Weise er die Angebote oder Informationen eines Unternehmens erhält und empfängt. Mit Blick auf den Anbieter ergibt sich ein Planungsbedarf auf sein zukünftiges, strategisches und organisatorisches Verhalten. Dies umfasst z. B. auch die Fragestellung, durch welche Angebote ein Unternehmen zu welchem Preis die Nachfrage befriedigen kann.

- **Prognose:** Die Marktforschung analysiert nicht nur die gegebene Situation mit Blick auf den Nachfrager oder Anbieter, sondern gibt auch Prognosen über Zielgrößen, die ein zukünftiges Verhalten bzw. einen Zustand abbilden. Mit Blick auf den Nachfrager soll es zu einer Nutzenstiftung und Befriedigung seines Bedürfnisses kommen. Im Bereich von Dienstleistungen spielt dabei die **Zufriedenheit des Nachfragers** eine große Rolle. Bei Dienstleistungen ist die Kundenzufriedenheit ein wichtiges Kriterium, das Auskunft darüber gibt, wie erfolgreich eine Dienstleistung erbracht worden ist. Die Kundenzufriedenheit entscheidet über den Wiederkauf, die Weiterempfehlung und die Bindung des Kunden an ein Unternehmen. Mit Blick auf den Anbieter werden mit Hilfe der Marktforschung weitere Zielgrößen formuliert, die im ökonomischen Bereich liegen. Diese machen z. B. den Zuwachs oder das Ausmaß von Renditen, Gewinnen, Marktanteilen, Bekanntheitsgrad, der Kundenbindung usw. als Zielgröße (Prognose) deutlich. Diese Zielgrößen werden auch als betriebswirtschaftliche Marketingkennzahlen bezeichnet.

6.1.1 Die Dimension der Marktforschung

Der Horizont der Marktforschung ist nahezu unbegrenzt. Im Grunde geht es darum, möglichst viele relevante Informationen über die Ausgangssituation und ihre möglichen zukünftigen Entwicklungen zu erhalten. Die Suche nach Informationen kann in unterschiedlichen Dimensionen erfolgen. Der Horizont der Marktforschung spannt sich zwischen den Polen grundsätzlich oder gegenwärtig (kontinuierlich), quantitativ oder qualitativ, primär oder sekundär, intern oder extern.

● **Grundsätzlich oder gegenwärtig (Querschnitt- oder Längs-Schnittsanalyse):** Die Marktforschung in einer grundsätzlichen Dimension besteht in einer grundlegenden Bestandsaufnahme der Ausgangssituation eines Unternehmens. Diese Situation kann dann gegeben sein, wenn ein Unternehmen mit der Marktforschung beginnt und zum ersten Mal eine Marktforschung durchführt. Eine Marktforschung in grundsätzlicher Dimension ist auch dann sinnvoll, wenn ein Unternehmen zum ersten Mal in einem neuen Bereich bzw. Markt tätig wird, neue Abteilungen mit neuen Märkten innerhalb eines Gesamtunternehmens aufbaut oder von anderen Unternehmen übernimmt. Durch eine Marktforschung in einer grundsätzlichen Dimension werden sozusagen „alle Uhren auf die Stunde Null zurückgestellt". Deshalb nennt man diese Art der Marktforschung auch Zero-based-Analyse. Eine Zero-based-Analyse nimmt den grundsätzlichen Bestand aller für das Marketing relevanten Faktoren auf, also zum Beispiel die Anzahl der Stammkunden, der Angebote, Umsatzzahlen, Lagerbestand usw. Diese Art der Marktforschung wird auch als **Querschnittanalyse** bezeichnet. Die Marktforschung kann aber auch die kontinuierlichen Veränderungen analysieren. Diese Art der Marktforschung nennt man **Längsschnittanalyse** (Beispiel: Zunahme oder Abnahme von Kunden in einem bestimmten Zeitraum u.a.).

● **Qualitativ oder quantitativ:** Eine Marktforschung in quantitativer Hinsicht besteht in der zahlenmäßigen quantitativen Erfassung der für das Marketing relevanten Faktoren. Dazu gehört z.B. die Anzahl von Angeboten, die Zahl der Kunden oder Teilnehmer bei einer Veranstaltung usw. Allerdings reicht die zahlenmäßige quantitative Erfassung nicht aus. Die qualitative Dimension der Marktforschung macht mit Hilfe von qualitativen Merkmalen die unterschiedliche Qualität der Zahlen deutlich (Beispiel: Neukunde oder Stammkunde usw.). Darüber hinaus analysiert die Marktforschung in qualitativer Dimension unabhängig von den quantitativen Ergebnissen die allgemeinen qualitativen Merkmale der für das Marketing relevanten Faktoren, z.B.: qualitative Analyse und Darstellung von sozialem Verhalten, persönliche Potentiale und Ressourcen, Lernbereitschaft, Lebensstil, Zeitgeist, allgemeine Kultur- und Gesellschaftsentwicklung u.a. Im Mittelpunkt der qualitativen Marktforschung steht methodisch das Interview oder Gespräch (Interview-Leitfaden).

● **Primär und sekundär:** Eine primäre Marktforschung nennt man die Marktforschung, bei der die Informationen über die für das Marketing relevanten Faktoren erst noch erhoben und beschafft werden müssen. Bei einer sekundären Marktforschung liegt das Datenmaterial bereits in Form von Statistiken, Berichten usw. vor und muss nur noch ausgewertet werden.

- **Extern und intern:** Die Marktforschung kann eine interne Dimension besitzen, indem z. B. Mitarbeiter oder Lieferanten zu einem bestimmten Marktaspekt befragt werden. Sie geschieht aber vorwiegend extern, indem die Nachfrager und Kunden im Markt, also außerhalb eines Unternehmens, befragt werden.

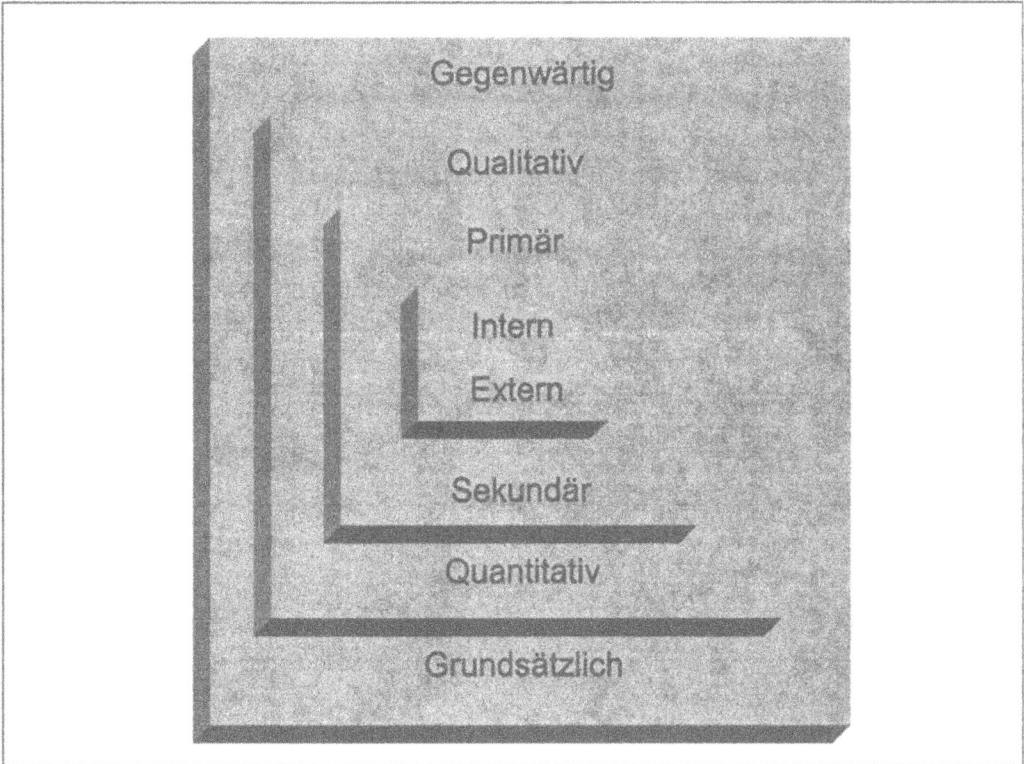

Abbildung 40: Dimensionen der Marktforschung

6.1.2 Demoskopische und ökoskopische Marktforschung

Im Mittelpunkt der Analyse steht zum einen der Nachfrager, seine Bedürfnisse, Verhaltensweisen, Eigenschaften, Einstellungen usw. und auch seine Möglichkeiten, das Angebot eines Unternehmens kaufen zu können. Dieser Teil der Marktforschung, der sich vorwiegend auf den Nachfrager und seine Eigenschaften (Beispiel: Alter, Geschlecht, Bildung, Lebensstil u. a.) bezieht, wird auch als **demoskopische Marktforschung** bezeichnet. Ziel der demoskopischen Marktforschung ist es, die Verhaltensweisen, Eigenschaften, Einstellungen usw. von potentiellen Kunden möglichst genau kennen zulernen und zu einer möglichst großen Anzahl von potentiellen Nachfragern mit gleichen Eigenschaften und Möglichkeiten zusammenzufassen (Marktpotential).

Mit Blick auf den potentiellen Kunden lassen sich dabei **personenbezogene und verhaltensbezogene Merkmale** unterscheiden. Zu den personenbezogenen Merkmalen zählen die **geographischen** (Grenze, Gebiet, Region, Gegend mit hohem Freizeitwert, Klima, Bodenbeschaffenheit u. a.), die **demographischen** (Alter, Geschlecht, Familienstand, Zahl der Kinder, Lebenszyklus, Haushaltsgröße u. a.), die **soziographischen** (Einkommen, Kaufkraft, Bildung, Berufstätigkeit, soziale Zugehörigkeit u. a.) und die **psychographische** Merkmale (Merkmale, Einstellungen, Nutzenerwartungen, Life-Style, Werte, Persönlichkeitsmerkmale u. a.). Die verhaltensbezogenen Merkmale beziehen sich auf das Verhalten potentieller Kunden, z. B. mit Blick auf ihr **Informationsverhalten** (Wie informieren sich potentielle Kunden allgemein und mit Blick auf das besondere Angebot eines Unternehmens? Mediennutzung, Mediengewohnheiten, Kommunikationsverhalten u. a.), ihr **Kaufverhalten** (Wahl der Einkaufsstätten, Markenwahl, Kaufintensität, Preisbewusstsein, Verpackungswahl, längerfristige Kundenbindung) sowie das **Verwendungsverhalten** potentieller Kunden (Verwendungsart, Verwendungszeit u. a.). Die Marktforschung selbst läßt sich in zwei unterschiedliche Tätigkeitsfelder aufteilen. Auf der anderen Seite hat die Marktforschung aber auch das Handeln und die Eigenschaften eines Anbieters im Blick.

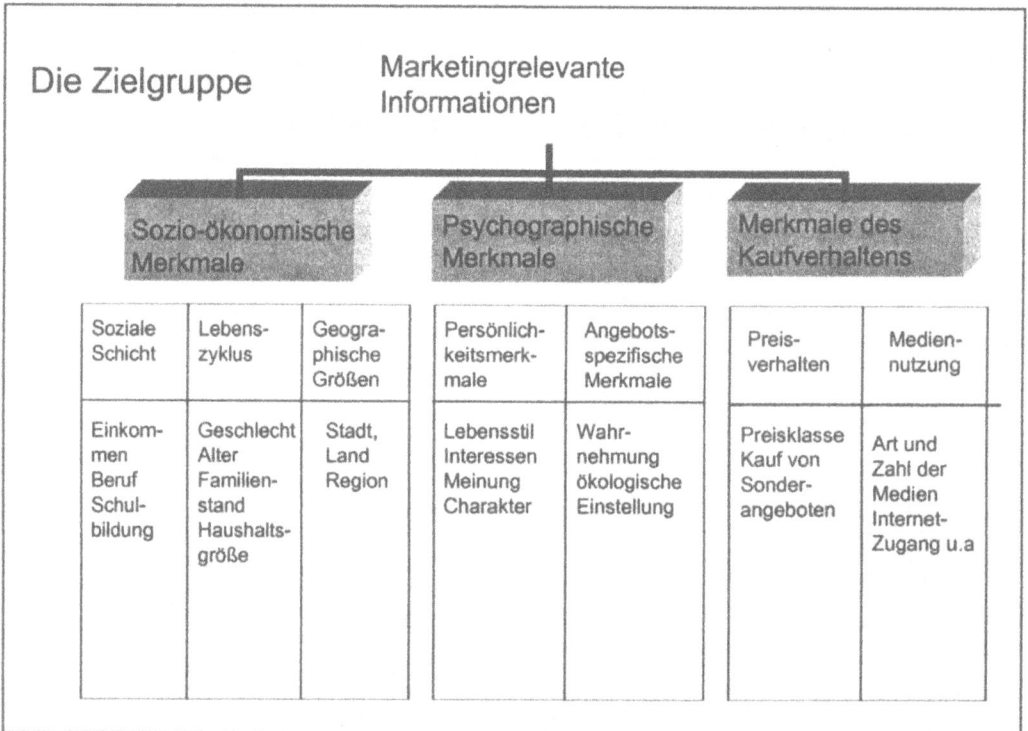

Die Zielgruppe		Marketingrelevante Informationen					
Sozio-ökonomische Merkmale			Psychographische Merkmale		Merkmale des Kaufverhaltens		
Soziale Schicht	Lebens-zyklus	Geogra-phische Größen	Persönlich-keitsmerk-male	Angebots-spezifische Merkmale	Preis-verhalten		Medien-nutzung
Einkom-men Beruf Schul-bildung	Geschlecht Alter Familien-stand Haushalts-größe	Stadt, Land Region	Lebensstil Interessen Meinung Charakter	Wahr-nehmung ökologische Einstellung	Preisklasse Kauf von Sonder-angeboten		Art und Zahl der Medien Internet-Zugang u.a

Abbildung 41:   Relevante Information der demoskopischen Marktforschung

Die **ökoskopische Marktforschung** analysiert und stellt das Ergebnis dar, das auf Grund der bisherigen Aktivitäten eines Unternehmens im Markt erzielt worden ist. Dazu gehört z.B. der Marktanteil oder der Bekanntheitsgrad, den ein Unternehmen im Markt erreichen kann, sowie z.B. das Preisniveau, das ein Unternehmen mit seinem Angebot erreichen kann. Diese Ergebnisse werden oft in Form von ökonomischen Größen oder den so genannten Marketingkennzahlen dargestellt (Beispiel: Marktgröße, Marktpotential, Marktanteil, Bekanntheitsgrad, Preisniveau u.a.).

6.2   Aufgabe, Zielsetzung und Funktion der Marktforschung

Die Aufgabe und Funktion der Marktforschung wurde bisher so definiert, dass mit Hilfe der Marktforschung die gegenwärtigen, tatsächlichen Bedürfnisse, Einstellungen und Möglichkeiten eines Kunden erforscht werden. Die Marktforschung wäre aber damit konzeptionell und finanziell überfordert, wenn sie die Ausgangssituation des Kunden und eines Unternehmens mit Blick auf seine Kundschaft hundertprozentig mit allen Informationen darstellen wollte. Es geht nicht darum, die Realität hundertprozentig zu erforschen oder abzubilden. Diese Möglichkeit ist schon auf Grund der Tatsache ausgeschlossen, dass derjenige, der Marktforschung betreibt, immer zugleich auch ein Teil der Wirklichkeit ist und deshalb diese niemals absolut erfassen oder darstellen kann. Marktforschung ist kein Selbstzweck, sondern geschieht immer unter einer ganz bestimmten Zielsetzung und Aufgabenstellung, unter einer ganz bestimmten Funktion und Fragestellung, die dem Unternehmen auf eine möglichst rationelle Art nützt. Der Hintergrund der Marktforschung ist darin zu sehen, dass in einem Unternehmen entweder ein Informationsdefizit oder eine bestimmte Vermutung mit Blick auf die unternehmerischen Weiterentwicklungen besteht. Auf Grund dieser Situation wird eine bestimmte Zielsetzung oder Aufgabenstellung für die Marktforschung formuliert, z.B. sollen

- die möglichen **Unsicherheitsfaktoren** erkannt werden, die die Sicherheit eines Unternehmens gefährden (Beispiel: Bevölkerungsentwicklung, Pillenknick, Veränderung der Einstellungen und des Verhaltens von Nachfragern, gesellschaftliche und rechtliche Veränderungen, globaler Wettbewerb u.a.),

- die möglichen **Potentiale des Marktes** erkannt und die Möglichkeiten der Innovationen deutlich gemacht werden,

- die Möglichkeiten einer **Selektion und Marktsegmentierung** und damit die Erschließung weiterer Marktpotentiale aufzeigt werden.

Die Marktforschung hat also eine klare Zielsetzung, Aufgabenstellung und Funktion: die Reduktion von Unsicherheitsfaktoren **(Frühwarnfunktion)**, das Auffinden neuer Marktpotentiale **(Innovationsfunktion)** sowie die bessere Selektion und Strukturierung vorhandener Marktbeziehungen **(Selektionsfunktion)**. Die Marktforschung geschieht nicht nur mit Blick auf das gesamte Unternehmen und seine Märkte, sondern vorwiegend auf einzelne Angebote. **Die Marktforschung geht also von einer konkreten Problemdefinition bzw. Aufgabenstellung aus.** Mit Hilfe ihrer Maßnahmen liefert die Marktforschung eindeutige Erkenntnisse über die gegenwärtige Realität. Sie bildet unter einer bestimmten **Fragestellung einen Ausschnitt der gegenwärtigen Realität** ab, so wie diese zu einem gegenwärtigen Zeitpunkt exakt zu beschreiben ist. Folgendes Abbild macht die Funktion der Marktforschung diesbezüglich deutlich.

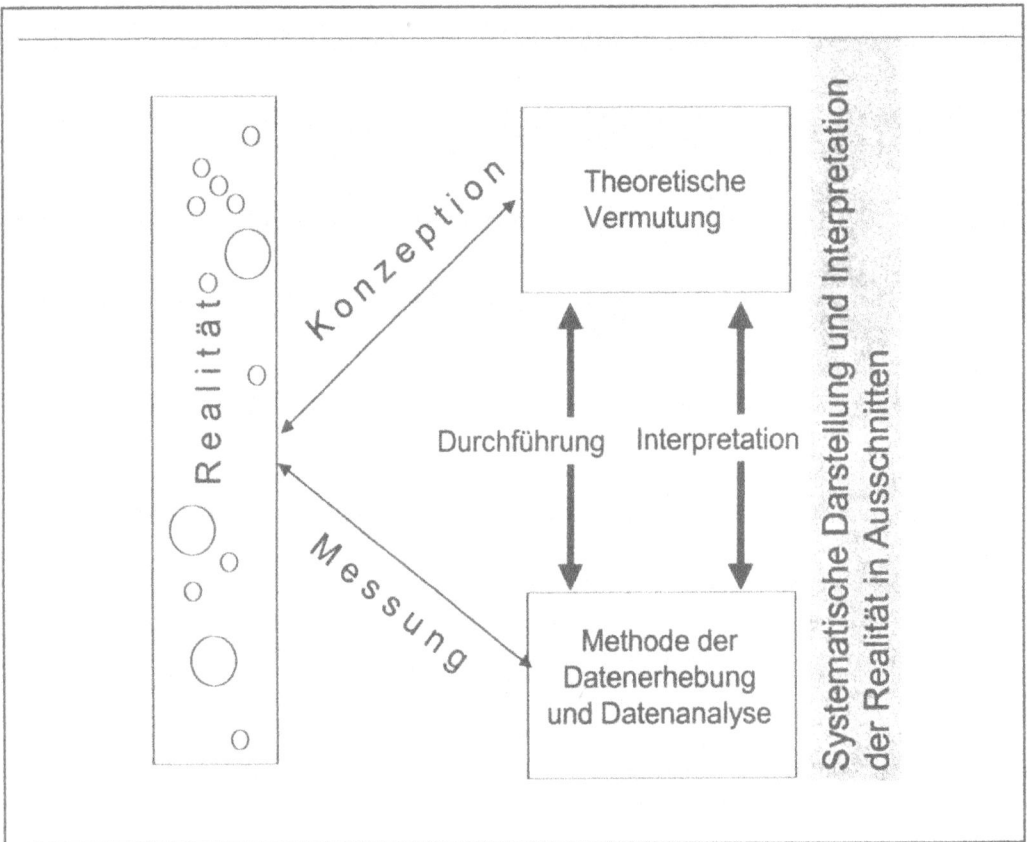

Abbildung 42:   Die Marktforschung: Messung eines Ausschnitts der Realität im Hinblick auf eine bestimmte Vermutung

Beispiele für die Zielsetzung und Aufgabenstellung der Marktforschung im religiösen Markt:

- Wie ist die Zielgruppe zu bestimmen (Alter, Geschlecht, Einstellungen Einkommen, Motive, Werte u. a.)?

- Wer gehört zur Zielgruppe? Gibt es verschiedene Zielgruppen (Kinder, Jugendliche, Familien, Singles)?

- Wie groß ist die Zielgruppe? Wie ist das Einzugsgebiet zu bestimmen?

- Ist die Nachfrage nach einem Angebot steigend, stagnierend, gleichbleibend oder abnehmend?

- Gibt es zu der bestehenden Zielgruppe noch weitere Zielgruppen, für die dasselbe Angebot in abgewandelter Form von Interesse sein kann (Beispiel: Die Freizeit einer Kirchengemeinde können unterschiedliche Gruppen oder Teilnehmer/innen in Anspruch nehmen)?

- Welches zusätzliche Angebot kann zu dem bestehenden Angebot einer Zielgruppe gemacht werden (Beispiel: Mutter-Kinder-Gruppe und Themenabend mit dem Thema „Religiöse Kindererziehung")?

- Wo soll der Standort einer Einrichtung sein (Beispiel: Kirche, Gemeindezentrum u. a.)?

- In welcher Form soll das Angebot eines religiösen Unternehmens gestaltet sein (Beispiel: Projektform, in Form der Gruppe oder Einzelberatung, regelmäßig, bei Bedarf u. a.)?

- Zu welcher Zeit (Tageszeit, Jahreszeit u. a.) sollen verschiedene Angebote stattfinden?

- Welche Vorstellung hat ein Nachfrager mit Blick auf die Ausstattung und Einrichtung?

- Welche Vorstellung hat ein Nachfrager mit Blick auf die Ausbildung, Kleidung und Erscheinungsweise des Personals u. a.?

- Wie kommuniziert der Nachfrager mit Blick auf seine Nachfrage und der Suche nach einem Angebot (offen, interessiert, Fachkenntnisse)?

- Welche Akzeptanz hat ein bestehendes Angebot bei den gegenwärtigen und potentiellen Nachfragern und in der Öffentlichkeit (Kundenzufriedenheit, Image, öffent-
liches Interesse u. a.)?

- Welchen Preis ist der Nachfrager bereit, für ein Angebot zu bezahlen?

- Was haben die bisherigen Marketingmaßnahmen bewirkt (Entwicklung des Marktanteils u. a.)?

Die Formulierung einer Aufgabenstellung oder einer Problemdefinition für die Marktforschung ist **der entscheidende wichtige Schritt als Einstieg in die Marktforschung.** Wird
dieser Schritt unterlassen oder vernachlässigt, dann kann am eigentlichen Marketingproblem
eines sozialen Unternehmens „vorbeigeforscht" werden.

6.2.1 Festlegung eines Forschungsdesigns

Eine weitere konzeptionelle Maßnahme besteht in der Festlegung des so genannten For-
schungs- oder Untersuchungsdesigns. Mit dem Begriff „Design" wird die grundsätzliche Art
und Weise der Marktforschung beschrieben. Im Rahmen der Marktforschung sind drei unterschiedliche Typen zur Festlegung des Designs üblich: der Typ einer explorativen, deskriptiven oder kausalen Marktforschung.

- **Die explorative Marktforschung:** Der Typ der explorativen Untersuchung ist durch
eine **entdeckende Art und Weise** charakterisiert. Der Typ des explorativen Untersuchungsdesign wird dann gewählt, wenn gegenwärtig noch keine klaren Fakten über
die Gegebenheiten im Markt vorliegen und das Management eines Unternehmens auf
keine Erfahrungen oder Erkenntnisse zurückgreifen kann. Die wesentliche Aufgabe
einer explorativen Marktforschung besteht deshalb in der Wahrnehmung und in der
Beobachtung sowie im Entdecken von Fakten und Entwicklungen, die den Markt
gegenwärtig oder zukünftig beeinflussen. Die wesentlichen Instrumente einer explorativen Marktforschung bestehen z. B. in der Befragung von Experten (**Experten-
Interviews**), in offenen, unstrukturierten **Gruppengesprächen** oder Mitarbeiterbesprechungen oder in Fachdiskussionen mit Experten. Die Erkenntnis und Einschätzung von Experten oder Mitarbeitern muss nicht direkt durch ein Interview,
durch ein Gespräch oder eine Gesprächsgruppe abgefragt werden. Die explorative
Marktforschung kann auch kostengünstig zu Ergebnissen kommen, wenn sie **Experten-Meinungen** zu einem bestimmten Thema auswertet, die bereits **in allgemeinen
publizistischen Quellen (Fachzeitschriften u. a.)** vorliegen. Dabei ist auch eine
Einzelfallstudie (**Fallstudie**) möglich, die den Themenbereich einer explorativen

Marktforschung eingrenzt und die Erkenntnisse präzisiert. Die explorative Marktforschung kommt gegenwärtig **mit Hilfe des Internets** kostengünstig zu Expertenmeinungen. Zu einer bestimmten Fragestellung werden so genannte **Foren im Internet** eingerichtet. Dabei können alle Internet-Teilnehmer sich schriftlich zu Wort melden, indem sie ihren Diskussionsbeitrag in ein Forum eintragen. Diese praktische Umsetzung der explorativen Marktforschung ist gegenwärtig für viele Unternehmen sehr interessant, da ein großes Interesse an diesen Foren herrscht und sie kostengünstig durchzuführen sind. Experten-Meinungen aus Internet-Foren bilden aber nur einen Teilausschnitt. Die Experten-Meinung einer Experten-Zielgruppe, z.B. Internet-Teilnehmer, kann noch nicht die gesamte Experten-Meinung darstellen. Für die explorative Marktforschung ist es wichtig, dass sich ihre Erkenntnisse aus den Experten-Meinungen vieler (Internet-Teilnehmer, Fachexperten, Mitarbeiter u.a.) zu einer Expertenmeinung ergänzt.

Mit Hilfe des explorativen Forschungsdesigns werden die Fakten und Erkenntnisse vorwiegend auf der Ebene von Experten gewonnen, die später mit dem deskriptiven oder kausalen Forschungstyp weiterbearbeitet werden. Ein exploratives Untersuchungsdesign steht deshalb oft am Anfang der Marktforschung und dient auch zur Formulierung von Erkenntnissen (Hypothesen), die mit Hilfe der weiteren Marktforschung überprüft werden können. Der Typ der explorativen Marktforschung kann auch als **qualitative Untersuchung** betrachtet werden. Ziel einer qualitativen Untersuchung ist es, zunächst die elementaren Merkmale und Faktoren zu entdecken und in Form ihrer Beschaffenheit (Qualität) darzustellen und zu erfassen. Diese Merkmale und Faktoren liegen oft in Form von Meinungen, Wissen oder gedanklichen Beurteilungen vor.

- **Die deskriptive Marktforschung:** Der Typ des deskriptiven Untersuchungsdesigns ist durch eine **beschreibende Art und Weise** charakterisiert. Eine deskriptive Untersuchung wird dann gewählt, wenn sich die Ausgangssituation der Marktforschung durch Fakten und Erkenntnisse bereits beschreiben lässt. Methodisch bestimmen zwei wichtige Schritte die deskriptive Marktforschung: zum einen soll **eine Grundgesamteinheit** (z.B. Personengruppe mit einem bestimmten Alter, regionales Einzugsgebiet mit bestimmten Postleitzahlen) festgelegt werden, an der zum anderen ein **für das Marketing relevantes Problem** (z.B. wie bekannt ist ein Angebot bei einer bestimmten Altersgruppe oder in einem regionalen Einzugsgebiet mit bestimmten Postleitzahlen) **beschrieben** werden soll. Konzeptionell setzt die deskriptive Marktforschung diese Aufgabenstellung entweder durch eine so genannte **Querschnittanalyse** oder **Längsschnittanalyse** um. Bei einer Querschnittanalyse bezieht sich die oben formulierte Aufgabe auf **einen Zeitpunkt**. Die Längsschnittanalyse betrachtet demgegenüber einen Zeitraum und beschreibt die Entwicklung innerhalb eines festgelegten **Zeitrahmens** (z.B.: Hat sich der Bekanntheitsrad bei einer bestimmten Altersgruppe innerhalb eines bestimmten Zeitraums verändert? Wie viel Personen einer festgelegten Gruppe haben innerhalb eines bestimmten Zeitraumes ein Angebot gewechselt?).

Die wesentlichen Instrumente einer deskriptiven Marktforschung bestehen in den Maßnahmen zur Festlegung von Informationseinheiten (**Stichprobe, Vollerhebung, Auswahlverfahren u.a.**) sowie in der Befragungs- oder Beobachtungsmethode selbst (**Fragebogen, Interviews u.a.**). Ein Interview bzw. eine Befragung kann auch mit Hilfe des Internet bzw. eines Computers automatisiert werden.

- **Die kausale Marktforschung:** Der Typ der kausalen Untersuchung ist durch eine **erklärende Art und Weise** charakterisiert. Eine wesentliche Aufgabe der kausalen Marktforschung besteht darin, Begründungen und Ursachen (Ursache-Wirkung-Zusammenhang) zu nennen, wie einzelne Faktoren oder Entwicklungen im Markt zusammenhängen und sich gegenseitig beeinflussen (Beispiel: Warum wirkt ein Werbemittel bei einer bestimmten Zielgruppe im Gegensatz zu einem anderen Werbemittel?). Mit dieser begründenden, erklärenden Art und Weise zeigt die kausale Marktforschung oft auch Alternativen für die Handlungsweisen eines Unternehmens auf. Ein wesentliches Instrument der kausalen Marktforschung besteht in der Methode des Experiments.

6.2.2 Instrumente und Handlungsmaßnahmen der Marktforschung

Für die konkrete Umsetzung der Marktforschung wurden bestimmte Instrumente entwickelt. Diese Instrumente dienen zur Erhebung von Daten und zur Messung und Analyse der durch die Marktforschungskonzeption vorgegebenen Aspekte. Diese klassischen Instrumente der Marktforschung können in jedem der drei Forschungsdesigns angewandt werden. Ihre Anwendung hat jedoch auch bestimmte Schwerpunkte.

Instrumente zur Festlegung von Untersuchungseinheiten

Aus wirtschaftlichen Gründen, aber auch aus dem Grund, dass der Mensch immer ein Teil seiner Realität selber ist und deshalb nie die Realität vollkommen erfassen kann, geht es im Bereich der deskriptiven Marktforschung vorwiegend darum, so genannte Untersuchungseinheiten (Samples) festzulegen. Diese Untersuchungseinheiten bilden die **Grundeinheit**, auf die die oben beschriebenen Instrumente der Marktforschung angewendet werden. Eine Grundeinheit kann z.B. so definiert werden, dass alle nach bestimmten Kriterien definierten Personen befragt werden sollen (Haushaltsvorstände in einem Einzugsgebiet mit einer bestimmten Postleitzahl). Diese Vorgehensweise, die alle in einer Grundeinheit definierten Einzeleinheiten (Personen) berücksichtigt, nennt man eine **Vollerhebung**. Aus einer definierten Grundeinheit kann aber auch aus Kosten- oder Zeitgründen eine repräsentative Teilmenge ausgewählt werden. Eine solche **repräsentative Erhebung** berücksichtigt nur einen bestimmten Teil der Grundeinheit, normalerweise circa ein Prozent der Grundeinheit. Das Ergebnis einer Marktforschung in einer Teilmenge steht dann repräsentativ für eine gesamte Grundeinheit und wird auf diese hochgerechnet. Die repräsentative Teilmenge wird mit Hilfe von verschiedenen Instrumenten und Methoden bestimmt. Es gibt das so genannten **Random-Verfahren (Zufalls-Verfahren)**, durch das eine repräsentative Teilmenge bestimmt wird. Das Random-Verfahren muss eine willkürliche Beeinflussung bei der Auswahl der Teilmenge ausschließen. Deshalb gilt für das Random-Verfahren der Grundsatz, dass alle Teile einer Grundeinheit die gleiche Chance haben müssen, ausgewählt werden zu können. Diese Chance wird beim Random-Verfahren für die Auswahl einzelner Teile gleich Null gesetzt. Das bedeutet: Alle Teile einer definierten Grundeinheit haben **die gleiche Chance**, nicht ausgewählt zu werden. Damit wird das Kriterium der Zufälligkeit exakt definiert. Grundlage für das Random-Verfahren ist das Vorliegen eines Verzeichnisses (Kartei, Liste usw.), das als Grundgesamteinheit definiert werden kann. Aus dieser Grundgesamteinheit wird dann die entsprechende Menge an Teileinheiten (Adressen, Namen, Informationen) als Zufallszahlen ausgewählt. In der Literatur wird diese Verfahrensweise oft als „Urnenmodell" bezeichnet. Von einer **systematischen Zufallsauswahl** spricht man dann, wenn das erste Element mit Hilfe einer Zufallszahl bestimmt und dann in gleich großen Schritten die weiteren Stichprobenelemente ausgewählt werden. Dabei muss sie schrittweise so festgelegt werden, dass sich dabei die definierte Anzahl der Stichprobenelemente ergibt.

Bei umfassenden Marktforschungs-Untersuchungen werden so genannte **Schichtungen** vorgenommen. Bei einer **geschichteten Zufallsauswahl** wird die Grundgesamteinheit zunächst in **mehrere klar abgrenzbar Teilgesamteinheiten** aufgeteilt (Beispiel: Single-Haushalte und Familien-Haushalte; Einwohner von Großstädten, kleineren Städten und ländlichen Regionen; repräsentative Befragung der Gesamtbevölkerung in Deutschland, aufgeteilt in eine Befragung von Personen aus „den alten und neuen Bundesländern"; u.a.). Der mehrstufige Auswahlprozess hat den Vorteil, detailliertere Informationen über eine gegebene Ausgangssituation zu liefern.

Die Auswahl einzelner Teile für eine repräsentative Teilmenge kann aber auch bestimmte Quoten berücksichtigen, z.B. die Anzahl der Frauen oder Männer in einer Teileinheit, die Anzahl einer bestimmten Altersgruppe, die Anzahl von Personen in einer bestimmten geographischen Lage usw. Die Quote für die Teilgesamtmenge darf aber nicht willkürlich festgelegt werden, sondern muss der Grundgesamtmenge entsprechen. Während beim Zufallsverfahren genau die Teilelemente befragt werden müssen, die durch Zufall ausgewählt wurden, besteht beim so genannten **Quota-Verfahren** die Möglichkeit, die einzelnen Teilelemente entsprechend der festgelegten Quote zu befragen.

Entwicklung eines Plans für die Anwendung der Marktforschungs-Instrumente (Analyseplan)

Nachdem das Forschungsdesign (In welche Richtung soll geforscht werden?) und die einzelnen Instrumente zur Datenbeschaffung (Messinstrumente, wie z.B. Experiment, Beobachtung, Befragung u.a.) definiert worden sind, geht es in einem nächsten Schritt um die Entwicklung eines Analyse-Plans. Der Analyse-Plan legt den Umfang und Einsatz der Instrumente zur Datengewinnung bzw. Datenmessung fest. Eine wichtige Entscheidung ist mit Blick auf die Frage zu treffen, in welchem Umfang die Marktforschungs-Instrumente eingesetzt werden sollen. Dabei unterscheidet man zwischen einer **primären und sekundären** Marktforschung. Primär ist jener Umfang der Marktforschung, bei dem die Informationen zu einem gestellten Marktforschungsziel noch nicht vorliegen, sondern noch gewonnen werden müssen. Die primäre Marktforschung ist kostenintensiv, weil Informationen mit einem hohen personellen und zeitlichen Aufwand noch gewonnen werden müssen. Die primäre Marktforschung wird auch als **field research** bezeichnet. Im Gegensatz zur primären Marktforschung liegen bei der **sekundären Marktforschung (desk research)** die Informationen in Form von Bilanzen, Statistiken, Berichten, Adressdateien u.a. vor. Das vorliegende Datenmaterial muss bei der sekundären Marktforschung nur noch mit Hilfe der Marktforschungs-Instrumente ausgewertet und dargestellt werden. Eine sekundäre Marktforschung ist deshalb in den meisten Fällen kostengünstiger und beansprucht weniger Zeit.

Die Marktforschung muss jedoch in ihrem gesamten Umfang betrachtet werden. Primäre und sekundäre Marktforschung ergänzen sich zu einem Ganzen. Während mit Hilfe der sekundären Marktforschung ein Fundament geschaffen werden kann, ergänzt die primäre Marktforschung eine gesamte Marktforschungs-Konzeption mit Informationen, die bisher noch nicht vorlagen. Die primäre Marktforschung wird deshalb vorwiegend dann eingesetzt, wenn neue Angebote eingeführt oder neue Zielgruppen erreicht werden sollen, über die gegenwärtig noch keine ausreichenden Markt-Informationen vorliegen.

Im Rahmen der Messverfahren wird die Marktforschung durch bestimmte Messskalen unterstützt. Eine solche Skala kann sich nach unterschiedlichen Kriterien zusammensetzen.

Stimme ich zu   Stimme ich nicht zu

Reines Kontinuum

Stimme ich zu   Stimme ich nicht zu

1   2   3   4   5   6

Monopolare Skala
mit Zahlenvorgabe

Trifft nicht zu   Trifft zu

Monopolare Skala
mit graphischer
Unterstützung

Unsympathisch   Sympathisch

-2   -1   0   1   2

Bipolare Skala
mit Codierung

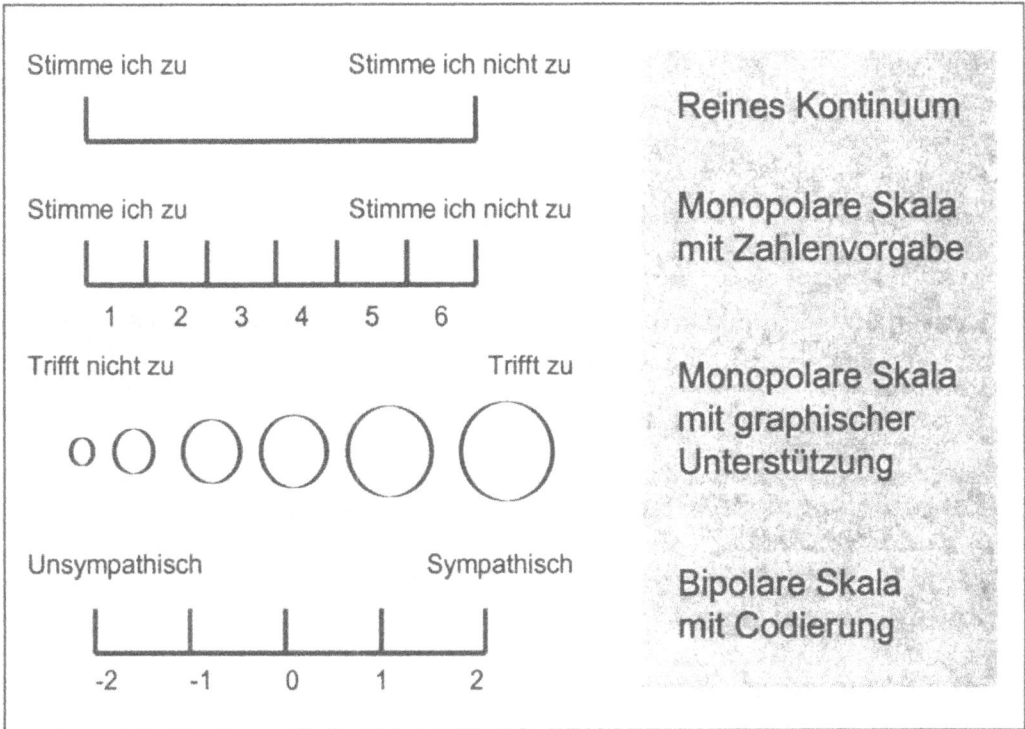

Abbildung 43:   Beispiel für die Messkriterien einer Skala innerhalb der Marktforschung

Fallbeispiel:

Wie bewerten Sie	höchste Bewertung								niedrigste Bewertung
	9	8	7	6	5	4	3	2	1
1. die allgemeine Situation der Kirchengemeinde?									
2.a) Gestaltung und Vielfalt der Gottesdienste?									
b) Aussage der Gottesdienste?									
3.a) das Angebot an Gruppen und Kreisen?									
b) die Arbeit in Gruppen und Kreisen?									
4. die finanzielle Situation der Kirchengemeinde?									
5.a) die Besetzung mit haupt- amtlichen Mitarbeitern?									
b) die Besetzung mit ehren- amtlichen Mitarbeitern?									
6. die Darstellung und Wirkungs- weise der Kirchengemeinde unter folgenden Aspekten:									
a) missionarisch-aktiv									
b) seelsorgerlich-begleitend									
c) sozial-diakonisch									
d) volkskirchlich-traditionell									

Fallbeispiel:

Leitfaden für ein Telefoninterview mit Blick auf die Bewertung des Gemeindeinformationsbriefes: Die Kirchengemeinde Bönnigheim hatte vor fünf Jahren eine neue Konzeption des Gemeindeinformationsbriefes eingeführt. Um die Akzeptanz zu überprüfen wurde eine telefonische Befragung bei 32 Gemeindemitglieder durchgeführt. Grundlage dafür war der Interviewleitfaden.

Befragung von zufällig ausgewählten Gemeindeglieder zur Frühjahrs-Ausgabe '97 des Gemeindebriefes.

Es sollen 35 Personen anhand der EDV-Liste ausgewählt werden,

zwischen dem 17. und 21. März 1997, jeweils von 17 bis 19 Uhr.

Angefragt werden soll Frau Edeltraud Hoffmann.

Fragen:

1. Der Gemeindebrief der Evang. Kirchengemeinde wurde ausgetragen und in Ihren Briefkasten geworfen - haben Sie es wahrgenommen?

   Ja   Nein

2. Wie wichtig halten Sie einen solchen Gemeindebrief von der Kirchengemeinde?

   Wichtig   unwichtig   überflüssig

3. Wie lange haben Sie im Gemeindebrief gelesen?

   1/2 Stunde   1/4 Stunde   5 Minuten   gar nicht

4. Wie gefällt Ihnen die Aufmachung des Gemeindebriefes?

   gut   mittelmäßig   bescheiden

5. Wie oft erwarten Sie einen Gemeindebrief?

   1/4jährlich   ½ jährlich   gar nicht

6. Welche Erwartungen haben sie an einen Gemeindebrief?

   invormativ   unterhaltsam   keine Erwartungen

7. Wollen Sie in Zukunft von Ihrer Kirchengemeinde informiert werden?

   7.1 Ja   nein

   7.2 Wie?

   Gemeindebrief - persönliches Anschreiben - Besuch des Pfarrers - Aushang

Fallbeispiel:

Das Evangelische Münchner-Programm

1996 begann die pro-bono-Studie der Unternehmensberatung McKinsey in dem evangelischen Stadtdekanat München. Grundlage dafür war die Datenerhebung bei den Mitgliedern und Mitarbeitern. Die Datenerhebung wurde auf folgender Grundlage durchgeführt:

Von den circa 50 Einzelgemeinden im Münchner Stadtdekanat wurden zwei Kirchengemeinden für die Datenerhebung ausgesucht. Dabei handelte es sich um eine Kirchengemeinde im Außenbezirk (Dietrich-Bonhoeffer-Gemeinde) mit 3 926 Gemeindemitglieder und zwei Pfarrstellen, 15 haupt- und nebenamtliche Mitarbeiter/innen und 144 ehrenamtliche Mitarbeiter/innen und einer Innenstadtgemeinde (Erlöser-Gemeinde) mit 8 946 Gemeindegliedern und 4 Pfarrstellen, 30 haupt- und nebenamtlichen Mitarbeiter/innen und 113 ehrenamtliche Mitarbeitern/innen.

Die Datenerhebung wurde bei den beiden Gemeinden mit folgenden Instrumenten durchgeführt:

● Telefonische Erhebung der Mitgliedereinstellung – repräsentativer Querschnitt der Gemeindemitglieder

● Schriftliche Erhebung der Mitarbeiter/innen-Einstellung (Totalerhebung bei allen Mitarbeitern/innen)

● Erhebung von Mitarbeiter/innenaktivitäten (Leistungserfassung)

Ein weiterer Bestandteil der Datenerhebung war das Evangelische Forum, die Einrichtung der evangelischen Erwachsenenbildung. Dabei fand eine schriftliche Erhebung der Einstellung der Besucher/innen, repräsentative Interviews mit Mitarbeitern und die Analyse des Umfeldes statt.

Das Ergebnis der Mitgliedereinstellung wurde in so genannten Clusters dargestellt. Dabei wurden folgende fünf Clusters gebildet:

● Cluster 1: Mitglieder ohne Glauben (9,1 %)

● Cluster 2: Mitglieder als Kirchenfremde mit selbstdefiniertem Glauben (43,1 %)

- Cluster 3: Mitglieder als Suchende mit Kirchendistanz (20,5 %)

- Cluster 4: Mitglieder als Glaubende mit einer kritischen Kirchlichkeit

- Cluster 5 Mitglieder als Glaubende mit fester Kirchenbindung

Die Leistungserfassung für beide Pilotgemeinden ergab 45 807 Jahresstunden. Von dieser Leistungskapazitäten fielen 74,8 % auf Angebote mit einem impliziten Glaubensbezug (Konzerte, Vorträge, Gemeindefest u. a.) und 25,2 % auf Angebote mit explizitem Glaubensbezug (Gottesdienste, theologische Gespräche, Taufen, Konfirmation, Hochzeit).

Die Gegenüberstellung der Mitgliedererwartung und Leistungserfassung ergab folgenden negativen Regelkreislauf von latenten Bedrohungen:

1. Defizite in der Erfüllung von Mitgliedererwartungen.

2. Innere Distanzierung der Mitglieder.

3. Umsetzung der Distanzierung in die Absicht eines Kirchenaustritts.

4. Interne Auseinandersetzung und innere Zerrissenheit bei fehlende Gesamtkonzept der Kirche.

5. Durch wachsende Innenorientierung weitere Vernachlässigung der Mitgliedererwartungen.

Nur noch die Hälfte der Mitglieder lebt in kirchengeprägten Glaubensformen

CLUSTER VON MITGLIEDERN* DER EVANGELISCH-LUTHERISCHEN KIRCHE MÜNCHEN

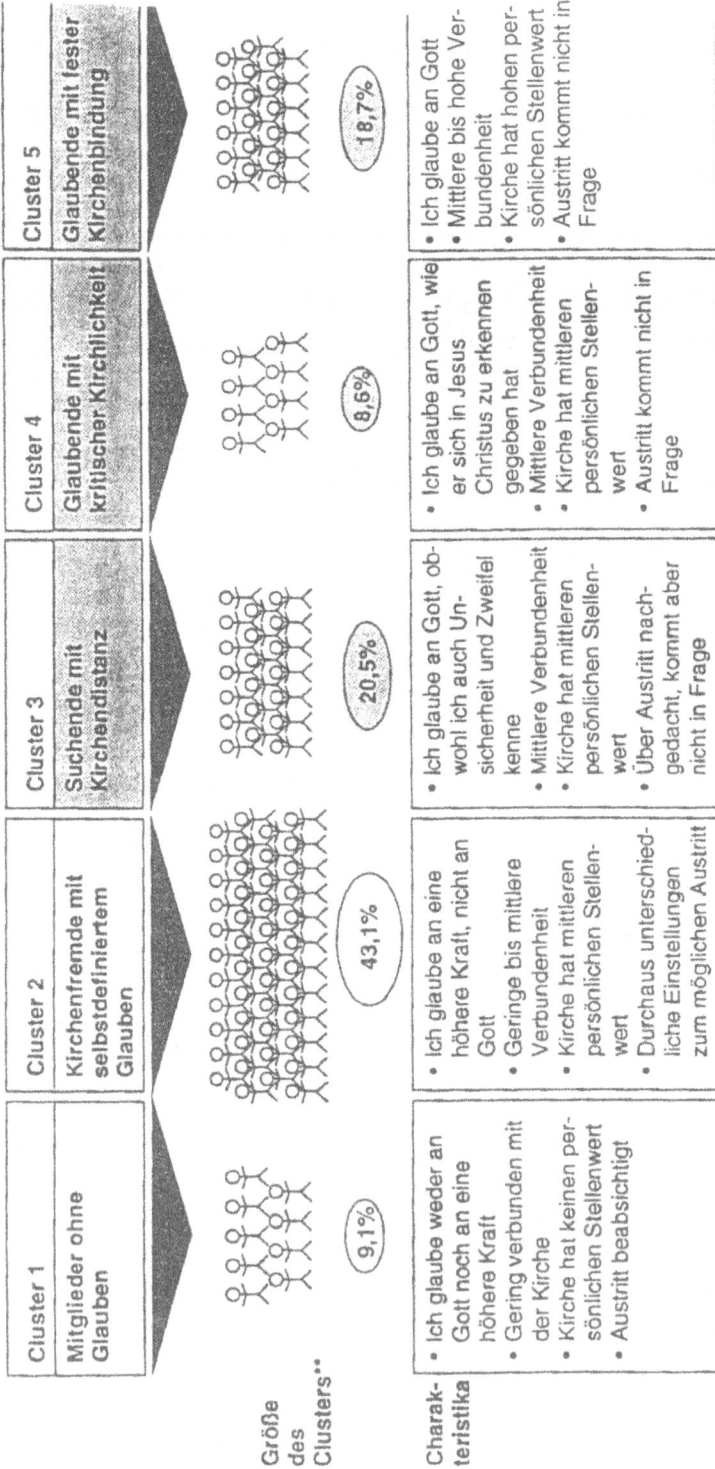

96C221MU4_282401_763 4
GO

BEREITS VERÖFFENT-
LICHTES ERGEBNIS DI
DIAGNOSEPHASE

TENDENZAUSSAGEN

	Cluster 1	Cluster 2	Cluster 3	Cluster 4	Cluster 5
	Mitglieder ohne Glauben	Kirchenfremde mit selbstdefiniertem Glauben	Suchende mit Kirchendistanz	Glaubende mit kritischer Kirchlichkeit	Glaubende mit fester Kirchenbindung
Größe des Clusters**	9,1%	43,1%	20,5%	8,6%	18,7%
Charakteristika	• Ich glaube weder an Gott noch an eine höhere Kraft • Gering verbunden mit der Kirche • Kirche hat keinen persönlichen Stellenwert • Austritt beabsichtigt	• Ich glaube an eine höhere Kraft, nicht an Gott • Geringe bis mittlere Verbundenheit • Kirche hat mittleren persönlichen Stellenwert • Durchaus unterschiedliche Einstellungen zum möglichen Austritt	• Ich glaube an Gott, obwohl ich auch Unsicherheit und Zweifel kenne • Mittlere Verbundenheit • Kirche hat mittleren persönlichen Stellenwert • Über Austritt nachgedacht, kommt aber nicht in Frage	• Ich glaube an Gott, wie er sich in Jesus Christus zu erkennen gegeben hat • Mittlere Verbundenheit • Kirche hat mittleren persönlichen Stellenwert • Austritt kommt nicht in Frage	• Ich glaube an Gott • Mittlere bis hohe Verbundenheit • Kirche hat hohen persönlichen Stellenwert • Austritt kommt nicht in Frage

* Clusterung erfolgte nach den Kriterien Glaubenstiefe, Kirchenverbundenheit und dem persönlichen Stellenwert der Kirche

** 73 der 502 Mitglieder ließen sich nicht eindeutig einem Cluster zuordnen; sie liegen etwa zu gleichen Teilen zwischen den Clustern 2/3, 3/4 und 4/5

Quelle: fPS Mitgliederbefragung, gemeinsames Arbeitsteam Dekanat München/McKinsey

Schaubilt

7.   Die Formulierung eines Marktprogramms

Der weitere strategische Aspekt besteht in der Formulierung eines Marktprogramms. Das Marktprogramm ist ein schriftlich ausgearbeitetes Programm, das die Zielrichtung und den Aktionsrahmen der Marketingmaßnahmen auf eine längere Sicht bestimmt.

Eine Strategie ist keine kurzfristige, einzelne Entscheidung mit Blick auf die alltäglichen Tätigkeiten und Aufgabenstellungen eines Unternehmens. Eine Strategie ist vielmehr eine von der Unternehmensleitung (Management) **festgelegte Handlungsvorgabe**, durch die **eine Entwicklungsrichtung** und ein darauf abgestimmter **Aktionsrahmen** eines Unternehmens vorgegeben wird.

Im wesentlichen bestimmen zwei Pole die Formulierung einer Strategie: Strategien werden zum einen auf der Basis der Ergebnisse aus der Marktforschung, zum anderen auf Grund der Zielformulierung eines Unternehmens formuliert.

Idealtypisch sieht die Ausgangssituation für eine Strategiebildung wie folgt aus: Mit Hilfe der Marktforschung bzw. einer allgemeinen Analyse wird die Ausgangslage eines Unternehmens bestimmt. Es werden ein oder mehrere Ausgangspunkte und ein klares Ziel definiert. Der Abstand zwischen Ausgangspunkt und Ziel beschreibt die Entfernung, die ein Unternehmen von seinem Ziel noch entfernt ist. **Die Strategie beschreibt den Weg vom Ausgangspunkt zum Ziel.** Dabei wird durch die Formulierung einer Strategie **vorwiegend der Rahmen und die Richtung** für den Einsatz an Mitteln und Maßnahmen definiert, die notwendig sind, um vom Ausgangspunkt zum Ziel zu gelangen.

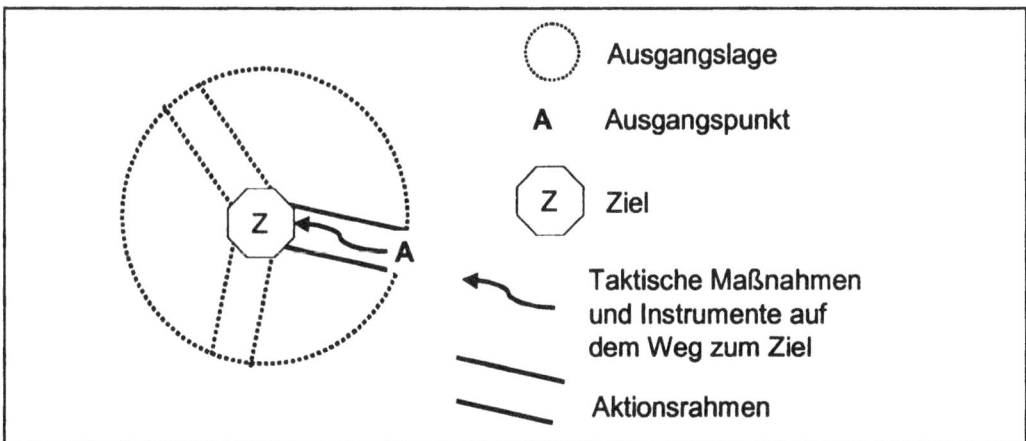

Abbildung 44:   Idealtypische Ausgangssituation für eine Strategiebildung

Wird der Schritt der Strategieformulierung unterlassen oder vernachlässigt, dann können folgende Situationen eintreten.

Situation A: „Muddling through"

Anstatt zielstrebig auf ein gestecktes Ziel zuzugehen, gibt es viele Umwege. Viele Hindernisse, die den Weg verbauen, müssen mühevoll umgangen werden. Damit wird der Weg zum Ziel notwendigerweise länger und fordert mehr Aufwand an personellem und materiellem Einsatz. Das Ergebnis ist klar: Durch das „muddling through" werden keine Kosten gespart, sondern durch den höheren Aufwand, ans Ziel zu gelangen, Kosten verursacht. Damit stellt sich die Frage nach der Wirtschaftlichkeit sozialer Unternehmen.

Situation B: Unkoordinierter Mehrfachweg

Die fehlende Strategieformulierung kann die Situation verursachen, dass Aktivitäten von Unternehmen und Organisationen unkoordiniert auf vielen verschiedenen Wegen getan werden. Diese Situation kann aus verschiedenen Gründen als sehr bedrohlich bewertet werden: Zum einen verursacht die mangelnde Koordination Mehrkosten, zum anderen gibt es dadurch keine Garantie, dass unternehmerische Aktivitäten überhaupt an ihr Ziel gelangen. Die mangelnde Strategieformulierung verursacht nicht nur unkontrollierbare Mehrkosten. Sie bedroht sogar ein Unternehmen in seiner Existenz, da es keine Kontrolle mehr darüber gibt, ob überhaupt ein Weg zum Ziel geführt hat.

Situation C: Abbruch und Neubeginn

Sinnvoller als mehrfach unkontrollierte Wege zu gehen ist deshalb ein Abbruch und die Realisierung eines Neubeginns nach dem Abbruch. Es hat sich aber gezeigt, dass ein solcher Neubeginn nach einem Abbruch wesentlich mehr Kräfte und Motivation erfordert.

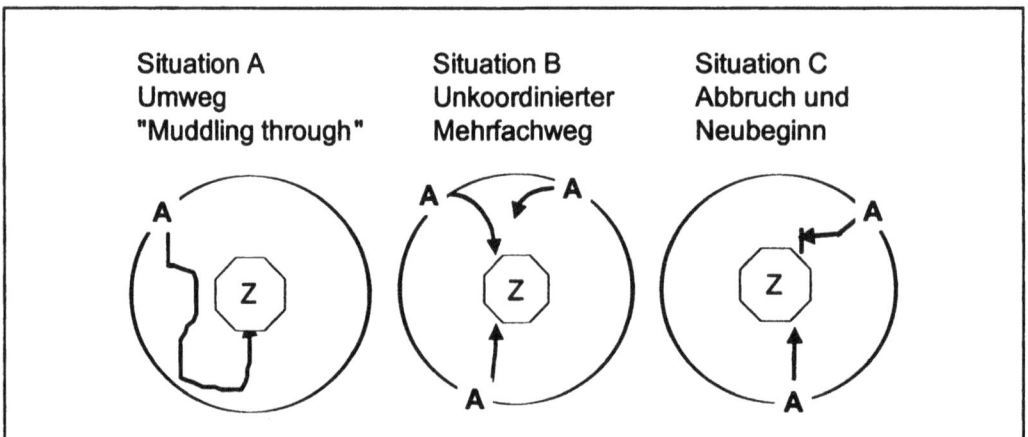

Abbildung 45: Situationen auf Grund fehlender Strategien

In der Realität ermöglicht die Formulierung **einer Strategie den Handlungsspiel- bzw. Aktionsrahmen**. Dabei werden durch die Formulierung einer Strategie **die Handlungs- und Entscheidungskriterien** festgelegt, die mit Blick auf einen bestimmten Zeitraum den Einsatz von Maßnahmen und Mitteln auf dem Weg zum Ziel bestimmen.

Was bringt die Formulierung einer Strategie?

Die Vorteile der Formulierung einer Marketingstrategie durch ein Unternehmen sind eindeutig. Durch die Formulierung einer Strategie sollen die Mehrkosten und der organisatorische Mehraufwand verhindert werden, die dann eintreten können, wenn keine Strategie formuliert worden ist. Damit trägt die Formulierung einer Strategie zu einem wirtschaftlichen optimalen Handeln bei, indem sie einen klaren Aktionsrahmen definiert und festlegt. Dies sichert langfristig die Existenz von Unternehmen. Die Formulierung einer Strategie schafft Verläßlichkeit gegenüber den Kunden und Mitarbeitern. Dadurch erhöht sich die Kundenbindung und die Motivation der Mitarbeiterinnen und Mitarbeiter. Kundenbindung und Mitarbeitermotivation sind wichtige Bestandteile für ein erfolgreiches Dienstleistungsmarketing.

Wer trifft die strategischen Entscheidungen?

Grundsätzlich ist die Geschäftsführung bzw. der Eigentümer (Vorstand) für die strategischen Entscheidungen und für die Formulierung auch im Marketingbereich verantwortlich. Die Formulierung und Fortschreibung einer Strategie geschieht grundsätzlich in Strategiesitzungen oder Klausuren, die dieses zum Inhalt haben. Die Wirkung bzw. das Ergebnis sowie die Umsetzung einer Marketingstrategie sollte regelmäßig, z. B. in einer vierteljährlichen Strategiesitzung oder in einer jährlichen Klausur, überprüft und kontrolliert werden. Eine solche Überprüfung der Marketingstrategie kann durch ein so genanntes Marketing-Audit bzw. das Marketingcontrolling vorbereitet werden. Die einzelnen Punkte einer schriftlich fixierten Marketingstrategie können inhaltlich durch Vorstand und Geschäftsleitung weitergeschrieben werden.

7.1   Bestandteile des Marktprogramms

Ein Marktprogramm ist die **schriftlich fixierte Zusammenstellung aller Marketingentscheidungen**. Diese getroffenen Entscheidungen im Bereich des Marketing stellen einen Aktionsrahmen dar, der alle weiteren Handlungsmaßnahmen eines Unternehmens im Bereich des Marketing beeinflusst und definiert.

Folgende Bestandteile gehören zu einem Marktprogramm:

- Das Geschäftsfeldprogramm
- Das Angebotsprogramm
- Das Zielgruppenprogramm
- Die Positionierung

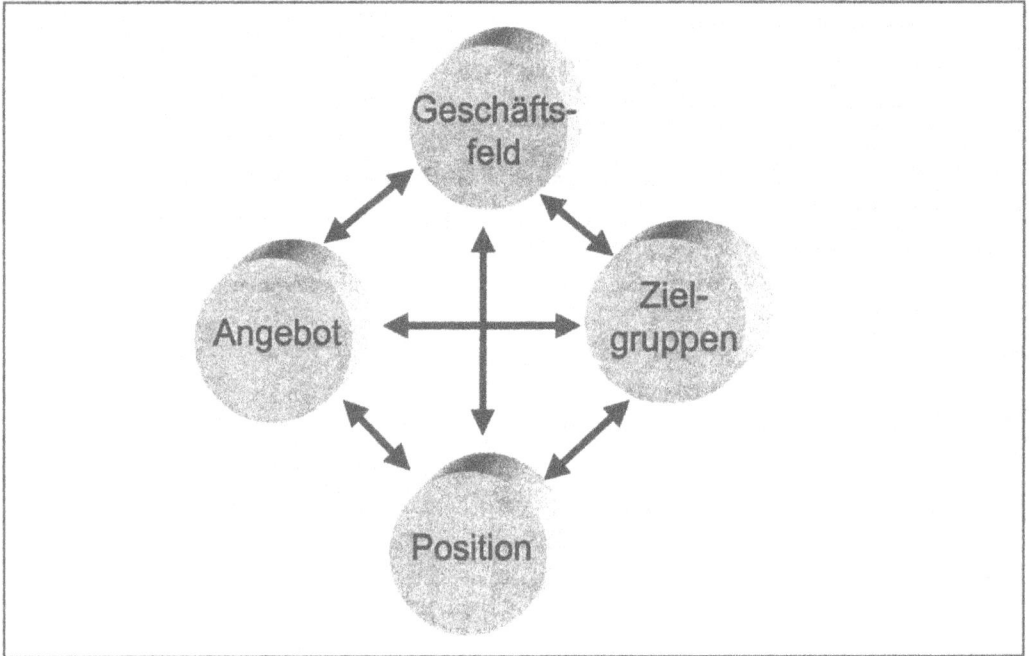

Abbildung 46:   Bestandteile eines Marktprogramms

7.2   Das Geschäftsfeldprogramm

Unternehmen können nicht in allen Bereichen wirtschaftlich tätig sein, da ihre Ressourcen begrenzt sind. Die Ressourcen an fachlicher Kompetenz, Know-how, Personal, Finanzen u.a. müssen deshalb strategisch so eingesetzt werden, dass sie den größtmöglichen Nutzen und Gewinn erbringen. Mit der Formulierung eines Geschäftsfeldprogramms trifft ein soziales Unternehmen die strategische Entscheidung, in welchen Bereichen es längerfristig tätig sein will. Die Programmstruktur definiert **die Geschäfts- oder Tätigkeitsfelder,** innerhalb denen ein Unternehmen tätig sein will.

Diese Tätigkeitsfelder von Unternehmen werden als so genannte **strategische Geschäfts-felder (SGF)** bezeichnet. Diese sind durch folgende Kriterien charakterisiert:

- Strategische Geschäftsfelder haben **eine hohe Eigenständigkeit**. Sie besitzen eine so genannte unique business mission, das bedeutet: eine Einzigartigkeit, durch die die wirtschaftliche Tätigkeit in einem besonderen Tätigkeitsfeld bestimmt wird.

- Ihre Einzigartigkeit wird dadurch deutlich, dass es zu diesen Angeboten in bestimmten strategischen Geschäftsfeldern eines Unternehmens direkte Konkurrenzangebote anderer Unternehmen gibt.

- Strategische Geschäftsfelder beziehen sich normalerweise auf eine klar definierte Zielgruppe und tragen zu dem geschäftlichen Erfolg bzw. wirtschaftlichen Ertrag, der sich in einem bestimmten strategischen Geschäftfeld erzielen lässt, maßgeblich bei.

Fallbeispiel:

Die strategischen Geschäftsfelder einer katholischen Kirchengemeinde liegen in den Bereichen **Seelsorge, Service und Sakramente**. Das strategische Geschäftsfeld „der Seelsorge" umfasst alle seelsorgerlichen Tätigkeiten der hauptamtlichen Personen (Beispiel: Abnahme der Beichte durch den Priester) als auch die gemeinschaftsstiftenden Aktionen durch ehrenamtliche Personen. Im Geschäftsfeld „Service" finden alle Serviceleistungen der Kirchengemeinde statt wie z.B. erzieherische Leistungen durch einen katholischen Kindergarten, Dienstleistungen zur Freizeitgestaltung z.B. Jugend- oder Seniorenfreizeit u.a. Der Geschäftsbereich der Sakramente umfasst alle sakramentalen Gottesdiensthandlungen (Sonntagsgottesdienst, Eucharistie, Hochzeit u.a.).

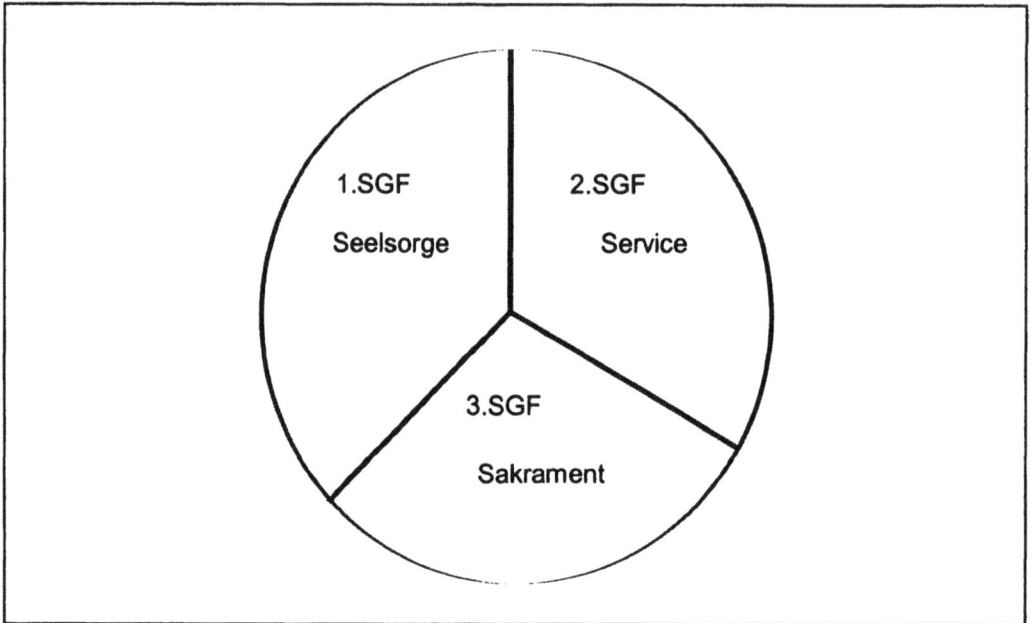

Abbildung 47:   Strategische Geschäftsfelder einer katholischen Kirchengemeinde

7.3   Das Angebotsprogramm

Die strategischen Entscheidungen mit Blick auf das Angebot werden im Rahmen des Angebotsprogramms formuliert und festgelegt. Diese beinhalten zwei wichtige Fragestellungen: Innerhalb des Angebotsprogramms wird die strategische Antwort formuliert, **mit welchen Eigenschaften** oder in welcher besonderer Form ein Angebot gemacht werden kann. Darüber hinaus wird im Rahmen des Angebotsprogramms eine strategische Entscheidung formuliert, **auf welche Weise** die unterschiedlichen Angebote strukturell zusammengehören (Angebotsstruktur, Angebotssortiment u.a.).

7.3.1 Die strategische Festlegung mit Blick auf die Gestaltung von einzelnen Angeboten

Bei der strategischen Festlegung mit Blick auf die Gestaltung von Angeboten steht zunächst die Gestaltung von äußerlich wahrnehmbaren Aspekten im Mittelpunkt.

Bei der strategischen Festlegung **der Gestaltung von Angeboten** können drei unterschiedliche Aspekte berücksichtigt werden:

- Kernmerkmale
- Grundmerkmale
- Zusatzmerkmale

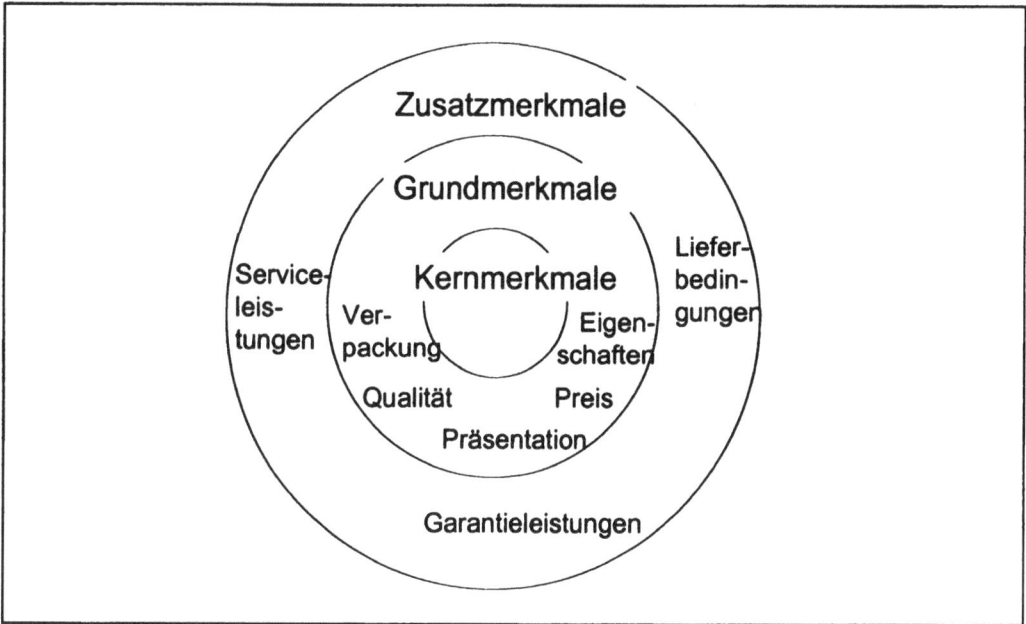

Abbildung 48: Kriterien zur Festlegung der Angebotsmerkmale

Mit dem **Kernmerkmal** wird **der grundsätzliche Nutzen** dargestellt, den ein Angebot bietet. Der Grundnutzen einer Urlaubsreise mit einer Kirchengemeinde liegt z. B. in der Erholung, Bildung und in der gemeinsamen Erfahrung der Gemeinschaft. Der Angebotskern eines Gottesdienstes liegt in der Verkündigung und gemeinsamen sakramentalen Feier.

Als **Grundmerkmale** können alle jene Eigenschaften eines Angebotes bezeichnet werden, die in **unmittelbarer, direkter** Verbindung mit dem Angebot stehen. Dazu gehört die allgemeine Ausgestaltung eines Angebotes. Die Analyse der Grundmerkmale sucht Antworten auf die elementaren Fragen zur **technischen, funktionalen und formalen Ausgestaltung** eines Angebots, z. B.:

- Wie lange dauert die Reise mit der Kirchengemeinde
  (eine Tages- oder Mehrtagesreise u. a.)

- Ist es eine Fernreise?

- Wie groß ist die Teilnehmerzahl?

- Zu welcher Jahreszeit bzw. Tageszeit findet ein Angebot statt?

- Wie viele nehmen daran teil?

Die Zusatzmerkmale eines Angebotes stellen einen dritten Bereich dar, innerhalb dessen die strategischen Entscheidungen zur Gestaltung eines Angebotes getroffen werden können. Diese betreffen Lieferbedingungen, Garantie- oder Serviceleistungen und weitere Zusatzmerkmale.

- Endet ein Gottesdienst pünktlich?

- Gibt es einen Abholdienst zum Gottesdienst u. a.?

- Gibt es eine Predigtnachbesprechung oder ein Kirchen-Cafe (Frühschoppen u. a.)?

- Gibt es einen besonderen Programmpunkt (Musik u. a.)?

- Werden die Teilnehmer einer Gemeindeveranstaltung regelmäßig durch die örtlichen Nachrichten, durch einen Gemeindeinformationsbrief oder durch ein persönliches Einladungsschreiben informiert?

7.3.2 Strategische Festlegung mit Blick auf die Struktur eines gesamten Angebotes (Sortiment, Angebotsstruktur)

Eine weitere strategische Überlegung beinhaltet die Entscheidung, in welcher Weise die einzelnen Angebote **strukturell** zusammengehören. Die strategische Festlegung beinhaltet die Fragestellung nach

- **dem Umfang** des Gesamtangebotes (Informationsabend, Durchführung der Reise, Nachtreffen u. a.) sowie

- **den Kriterien,** nach denen sich ein Angebot strukturell gliedert.

Systematisch betrachtet haben alle Unternehmen zwei verschiedene Möglichkeiten, in dem Bereich der Struktur ihres Gesamtangebotes strategische Entscheidungen zu treffen. Die eine Möglichkeit betrifft **die Angebotsbreite**, die andere **die Angebotstiefe**.

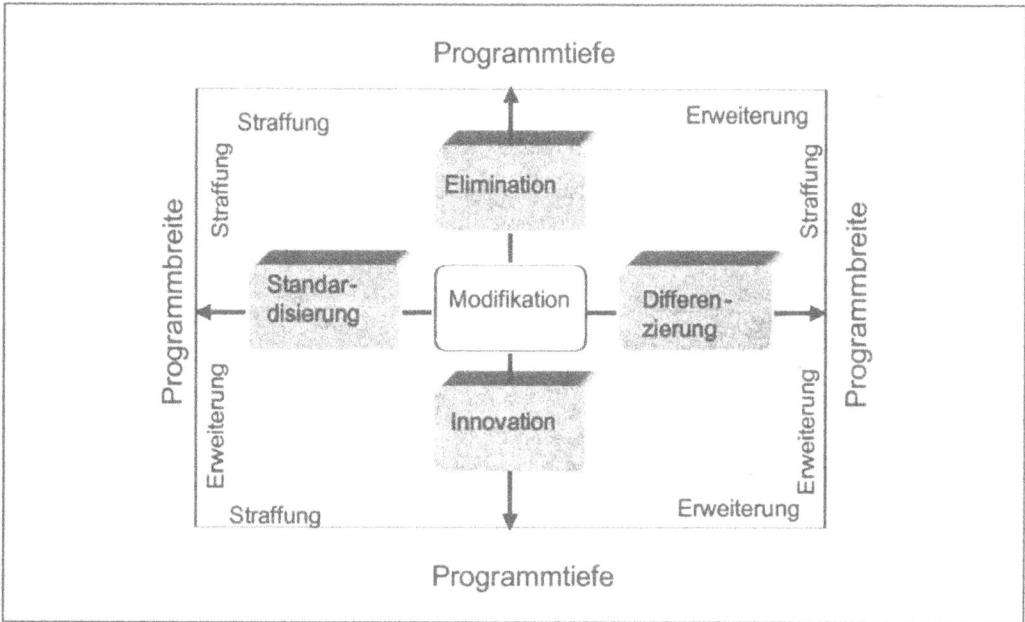

Abbildung 49:   Strategische Entscheidungskriterien für die Formulierung einer Struktur

Unter **einer Angebotsbreite** versteht man die Anzahl von unterschiedlichen Angeboten, **die sich addieren lassen**.

● **Beispiel:** Gottesdienste, Verwaltung, gruppenbezogene Arbeit, Seelsorger

Unter **einer Angebotstiefe** versteht man die Ausdifferenzierung eines Angebotes in unterschiedlicher Größe, Qualität oder Preislage, **die eine alternative Auswahl darstellt**.

● **Beispiel:** Gottesdienst an Wochentagen oder Sonntagen, Seelsorge in der Gruppe oder im Einzelgespräch, Service durch die Sprechstunde des Pfarrers/in, der Sekretärin oder eines Mitarbeiters/in (z.B. Kirchenvorstand u.a.).

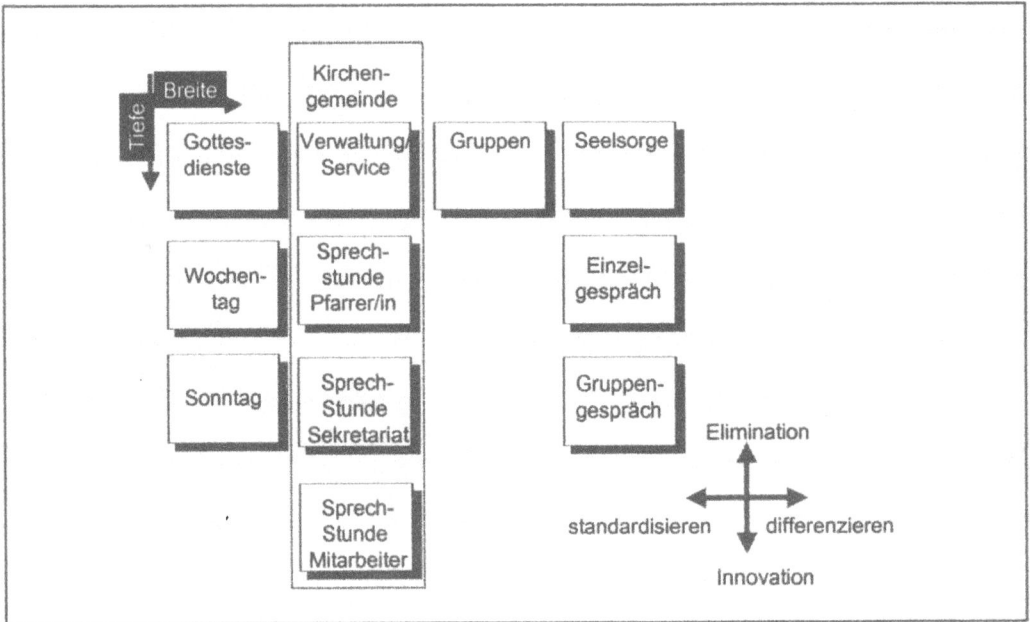

Abbildung 50:   Beispiel für die Angebotsstruktur mit Blick auf die Tiefe und Breite

Mit Blick auf die Angebotsbreite kann ein religiöses Unternehmen die strukturelle, strategische Entscheidung treffen, Angebote **zu eliminieren** oder im Sinne **einer Innovation zu erweitern**. Mit Blick auf die Angebotsbreite besteht die strategische Entscheidung darin, das bestehende Angebot zu differenzieren oder zu erweitern.

Kriterien, die ein Gesamtangebot (Sortiment, Produktpalette) gliedern und damit kennzeichnen, sollten nicht fachspezifisch formuliert sein, sondern dem Kunden eingängig und verständlich sein. Die Kriterien, durch die, die Angebotsstruktur einer Kirchengemeinde festgelegt wird, sollten für den außenstehenden Betrachter eingängig sein.

Die Begriffe, durch die ein Gesamtangebot strukturiert wird, müssen so formuliert werden, dass sie für den Kunden leicht verständlich sind. Damit wird ein unkomplizierter Zugang zur gesamten Struktur eines Angebotes geschaffen. Es besteht auch die Möglichkeit, auf die Bezeichnungen zu verzichten oder sie so zu reduzieren, dass sie allgemein verstanden werden.

● **Beispiel:** Eucharistie-Gottesdienst, Hochamt, Hauskreis, Liturgie-Kreis, Passionsandacht sind Begrifflichkeiten, die für einen Menschen, der selten oder nie daran teilgenommen hat, nicht sofort verständlich sind.

7.4   Das Zielgruppenprogramm

Das Zielgruppenprogramm legt wie das Angebotsprogramm **die Struktur** und **Zusammengehörigkeit** der einzelnen Zielgruppen fest und bestimmt einzelne Zielgruppen, in dem es die Eigenschaft verschiedener Zielgruppen beschreibt.

7.4.1 Die Bestimmung einer Zielgruppe

Im Rahmen eines Programms zur Bestimmung einer Zielgruppe können verschiedene Aspekte berücksichtigt werden. So gibt es z.B. personenbezogene oder verhaltensbezogene Merkmale einer Zielgruppe. Die Merkmalsbestimmung greift auf die Marktforschung zurück, die dafür Erkenntnisse über die Nachfrager und den Markt liefert. Personenbezogene oder verhaltensbezogene Merkmale können wie folgt beschrieben werden:

	Personenbezogene Merkmale
Geographische	Grenzen (Staats-, Landes-, Naturgrenzen, Wirtschaftsräume) Regionale Gebiete: Stadt (groß, mittel, klein), Ortsgebiete, Wohngegend, Nielsen-Gebiete, GfK-Regionalgliederung
Demographische	Alter, Geschlecht, Familienbestand, Haushaltsgröße
Soziographische	Einkommen, Kaufkraft, Bildung, Berufstätigkeit, Besitzmerkmale, Referenzgruppen, soziale Zugehörigkeit

	Verhaltensbezogene Merkmale
Informations-verhalten	Mediennutzung, Mediengewohnheiten, Kommunikationsverhalten
Kaufverhalten	Wahl der Einkaufstätte, Markenwahl, Markentreue, Kaufintensität, Preisbewusstsein, Verpackungswahl, Kundenbindung
Verwendungs-verhalten	Verwendungsart, Lagerung, Vorrat

7.4.2 Die Struktur der Zielgruppen

Eine strategische Entscheidung mit Blick auf die Struktur einer Zielgruppe lässt sich unter dem Aspekt **der Zielgruppenbreite** und **der Zielgruppentiefe** treffen. Im Rahmen der strategischen Festlegung der Breite einer Zielgruppe wird die Entscheidung getroffen, inwieweit eine Zielgruppe durch zusätzliche weitere Zielgruppen ergänzt (Differenzierung) oder die Versorgung der bisher gewählten Zielgruppe dadurch standardisiert wird, dass der Versorgungsprozess optimiert wird (Standardisierung). Eine **Erweiterung der Zielgruppe** ist z. B. mit Blick auf Kinder, Jugendliche, junge Erwachsene, Erwachsene oder Senioren sinnvoll. Die Erweiterung in die Breite beinhaltet wiederum das Kriterium, dass eine Zielgruppe zu einer anderen addiert werden kann. Die Erweiterung in die Tiefe ist dadurch charakterisiert, dass die Zielgruppe selbst (Beispiel: alleinstehende Witwer/Witwen oder Seniorenehepaare) oder ihr Verhalten (Beispiel: Jugendliche in der Clique, einzeln oder unter der Entscheidungsbefugnis der Erziehungsberechtigten) eine Alternative darstellt.

Mit Blick auf die Zielgruppen müssen auch die Situationen berücksichtigt werden, in denen es **zusätzliche Entscheider** geben kann. So entscheiden z. B. Eltern über die Teilnahme ihrer Kinder an einem Freizeitprogramm einer Jugendeinrichtung. In jeder Altersgruppe kann es so genannte Meinungsführer geben, die über die Teilnahme an einem religiösen Angebot z. B. Seniorennachmittag, Hauskreisfreizeit u.a. entscheiden. Diese ergänzende Zielgruppe wird innerhalb **der Zielgruppentiefe** erreicht. Dabei besteht die Möglichkeit, diese so genannte subfinale Zielgruppe z. B. in direkten Gesprächen, durch Initiativgruppen oder beim „Tag der offenen Tür" zusätzlich anzusprechen.

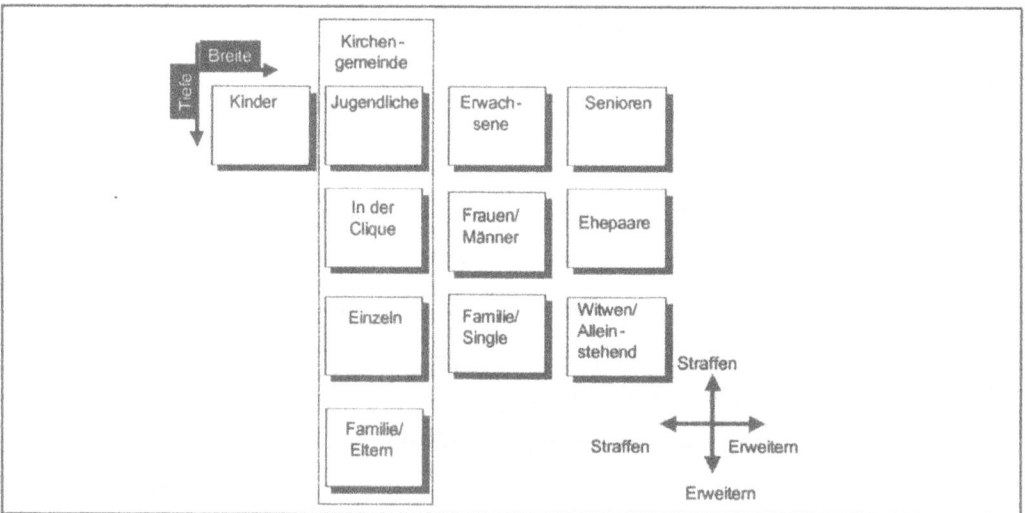

Abbildung 51: Beispiel für ein Zielgruppenprogramm mit Blick auf Breite und Tiefe

7.5   Das Positionierungsprogramm

Eine letzte strategische Entscheidung ist bezüglich **der Positionierung** zu treffen. Jedes Unternehmen muss eine Positionierung im Markt planen und realisieren. Wird diese Positionierung nicht durch das Unternehmen selbständig wahrgenommen, dann tritt eine willkürliche Positionierung des Unternehmens aus der Sicht des Kunden oder durch den Konkurrenten ein. Damit gibt ein Unternehmen eine wesentliche strategische Handlungsmöglichkeit aus der Hand. Das Ziel der strategischen Überlegungen im Rahmen des Marktprogramms besteht gerade darin, eine Position im Markt zu erhalten, von der aus alle Marketingaktivitäten gesteuert werden können.

Die strategische Entscheidung der Positionierung erfolgt unter dem Aspekt von Angebot- und Zielgruppenprogramm. Die strategische Entscheidung liegt darin, dass mit Hilfe der Informationen und Kenntnis über den Markt und seine Marktsegmente eine Positionierung vorgenommen wird, die zum wirtschaftlichen Erfolg und zur Existenzsicherung eines sozialen Unternehmens beiträgt. Mit Blick auf die strategische Entscheidung hat ein Unternehmen vier Handlungsmöglichkeiten.

Der Prozess der Strategieformulierung lässt sich in folgendem ganzheitlichen Prozess darstellen:

1.   **Entscheidung:** Eine Kirchengemeinde oder religiöse Gemeinschaft entscheidet sich für drei strategische Geschäftsfelder: öffentliche Angebote wie Gottesdienste, Konzerte, cariative Dienstleistungen, gruppenbezogene Angebote sowie allgemeiner Service und Verwaltungsdienstleistung.

2.   **Entscheidung:** Durch das Angebotsprogramm legt diese religiöse Gemeinschaft die Angebotsstruktur und das Angebotssortiment fest.

3.   **Entscheidung:** Mit Hilfe des Zielgruppenprogramms werden die Zielgruppen sowie die Zusammengehörigkeit von Zielgruppen definiert, die innerhalb eines Geschäftsfeldes bzw. mit einem Angebotsprogramm erreicht werden sollen.

4.   **Entscheidung:** Das Positionierungsprogramm legt fest, in welchem Marktsegment sich ein religiöses Unternehmen positionieren will.

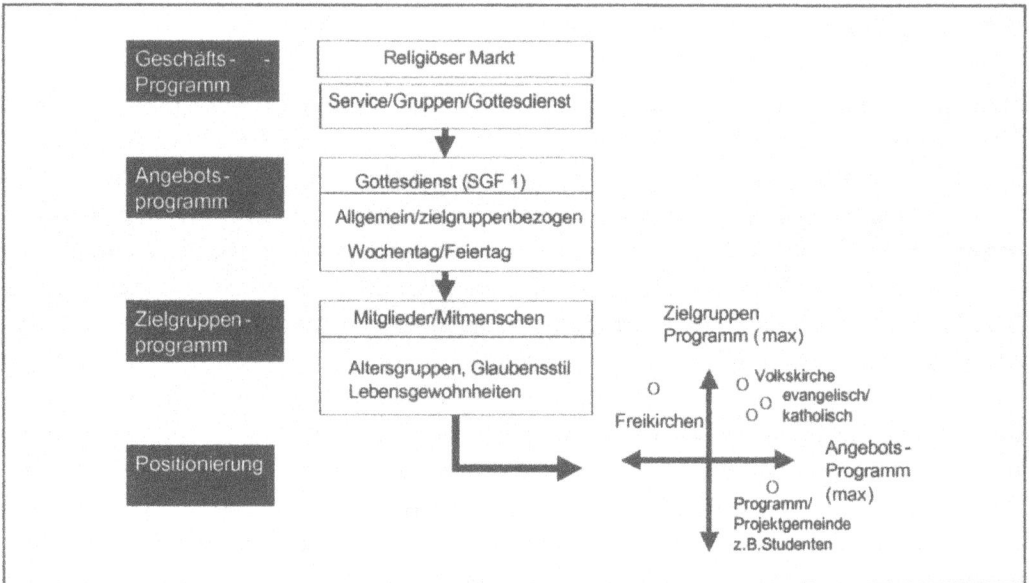

Abbildung 52: Positionierung eines religiösen Unternehmens im Markt

Fallbeispiel 1:

Ein religiöses Unternehmen entscheidet sich im religiösen Markt aktiv zu werden. Die Entscheidung trifft auf drei Geschäftsfelder; Service-Gruppen-Gottesdienst. Die Angebotsstruktur im Rahmen des Geschäftsfeldes Gottesdienstes wird durch folgende Kriterien bestimmt: allgemein sowie an Feiertagen am Vormittag, das Liedgut ist allgemein gehalten, es werden sowohl alte als auch neue Lieder gesungen. Im Rahmen des Zielgruppenprogramms wird das Kriterium festgelegt, möglichst alle Altersgruppen zu erreichen. Diese strategischen Entscheidungen positioniert ein religiöses Unternehmen in dem Marktsegment, in dem einer maximalen Zielgruppe ein maximales Angebot gemacht wird (Massenmarketing).

Fallbeispiel 2:

Ein religiöses Unternehmen trifft im Rahmen des Angebotsprogramms die Entscheidung, nur eine bestimmte Art von Angebot zu machen, mit der eine maximale Zielgruppe erreicht werden soll. Der Gottesdienst findet am Feiertag abends in einer persönlichen Atmosphäre statt. Das Liedgut des Gottesdienstes beschränkt sich vorwiegend auf moderne Lieder. Das Unternehmen mit einer minimalisierten Form der Angebotsstruktur positioniert sich im Marktsegment der Freikirchen.

Fallbeispiel 3:

Ein religiöses Unternehmen trifft die strategische Entscheidung, sich auf eine bestimmte Zielgruppe zu spezialisieren (Beispiel: Studentengemeinde, Projekt- oder Programmgemeinde u. a.). Für diese Zielgruppe möchte ein religiöses Unternehmen ein maximales Angebot zur Verfügung stellen. Damit positioniert sich dieses Unternehmen in dem Marktsegment Programm- bzw. Projektgemeinde.

7.6   Marketingstrategien

Mit den Elementen eines Marktprogramms wird die Marketingstrategie beschrieben, die auf den Einsatz von bestimmten Programmen (Geschäfts-, Angebots-, Zielgruppen- und Positionierungsprogramm) beruht. Eine wichtige Fragestellung besteht darin, nach welchen Kriterien ein Unternehmen den Einsatz dieser verschiedenen Programme strategisch plant und realisiert. Grundlegend für die Formulierung einer Strategie ist die Frage, ob ein Unternehmen mit seinem Angebot in einem gesamten Markt (**Massenmarketing**) vertreten sein will oder den Markt nach bestimmten Kriterien in einzelne Marktsegmente (**Marktsegmentierung**) unterteilt.

Ist ein Unternehmen mit einem einzigen Angebot **im gesamten Markt** vertreten, dann entspricht dies einem undifferenzierten Marketing. Differenziert ein Unternehmen sein Angebot für den gesamten Markt, dann spricht man von einem differenzierten Marketing mit Blick auf den Gesamtmarkt.

Ein Unternehmen kann aber auch nur **in bestimmten Marktsegmenten** vertreten sein. Bietet ein Unternehmen nur ein Angebot in einem Marktsegment, dann entspricht dies einem konzentrierten Marketing in einem Marktsegment. Gibt es verschiedene Angebote für ein Marktsegment, dann spricht man von einem selektiv-differenzierten Marketing mit Blick auf einzelne Marktsegmente.

Beispiel Massenmarketing:

Undifferenzierte Marketingstrategie: Ein religiöses Unternehmen bietet einen Gottesdienst für Menschen in jeder Alterstufe oder Lebenssituation zu einem bestimmten Zeitpunkt
an.

Differenzierte Marketingstrategie: Ein religiöses Unternehmen differenziert das Angebot
und bietet für alle Gottesdienste in unterschiedlichen Formen an wie z.B. Sonntagsgottesdienst, Werktagsgottesdienst, Vormittags- oder Nachmittagsgottesdienste u.a.

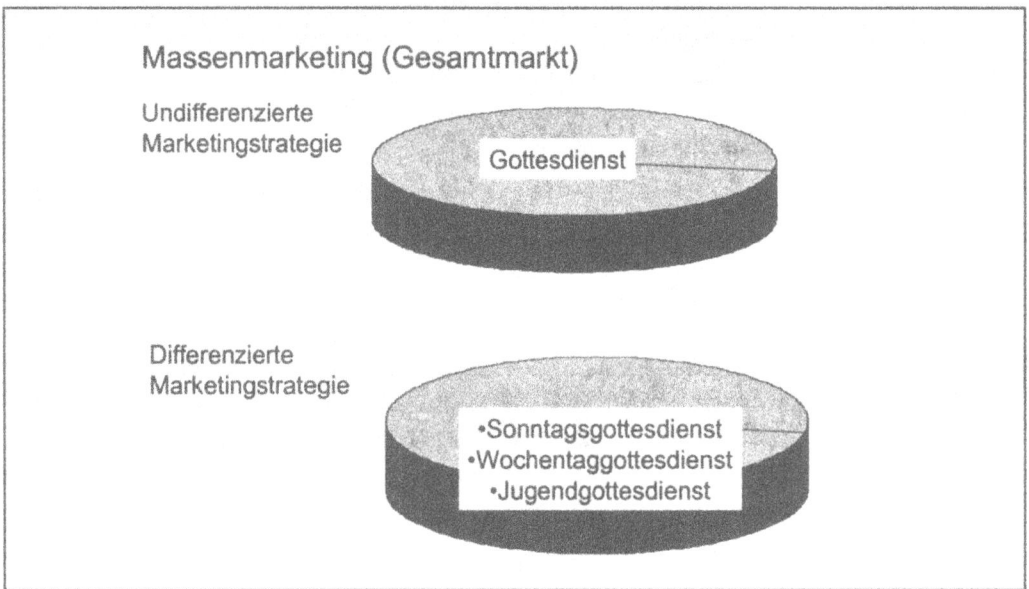

Abbildung 53:   Beispiel für undifferenzierte und differenzierte Marketingstrategien im Massenmarketing

Beispiel Marktsegmentierung:

Konzentriertes Marketing: Ein religiöses Unternehmen bietet verschiedenen Zielgruppen
unterschiedliche Gottesdienstformen an, z.B. Familiengottesdienst, Jugendgottesdienst,
Gottesdienst der Studentengemeinde u.a.

Selektiv-differenziertes Marketing: Ein religiöses Unternehmen differenziert ein Marktsegment z.B. durch das Angebot eines englischsprachigen Gottesdienstes innerhalb der
Studentengemeinde.

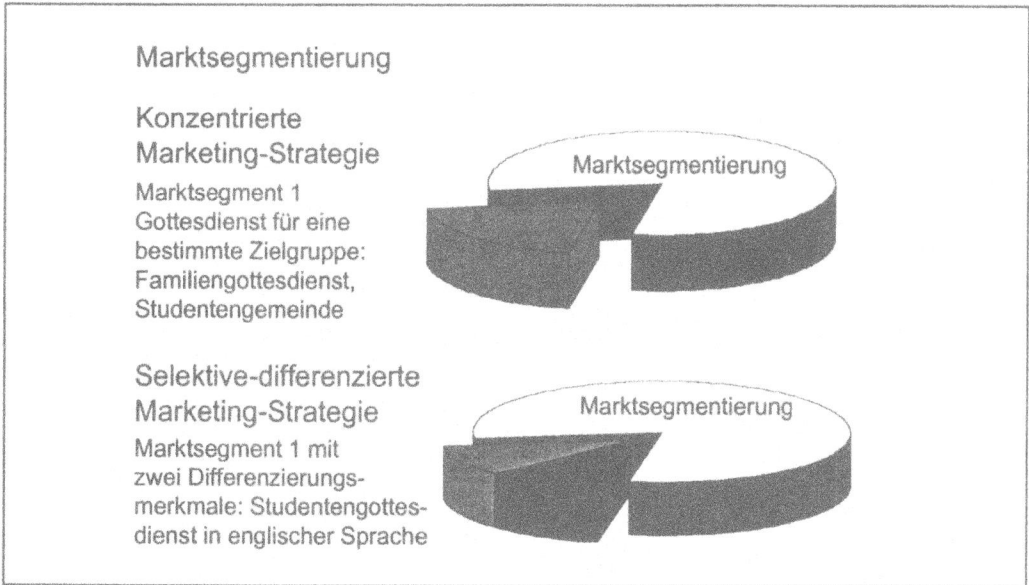

Abbildung 54:   Marktsegmentierung mit konzentrierter und selektiv-differenzierter Marketingstrategie

Für die Entwicklung der unterschiedlichen Strategien bieten sich drei verschiedene Möglichkeiten an:

a.)   Die **eindimensionale Strategiebildung**: Ein Unternehmen bestimmt von sich aus die Marketingstrategie, indem es die unterschiedlichen Programme selbst festlegt und definiert. Dabei bildet das Unternehmen den Ausgangspunkt. Auf Grund der eigenen Kompetenz und Erfahrung wird das Geschäftsprogramm, das Angebotsprogramm, das Zielgruppenprogramm sowie das Positionierungsprogramm eigenständig festgelegt. Eine solche Marketingstrategie ist vorwiegend in religiösen Märkten vertreten. Ein Schwerpunkt wird bei dieser Strategieentwicklung auf den Ausbau des Angebotsprogramms gelegt.

b.)   Die **zweidimensionale Strategiebildung**: Ein Unternehmen kann seine Marketingstrategie dadurch bestimmen, indem es das Verhältnis von Angebot und Zielgruppe bzw. Markt in Form einer zweidimensionalen Matrix festlegt. Grundlage dafür ist die von Ansoff entwickelte Matrix[78].

---

[78] Ansoff, H. J.: Managment-Strategie. München 1966, S. 132

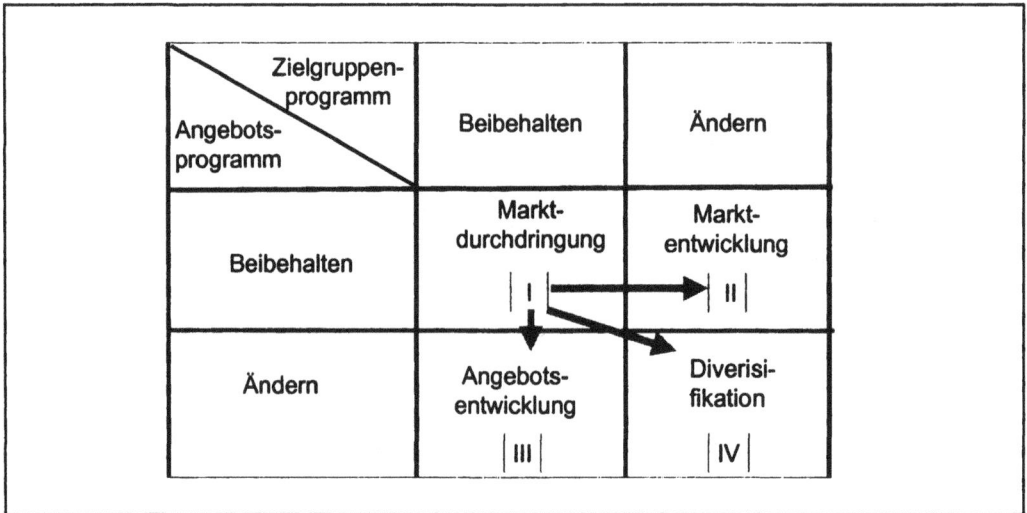

Abbildung 55:   Strategische Optionen innerhalb eines zweidimensionalen Modells

Die Strategieentscheidung, welche Geschäftsfelder bzw. Marktsegmente in Zukunft differenziert bearbeitet werden sollen, wird durch die Systematik der Beziehung zwischen Angebotsprogramm und Zielgruppenprogramm bzw. gegenwärtig und zukünftiger Markt bestimmt. Dabei gibt es vier Entscheidungsmöglichkeiten:

Strategische Entscheidung I (Marktdurchdringung)

Entscheidung I besteht darin, grundsätzlich am bisherigen Angebot und zugleich an der bisherigen Zielgruppe festzuhalten. Die Strategie ist darin zu sehen, dass die bisherige Programmstruktur der Tätigkeits- und Geschäftsfelder eines Unternehmens für eine bestimmte Zeit in der gegenwärtigen Art und Weise beibehalten wird. Eine solche strategische Entscheidung ist dann sinnvoll, wenn in den gegenwärtigen Marktsegmenten eines Unternehmens ein genügend großer Bedarf festzustellen ist, durch den die Wirtschaftlichkeit und die Existenzsicherung eines Unternehmens für einen bestimmten Zeitraum gesichert werden kann. Eine solche strategische Festlegung mit Blick auf die Beibehaltung des Angebotes und der Zielgruppe schließen Veränderungen im taktischen Bereich nicht aus. Auch im Rahmen dieser strategischen Entscheidung der Beibehaltung lässt sich das Angebot als solches optimieren, wie z.B. durch die Fortbildung von Mitarbeitern oder ein neues Werbekonzept. Eine Veränderung der strategischen Entscheidung I kann den Ertragsfluss aus dem Marktsegment mindern und die Wirtschaftlichkeit von Unternehmen verringern. Die strategische Entscheidung fällt dann zugunsten einer weiteren **Marktdurchdringung**. Strategisch kann die

Marktdurchdringung auch durch **eine Marktbesetzung** oder **Marktverdrängung** beschrieben werden.

Strategische Entscheidung II (Marktentwicklung)

Die strategische Entscheidung II beinhaltet eine strategische Veränderung bei der Zielgruppe. Dies kann bedeuten, dass eine völlig neue Zielgruppe gewonnen werden soll oder eine bisherige Zielgruppe aufgegeben wird. Eine solche strategische Entscheidung zielt auf eine **Marktentwicklung**. Die Marktentwicklung kann unter geographischen Gesichtspunkten durch eine Internationalisierung oder durch eine höhere Segmentierung bei den Zielgruppen realisiert werden.

Strategische Entscheidung III (Produktentwicklung)

Die strategische Entscheidung III zielt auf eine grundlegende Veränderung bei dem Angebot eines Unternehmens. Das Angebotsprogramm wird dabei durch die Entwicklung einzelner Angebote erweitert oder durch die Weiterentwicklung der Angebotsstruktur (Produktpalette) ergänzt. Die Strategie der **Produktentwicklung** basiert auf der Überlegung, für die bestehende Zielgruppe und die Märkte neue Angebote zu entwickeln.

Strategische Entscheidung IV (Diversifikation)

Die letzte strategische Entscheidung betrifft sowohl die Zielgruppe als auch das Angebot. Sie besteht darin, dass gleichzeitig neue Zielgruppen und neue Angebote in das Tätigkeitsfeld eines Unternehmens aufgenommen oder ausgeschlossen werden. Eine solche strategische Entscheidung nennt man **Diversifikation**.

Die zweidimensionale Ausrichtung strategischer Entscheidungen anhand dieser Matrix bringt eine größere Angebot-Nachfrage bzw. Angebot-Markt-Orientierung mit sich.

c.) Die dritte Möglichkeit zur Formulierung einer Strategie liegt in einem **dreidimensionalen** Modell. Dabei bleibt die Dimension der Zielgruppe erhalten. Die Dimension des Angebotes/Marktes wird **in Funktion und Form** aufgeteilt. Bei der Dimension der Funktion wird zusätzlich die Frage gestellt, **welche Funktion ein Angebot** erfüllen kann. Beispielsweise können Angebote im religiösen Markt verschiedene Funktionen wie z. B. Information, Begleitung, Freizeitgestaltung übernehmen. Ein dreidimensionales Modell ermöglicht es, die Bedeutung einzelner Angebote durch den Aspekt ihrer Funktionen besser wahrzunehmen.

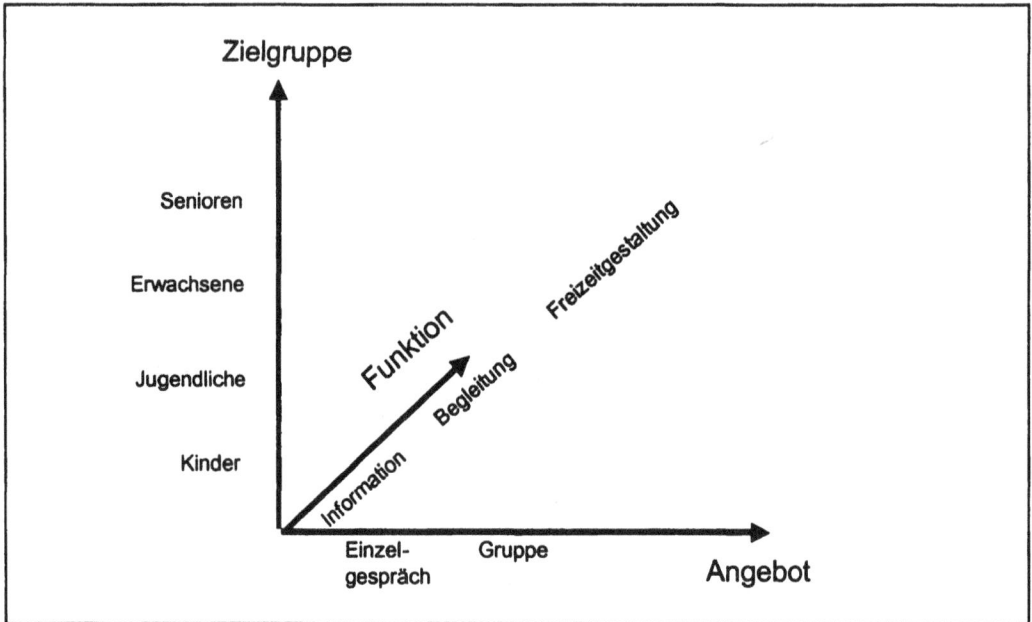

Abbildung 56:   Dreidimensionales Modell für die Formulierung einer Strategie

7.6.1 Marketingstrategie in Wachstumsmärkten

Die bisher dargestellte Strategieformulierung durch die so genannte Ansoff-Matrix baut auf eine strukturelle Betrachtungsweise auf. Eine **dynamische** Betrachtungsweise, die das Wachstum in verschiedenen Märkten besser berücksichtigt, ist das so genannte **Portfolio** [79]. Ein Portfolio teilt die unterschiedlichen Angebote oder Angebotssegmente in verschiedene Gruppen ein und bewertet ihre Marktattraktivität bzw. Wachstumschancen. Ein solches Bewertungsverfahren wurde Ende der 60er Jahre durch die Boston-Consulting-Group entwickelt. Ausgehend von den beiden Grundfragen, welche Faktoren den gegenwärtigen und zukünftigen Gewinn bzw. Umsatz am meisten beeinflussen, kam die Boston-Consulting-Group zu der Erkenntnis, dass der **Marktanteil eines Angebotes** sowie die **Wachstumsrate eines Marktes** am stärksten den jeweiligen Umsatz bzw. Gewinn bestimmen können, den ein Unternehmen mit einem bestimmten Angebot machen kann. Die Matrix die sich zur Bestimmung der Attraktivität und der Marktchancen einzelner Angebote ergibt, wird durch die Achse des Marktwachstums sowie durch die Achse des „Relativen Marktanteils" eines Angebotes bestimmt. Unter dem relativen Marktanteil eines Angebotes versteht man das Ver-

---

[79] Vgl. dazu Nieschlag, R./Dichtl, E./Hörschgen: Marketing. Berlin 1994, S. 907

hältnis eines Marktanteils eines Angebotes zum größten Konkurrenzangebot. Der Wert „1"
auf der waagrechten Achse bedeutet, dass das zu bestimmende Angebot einen gleich großen
Marktanteil wie das größte Konkurrenzprodukt aufweist. Aus der Einteilung der Matrix ergeben sich vier Felder:

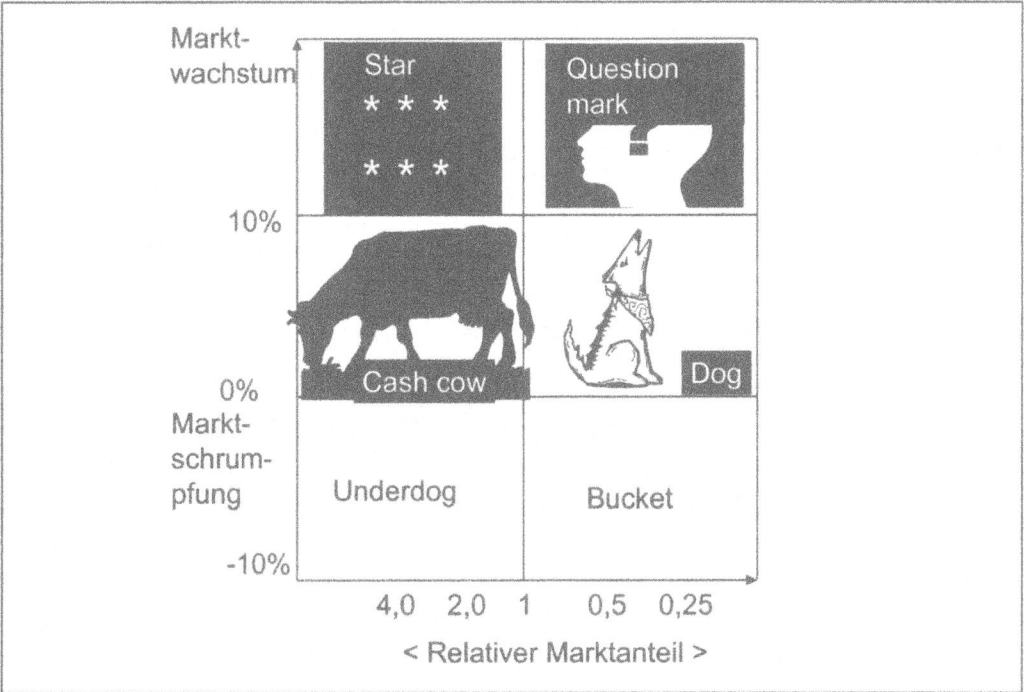

Abbildung 57:   Portfolio der Boston Consulting Group

- „Stars" sind solche Angebote, die einen hohen Marktanteil besitzen und sich in stark
  wachsenden Märkten befinden. Mit den „Stars" lässt sich zwar ein hoher cash-flow erzeugen. Der cash-flow ist der mit einem Angebot erwirtschaftete Liquiditätsbetrag.
  Gleichzeitig benötigen diese Angebote aber auch hohe Investitionen, weil sie sich in
  wachsenden Märkten befinden. Außerdem kommt in dieser Situation dem Marketing
  eine besondere Aufgabe zu, da oft starke Konkurrenzangebote den Markt mitbestim-
  men und abgewehrt werden müssen.

- „Cash cows" sind jene Angebote, die einen hohen Betrag erwirtschaften und auf
  Grund ihres Alters bzw. Reifegrades eine geringe Investition benötigen. Ein Unternehmen versucht mit Hilfe des Marketing, diese Angebote solange wie möglich zu
  schützen.

- **„Question mark"** sind Angebote in stark wachsenden Märkten, die aber nur über einen geringen Marktanteil verfügen. Sie brauchen eine hohe Investition. Ihre Entwicklung ist noch ungewiss.

- Bei den so genannten **„Dogs"** (Armen Hunden) stellt sich die Frage nach der weiteren Entwicklung bis hin zur Eliminierung. Die „Dogs" befinden sich überwiegend in stagnierenden Märkten. Ihr Marktanteil ist zu gering, um einen wirtschaftlichen Gewinn dadurch zu erhalten.

Die Situation für Bucket (Eimer) und Underdog stellt sich noch einmal schwieriger dar, da sich diese in schrumpfenden Märkten befinden. Normalerweise wachsen die meisten neuen Märkte sehr schnell (Beispiel: Mobile Kommunikation, Netzanbieter, Hersteller von Mobiltelefonen oder Pflegemarkt u.a.). Nach einer bestimmten Zeit gehen Wachstumsmärkte in stagnierende oder schrumpfende Märkte über.

Entscheidend für eine Wachstumsstrategie sind jene Marketingmaßnahmen, die aus einem „Fragezeichen" ein „Stern"-Angebot und aus einem „Stern"-Angebot ein „Cash-cow"-Angebot machen. Um diese Zielsetzung zu erreichen, müssen die einzelnen Angebote in der jeweiligen (Reife-) Phase unterschiedlich vermarktet und präsentiert werden. Grundlage dafür ist die Erkenntnis, dass jedes Angebot verschiedene Reifephasen durchläuft. Der Lebenszyklus eines Angebotes besteht aus vier Phasen:

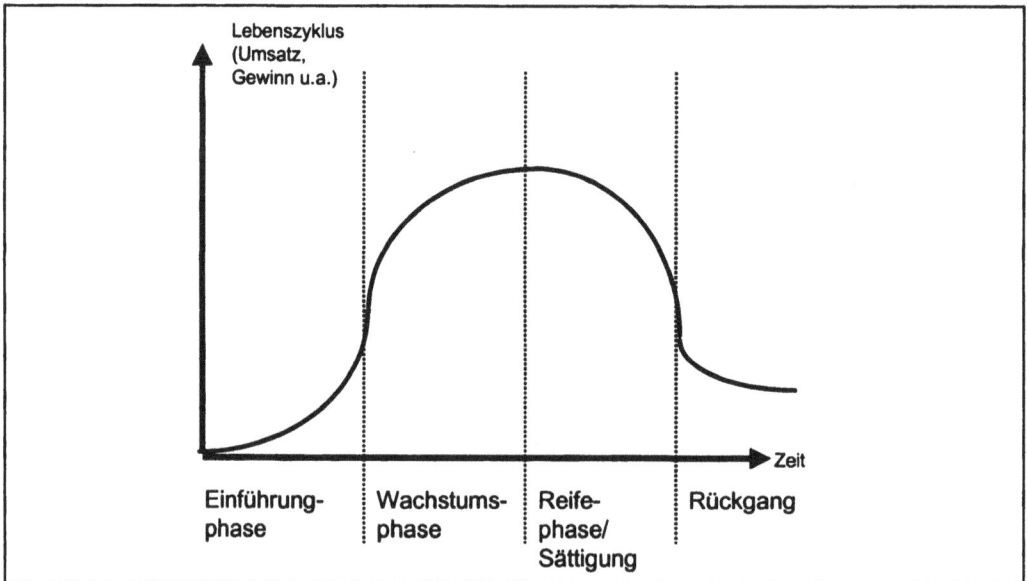

Abbildung 58:   Der Lebenszyklus eines Angebotes

Innerhalb der Einführungsphase wird ein Angebot neu in einen Markt eingeführt. Innerhalb dieser Phase muss das Marketing sehr stark in die Kommunikation investieren, um ein Angebot bekannt zu machen. Innerhalb der Wachstumsphase zahlen sich diese Marketingaktivitäten aus. Ein Angebot ist jetzt im Markt bekannt und es gibt eine positive Einstellung der Nachfrager im Markt. Innerhalb der Reifephase ist schon ein leichter Rückgang des Umsatzwachstums spürbar, in der Rückgangs- oder Sättigungsphase gibt es kein Umsatzwachstum mehr.

Das Modell eines Lebenszyklus ist ein wichtiges Steuerungsinstrument für das Marketing. Es macht deutlich, dass jedes Angebot bestimmte Phasen durchläuft. Diese Phasen müssen aktiv gesteuert werden. Es ist vor allem entscheidend, neue oder veränderte Angebote direkt im Anschluss zu vermarkten, wenn eine Marktsättigung bzw. Sättigungsphase für ein älteres Angebot eintritt.

Fallbeispiel:

Viele Angebote im religiösen Markt wecken am Anfang Interesse. Vorwiegend in den Angeboten, die durch die Form der Gruppe vermittelt werden, kann sich eine Sättigung einschleichen. Mit Hilfe eines Lebenszyklus lässt sich z. B. leicht feststellen, in welcher Phase sich ein Hauskreis befindet. Die Lebenszykluskurve kann eine Unterstützung bieten, ein Angebot nach einer Reifephase zu beenden oder neu zu beleben.

7.6.2 Generische Wettbewerbsstrategie

Steinherr unterscheidet dreizehn strategische Optionen für soziale Unternehmen [80]. Diese Einteilung ist zu umfangreich. Im Grunde lassen sich alle möglichen Strategien auf drei grundlegende Kategorien beschränken. Diese Grundkategorien werden als generische Wettbewerbsstrategien bezeichnet, die unabhängig von der jeweiligen individuellen Firma oder der Besonderheiten einer Branche oder Zeitepoche grundsätzlich zur Verfügung stehen.

---

[80] Steinherr, L.: Strategische Optionen. In: Hauser, A. (Hrsg.) u. a.: Management-Praxis. Handbuch sozialer Dienstleistungen. Neuwied, Kriftel, Berlin 1997, S. 275

Michael Porter [81] unterscheidet drei verschiedene generische Strategien:

- Die Strategie der Kostenführerschaft

- Differenzierungsstrategien und

- Fokussierungsstrategie.

Mit Hilfe der Strategie der Kostenführerschaft strebt ein Unternehmen an, im Vergleich mit allen anderen Unternehmen zu den niedrigsten Kosten sein Angebot bzw. Dienstleistung zu produzieren. Die Strategie kann mit folgenden Maßnahmen umgesetzt werden:

- Kostengünstige Einkäufe von Betriebs- und Produktionsmitteln sowie der anderer Inputfaktoren der betrieblichen Leistungserstellung

- Optimierung der Organisations-, Produktions- und Vertriebskosten z.B. durch schlanke Organisationsformen u.a.

- Verringerung der Allgemeinkosten z.B. bei Personal und Verwaltung z.B. durch Auslagerung (outsourcement) von Tätigkeiten (Beispiel: Kantine, Reinigung usw.)

Die Folge einer Kostenführerschaft im Marketing ist meistens die Folge der Standardisierung von Angeboten und Leistungen ohne Extras auf einem mittleren Qualitätsniveau.

Im Gegensatz dazu versuchen die Unternehmen, die sich mit Hilfe einer Differenzierungsstrategie gegenüber den anderen Mitbewerbern abheben wollen, mit verschiedenen Differenzierungsmerkmalen ihre Angebote im Markt abzusetzen. Als wichtigstes Differenzierungsmerkmal dient häufig ein **zusätzliches Qualitäts oder Leistungsmerkmal**.

- **Beispiel:** Eine Kirchengemeinde bietet eine Kinderbetreuung während des Gottesdienstes.

Die besondere Herausforderung für die Differenzierungsstrategie besteht darin, dass zum einen die Differenzierung im Markt sehr schnell dadurch aufgehoben werden kann, indem die Mitbewerber Produkte oder Dienstleistungen mit denselben Qualitätsmerkmalen anbie-

---

81   Porter, Michael E.: Competitive Advantage. Creating and sustaining competitive performance. New York 1985

ten. Zum anderen entstehen gerade durch die Differenzierungsmerkmale Kosten. In vielen Bereichen kann die Bereitschaft des Kunden sehr schnell sich verändern, Angebote mit einem unterschiedlichen Qualitätsmerkmal zu kaufen.

Die dritte generische Strategie, die unabhängig von einem einzelnen Unternehmen, eine Branche oder situativen Gegebenheit formuliert wird, ist **die Strategie der Fokussierung auf eine Nische**. Damit beschränkt sich ein Unternehmen auf einen Ausschnitt des gesamten Marktes. Dieser Ausschnitt bzw. Nische kann durch verschiedene Kriterien definiert sein, wie z. B. Kundengruppe, spezielle Vertriebswege oder technische Produktvariante u. a. Eine besondere Gefahr der Nischenstrategie besteht darin, dass durch die äußeren Veränderungen oder durch das Kundenverhalten Nischen überflüssig werden und damit die Existenz eines ganzen Unternehmens bedroht ist.

●   Ein Beispiel für eine Nischen- oder Fokussierungsstrategie sind die Pfadfinder

Die gegenwärtigen Anforderungen an die Marketingstrategie bestehen darin, auf der Basis **eines integrativen Prinzips** sowohl Kostenführer als auch Marktführer bei der Qualitäts- und Leistungsdifferenzierung zu sein. Seit Ende der neunziger Jahre wird dieses Prinzip in den so genannten „Outpacing Strategies" – dem gleichzeitigen Erreichen einer Qualitäts- und Kostenführerschaft gefordert [82]. Dies gilt vor allem bei der Formulierung von Strategien für das Dienstleistungsmarketing [83].

Die Besonderheit einer integrativen Strategieformulierung besteht darin, die Kosten zu senken und gleichzeitig die Qualität und die Leistungsdifferenzierung zu erhalten oder zu steigern. Ein Beispiel dafür ist das Einrichtungshaus IKEA, das seit mehr als drei Jahren die Preise jährlich um rund 5 % senkt und gleichzeitig das Sortiment quantitativ und qualitativ differenziert. Das Integrationsprinzip beruht auf einer hohen Innovationsleistung. So werden z. B. Teile der Produktion bei IKEA bei den Unternehmen gefertigt, die z. B. Ski oder Porzellan herstellen. Mit der Ausnutzung der Produktionsschwankungen von fremden Unternehmen lassen sich kostengünstigere Preise erzielen. Die Qualität wird dadurch steigern, dass in der Regel diese Unternehmen eine Massenproduktion herstellen.

---

[82]   Gilbert, X./Strebel, P. J.: Outpacing Strategies. In: IMEDE – Perspektive for Managers. 1985, Vol. 9, No 2

[83]   Bruhn, H./Meffert, H.: Handbuch Dienstleistungsmanagement. Wiesbaden 1998, S. 12

Unser PS Kerzenständer. Er wurde zusammen mit einer Fabrik, die normalerweise Isolatoren für Telefonmasten herstellt, entworfen und produziert. Eine einzigartige Vorgehensweise, die unseren Designern half, die Qualität sehr hoch und den Preis sehr klein zu gestalten. Vielleicht nicht die übliche Inspiration für einen Designer. Aber bei IKEA sehen wir die Welt eben mit anderen Augen.

Abbildung 59:   Beispiel für das integrative Basisprinzip zur Formulierung einer Strategie

8.   Marketingmix – Der Einsatz von Marketinginstrumenten

Die weiteren strategischen Maßnahmen werden in Form von konkreten Handlungsmaßnahmen geplant. Diese Maßnahmen werden als Marketinginstrumente bezeichnet. Das Zusammenwirken der einzelnen Maßnahmen bzw. **Marketinginstrumente** nennt man **Marketingmix**.

Auch der Einsatz verschiedener Handlungsmaßnahmen muss geplant und mit Hilfe strategischer Überlegungen gesteuert werden. Diese konzeptionellen Überlegungen mit Blick auf den Einsatz der verschiedenen Marketinginstrumente wird als „Politik" bezeichnet. Man unterscheidet in der Regel die folgenden vier Handlungsdimensionen, innerhalb deren die programmatischen Entscheidungen aus dem Marktprogramm umgesetzt werden: **die Produktpolitik, die Preispolitik, die Distributionspolitik, die Kommunikationspolitik.** Die Planung und der Einsatz der Marketinginstrumente lässt sich auch als taktisches Marketing bezeichnen.

8.1   Die vier Marketinginstrumente

Die Unterscheidung der vier Handlungsdimensionen geht auf E. Jerome McCarthy zurück. Er hatte Ende der 60er Jahre die wichtige Erkenntnis, dass die Wirkung aller Marketingmaßnahmen in vier Grundtypen zusammen gefasst werden kann. Die wichtigsten Marketingmaßnahmen oder Marketinginstrumente, die bei der Umsetzung eines Marktprogramms zur Wirkung kommen, beziehen sich auf das Produkt, auf den Preis, auf die Distribution und die Kommunikation. Mc Carthy nannte diese vier Marketinginstrumente die vier P`s. Die vier P`s stehen für folgende Begriffe und beinhalten folgende Maßnahmen:

- Product/Produktpolitik
- Price/Preispolitik
- Promotion/Kommunikationspolitik
- Place/Distributionspolitik.

Zu Beginn der 90er Jahre wurden die vier P`s in die so genannten vier C`s geändert [84]. Dadurch wurde der neuen Sichtweise des Marketing Rechnung getragen. In einem zeitgemäßen Marketing zählt nicht durch die Gestaltung eines Produktes, sondern der Nutzen und die Zu-

---

[84] Lautenborn, Robert: New Marketing Litary 4P`s Passe`s C-Words Take Over Advertising Age. Oct. 1990
S. 26

friedenheit, die der Kunde damit hat. Es zählt nicht nur der Preis, den der Kunde für ein Angebot bezahlt, sondern auch seine physischen und psychischen Kosten wie Emotionalität bzw. intellektuelle Fähigkeiten. Wichtig ist nicht nur der Ort, an dem ein Angebot gekauft werden kann oder die Distribution, sondern, wie bequem der Kunde über ein Angebot verfügen kann. Nur wenige Menschen wollen heute Teil einer Promotion für ein Produkt sein, von der sie nichts haben. Entscheidender ist der Dialog und die Kommunikation mit dem Kunden.

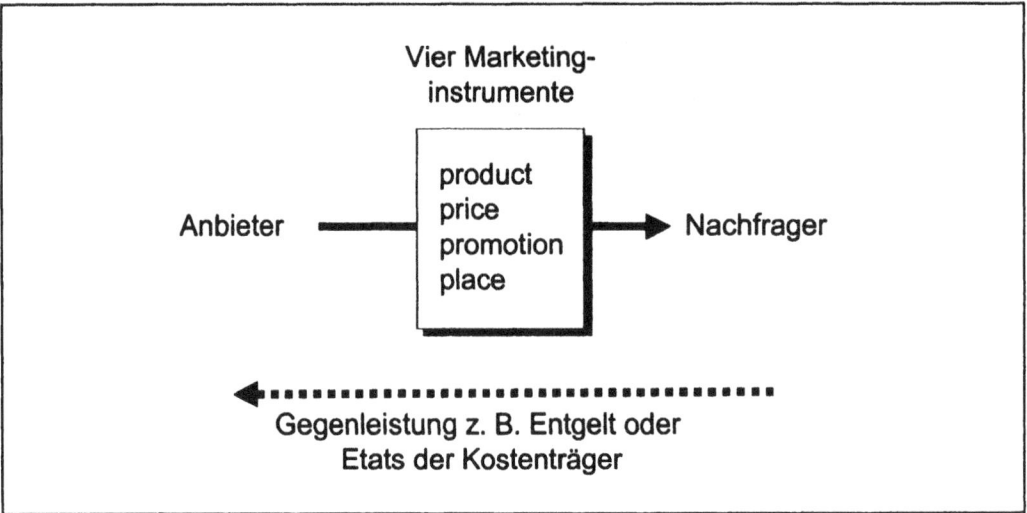

Abbildung 60:   Die vier P's (Quelle: McCarthy, E. J.: Basic Marketing. A Managerial Approach, 1968)

product	customers value	Der Kunde selbst und die Zufriedenheit, die ein Kunde mit einem Angebot erlebt
price	customers cost	Physische und psychische Kosten des Kunden
place	Customers convenience	Auf welche Weise ist ein Angebot für den Kunden zugänglich?
promotion	Customers communication	Kommunikation: Dialog mit dem Kunden

8.2   Die Produktpolitik: Maßnahmen zur Förderung von customers value und customers satisfaction

Die Produktpolitik folgt den strategischen Entscheidungen des Marktprogramms. Innerhalb des Marktprogramms wurde durch das Angebotsprogramm die Zusammensetzung und Struktur der gesamten Angebotspalette (Sortiment) sowie die Beschaffenheit einzelner Angebote konzeptionell festgelegt. Die Produktpolitik setzt diese konzeptionellen Überlegungen durch praktische Maßnahmen und Ausgestaltung einzelner Angebote konkret um, z. B.:

● Gruppenbezogene Angebote für die Jugendarbeit
● Gottesdienst für besondere Zielgruppen
● Monatlicher Seniorentreff
● Mutter-Kind-Gruppen
● Chöre
● Angebote der Erwachsenenbildung
● Hauskreise u. a.

Die Aufgabe der Produktpolitik besteht vor allem darin, Produktinnovationen kontinuierlich auf den Markt zu bringen, um **die Aktualität eines Produktes aufrecht zu erhalten**. Maßnahmen, die diesbezüglich eine Hilfestellung bieten, ist **die Veränderung der Form bzw. des Materials** bzw. **der Größe, der Menge oder Ausgestaltung eines Produktes**, z. B.

● Das Jugendcafe wird neu gestaltet und erhält eine neue Ausstattung.
● Das Halbjahresprogramm eines Hauskreises hat neue Inhalte.
● Eine Kirchengemeinde beschäftigt sich mit einem besonderen Projekt.

Innerhalb der Produktpolitik geht es nicht nur ausschließlich um die Frage: „Welche Innovation bzw. Neuigkeit bietet ein Produkt oder ein Angebot selbst". Entscheidend ist der Positionswechsel auf die Seite des Kunden. Aus der Sicht des Kunden lässt sich nämlich die Antwort auf die Frage finden, welchen Nutzen ein Kunde vom Kauf eines Angebotes tatsächlich hat. Oft besteht der Nutzen in **einem zusätzlichen Wert**, den der Kunde beim Kauf eines Angebotes für sich entdeckt, z. B.

● Individuelle und schnelle Betreuung der Gemeindemitglieder.
● Die Jugendlichen in einer offenen Jugendeinrichtung werden von den Betreuern persönlich mit Namen angesprochen.

Diesen so genannten „added value" gilt es im Rahmen der Produktpolitik zu erkennen und zu realisieren. Deshalb ist die wichtigste Quelle zur praktischen Weiterentwicklung der einzelnen Angebote der Kunde selbst. Durch sein feedback gibt er dem Anbieter immer wieder neue Impulse für seine Produktpolitik.

8.3 Die Preispolitik: Maßnahmen zur Steuerung von customers cost

Die Preispolitik setzt die strategische Festlegung des Marktprogramms mit Hilfe konkreter Maßnahmen um. Die Preispolitik im religiösen Markt bezieht sich vorwiegend auf die Abgaben, die in der Regel nicht in einem direkten Zusammenhang mit der erbrachten Dienstleistung gemacht werden. Dabei haben die Kirchen als religiöse Gemeinschaften die Möglichkeit, im Rahmen ihres Rechtsstatus **Steuern oder Beiträge** zu erheben. Über dieses formale Prinzip hinaus besteht die Möglichkeit, freiwillige **Sach- oder Finanzspenden** zu akquirieren oder im Rahmen eines gewerblichen Kontaktes **ein direktes Entgelt** zu erheben, z. B.

- Honorar für die Vermietung von Anzeigeflächen bei Gerüsten,
- Entgelt und Gebühren bei der Vermietung von Immobilien.

Die Preispolitik ist der Bereich, innerhalb dessen sich das sozialwirtschaftliche Vorsorgungsprinzip am stärksten durchsetzt. Das bedeutet, dass in der Regel mit Preispolitik gearbeitet werden muss, die hinsichtlich zweier unterschiedlicher Dimensionen wirksam wird. Zum einen muss die Preispolitik gegenüber dem Mitglied darstellen, welchen Nutzen es für seine Kirchensteuer, seinen Mitgliederbeitrag oder seine Spende bekommt. Zum anderen muss die Preispolitik aber auch bewusst machen, dass die Leistung, die ein Mitglied erhält, diesen Preis (Kirchensteuer, Beitrag, Spende u. a.) wert ist.

Die Preispolitik umfasst allgemein die Festlegung **des Preisniveaus** sowie die Sonderkonditionen mit Blick auf **die Preisgestaltung**.

- **Beispiel:** Festlegung des Preisniveaus auf einem hohen, mittleren oder niedrigen Standard: Vorgabe von Spendenzielen, Kirchensteuer zwischen 8-10 % der Einkommens- oder Lohnsteuer oder der so genannte Zehnte vom Bruttogehalt).

Zur Preispolitik gehören außerdem Maßnahmen wie Rabatte (Einführungsmengen- oder Sonderrabatte) oder Sonderkonditionen (Bezahlung in Raten oder zu einem späteren Zeitpunkt, Leasing usw.).

Es ist die Aufgabe der Preispolitik, mit Hilfe eines besonderen Preises **(Aktionspreis)** ein Angebot grundsätzlich oder für einen bestimmten Zeitraum attraktiv zu machen.

Sonderkonditionen gegenüber den Mitgliedern als Absatznehmer werden bei religiösen Gemeinschaften z. B. dann ermöglicht, wenn ein Gemeindemitglied eine Immobilie oder ein Fahrzeug der Gemeinde kostenlos für eine private Veranstaltung nutzen kann.

Die Maßnahmen der Preispolitik und der Produktpolitik greifen oft direkt ineinander. So kann z. B. das Angebot einer Jugendgruppe darin bestehen, dass bei einer Skifreizeit alle Leistungen (Skipass, Unterbringung, Fahrt u. a.) komplett angeboten werden. Dieses Angebot gibt es zu einem **Komplettpreis**, der alle Leistungen beinhaltet. Die Preispolitik unterstützt auf diese Weise die Produktpolitik (Umfang und Art des Angebotes). Der Mengenrabatt, der z. B. beim Erwerb der Skipässe gegeben wurde, stellt ein Verkaufsargument für das gesamte Angebot dar.

Zu den Maßnahmen der Preispolitik können auch all jene Maßnahmen gerechnet werden, die die physischen oder psychischen Kosten des Kunden verringern. Dazu zählt z. B. die emotionalen (Ängstlichkeit, Vorbehalte, Unsicherheit, Risiko) oder intellektuellen (Vorkenntnisse, Motivation, positive rationale Einstellung) Anstrengungen, die der Kunde auf sich nehmen muss, um ein Angebot zu kaufen, z. B.:

- Für viele Menschen, die sich nicht so sehr in den religiösen Statuten einer Gemeinde auskennen, entstehen z. B. dann hohe emotionale Kosten, wenn sie ein Angebot ihrer Kirchengemeinde nach längerer Zeit in Anspruch nehmen. Die Redewendung „Ich kenne mich nicht so sehr in der Bibel aus" ist ein Zeichen für die emotionalen Kosten, die ein Kunde im religiösen Markt hat. Auch die Befürchtung, beim Ablauf eines Gottesdienstes oder in einer Gruppenveranstaltung etwas falsches zu sagen oder zu machen, stellen emotionale Kosten dar, die mit Hilfe der Preispolitik reduziert werden müssen.

Die Maßnahmen der Preispolitik, die diese Kosten reduzieren, bestehen z. B. in einer offenen herzlichen Atmosphäre sowie einer freundlichen Art des Kontaktpersonals (Pfarrer, Hausmeister, Messner u. a.), auf die besondere Situation des Kunden einzugehen. Die Maßnahmen der Preispolitik, durch die diese hohen emotionalen, sozialen und intellektuellen Kosten des Kunden gesenkt werden können, stellen gerade im religiösen Markt wichtige Verkaufsargumente dar.

Eine besondere Herausforderung mit Blick auf die Preispolitik ergibt sich durch den Wunsch des Kunden, bestimmte Serviceleistungen kostenlos zu erhalten. Damit werden die Maßnahmen der Preispolitik zu Maßnahmen einer langfristigen Kundenbeziehung und Kundenbindung.

8.4   Die Distributionspolitik: Maßnahmen für customers convenience

Mit Hilfe der Maßnahmen der Distributionspolitik werden die strategischen Entscheidungen der **räumlichen und zeitlichen Verteilung** eines Angebotes umgesetzt. Dazu gehören die Entscheidungen über den Standort (Ortsnähe oder auf der grünen Wiese), die Entscheidung bezüglich einer zentralen Einrichtung oder dezentraler Einheiten (Zentrale und Filiale) sowie die Entscheidung über ein gesamtes Vertriebsnetz (Großhandel, Einzelhandel, direkter Handel mit dem Kunden, Versandhandel, Internethandel usw.).

Beim Aufbau **der Vertriebswege** spielen die sogenannten **Absatzmittler** eine große Rolle. Absatzmittler im religiösen Markt sind z.B. die Eltern von Kindern und Jugendlichen, die an einer Veranstaltung einer Gemeinde (Konfirmandenunterricht, Jugendfreizeit u.a.) teilnehmen. Zu den Absatzmittlern zählen auch die öffentliche Verwaltung (Jugendamt, Arbeitsamt u.a.) sowie z.B. Schulen oder Bildungseinrichtungen. Weitere Absatzmittler sind solche innerhalb denen Menschen gemeinsam freiwillig ihre Freizeit gestalten, z.B.

● ein Förderverein von freiwilligen Mitarbeitern organisiert ein Kultur- und Freizeitprogramm (Konzerte, Ausstellungen u.a.) für eine Kirchengemeinde.

Durch den Einsatz von Absatzmittlern entsteht eine sogenannte push- und pull- Wirkung des Marketing. Das pull-Marketing des Herstellers bewirkt eine gewisse Sogwirkung durch den Aufbau eines bestimmten Imageprofils bzw. Markenbewusstseins beim Kunden. Maßnahmen des pull-Marketing sind alle Aktivitäten, die den Endkunden direkt erreichen. Der Absatzmittler bzw. Vertriebspartner muss zusätzlich die Maßnahmen des **push-Marketing** durchführen, damit es zum Verkauf kommt.

Damit ein Absatzmittler das Angebot eines religiösen Unternehmens verkauft, gibt es verschiedene Marketingaktivitäten gegenüber dem Absatzmittler. Der Vertriebspartner kann z.B. ein Exklusivrecht für den Verkauf eines Angebotes erhalten und im Rahmen eines Account-Systems bestimmte monetäre oder wirtschaftliche Vorteile erhalten. Innerhalb des religiösen Marktes bestehen die Maßnahmen, die zu einem push-Marketing führen, überwiegend im Bereich der Kommunikation und fachlichen Unterstützung, z.B.:

● Elternabend für den Konfirmandenunterricht u.a.

Ein weiterer wichtiger Absatzmittler sind die haupt- und ehrenamtlichen Mitarbeiter eines Unternehmens. Sie vermitteln ein Angebot durch **den persönlichen Verkauf** und die persönliche Einstellung. Die meisten Mitarbeiter im religiösen Markt sehen sich aber nicht in der Rolle des Verkäufers. Diese neue Rolle kann deshalb innerhalb eines Verkäufertrainings vermittelt werden.

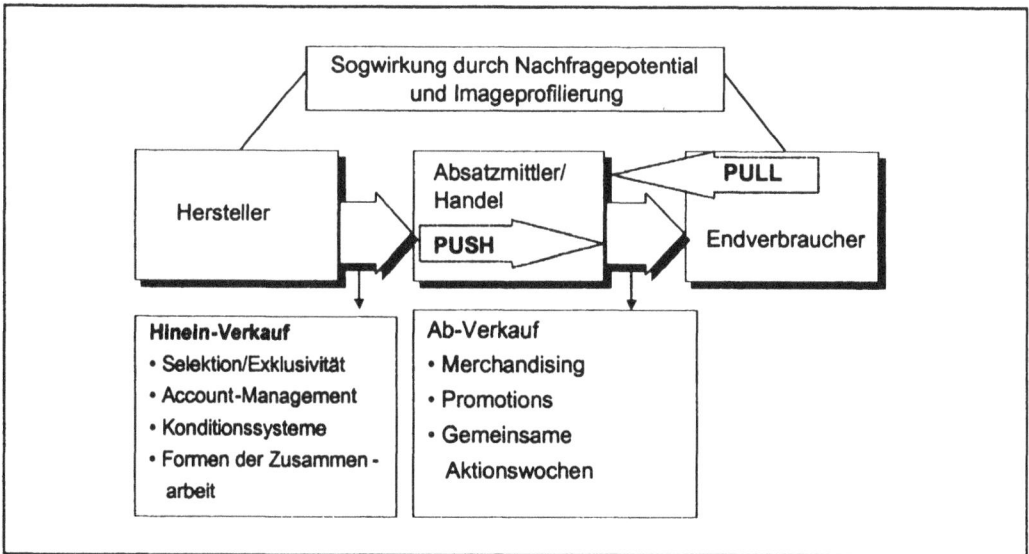

Abbildung 61:   Push-und Pullmarketing

Fallbeispiel:

Wie die ehrenamtlichen Mitarbeiterinnen und Mitarbeiter einer Kirchengemeinde zu aktiven Verkäufern werden.

● *Wie werden ehrenamtliche Mitarbeiter/innen zu aktiven Verkäufern?*

● *Wie können Mitarbeiter den Standpunkt gewinnen, nicht nur ihren Auftrag oder ihre Pflicht zu erfüllen, sondern aktiv ein zusätzliches Angebot der Kirchengemeinde zu verkaufen?*

Diese Fragen standen im Hintergrund, als eine Kirchengemeinde mich beauftragte, eine Verkäuferschulung mit ihrem Mitarbeitern durchzuführen. Die Aufgabe bestand darin, die haupt- und ehrenamtlichen Mitarbeiter in ihrem missionarischen und diakonischen Auftrag so zu unterstützen, dass sie darin zu aktiven Verkäufern werden.

Die Grundlagen für das Verkaufstraining bestehen in drei Schritten:

● *Schritt 1:   Die richtige Einstellung gewinnen:*
Verkaufe nicht – lebe!

- *Schritt 2:   Das Verkaufsgespräch:*
  Einstieg – Vertiefung – Abschluss

- *Schritt 3:   Rollenspiel und Praxistraining*

Der erste Schritt: Die richtige Einstellung gewinnen

Der erste wichtige Schritt zum Verkauf ist die richtige Einstellung, die ein Mensch mit Blick auf seine Verkaufsaktivitäten entwickelt. Unter dem Schlagwort: „Verkaufe nicht – lebe!" wurde mit Hilfe einer richtigen Fragestellung versucht, ein positives Bewusstsein für den Verkauf der kirchlichen Angebote zu gewinnen.

Verkaufen
- ist kein Griff in das Portemonnaie des Patienten,
- ist keine Drückermentalität,
- ist kein Anbiedern,
- ist keine persönliche Zurschaustellung,
sondern
- das Entwickeln und Wachsen einer vertrauensvollen Beziehung durch
- das Gewinnen von Vertrauen von Mitmenschen,
- die Wahrnehmung, was ein Mensch tatsächlich braucht,
- das Anbieten von klar definierten Lösungen, Hilfestellungen und Dienstleistungen.

Verkaufen heißt, Beziehungen zu Menschen zu gestalten und einen Nutzen zu geben, der gewinnbringend für beide Beziehungspartner ist.

Der zweite Schritt: Die Anwendung der besonderen Verkaufstechnik

Jedes Verkaufsgespräch folgt in der Regel drei Phasen:

- *Einstieg*
- *Vertiefung*
- *Abschluss*

Die Einstiegsphase

In der Einstiegsphase nimmt der Verkäufer folgende Aufgaben wahr:

● Fragen, beobachten, Informationen über das tatsächliche Bedürfnis des Kunden und seine Situation mit allen Sinnen (Augen, Ohren, Nase usw.) wahrnehmen und erfassen.

● Eine Vertrauensbeziehung schaffen, indem an die wahrgenommenen Informationen angeknüpft wird.

● Die wahrgenommene Information zu solchen Verkaufsargumenten verdichten, die mit der tatsächlichen Situation und dem Bedürfnis des Kunden etwas zutunhaben.

Die Vertiefungsphase

Wenn ein Verkaufsgespräch an die wahrgenommene Information anknüpft und diese aktiv zu Verkaufsargumenten bündelt, dann treten unwillkürlich Reaktionen beim Kunden ein. Diese reichen von der direkten, spontanen Zustimmung bis hin zur Gegenreaktion in Form von Gegenargumenten oder Ablehnung. Diese Gegenreaktionen des Kunden werden rational und emotional zum Ausdruck gebracht. Der Verkäufer muss auf diese Gegenreaktionen vorbereitet sein und kann mit folgenden Aktivitäten darauf agieren:

● Der Verkäufer muss die Einwände hören.

● Er darf die eigene Sicherheit nicht verlieren.

● Und er muss die Gegenargumente des Kunden bewerten, akzeptieren oder entkräften.

Abschlussphase

Jedes Verkaufsgespräch muss zu einem Abschluss bzw. Ergebnis führen. In der Abschlussphase zeigt der Kunde oft noch einmal die Zweifel, die er mit Blick auf eine Kaufentscheidung hat. Er entwickelt weitere Gegenargumente, die oft mit der gegenwärtigen Verkaufssituation nichts zu tun haben. Die Aufgabe des Verkäufers besteht darin, zu einem konkreten Abschluss bzw. zu einer konkreten Vereinbarung zu kommen. Damit es dazu kommt, kann der Verkäufer folgendes unternehmen:

- **Die Gegenargumente der Abschlussphase entkräften.**

- **An die konkrete Verkaufssituation erinnern.**

- **Teilziele formulieren.**

- **Den Kunden in seiner Kaufentscheidung bestätigen.**

Das Ziel eines Verkaufsgespräches besteht darin, eine ehrliche und faire Beziehung zu schaffen. Dazu trägt im wesentlichen eine angenehme Verkaufsatmosphäre bei, durch die Zwänge oder Notwendigkeiten in ein Handeln verwandelt werden, das Spaß macht und bei dem sich die Partner wohlfühlen. Eine angenehme Verkaufsatmosphäre wird vorwiegend dadurch geschaffen, dass Missverständnisse informell und sachlich geklärt werden und Störungen im Verkaufsprozess durch den Käufer und Verkäufer ausgeräumt werden Missverständnisse oder Störungen bestehen vorwiegend in dem Gefühl, dass etwas verkauft werden muss und nicht mehr der freien Entscheidung von Käufer und Verkäufer unterliegt.

Ein wichtiges Instrument der Verkäuferschulung ist das Rollenspiel, innerhalb dessen vor allem Konflikte und Störungen im Verhältnis von Käufer und Verkäufer aufgedeckt und aufgearbeitet werden.

Der dritte Schritt: Rollenspiel und Praxistraining

Nach der Vermittlung der Grundlagen eines Verkaufsgesprächs ist es hilfreich, Situationen, die die Mitarbeiter konkret erleben, in einem **Rollenspiel** *nachzuspielen. Im Rollenspiel übernehmen die Mitarbeiter die Rollen der Personen, die in einer Situation* **direkt handeln** *(Beispiel: Kunde, Käufer, Verkäufer u.a.).*

Nach einer kurzen Vorbereitungszeit werden die einzelnen Rollen gespielt. Dabei sollte es keine Unterbrechung geben. Die übrigen Gruppenmitglieder beobachten das Rollenspiel u.U. mit einer bestimmten Fragestellung. Nach dem Rollenspiel geben zuerst die Spieler eine **Rückmeldung,** *was ihnen im Spiel ihrer Rolle positiv oder negativ aufgefallen ist. Danach sind alle anderen Beobachter gefordert, ihre Erkenntnisse und Beobachtungen aus den gespielten Rollen widerzugeben. Die Ergebnisse sollten auf jeden Fall auf einem Blatt Papier festgehalten werden.*

Die sieben Schritte zu einem erfolgreichen Rollenspiel:

1. Schritt: *Definieren Sie die Aufgabe bzw. Thema eines Rollenspiels.*

2. Schritt: *Wählen Sie die Personen aus, die eine Rolle spielen.*

3. Schritt: *Führung Sie das Rollenspiel ohne Unterbrechung durch.*

4. Schritt: *Fragen Sie zuerst nach der Rückmeldung und den Beobachtungen der Spieler und notieren Sie diese schriftlich.*

5. Schritt: *Fragen Sie nach der Rückmeldung und den Beobachtungen der Zuschauer und notieren Sie diese ebenfalls schriftlich.*

6. Schritt: *Ordnen Sie die schriftlich fixierten Beobachtungen, bilden Sie Themenschwerpunkte und besprechen und interpretieren Sie in der Gruppe ihre Beobachtungen.*

7. Schritt: *Formulieren Sie die konkreten Erkenntnisse aus dem Rollenspiel und legen Sie Veränderungsmaßnahmen schriftlich fest.*

Die Technik des Rollenspiels:

- *Vorbereiten*   *Schritt 1 – 2*
- *Durchführung*   *Schritt 3 – 5*
- *Auswertung*   *Schritt 6 – 7*

Das aktive Verkaufen religiöser Dienstleistungen fällt vielen Menschen schwer. Es gibt viele Hindernisse, die ein aktives Verkaufsverhalten blockieren bzw. erst gar nicht ermöglichen.

Folgendes sind die Blockaden, die ein aktives Verkaufsverhalten verhindern:

- Menschen sind der Überzeugung, dass sie sich selbst und ihr Angebot **nicht** verkaufen müssen

- Menschen **halten** sich selbst und ihre Angebote für so wichtig, dass sie sich gar nicht mehr verkaufen wollen.

- Menschen haben die Einstellung, **dass der Kunde von ihnen abhängig ist** und nicht umgekehrt.

- Menschen **verstecken sich** hinter ihrem religiösen Engagement oder hinter einem übergroßem Selbstbedürfnis, anderen helfen zu wollen (Helfersyndrom).

- Menschen haben **Angst**, eine klare Leistung und Gegenleistung zu definieren.

- Menschen stehen unter dem Zwang, verkaufen zu müssen.

- Menschen möchten **nicht in Konkurrenz** zu anderen religiösen Unternehmen und ihren Angeboten treten.

Dienstleistungen im religiösen Markt müssen heute **professionell** angeboten, verkauft und erbracht werden. Die persönliche Einstellung und Motivation des einzelnen Mitarbeiters ist ein wesentlicher Bestandteil davon.

Diese logistischen, räumlichen und interpersonellen Vertriebsaspekte werden durch die Aspekte ergänzt, die **den Zeitpunkt oder den Zeitrahmen** betreffen (Öffnungszeiten, Lieferzeiten, Verfügbarkeit bei Garantieleistung usw.), z. B.

- Öffnungszeiten des Gemeindehauses oder Gemeindebüros.
- Durch eine Servicenummer (Call-Center) werden alle Anfragen und Kontakte mit einem Kunden aufgezeichnet.

Die Maßnahmen der Distributionspolitik sollen die Barrieren und Probleme verringern, die der Kunde überwinden muss, um ein Angebot in seinen Besitz zu überführen. Dies wird durch den amerikanischen Begriff **customers convenience** bezeichnet.

Die Grundfrage der Distributionspolitik lautet: wie bequem (convenience) ist es für den Kunden, in den Besitz einer Ware oder Dienstleistung zu kommen, nachdem er sie gekauft hat?

Unter diesem Aspekt versucht eine moderne Distributionspolitik auch solche Maßnahmen zu ergreifen, durch die der Kunde keine Wartezeiten in Kauf nehmen muss oder das Angebot (z. B. Hausbesuch u. a.) direkt nach Hause geliefert wird.

8.5   Die Kommunikationspolitik: Maßnahme zur Förderung von costumers communication

Eine weitere wichtige Handlungsmaßnahme stellt die Kommunikationspolitik dar. Sie umfasst **die Werbung sowie die Öffentlichkeitsarbeit oder Public Relations.** Die Maßnahmen der Werbung sind in der Regel auf das Angebot eines Unternehmens bezogen, die Maßnahmen der Öffentlichkeitsarbeit bzw. Public Relations beziehen sich auf das gesamte Unternehmen und seine Beziehung zum Umfeld.

8.5.1 Werbung, Marketing, Öffentlichkeitsarbeit

Marketing, Werbung und Öffentlichkeitsarbeit stehen oft in einem bestimmten Spannungsverhältnis zueinander. Ein Grund für diese Problematik liegt darin, dass oft die Frage gestellt wird, welches Fachgebiet sich einem anderen unterzuordnen hat wie z. B.:

●   Ist die Werbung als Marketinginstrument nur ein Teil des Marketing?

●   Lässt sich soziales Anliegen überhaupt mit knallharten Methoden des Marketing verkaufen?

●   Trägt die Öffentlichkeitsarbeit nicht viel mehr dazu bei, das Vertrauen und Interesse für ein soziales Anliegen zu gewinnen?

Eine erste Klärung besteht in der Feststellung, dass Marketing, Werbung und Öffentlichkeitsarbeit **dasselbe Ziel haben,** aber mit unterschiedlichen Methoden und Maßnahmen dieses Ziel erreichen.

Die Zielsetzung für alle drei Bereiche und Aktivitäten besteht darin, den Verkauf einer produzierten Ware oder einer Kompetenz bzw. eines Potenzials, das ein Dienstleistungsunternehmen zur Verfügung stellt, zu unterstützen und zu fördern.

Die Aufgaben und Aktivitäten **des Marketing** lassen sich wie folgt beschreiben:

●   Ausrichtung eines ganzen Unternehmens auf den Markt, Entwicklung einer Kundenorientierung bei allen Mitarbeiterinnen und Mitarbeitern,

●   Analyse der Ausgangssituation mit Blick auf einzelne Angebote und Zielgruppen, Positionierung eines Unternehmens im Markt,

- Planung einer Marketingstrategie mit Blick auf das langfristige Verhalten eines Unternehmens gegenüber dem Markt oder bestimmten Marktsegmenten,

- Umsetzung von Marketingaktivitäten durch bestimmte Marketinginstrumente wie z.B. der Angebots-, Distributions- und Kommunikationspolitik.

Diese langfristige strategische Ausrichtung eines Unternehmens mit Hilfe des Marketing wird durch **die Werbung** ergänzt. Die Aufgaben und Aktivitäten der Werbung eines Unternehmens betreffen vorwiegend **einzelne Angebote, Dienstleistungen oder Produkte**. Mit Hilfe von geeigneten Werbemaßnahmen soll ein **so genannter Informations- bzw. Werbedruck** entstehen, durch den der Kunde auf ein Angebot aufmerksam gemacht wird. Messkriterium für die Werbeaktivitäten eines Unternehmens ist die so genannte **Streuung** und der zeitlich befristet **Werbedruck**, der mit Hilfe von verschiedenen Werbemaßnahmen erzeugt werden kann.

Die Aufgaben und Aktivitäten der **Öffentlichkeitsarbeit** beziehen sich nicht ausschließlich auf ein einzelnes Angebot oder auf eine einzelne Dienstleistung, sondern auf die kommunikative Vermittlung eines Unternehmens **mit seinen Gesamtaktivitäten** in der Öffentlichkeit. Dazu gehört z.B. die Einführung einer neuen Therapie oder Behandlungsmethode, die Eröffnung eines neuen Gebäudes oder die wirksame Präsentation des Geschäftsberichts eines Unternehmens in der Öffentlichkeit. Die Zielsetzung der Öffentlichkeitsarbeit besteht darin, Interesse für die gesamten Aktivitäten eines Unternehmens zu wecken und damit den Verkauf einzelner Angebote zu fördern. Der amerikanische Begriff Public Relations umschreibt inhaltlich das Anliegen der Öffentlichkeitsarbeit eines Unternehmens: Die Aktivitäten der Öffentlichkeitsarbeit sollen eine Beziehung zur Öffentlichkeit herstellen und das Vertrauen der Öffentlichkeit und Gesellschaft in ein Unternehmen mit der Absicht fördern, dass einzelne Personen oder Zielgruppen Interesse an den Angeboten eines Unternehmens finden und es zu einer Kaufentscheidung kommt.

Die Grundlage für alle drei Kommunikationsmethoden bildet ein Kommunikationsmodell, das aus einem so genannten Sender und Empfänger (Rezipient) beruht.

Der Sender verschlüsselt seine Botschaft mit einem Code. Die verschlüsselte Botschaft erreicht den Empfänger durch ein Medium (Sprache, Körperhaltung, Ausdrucksweise u.a.). Um die Botschaft zu entschlüsseln, benötigt der Empfänger denselben Code. Für den Empfänger ist deshalb die Rückmeldung des Empfängers wichtig, ob die gesendete Botschaft angekommen und verstanden worden ist. Eine Kommunikationsstörung kann dadurch auftreten, dass der Sender und Empfänger nicht über denselben Verschlüsselung- bzw. Entschlüsselungscode verfügt oder ein ungeeignetes Medium als Träger einer Botschaft verwendet wurde (z.B.: Lautstärke). Für das Dienstleistungsmarketing ist die Tatsache von entscheidender

Bedeutung, dass eine Kommunikation stattfindet. Diese besteht darin, dass die Mitarbeiter für den Kunden ansprechbar sind und zur Verfügung stehen. Für ein Dienstleistungsunternehmen gilt der Grundsatz der Kommunikation um so mehr:

● „Man kann nicht nicht kommunizieren!"

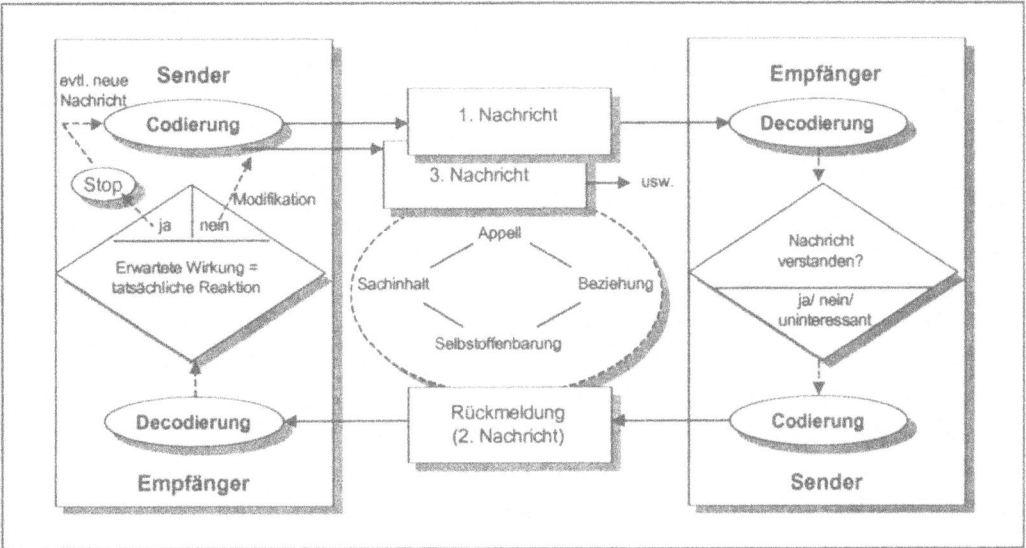

Abbildung 62:   Sender-Empfänger-Modell als Grundlage für die Kommunikation

8.5.2 Die Grundlagen der Werbung

Die Zielsetzung der Werbung besteht darin, möglichst **viele Menschen** in einer zuvor definierten Zielgruppe so zu erreichen, dass die Information über ein bestimmtes Angebot möglichst **lange und nachhaltig wirksam ist**. Mit Blick auf den ersten Aspekt dieser Zielsetzung spricht man auch von der sogenannten Streuung, der zweite Aspekte wird mit dem Fachbegriff **„Werbe- bzw. Informationsdruck"** beschrieben.

Grundlage für das Erreichen dieser Zielsetzung ist **ein Werbekonzept**, das folgende Bestandteile beinhaltet:

Analyse des Werbesubjektes
Wer ist der Partner, der mit einer Werbung erreicht werden soll?

Analyse des Werbeobjektes
Was bzw. welches Angebot soll beworben werden?

Formulierung einer so genannten copy strategie
Ausarbeitung einer inhaltlichen Grundkonzeption/Grundplan für die Gestaltung der Werbemaßnahmen

Festlegung der Werbemaßnahmen bzw. Werbemittelstrategie

Festlegung des Werbebudget

Werbeerfolgskontrolle

Im Rahmen einer Werbekonzeption für einzelne Angebote können die Informationen und Erkenntnisse verwendet werden, die ein Unternehmen mit Hilfe seiner **Marktforschung** und seiner **strategischen Festlegung** auf einzelne Zielgruppen und Angebote gewonnen hat. Dazu kommt ergänzend die Analyse, die die Werbung im besondern betrifft.

Analyse von Werbesubjekt und Werbeobjekt
Grundlage für die inhaltliche und formale Gestaltung der Werbung ist eine Analyse, die im allgemeinen **die aktuelle Situation** und im besonderen die des Werbesubjekts und Werbeobjekts betrifft, z.B. ist das Spendenaufkommen innerhalb der zweiten Jahreshälfte größer.

Ein weiterer wichtiger Schritt ist **die Analyse des Werbesubjektes**. Mit Hilfe der Werbeanalyse sollen Menschen mit gleichen Einstellungen, Verhaltensweisen, Interessen und (finanziellen) Möglichkeiten sowie mit **gleichem Kommunikationsverhalten** in einer Zielgruppen zusammengefasst werden. Der Vorteil einer Zielgruppe liegt darin, dass damit eine möglichst umfassende und genaue Anzahl von Menschen mit gleichem Kommunikationsverhalten und Interessen in einer Zielgruppe festgelegt werden kann.

Eine erste Grundfrage bei der Analyse des Werbesubjektes lautet: „Mit wem soll kommuniziert werden? Wer ist **der direkte Ansprechpartner** einer Werbung?" Die Antwort auf diese Frage ist sehr entscheidend. Es gibt unter Umständen Angebote, bei denen sich die Werbe- und Kommunikationsmaßnahmen an jemand anderes richten als an den eigentlichen Verwender dieser Angebote, z.B.:

● Der Ansprechpartner für die Werbung von Krawatten ist normalerweise die Frau während der Mann die Krawatte trägt. Deshalb wendet sich die Werbung and die Frau als Kommunikationspartner.

- Die Erziehungsberechtigte von Kindern und Jugendlichen sind die Entscheidungsträger, wenn es um die Teilnahme an einem kirchlichen Angebot (Beispiel: Gruppen-
angebot oder Freizeit) geht.

Die Werbung ist dann erfolgreich je transparenter der Personenkreis erfasst werden kann, der
Subjekt bzw. Ansprechpartner der Werbung sein soll.

Folgende Kriterien helfen, einen abgrenzbaren Personenkreis für die Werbung zu definieren:

- Sozio-demographische Merkmale wie z.B.: Alter, Geschlecht, Beruf, Einkommen,
Familienstand usw.

- Psychologische Merkmale wie z.B. Verhaltensweise, Denkweise, Emotionalität usw.

- Soziologische Merkmale wie z.B. Mitglied in einer gesellschaftlichen Gruppierung,
Gruppenmerkmale, Normen und Werte dieser Gruppe, Life Style

- Merkmale des Kaufverhaltens und Konsums wie z.B. Ausstattung mit Konsumgütern
(Fernsehgerät, Mobiltelefon usw.)

Das Ergebnis einer Zielgruppenanalyse besteht in der Beschreibung und Fixierung der Zielgruppe. Dabei wird im Rahmen der Werbung eine Zielgruppe mit folgenden Kriterien beschrieben, z.B.

Geschlecht:	Frauen
Alter:	20-29 Jahre
Einkommen:	ab DM 2.500 netto
Einstellung:	konservativ
Ortsgrößenklasse:	bis 20.000 Einwohner

Das Merkmal der Ortsgrößenklasse dient als Vergleichskriterium, das zur Auswahl der Werbemittel führt. Da nicht unbegrenzt geworben werden kann, wird die Frage gestellt: Wie viele
Frauen mit den oben beschriebenen Merkmalen gibt es in Ortschaften mit einer Einwohnerzahl bis zu 20.000 Einwohner.

Folgende Kriterien können zur Analyse und Festlegung der Zielgruppen für die Werbung
herangezogen werden:

- Wie lässt sich die Zielgruppe unter sozio-demographischen Merkmalen darstellen (Alter, Geschlecht, Einkommen, Familienstand, Familiengröße, Haushaltsgröße)?

- Kann die Zielgruppe nach psychologischen Merkmalen beschrieben werden, zum Beispiel Bedürfniskategorien, Motivation für ein Kaufverhalten, Lerneffekte, Denken und Fühlen und Einstellungsweise?

- Welche soziologischen Merkmale gelten für die Zielgruppe, z.B. Zugehörigkeit zu einer Gruppe, Normen der Gruppe, Rollenverteilung, Meinungsführer, Gewohnheiten, Kaufgewohnheiten?

- Gibt es Merkmale mit Blick auf Kaufentscheidungen und Kaufverhalten wie zum Beispiel Markenbewusstsein, Kundentreue, rationale Kaufgründe (Preis, Sicherheit usw.), emotionale Kaufgründe (Prestige usw.), Zeitpunkt und situative Bedingungen für eine Kaufentscheidung (Wochenendeinkauf usw.)?

Der weitere Analyseschritt betrifft das Angebot selbst (Werbeobjekt), für das Werbung gemacht werden soll. Da im Normalfall nicht für jedes einzelne Angebot Werbung gemacht werden kann, besteht der erste Schritt der **Werbeobjektanlayse** darin, eine Auswahl zu treffen.

- **Beispiel:** Für die meisten Kirchengemeinden steht der Gottesdienst als Werbeobjekt im Mittelpunkt ihrer Werbeaktivitäten. Damit wird für ein „fertiges Produkt" geworben, dessen Ablauf größten Teils feststeht. Aus der Sicht der Kunden spielen die Angebote eine wichtige Rolle, bei denen sie sich beteiligen können und durch die eine offene, gemeinschaftsfördernde Atmosphäre entsteht. Eine Kirchengemeinde entscheidet sich deshalb, in Zukunft die gemeinsamen Werte und Entstellungen (Offenheit, Herzlichkeit, Transparenz u.a.) als Werbeobjekt zu bewerben.

Die Kriterien für die Auswahl liegen zum einen auf der Kundenseite, zum anderen aber auch auf der Seite des Werbeobjektes. Mit Hilfe der Werbeobjektanalyse sollen folgende Fragen beantwortet werden:

- Welche Bedeutung hat ein Werbeobjekt für den Kunden?

- Welches Werbeobjekt lässt sich am besten dem Kunden werblich vermitteln?

- Gibt es geeignete Werbemittel, um dem Kunden ein Angebot werblich zu vermitteln? (Anzeigen, Prospekte, Persönliche Beziehung u.a.)?

Das Ziel der Werbeanalyse besteht darin, geeignete Argumente für die Werbung zu finden, durch die ein Werbeobjekt nach Möglichkeit eine Alleinstellung erhält. Deshalb schließt die Werbeobjektanalyse auch die Abgrenzung bzw. Abhebung gegenüber anderen Konkurrenzangeboten mit ein.

Folgende Kriterien spielen bei der Analyse des Werbeobjektes eine wichtige Rolle:

- Mit welchem Angebot steht das eigene Angebot in Konkurrenz?

- Gibt es Angebote, die das eigene Angebot ersetzen können?

- Welche werblich relevanten Eigenschaften hat das Werbeobjekt in Bezug auf seine äußere Erscheinungsweise (Qualität, Sichtbarkeit, Unsichtbarkeit, Form, Größe, Farbe usw.), in Bezug auf seine Verwendung (Bequemlichkeit, Haltbarkeit, Handhabung, Anerkennung usw.), mit Blick auf die Nutzenstiftung?

- In welche Bedarfskategorie gehört ein Werbeobjekt (Grundbedürfnisse, zusätzliche Bedürfnisse usw.)?

- Welches Image hat ein Werbeobjekt?

- Mit welchen Werbemaßnahmen wurde bisher ein Werbeobjekt beworben?

Die Analyse der allgemeinen Situation sowie der Ansprechpartner bzw. der Angebote der Werbung (Werbesubjekt und Werbeobjekt) führt noch nicht zu den direkten Handlungsmaßnahmen wie z.B. zur Gestaltung einer Anzeige oder eines TV-Spots. Zwischen der Analyse und den konkreten Umsetzungsschritten steht die gedankliche Reflexion, durch die der Werbeauftritt inhaltlich zuerst konzipiert wird.

8.5.3 Die Formulierung einer inhaltlichen Grundkonzeption (copy strategie)

Die copy strategie ist **eine inhaltliche Grundkonzeption**, die den zukünftigen Werbeauftritt beschreibt. Sie ist dem Plan eines Architekten vergleichbar, der ebenfalls vor der eigentlichen Tätigkeit, nämlich dem Bau eines Objektes, erstellt wird. Bevor also ein Unternehmen in die Werbung geht und tatsächlich bestimmte Werbeaktivitäten, wie z.B. eine Anzeigenschaltung, durchführt, wird der Werbeauftritt in Form einer inhaltlichen Grundkonzeption schriftlich dargestellt und fixiert.

Zu dieser inhaltlichen Grundkonzeption (copy strategie) gehören drei Kriterien. Mit Hilfe der copy strategie werden die folgenden drei Kriterien (inhaltlich und schriftlich) beschrieben und bestimmt:

● Den wichtigsten Nutzen, den ein Kunden beim Erwerb eines Angebotes hat **(Consumer-Benefit).**

● Die Argumente, die das Versprechen glaubhaft machen **(Reason-Why).**

● **Tonality** und **Flair.**

Consumer-Benefit oder USP (Unique Selling Proposition)

Im Rahmen der Copy-Strategie müssen alle Argumente, die für den Kauf eines Angebotes sprechen, zu dem einzigen Argument gebündelt werden. Da der Kunde in einer großen Informationsflut und unter einem hohen Kommunikationsdruck steht, ist die klare Darstellung eines einzigartigen Nutzens von entscheidender Bedeutung. Consumer-Benefit beschreibt mit wenigen Worten den grundlegenden Nutzen, den ein Kunde beim Kauf eines Angebotes tatsächlich hat. Wenn dieser grundlegende Nutzen noch als einzigartig bzw. einmalig dargestellt werden kann, spricht man vom so genannten USP. Der USP ist ein einmaliges bzw. einzigartiges Argument, das ein Angebot gegenüber allen anderen Angeboten haben kann.

Consumer-Benefit wird meistens in wenigen Schlagworten oder einer so genannten headline (Überschrift) beschrieben.

Reason-why – die Glaubhaftmachung des Consumer benefit

Da der grundlegende Nutzen bzw. das Versprechen eines grundlegenden Nutzen für den Kunden nur mit wenigen Schlagworten deutlich gemacht wurde, muss dieser glaubhaft gemacht werden. Im Rahmen des so genannten body textes werden die Argumente beschrieben, die das Grundversprechen in seiner Einmaligkeit tatsächlich glaubhaft machen.

Tonality oder Flair

Ein letzter wichtiger Schritt der Copy-Strategie besteht in der Festlegung der Tonality oder dem Flair. Das Flair oder die Tonality, mit dem sowohl Consumer Benefit als auch Reason-Why dargestellt wird, wirkt sich hemmend oder fördern auf die Werbung und Kommunikation aus.

Folgende Kriterien bestimmen maßgeblich Tonality oder Flair einer Werbung:

- Größe, Umfang, Beschaffenheit, Plazierung usw.

- Text, Schrifttyp, Schriftgröße sowie weitere typographische Merkmale wie Zeilenabstand, Schriftverlauf usw.

- Inhaltliche und formale Gestaltungsmittel, z.B. Wort- und Sprachgebrauch, Verwendung von formalen Gestaltungsmitteln wie Bilder, Graphiken, Geräusche, Motive usw.

Folgendes Fallbeispiel aus der Praxis macht die Anwendung der Copy-Strategie deutlich.

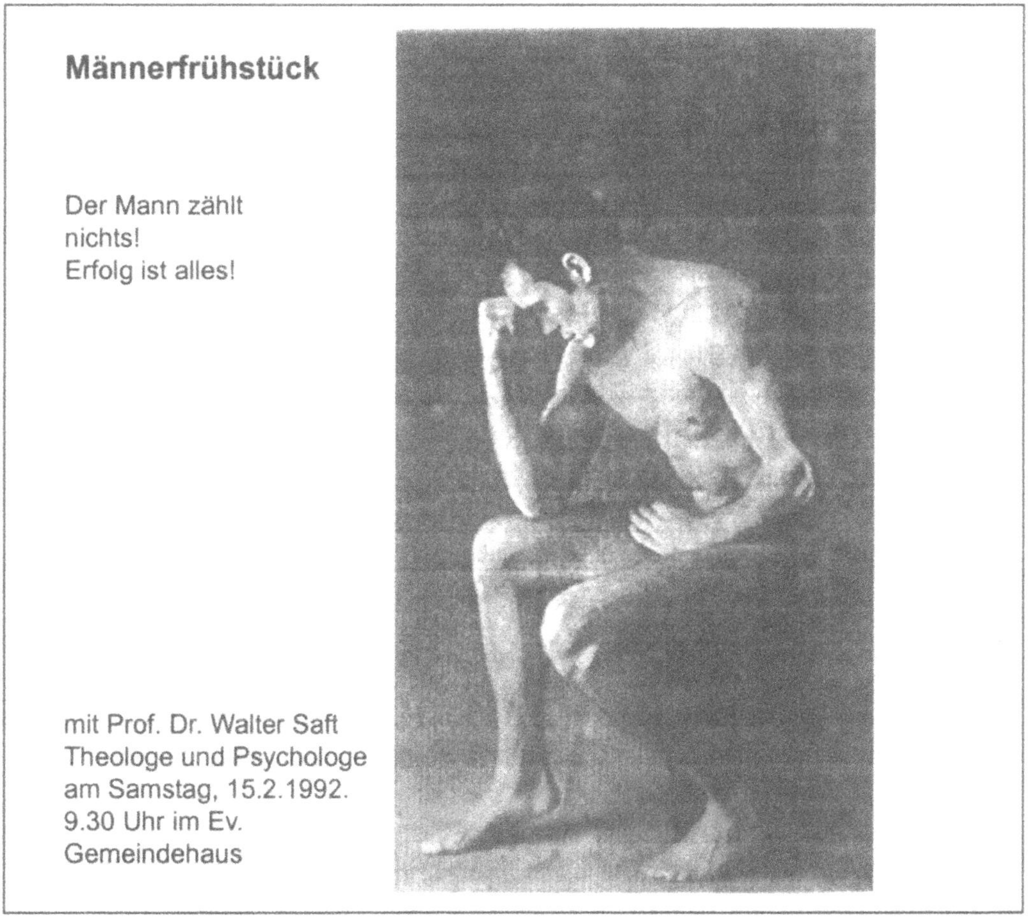

Abbildung 63:   Werbung für eine Veranstaltung für Männer

Fallbeispiel für die Umsetzung einer copy strategie in der Werbung:

Innerhalb einer Projektwoche veranstaltete die Kirchengemeinde Vortragsabende zu bestimmten Themen sowie zielgruppenbezogene Veranstaltungen. Eine dieser Veranstaltungen richtete sich am Samstag Vormittag an die Zielgruppe Männer. Die Werbung war in folgende copy strategie eingebettet:

User benefit   *Head (Männerfrühstück) mit Subhead (Der Mann zählt nichts! Erfolg ist alles!). Information über die zielgruppenbezogene Veranstaltung in Form eines Männerfrühstücks.*

Reason why   *User benefit wird durch mehrere Argumente glaubhaft gemacht: Informationen über den Referenten und seine Qualifikation sowie über Ort und Zeit der Veranstaltung. Die Rückseite macht in einem so genannten body-Text die Bedeutung dieses Themas bewusst.*

Tonality / Flair *Flair bzw. Tonality ist bewusst provokativ gestaltet. Dabei sind vorwiegend zwei Gestaltungselemente wirksam: der Text der Subhead (Wortwahl) sowie das gestalterische Elemente des Bildes. Das Bild zeigt einen nackten Mann in einer ästhetischen Atmosphäre. Auf diese Weise wird mit Hilfe von gestalterischen Elementen an die Leidenschaft, aber auch an den Stolz der Zielgruppe appelliert. Da eine Grundeinstellung von Männern so beschrieben werden kann, dass Männer nicht gerne über ihre Probleme reden, wurde dieser Prospekt/Anzeige bewusst provokativ gestaltet (Gestaltungselement: nackter Mann):*

8.5.4 Die Werbemittelstrategie

Nach der Analyse und der inhaltlichen Fixierung im Rahmen der Copy-Strategie ist die Auswahl der Werbemittel oder Werbemaßnahmen ein weiterer wichtiger Schritt. Hintergrund der Festlegung einer Werbemittelstrategie ist die Erkenntnis, dass jedes Werbemittel bzw. jede Werbemaßnahme nur **eine bestimmte, zeitlich befristete Wirkung** hat.

● Die Wirkung einer Anzeige in der regionalen **Tageszeitung** besteht darin, dass ein Leser einer Werbung bzw. Information innerhalb der Routine seines Alltags wahrnimmt und diese Information sozusagen zu seinem Alltag gehört.

- Die Wirkung einer Anzeige in einer **Fachzeitschrift** besteht darin, dass mehr fachliche Informationen geboten werden können und der Leser diese Anzeige u. a. mit einem größerem Interesse wahrnimmt.

- Ein **Plakat** hat die Aufgabe, durch die Größe der Gestaltungselemente (Schrift, Bilder usw.) Aufmerksamkeit zu erreichen.

- Mit Hilfe einer **Informationsbroschüre** bzw. eines **Prospektes** kann ein Angebot umfangreicher erklärt werden.

- Informationen, die mit Hilfe von **Funk, Film, Fernsehen** oder auch mit **Hilfe des Internet** vermittelt werden, haben den Vorteil, dass sie eine große Anzahl von Personen erreichen.

Um die Zielsetzung einer möglichst intensiven, lang andauernden Wirkung der Information **(Werbedruck)** zu erreichen, folgt die Werbemittelstrategie folgenden Erkenntnissen:

- Es ist nicht ausreichend, ein Werbemittel nur einmal einzusetzen. Werbemittel brauchen **einen zeitlich und geographisch kontinuierlichen Einsatz**, z.B. ein Funkspot wird nicht nur einmal geschaltet, sondern in jedem Werbeblock zu jeder Stunde über den Zeitraum von vierzehn Tagen; alle Plakatwände in einer Stadt werden plakatiert.

- Erst in der Kombination verschiedener Werbemittel (Printmedium, Elektronische Medien usw.) entsteht die langandauernde, intensive Wirkung.

Bei der Kombination verschiedener Werbemittel gibt es wenige strategische Anhaltspunkte, anhand derer man sich über den Einsatz der unterschiedlichen Werbemittel orientieren kann. Meistens ist **ein Test** (Pretest) und die **langjährige Erfahrung** mit einem bestimmten Werbemittel und seiner Wirksamkeit entscheidend.

Folgende Werbemittel stehen einem Unternehmen zur Verfügung:

Printwerbemittel wie z. B.
- Anzeigen in Tageszeitungen
- Anzeigen in Fachzeitungen
- Anzeigen in Publikumszeitungen
- Plakat
- Prospekt, Broschüren

Elektronische Werbemittel wie z. B.:
- Funkspot
- Fernsehspot
- Kinospot
- Internet-Homepage

Persönlicher Verkauf wie z. B.:
- Warenproben / Testangebote beim Tag der offenen Tür (POS-Werbung: Point of Sales-Werbung)
- Test eines Angebotes bei einer Veranstaltung

Für die Formulierung der Werbemittelstrategie sowie für die Auswahl der einzelnen Merkmale spielen folgende Kriterien (außer dem Preis) eine wichtige Rolle:

- **Möglichkeit einer gezielten Streuung, Verminderung von Streuverlusten:**
  Wie viele Menschen können durch ein Werbemittel erreicht werden? Wie groß ist die so genannte Streuung? Wie hoch sind dabei die so genannten Streuverluste, die dadurch entstehen, dass Menschen beworben werden, die nicht zur Zielgruppe gehören?

- **Anzahl und Art der kombinierbaren Werbelemente:**
  Wie viele Werbeelemente können eingesetzt werden, um möglichst viele Sinne des Menschen anzusprechen? In einem Printmedium kann das Sehen und Fühlen des Menschen angesprochen werden, in einem elektronischen Medium wie Kinospot wird das Sehen und Hören angesprochen usw.

- **Wirkungsdauer:**
  Wie lange wirkt ein Werbemittel? Ein Rundfunkspot wirkt normalerweise zwischen zehn und zwanzig Sekunden, während eine Anzeige länger wirken kann, indem sie öfters Beachtung findet.

- **Kontaktsituation:**
  Welche Kontaktsituation bietet ein Werbemittel? Das Plakat steht normalerweise in der Öffentlichkeit, während Anzeigen in Printmedien entweder am Arbeitsplatz oder zuhause gelesen werden.

- **Isolierung von konkurrierenden Werbeeindrücken:**
  Gibt es z. B. die Möglichkeit, im redaktionellen Teil einer Zeitschrift eine Anzeige zu schalten, um konkurrierende Werbeeindrücke zu reduzieren.

- **Möglichkeiten zur Messung des Werbeerfolgs und der Werbewirkung:**
  Durch welche Responsemöglichkeiten (Coupons, Angabe einer Telefonnummer, usw.) kann der Werbeerfolg bzw. die Werbewirkung gemessen werden?

- **Kosten eines Werbemittels:**
  Die Kosten eines Werbemittels werden normalerweise über den so genannten Kontaktpreis ermittelt. Mit Hilfe des Kontaktpreises wird die Kosten-Nutzen-Relation deutlich. Der Kontaktpreis ist die Messgröße, wie viel es kostet, um eine bestimmte Anzahl von Menschen mit einem Werbemittel zu erreichen. Die übliche Größe ist der 1000er Kontaktpreis.

8.5.5 Die Festlegung des Werbebudgets

Die Werbung darf nicht dem Zufall überlassen bleiben, sondern muss mit Hilfe der bisher dargestellten strategischen Maßnahmen dafür sorgen, dass eine klar definierte Zielgruppe kontinuierlich und mit dem nötigen Informations- und Kommunikationsdruck beworben wird. Zu diesen langfristigen strategischen Maßnahmen gehört auch die Festlegung des Werbebudgets für einen bestimmten Zeitraum. Das Werbebudget ist eine Kenngröße für die Möglichkeit, innerhalb eines gewissen Zeitraums, z. B. innerhalb eines Jahres, bestimmten Werbeaktivitäten zu finanzieren.

Die Festlegung des Werbebudgets ist allerdings mit besonderen Schwierigkeiten verbunden und beruht wiederum auf Erfahrungswerten. Das Werbebudget lässt sich ohne Rückbindung an irgendwelche anderen Kennziffern pauschal oder willkürlich am geschätzten Bedarf festlegen. Dieser Pauschalbetrag lässt sich aber auch von bestimmten Kennziffern wie zum Umsatz, Gewinn, Marktanteil, ermitteltes Werbebudget der Mitbewerber usw. ableiten. Auf diese Weise legt ein Unternehmen fest, dass ein bestimmter Prozentsatz dieser Kennziffer als Budget für die Werbung für einen bestimmten Zeitraum bestimmt ist.

- **Beispiel:** 3 % vom Jahresumsatz eines Unternehmens (Haushaltsetat) werden als Werbebudget für das kommende Jahr bestimmt.

Neben der Festlegung eines allgemeinen Werbebudgets an den allgemeinen Kennziffern eines Unternehmens lassen sich Werbebudgets auch an dem Umsatz oder Gewinn errechnen, das ein einzelnes Angebot oder ein Angebotssortiment bringt. Dabei wird das Werbebudget entsprechend dem Umsatz oder Gewinn ermittelt, das ein einzelnes Angebot in Bezug auf Gesamtumsatz oder Gesamtgewinn erzielt.

Eine letzte entscheidende Größe zur Festlegung des Werbebudgets ist natürlich der Preis, den der Werbemarkt fordert.

8.5.6 Die Festlegung der Werbekontrolle

Die Kontrolle der Werbewirksamkeit übernimmt mehrere wichtige Funktionen. Die Kontrolle bzw. Überprüfung der Werbung geschieht mit Blick auf

- die direkte messbare Wirkung, auf den Absatz und Verkauf,
- die allgemeine Kommunikationswirkung (Bekanntheit, Image usw.) eines Unternehmens sowie
- auf die Wirksamkeit und Effektivität einzelner Werbemittel und Werbemaßnahmen.

Die direkte Auswirkung auf den Absatz und Verkauf bestimmter Angebote lässt sich z.B. durch die erhöhte Teilnahme oder das gestiegene Spendenaufkommen konkret nachvollziehen.

8.6   Grundlagen der Öffentlichkeitsarbeit

Die Zielsetzung der Öffentlichkeitsarbeit besteht darin, eine möglichst lang **andauernde, vertrauensvolle Beziehung** bzw. **Atmosphäre** zu schaffen. Wird diese Zielsetzung erreicht, dann begünstigt **das allgemeine Vertrauen** in ein Unternehmen die Kaufentscheidung mit Blick auf die Angebote.

Die Zielgruppe der Öffentlichkeitsarbeit ist zum einen **die allgemeine Öffentlichkeit und Gesellschaft**, zum anderen aber auch spezielle Personen oder Gruppen, durch die in der Öffentlichkeit eine Meinung entsteht. Zu diesem Personenkreis der so genannten **opinion leader** gehören Menschen, die durch ihre berufliche Tätigkeit kontinuierlich eine öffentliche Meinung über Unternehmen verbreiten können, wie z.B. die Journalisten der Fach-, Publikums- und Tagespresse sowie der elektronischen Medien (Funkt, Fernsehen usw.). Außerdem gehören zu dieser Gruppe auch Personen, die als Entscheidungsträger in politischen, gesellschaftlichen oder kulturellen Gremien die öffentliche Meinung über ein Unternehmen beeinflussen können.

8.6.1 Aufgabe und Zielsetzung der Öffentlichkeitsarbeit

Die Aufgabe der für die Öffentlichkeitsarbeit Verantwortlichen (Pressesprecher, Presseabteilung usw.) besteht darin, transparente Informationen der allgemeinen Öffentlichkeit oder speziell der Zielgruppe von Meinungsbildern zu kommen zu lassen. Im einzelnen können folgende Aufgabenbereiche genannt werden:

- Zielgerichtetes Informieren über Vorgänge, Planungen, Entscheidungen und Aktivitäten eines Unternehmens.

- Gewinnen des öffentlichen Vertrauens durch die kontinuierliche, seriöse Darstellung der Geschäftsaktivitäten in der Öffentlichkeit (z.B. mit Hilfe von Geschäftsberichten, Presseinformationen usw.).

- Aufbau eines positiven Images.

- Vorbeugende Maßnahmen zur Vermeidung von Konflikten, Missverständnissen und zum Abbau von Vorurteile.

- Abwehr von Beschuldigungen oder schlechten Informationen über ein Unternehmen (z.B. bei der Einführung eines neuen Angebots).

- Geschäftsförderung durch die publizistisch wirksame Darstellung der Geschäftsaktivitäten eines Unternehmens.

- Allgemeine Verbraucherinformation über bestimmte Produkte oder Geschäftstätigkeiten.

- Koordinierung von persönlichen Kontakten zu den Vertretern der Verbände oder öffentlicher Einrichtungen (Gewerkschaft, Parteien usw.).

Die Öffentlichkeitsarbeit lässt sich durch folgende Arbeitsschritte konkretisieren:

Schritt 1:   **Analyse** der Ausgangssituation: Welches Image hat ein Unternehmen in der Öffentlichkeit? Durch welche Themenstellungen gibt es Vertrauen oder Misstrauen in der Beziehung zur Öffentlichkeit? Über welche Themen herrscht in der Öffentlichkeit ein Informationsdefizit?

Schritt 2:   Festlegung **der Ziele** der Öffentlichkeitsarbeit.

Schritt 3: Umsetzung der Ziele durch **konkrete Maßnahmen** wie z.B. Formulierung eines PR-Aktionsplanes, PR-Maßnahmenkatalog.

Schritt 4: **Kontrolle und Ergebnissicherung:** Welche PR-Ziele wurden erreicht? Welche konkreten PR-Maßnahmen waren dabei besonders hilfreich?

Zur Umsetzung der Öffentlichkeitsarbeit stehen einem Unternehmen folgende konkrete Maßnahmen zur Verfügung:

- Persönliche offizielle oder informelle Gespräche
- Informationszeitschriften wie z.B. Kundenzeitschriften
- Informationsbriefe
- Mitarbeiterinformation
- Jahresbericht, Tätigkeitsbericht
- Ausstellungen, Aktionen
- Unterschriftenaktion
- Tag der Offenen Tür, Hausmessen
- Pressemappen, Pressekonferenz, Pressemitteilung
- Interview in den Medien
- Vorträge, Fachvorträge

Neben der Aufgabe, die Öffentlichkeit und ihre Meinungsträger tagtäglich mit positiver Information über ein Unternehmen zu versorgen, kann in bestimmten Zeiten auch **ein Krisenmanagement** dazu kommen. Die Aufgabe der Öffentlichkeitsarbeit im Rahmen eines Krisenmanagements besteht darin, schnell und richtig dosierte Informationen in bestimmten Krisenzeiten der Öffentlichkeit mitzuteilen. Eine weitere Aufgabe der Öffentlichkeitsarbeit im Rahmen eines Krisenmanagements besteht darin, mit den durch die Krise betroffenen Menschen eine Entschädigung zu suchen. Eine richtige Handlungsweise ist darin zu sehen, eine Krise ehrlich und aktiv zu meistern und nicht zu vertuschen.

8.6.2 Innerbetriebliche und externe Öffentlichkeitsarbeit

Neben der Informations- und Kommunikationsarbeit, die sich extern an die allgemeine Öffentlichkeit richtet, ist die **betriebsinterne Kommunikation**, die die Mitarbeiterinnen und Mitarbeiter intern über die Aktivitäten und Entscheidungen des Unternehmens informiert, von großer Bedeutung. Innerbetriebliche und externe Öffentlichkeitsarbeit sind die zwei Seiten einer Medaille. Da die Mitarbeiterinnen und Mitarbeiter sowohl als Bürger extern in der Öffentlichkeit als auch als Angestellter oder Arbeiter intern innerhalb eines Unternehmens leben, ist die transparente professionelle Information der Mitarbeiter von enormer Bedeutung.

Folgende Instrumente stehen dabei der innerbetrieblichen Informations- und Öffentlich-keitsarbeit zur Verfügung:

Schriftliche Möglichkeiten
- Mitarbeiterhandbuch
- Unternehmensbroschüre
- Mitarbeiterzeitschrift
- Informationsbriefe
- Rundbriefe
- Jubiläumszeitschriften
- Betriebsinterne Bibliothek
- Geschäftsberichte / Quartalsberichte
- Informationsbrett
- Betriebliches Vorschlagswesen

Persönliche Möglichkeiten
- Betriebsversammlung
- Arbeitsgruppen
- Mitarbeiterbesprechungen
- Mitarbeitergespräche
- Informationsveranstaltungen einzelner Abteilungen
- Maßnahmen der Aus- und Weiterbildung z.B. durch Seminare
- Interne Fachvorträge

Visuelle Möglichkeiten
- Plakate
- Ausstellungen
- Betriebsinternes Video oder Bildschau

Transferaufgabe:

Surfen Sie im Internet unter der Adresse: www.publicrelation.de oder www.journalist.de und lernen Sie die Verbände, Unternehmen und Agenturen kennen, die sich professionell mit der Öffentlichkeitsarbeit beschäftigen.

Surfen Sie im Internet z.B. unter der Adresse www.deutsche-shell.de. oder www.hoechst.de und lernen Sie die Öffentlichkeitsarbeit dieser Unternehmen. Rufen Sie dabei jeweils die Informationen auf, die diese Unternehmen durch ihre PR-Abteilungen vermitteln wollen.

8.7 Marketingmix

Das Zusammenwirkung der vier Marketinginstrumente wird als **Marketingmix** bezeichnet. Meistens werden die einzelnen Maßnahmen bzw. Marketinginstrumente unter kurzfristigen, taktischen Aspekten im Marketingmix eingesetzt.

● Beispiel: Innerhalb der Kommunikationspolitik werden bestimmte Werbemaßnahmen taktisch verändert. Mit Blick auf die Durchführung einer hausinternen Messe (Tag der Offenen Tür) werden zusätzlich Anzeigen in der Tagespresse geschaltet.

Dabei darf der Einsatz der Marketinginstrumente nicht losgelöst von der Marketingstrategie bzw. dem Marktprogramm betrachtet werden. Wird der Einsatz der einzelnen Marketinginstrumente ausschließlich für sich betrachtet, dann entsteht schnell die Situation, dass die Vielzahl der Möglichkeiten an absatzpolitischen Instrumenten nicht mehr überschaubar ist. Nimmt man für die vier Marketinginstrumente jeweils nur vier unterschiedliche Möglichkeiten (Beispiel Kommunikationspolitik: Anzeigen, Plakate, Fachmesse, Rundfunkspot), dann erhält man einen Kombinationsfaktor von 256 Einsatzmöglichkeiten [85]. Damit scheint die Anwendung des Marketingmix auf Grund der Vielzahl von Kombinationsmöglichkeiten und den dadurch entstehenden Ausstrahlungseffekten nicht mehr praktikabel.

Der Einsatz des Marketingmix mit seinen einzelnen Marketinginstrumenten macht nur dann einen Sinn, wenn das Marketingmix **in die Strategie** der Marktbearbeitung bzw. in das Marktprogramm eingebunden ist. Die wichtigste Funktion des Marketingmix besteht darin, durch den geeigneten Einsatz der Marketinginstrumente die langfristigen, strategischen Ziele zu erreichen, die innerhalb des Marktprogramms festgelegt wurden, z. B.:

● Die strategische Entscheidung eines religiösen Unternehmens besteht darin, die Bekanntheit zu erhöhen. Diese strategische Entscheidung wird durch das Marketingmix umgesetzt, indem das Angebotssortiment gestrafft wird (Produktpolitik) und die Maßnahmen der Kommunikationspolitik erhöht werden.

Die Maßnahmen des Marketingmix sind realtiv kurzfristig zu planen und zu realsieren. Deshalb wird das Marketingmix vor allem auch im operativen Bereich eingesetzt, z. B.:

● Ein religiöses Unternehmen informiert z. B. durch eine Anzeige über ihr Angebot. Ein weiteres religöses Unternehmen kann relativ kurzfristig die operative Ent-

---

[85] Vgl. Nieschlag, R./Dichtl, E./Hörcshgen, H., Berlin 1994, Seite 891 mit einem ähnlichen Beispiel von 10^4 Kombinationsmöglichkeiten = 10.000 Marketingimpulse

scheidung treffen, durch die Beilage eines Werbeprospektes ebenfalls auf ihr Angebot aufmerksam zu machen.

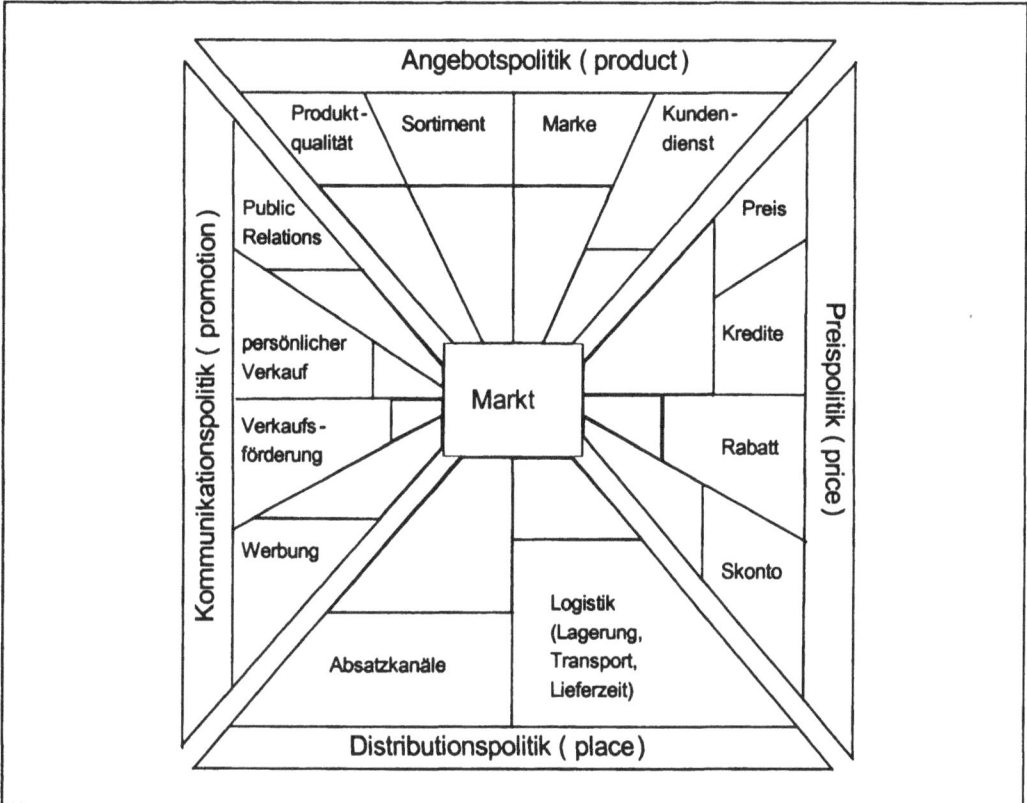

Abbildung 64:   Markting-Mix als Zusammenwirken der Marketinginstrumente

8.8   Die Besonderheit des Dienstleistungsmarketingmix

Mit Blick auf den Marketingmix bei Dienstleistungen wurden die vier Marketinginstrumente ergänzt. Die Ergänzung um die drei weiteren Marketinginstrumente **Personnel, Physical Facilities und Process Management** entsprechen den Marketingaktivitäten, die sich mit Blick auf die Mitarbeiter (human ressources), Mit Blick auf den Kunden und seine individuellen Voraussetzungen sowie mit Blick auf das allgemeine Management des Dienstleistungsprozesses ergeben.

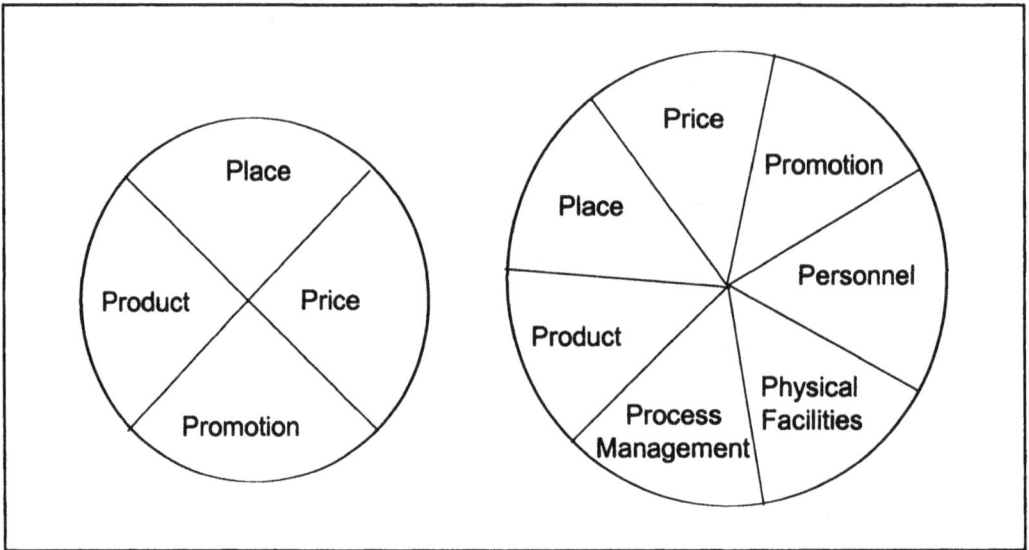

Abbildung 65:   Der erweiterte Marketingmix für Dienstleistungsunternehmen (Quelle: Magrath 1986)

Die Erweiterung des Dienstleistungsmarketingmix lässt sich aber nicht auf den Einsatz bestimmter Instrumente beschränken. Grundlage für das Dienstleistungsmanagement ist ein konzeptioneller, strategischer Ansatz, der vorwiegend **die verhaltensorientierten Impulse** des Dienstleistungsprozesses aufnimmt. Die Umsetzung dieser Impulse geschieht gegenüber den Mitarbeitern durch **ein internes Marketing**. Marketingmaßnahmen, die vorwiegend das Verhalten des Kunden im Dienstleistungsprozess betreffen, werden durch **das interaktive Marketing** umgesetzt.

9.   Kirchliche Angebote als Dienstleistungen

- *Was ist eine Dienstleistung?*

- *Was ist das Besondere des Dienstleistungsmarketing?*

- *Welche Rolle spielt dabei der Kunde und seine Zufriedenheit (Kundenmanagement)?*

- *Wie kann die Beteiligung der Mitarbeiter/innen eines Unternehmens im Dienstleistungsprozess aktiv gefördert werden (human ressource management)?*

9.1   Was sind Dienstleistungen?

Viele Dienstleistungsunternehmen betrachten ihre Angebote als ein entgültiges Output oder fertiges Produkt, das mit Hilfe des Marketing nur noch verkauft werden muss. Auch religiöse Angebote können in diesem Sinne als fertige Produkte betrachtet werden, wie z. B. die Verkündigung im Gottesdienst, der Zuspruch im Beichtgespräch oder die persönliche religiöse Überzeugung. Die Angebote einer Kirche sind aber vorwiegend als Dienstleistungsangebote zu verstehen. Dienstleistungen sind **Prozesse**, die an der Ausgangssituation des Kunden anknüpfen, und bei deren Gestaltung sich Anbieter und Nachfrager aktiv einbringen. Damit wird die Grundlage für das Dienstleistungsmarketing geschaffen.

Dienstleistungen *sind unsichtbare, immaterielle Leistungspotentiale*, z. B. die Fachkompetenz, Bereitschaft, Erfahrung von Mitarbeitern/innen u.a., die ein Unternehmen direkt auf die Potentiale überträgt, die ein Nachfrager extern für den Dienstleistungsprozess zur Verfügung stellt. Damit kommt ein Dienstleistungsprozess zustande, bei dem die internen Potentiale eines Dienstleistungsanbieters aktiv gesteuert und vermarktet werden müssen. Eine Dienstleistung wird heute üblicherweise unter dem Aspekt „Potential – Prozess – Ergebnis/Wirkung" dargestellt und erklärt.

Potential, Prozess, Ergebnis oder Wirkung

Die Ausübung einer Dienstleistung ist *ein komplexer Vorgang* und lässt sich schematisch *als die Aktivierung von Potentialen, als Prozess und als Ergebnis bzw. Wirkung dieses Vorganges* darstellen:

```
┌─────────────────────────────────────────────────────────────────────────┐
│                          ┌──────────────────────┐                         │
│                          │   Dienstleistung     │                         │
│                          └──────────────────────┘                         │
│                                      │                                    │
│          ┌───────────────────────────┼──────────────────────┐            │
│   ┌─────────────┐        ┌─────────────────┐      ┌───────────────┐      │
│   │  Potential  │        │     Prozess     │      │   Ergebnis/   │      │
│   │             │        │                 │      │    Wirkung    │      │
│   └─────────────┘        └─────────────────┘      └───────────────┘      │
│                                                                           │
│   ┌─────────────────┐  ┌──────────────────┐  ┌─────────────────────┐    │
│   │ Aktivierung des │  │ Integration des  │  │ Materielles         │    │
│   │ internen        │  │ externen         │  │ Ergebnis,           │    │
│   │ Potentials des  │  │ Potentials       │  │ immaterielle        │    │
│   │ Anbieters,      │  │ (Faktor), Aus-   │  │ Wirkung             │    │
│   │ individuell und │  │ tausch zwischen  │  │                     │    │
│   │ organisatorisch.│  │ internem und     │  │                     │    │
│   │ Herstellung von │  │ externem Poten-  │  │                     │    │
│   │ Leistungsfähig- │  │ tial (Leistungs- │  │                     │    │
│   │ keit (Kompetenz)│  │ erstellungs-     │  │                     │    │
│   │ und Bereitschaft│  │ prozess)         │  │                     │    │
│   │                 │  │                  │  │                     │    │
│   │ Suche nach      │  │ Rückgabe des     │  │                     │    │
│   │ externem        │  │ externen Faktors │  │                     │    │
│   │ Potential/Faktor│  │                  │  │                     │    │
│   └─────────────────┘  └──────────────────┘  └─────────────────────┘    │
└─────────────────────────────────────────────────────────────────────────┘
```

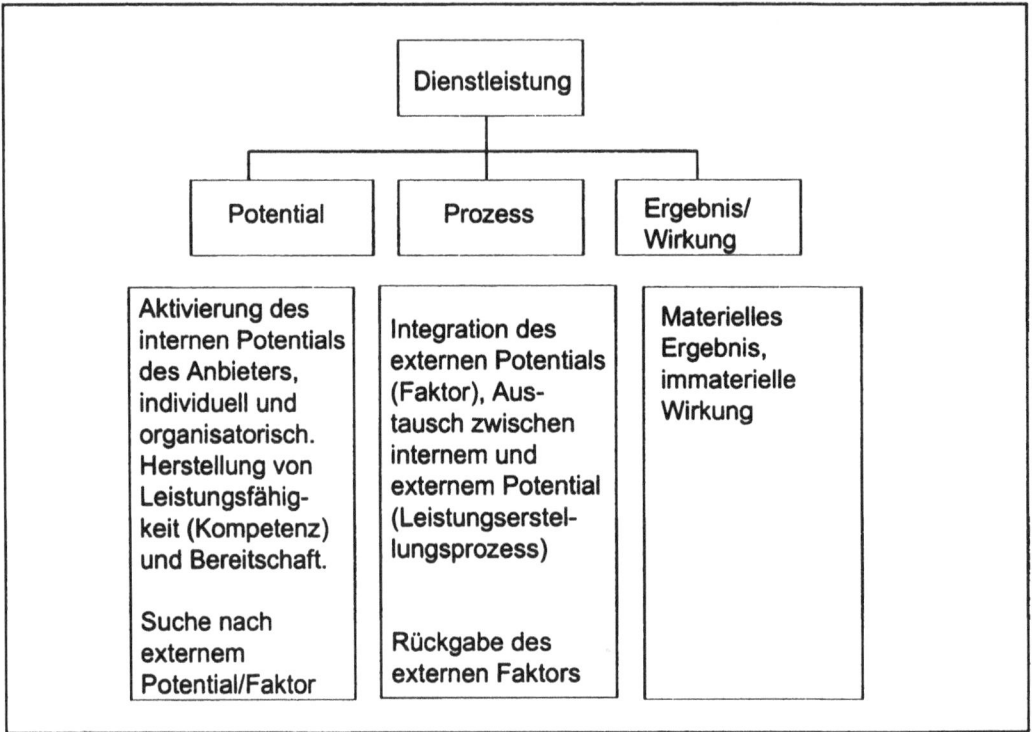

Abbildung 66:   Dienstleistung als komplexer Vorgang

Die Dienstleistungspotentiale des Anbieters (Internes Potential)

Die Aktivierung von Potentialen bezieht sich zunächst auf die **internen Potentiale des Dienstleistungsanbieters**. Interne Potentiale sind inhaltliche, fachliche Kompetenzen des Personals, aber auch organisatorische, sachliche Kompetenzen und Strukturen. Das Management des internen Potentials lässt sich in das Management der so genannten Human Ressource und in das Management der internen organisatorischstrukturellen Voraussetzungen unterteilen.

Human Ressource – Management der fachlichen und emotionalen Kompetenz des Personals (Fach- und Erfahrungskompetenz)

Viele Dienstleistungen werden sehr stark durch die Tätigkeit und Persönlichkeit von Mitarbeiterinnen und Mitarbeitern beeinflusst. Mitarbeiterinnen und Mitarbeiter bilden mit ihren Aktivitäten, aber auch mit ihren Persönlichkeiten die menschlichen Ressourcen eines Unternehmens.

In den meisten Dienstleistungsunternehmen spielt das Management der so genannten Human Ressource eine wichtige Rolle. Die Personalabteilungen von Dienstleistungsunternehmen werden deshalb immer mehr als Abteilung für Human Ressource bezeichnet. Das Management der so genannten Human Ressource beschäftigt sich vor allem mit dem effizienten Einsatz des Personals. Ein effizienter Einsatz ist von der Größe, aber auch von der Zusammensetzung und dem Zusammenwirken menschlicher Potentiale abhängig. Dabei ergeben sich drei wichtige Aspekte:

- **Umfang oder Größe** der Human Ressource: Ist die Ressource an Personal aus reichend, um eine Dienstleistung effizient und im Sinne der Kundenzufriedenheit zu erbringen?

- **Fachliche Kompetenz** und **Zusammensetzung** der Human Ressource: Gibt es genügend Mitarbeiter mit der erforderlichen fachlichen Kompetenz für eine Dienstleistung?

- **Emotionale Kompetenz,** Motivation und Bereitschaft des Personals, eine Dienstleistung zu erbringen.

Alle drei Faktoren werden in einem ganzheitlichen **internen Dienstleistungsmanagement** berücksichtigt. Umfang und Größe der Ressourcen, die einem Unternehmen durch das Personal zu Verfügung stehen, müssen nicht zu einer effizienten und erfolgreichen Dienstleistung führen. Entscheidend sind die Kompetenzen, die die Mitarbeiter fachlich und emotional in den Dienstleistungsprozess mit einbringen.

Das Dienstleistungsmarketing beschäftigt sich deshalb vorwiegend mit dem Aspekt **der inhaltlichen, fachlichen Kompetenz und der emotionalen Bereitschaftskompetenz** von Mitarbeitern. Die inhaltliche fachliche Kompetenz von Mitarbeitern wird als **tech quality** bezeichnet, die emotionale Bereitschaftskompetenz als **touch quality** [86].

Die **inhaltliche, fachliche Kompetenz** lässt sich an folgenden Merkmalen darstellen und entwickeln:

- Fachliche Qualifizierung durch Lehre oder Studium.

- Ergänzende fachliche Qualifizierung durch Trainee-Programme, Schulungen, Fachzeitschriften u.a.

---

[86] Grönross, 1982

● Beruflicher Werdegang der Mitarbeiter.

● Ausbildungskompetenz des Personals.

● Weiterbildung und Fortbildung des Personals.

● Fachliche Zusatzqualifikation des Personals in ergänzenden Fachgebieten (z.B. EDV, Sprachen, Rhetorik, Moderation, Konfliktmanagement, Recht, Betriebswirtschaft u.a.).

● Zusammensetzung der Mitarbeiter mit unterschiedlichen Fachkompetenzen.

● Zusammenwirken der unterschiedlichen Fachkompetenzen von Mitarbeitern.

● Persönliche Überzeugung und Werteeinstellung von Mitarbeitern.

Eine wichtige Aufgabe besteht deshalb **in der Personalauswahl** sowie in der Weiterentwicklung der fachlichen, inhaltlichen Qualitäten von Mitarbeiterinnen und Mitarbeitern. Ergänzend dazu muss das Zusammenwirken der unterschiedlichen Fachkompetenzen von Mitarbeiterinnen und Mitarbeiter kontinuierlich verbessert werden.

Zu den internen Potentialen eines Unternehmens mit Blick auf das Personal gehören nicht nur die inhaltlichen, fachlichen Qualitäten, sondern vor allem auch die kontinuierliche Bereitschaft von Mitarbeiterinnen und Mitarbeitern, ihre Fachkompetenz **mit Überzeugung** und **einer persönlichen Motivation** in den Dienstleistungsprozess **einzubringen**.

Es ist offensichtlich, dass es mit Blick auf die Motivation und persönliche Überzeugung zu erheblichen Schwankungen kommen kann. Die Ursachen für diese Schwankungen sind entweder **innerhalb der Situation** oder **der persönlichen Verfassung von Mitarbeitern** zu finden. Bei Mitarbeitern, die ehrenamtlich und freiwillig in einer religiösen Gemeinschaft mitarbeiten, verursachen folgende Faktoren Schwankungen der Motivationen:

● Berufliche Belastungen oder Veränderungen im Beruf,

● Stresssituation durch die Teilnehmer,

● Negative Ausgangsstrukturen wie z.B. Durchführung eines Freizeitprogramms in einer überfüllten Jugendeinrichtung,

● Geringe Auslastung oder Teilnahme bei Gruppenveranstaltungen schafft Unlust und Langeweile,

● Persönliche Unzufriedenheit bei der Tätigkeit und Aufgabenstellung,

● Konflikte unter Mitarbeitern u.a.

Diese Schwankungen der persönlichen Motivation und der Bereitschaft, die Fachkompetenz hundertprozentig einzubringen, entstehen meistens in den Situationen, innerhalb deren das Personal an eine Belastungsgrenze stößt oder umgekehrt keine vollständige, sinnvolle Auslastung stattfindet. Diese extremen Situationen geben in der Regel diesen Impuls.

Eine Motivationsschwankung tritt aber auch dann ein, wenn keine internen Absprachen stattfinden und ein großer Reibungsverlust zwischen fachlichen Kompetenzen und Aktivitäten verschiedener Mitarbeiter spürbar wird. Oft wird das Zusammenwirken der fachlichen Kompetenz über die spürbare emotionale Kompetenz positiv beeinflusst. Zur fachlichen Personalentwicklung gehört deshalb auch die Persönlichkeitsentwicklung im emotionalen und psychischen Bereich.

Dazu gehört z.B.

● die Förderung der informellen Kommunikation,

● informelle Gesprächsrunden von Teams oder teamübergreifenden Gruppen,

● Teambildung, Teambekleidung, Teammeetings

● die persönliche Begleitung von Mitarbeitern durch ein regelmäßiges Mitarbeitergespräch,

● Meeting in Teams und Entwicklungsprogramme für Teams

● Anerkennung, Dank und Lob durch den Vorgesetzten

● Wertschätzung und fachliche und persönliche Akzeptanz.

Die **emotionale Kompetenz** gewinnen Menschen überwiegend **aus der kommunikativen Begegnung und aus der sozialen Beziehung** zu anderen Menschen. Das Medium dazu ist **das Erleben und Erfahren**. Deshalb lässt sich diese Kompetenz auch **als Erfahrungskompetenz darstellen**. Der Pool von Menschen mit einer hohen Erfahrungskompetenz lässt sich bewusst durch das Management der Human Ressource entwickeln und gestalten. Werden Erfahrungen bewusst initiiert und reflektiert spricht man von einer so genannten **Konnation** [87].

Strukturelle Ressourcen – Organisatorische Potentiale und Managementpotentiale (Formale Sachkompetenz)

Zu den internen Potentialen gehören auch die Potentiale der Organisation oder die Verhaltenspotentiale, die mit Hilfe des Managements aktiviert werden können. Strukturelle Organisationspotentiale sind z. B.:

- sezentrale Organisationsstrukturen,
- schnelle interne Kommunikationsstrukturen,
- Call-Center oder Hotlines.

Inwieweit die interne Sach- und Strukturkompetenz im Dienstleistungsprozess eine wichtige Rolle spielt, wird am folgenden elementaren Beispiel deutlich:

- Der Standort sowie die Räume für die offene soziale Jugendarbeit sind ungeeignet. Der Standort befindet sich im Industriegebiet einer Gemeinde, die Jugendarbeit findet in einem Container oder alten Fabrikgelände statt.

Zu den Sachkompetenzen gehören die realen materiellen Potentiale wie die Organisationsmittel (Beispiel: Immobilie, Transportmittel, Kommunikationsmittel) sowie die nominalen Potentiale wie z. B. Rechte, Lizenzen, Geld, Darlehns- und Beteiligungswerte. Die wesentliche Aufgabe des Dienstleistungsmarketing besteht darin, die internen personellen und strukturellen Kompetenzen bereit zu halten.

Noch bevor der eigentliche Dienstleistungsprozess beginnt, übernimmt das Dienstleistungsmarketing zwei wichtige Aufgaben mit Blick auf **die Potentiale**, die **ein Kunde von sich aus (extern)** zur Verfügung stellt. Mit Hilfe von geeigneten Maßnahmen (z. B. Kommunikation, Dialog mit dem Kunden u. a.) macht sich das Dienstleistungsmarketing zum einen **auf die Suche** nach diesen so genannten externen Potentialen des Kunden und zum anderen fragt es nach **der Beschaffenheit der externen Potentiale**.

---

[87] Maslow, A.: 1996, S. 103 ff.

Die Leistungspotentiale des Nachfragers (Externes Potential)

Auch der Kunde bringt zwei unterschiedliche Arten von Leistungspotentialen in den Dienstleistungsprozess ein. Zum einen verfügt der Kunde über ein **fachliches Potential** durch seine Vorkenntnisse über eine Dienstleistung. Zum anderen sind es aber auch **persönliche Potentiale**, die der Kunde ganz unabhängig von seiner Fachkenntnis über einen Dienstleistungsprozess mit einbringt.

Beispiel für die fachlichen Potentiale des Kunden:
* Vorkenntnisse,
* Informationstand,
* Erfahrung.

Beispiel für die persönlichen Potentiale des Kunden:
* Zeit,
* Emotion,
* Wertigkeit, Bedeutung und persönliche Einstellung zu einer Dienstleistung,
* Persönliche physische und psychische Verfassung,
* Umfeld, soziale Bindungen, Interaktionen,
* Sympathie gegenüber dem Anbieter,
* u.a.

Das Dienstleistungsmarketing steht mit Blick auf die Beschaffenheit des externen Potentials in einer Doppelfunktion: einerseits versucht das Dienstleistungsmarketing, **die Beschaffenheit** des externen Potenzials **zu optimieren**, indem es den Kunden ausführlich über die Dienstleistung informiert und den Informations- und Sympathiezustand des Kunden erweitert.

* Die Gemeinde veranstaltet ein Gemeindefest und informiert die Mitglieder über aktuelle Angebote und Veränderungen.

Andererseits versucht das Dienstleistungsmarketing aber auch, das externe Potential für den Dienstleistungsprozess **intergrationsfähiger** zu machen. Eine größere aktive Beteiligung des Kunden mit seinen Voraussetzungen führt zu einer umfassenden, nachhaltigen Kundenzufriedenheit.

Eine besondere Herausforderung besteht für das **Management des externe Potentials** darin, dass der Dienstleistungsanbieter **weder vor, noch während, noch nach** dem Dienstleistungsprozess darüber **verfügt**. Das bedeutet: der **Nachfrager** bleibt in jedem Augenblick des Dienstleistungsprozesses **Eigentümer der Potentiale**, die er für den Dienstleistungsprozess zur Verfügung stellt. Damit eröffnet sich für das Management der externen Potentiale eine **ethische Dimension**. Das Dienstleistungsmanagement mit Blick auf die externen Potentiale ist **ein Wertemanagement**, das die für die Dienstleistung zur Verfügung gestellten Potentiale **als Eigentum** eines anderen betrachtet und als solches behandelt.

Der Umgang mit fremdem Eigentum ist zum einen an bestimmte **Normen und Verhaltensprinzipien** gebunden. Diese beruhen auf bestimmten **Vereinbarungen, Überzeugungen und Werten**, die meistens innerhalb eines **Verhaltenskodex** formuliert werden. Dieser Verhaltenskodex wird überwiegend implizit und nicht explizit kommuniziert.

Ein solcher Verhaltenskodex setzt voraus, dass eine allgemeine Absprache über bestimmte Werte und Verhaltensformen innerhalb einer Gesellschaft und Kultur bereits stattgefunden hat und als allgemein verbindlich betrachtet wird. Die Vermittlung dieser Wertigkeit geschieht nicht direkt, sondern meistens indirekt über die Sozialisation in der Familie oder innerhalb gesellschaftlicher Gruppen oder verschiedener Bildungseinrichtungen.

Zu den fixierten Normen gehört andererseits aber auch **das Verhalten**, mit dem der Mensch entsprechend dieser Normen handelt. Das Dienstleistungsmanagement übernimmt deshalb zwei wesentliche Funktionen: es macht zum einen die implizit vorhandenen Werte für den Dienstleistungsprozess explizit bewusst. Zum anderen vermittelt es den Mitarbeitern intern eine werteorientierte Verhaltensweise im Umgang mit dem Eigentum anderer Menschen. Es ist dabei entscheidend, dass die Mitarbeiter den Wert der vom Kunden zur Verfügung gestellten Potentiale kennen und dementsprechend handeln, z.B.:

- Viele Menschen bringen für eine religiöse Veranstaltung ihre Zeit als Eigentum und Potential in den Dienstleistungsprozess ein. Sie stellen damit ihre Zeit als Eigentum zur Verfügung, damit eine Dienstleistung erbracht werden kann. Ist der Gottesdienst oder Hauskreis u.a. schlecht vorbereitet (Predigt, Auftritt des Kirchenchors, Liedauswahl u.a.), dann ist dies nicht nur als ein Missgeschick zu verstehen, sondern als eine konkrete Missachtung von Eigentum, das ein anderer Mensch zur Verfügung stellt. Eine schlechte Vorbereitung oder ein Zu-Spät-Kommen ist eine Missachtung von Eigentum, nämlich der Zeit, die der Kunde für die Dienstleistung zur Verfügung stellt.

- Die Wartezeit beim Arzt stellt in vielen Fällen ein Wertekonflikt dar. Auf der einen Seite lässt sich die Zeit, die der Patient vor der Behandlung warten muss, als sein externes Potential bzw. Eigentum betrachten, das der Kunde für den Dienstleistungsprozess zur Verfügung stellt. Es ist nicht nur eine anspruchsvolle organisatorische Aufgabe, sondern auch eine ethische Verpflichtung, wie der Arzt als Dienstleister mit der **Wartezeit als Eigentum** des Kunden umgeht. Andererseits kann im Umgang mit diesem Potential des Kunden ein Konflikt entstehen, wenn der Arzt zu einem Notfall gerufen wird. Ein Notfall ist unter dem Aspekt einer Dienstleistung ein Kunde, der ein geringes Zeitpotential zur Verfügung hat. Das geringe Zeitpotential eines Kunden steht bei einem Notfall im Konflikt mit dem umfassenden Zeitpotential eines anderen Kunden. Durch Kommunikation, Organisation und Management müssen die Mitarbeiter einer Arztpraxis diesen Wertekonflikt so lösen, dass es zur Zufriedenheit aller Kunden kommt. Eine umfassende, transparente Information an die Patienten im Wartezimmer ist deshalb eine wichtige Managementaufgabe, wenn der Arzt zu einem Notfall gerufen wird.

Eine wichtige Aufgabe mit Blick auf das Management des externen Potentials besteht darin, die Nachfrage nach einer Dienstleistung möglichst **schnell zu erfüllen**. Diese Aufgabe stellt sich natürlich für jedes Unternehmen. Die schnelle Erfüllung der Nachfrage stellt allerdings für das Dienstleistungsmarketing eine weitere Besonderheit dar.

Durch seine Nachfrage nach einer Dienstleistung macht der Kunde nicht nur ein Bedürfnis bewusst, sondern schafft gleichzeitig die Voraussetzung für die Aktivierung der externen Potentiale, die er für den Dienstleistungsprozess zur Verfügung stellt. Für manche Dienstleistungen bedeutet diese Überlegung konkret, dass der Kunde faktisch **Vorleistungen für den Dienstleistungsprozess** erbringt bevor der Dienstleistungsanbieter aktiv geworden ist.

- **Beispiel:** Die Aktivierung der externen Potentiale zum Zeitpunkt der Nachfrage bei der Vorbereitung zu einem Gottesdienst besteht darin, dass ein Brautpaar Erfahrungen und Erkenntnisse über den Ablauf eines Hochzeitsgottesdienstes mitbringt und im Dienstleistungsprozess zur Verfügung stellt.

In manchen Dienstleistungen ist eine zeitliche Differenzierung zwischen der Äußerung der Nachfrage sowie der Ausführung einer Dienstleistung (Dienstleistungsproduktion) und deren Vermarktung nicht möglich (Beispiel: Anforderung für eine Sterbebegleitung oder Terminvereinbarung für eine Beerdigung). Aus der Sicht des Anbieters bedeutet dies konkret, dass die Aktivitäten der Marktforschung, der Produktion und des Verkaufs einer Dienstleistung zeitgleich stattfinden. Diese Aufgabe, eine Dienstleistung im Augenblick der Nachfrage tatsächlich zu erfüllen, ist in den meisten Fällen nicht möglich. Das Dienstleistungsmarketing übernimmt deshalb die wichtige Funktion, die **Gleichzeitigkeit von Bedürfnisäußerung, Produktion und Verkauf einer Dienstleistung** so zu regeln, dass in einer positiven Art und Weise auf das aktivierte externe Potential des Kunden eingegangen werden kann. Das bedeutet konkret, dass die Zeit, in der ein Kunde schon seine Potentiale aktiviert hat und dennoch warten muss, **aktiv, sinnvoll und angenehm** für den Kunden gestaltet werden muss. Das aktive Management besteht in folgenden Schritten:

- **Anerkennung der Bereitschaft,** dass der Kunde sich um die Dienstleistung bemüht und schon aktiv geworden ist, indem er sein externes Potential bereits zur Verfügung stellt.

- **Darstellung der eigenen Bereitschaft,** möglichst bald in den Dienstleistungsprozess einzutreten.

- **Angenehme** Gestaltung der Wartezeit eventuell **durch Musik.**

- **Aktive, sinnstiftende** Gestaltung durch **die zusätzliche Informationen** über die eigentliche Dienstleistung (technische Informationen, Informationen zu ergänzenden Angeboten usw.).

- **Kontinuierliche Information** an den Kunden, dass der Anbieter sich konzentriert darum bemüht, die Nachfrage des Kunden möglichst bald zu erfüllen.

- Informationen über **die Kosten,** die dem Kunden während der Wartezeit entstehen.

Die entscheidenden Faktoren für das Dienstleistungsmarketing in dieser Situation liegen darin, dass das Warten des Kunden **sinnvoll** und **angenehm** gestaltet wird. Die Wartezeit des Kunden kann dadurch sinnvoll genutzt werden, indem der Kunde noch ergänzende (technische) Informationen oder ergänzende Angebote zu einer gewünschten Dienstleistung erhält.

Zur optimalen Gestaltung eines Dienstleistungsangebotes gehört natürlich auch die Organisation, die im Vorfeld der eigentlichen Dienstleistung liegt. Organisation und Personalmanagement sind deshalb ein Teil des Dienstleistungsmarketing, das vor der eigentlichen Dienstleistung stattfindet. So ist der Einsatz von mehr Personal oder internen Ressourcen in der Zeit, in der eine hohe Nachfrage besteht, eine selbstverständliche Managemententscheidung.

Der Leistungsprozess

Im Dienstleistungsprozess überträgt der Anbieter **seine internen Potentiale auf die externen Potentiale des Nachfragers.** Damit wird die Dienstleistung im eigentlichen Sinne erbracht. Dieser Prozess ist von vielen Faktoren und Einflüssen abhängig, die aktiv durch das Dienstleistungsmanagement gesteuert werden müssen. Die Einflussgrößen auf den Dienstleistungsprozess beziehen sich zum einen auf die allgemeine situative Gegebenheit, innerhalb derer ein Leistungsprozess stattfindet. Zur Prozesssituation zählen äußere Faktoren wie z.B. der Ort an dem die Dienstleistung stattfindet, der Zeitpunkt sowie die generellen Einflussfaktoren der allgemeinen Situation.

● Beispiel für die Einflussfaktoren, die durch die Situation bestimmt sind: Im Monat Mai wollen viele Brautpaare heiraten. Damit kommt es zur Knappheit von Ressourcen für den Dienstleistungsprozess (Zeit, Termine, Arbeitskapazitäten u.a.).

Die Aufgabe des Dienstleistungsmarketing mit Blick auf den Leistungsprozess besteht darin, diese situativen Einflüsse aktiv zu steuern. Die Faktoren, die eine **Situation maßgeblich bestimmen,** lassen sich in drei Kategorien zusammenfassen: der **Ort,** die **Zeit** und die **Personen,** die nicht direkt am Dienstleistungsprozess beteiligt sind.

Beispiel für die aktive Steuerung des situativen Faktors **Raum bzw. Ort:**

● Der Gottesdienst oder eine Veranstaltung einer Gemeinde findet an einem anderen Ort statt (Gottesdienst im Grünen u.a.).

Beispiel für die aktive Steuerung des situativen Faktors **Person/Personen:**

● Kinder langweilen sich während der Predigt und stören deshalb die Erwachsenen beim Gottesdienst. Eine Marketingaufgabe besteht deshalb in der Kinderbetreuung, durch die der situative Faktor im Zusammentreffen von Menschen aktiv gesteuert wird.

Außer den situativen Einflussgrößen wie Ort, Zeit und Mensch wird der Dienstleistungsprozess dadurch bestimmt, wie der Nachfrager und Anbieter **die Situation wahrnimmt.** Das bedeutet: die aktivierten Potentiale des Anbieters und Nachfragers wirken im Dienstleistungsprozess auf einander ein und bewirken eine bestimmte Veränderung. Diese Veränderung nimmt sowohl der Kunde als auch die Mitarbeiter im Kundenkontakt **während** des Prozesses **kontinuierlich wahr** und **vergleicht kontinuierlich,** ob die Entwicklung des Dienstleistungsprozesses der erwarteten Vorstellung entspricht. Die Aufgabe des Dienstleistungsmanagement während des Prozesses besteht darin, kontinuierlich einen Vergleich zwischen den einzelnen Leistungspotentialen und deren Veränderung im Dienstleistungsprozess zu ermöglichen. Damit nimmt das Dienstleistungsmarketing wiederum Einfluss auf die psychische und physische Verfassung sowie deren Veränderung, die der Kunde im Dienstleistungsprozess erlebt.

● Mitarbeiter fragen nach dem Wohlbefinden der Teilnehmer. Dazu gebrauchen sie standardisierte Redewendungen wie z.B. die Frage, wie die Veranstaltung den Teilnehmern gefällt.

Eine weitere wichtige Aufgabe übernimmt das Dienstleistungsmarketing dann, wenn der Leistungsprozess zum Ende kommt. **Am Ende eines Dienstleistungsprozesses** muss das externe Potential, das der Kunde für die Dienstleistung zur Verfügung gestellt hat, an den

Kunden in veränderter Form wieder zurückgegeben werden. Die Managementaufgabe mit Blick auf den Prozess besteht darin, **das externe Potential** des Kunden zu **deintegrieren**. Folgende Beispiele machen deutlich, welche wichtige Aufgabe das Dienstleistungsmarketing am Ende eines Leistungsprozesses übernimmt:

- An Ende eines Gottesdienstes steht der Segen als ein Ausdruck der Geborgenheit und des Schutzes.

Die Marketingaufgabe mit Blick auf die Deintegrierung des externen Potentials übernimmt zwei wichtige Funktionen: Sie macht zum einen das Ende des Dienstleistungsprozesses bewusst und stellt die erhaltene Dienstleistung als solche noch einmal ganz bewusst in den Mittelpunkt.

Das Leistungsergebnis

Die Aktivierung der internen Potentiale sowie die aktive Übertragung im Dienstleistungsprozess bringt **eine Wirkung** (Beispiel: Erholung, neue Erkenntnisse und Informationen, neue Verhaltensweisen u.a.) oder **ein materielles Ergebnis** (Beispiel: Jugendraum für Jugendliche). In diesem Bereich müssen die Maßnahmen des Dienstleistungsmarketing aktiv dazu beitragen, dass die Wirkung eines Dienstleistungsprozesses oder sein konkretes Ergebnis möglichst positiv von Seiten des Nachfragers empfunden wird, und **diese positive Empfindung möglichst lange anhält**.

- Es wird zu weiteren Veranstaltung eingeladen.

- Die Jugendlichen einer Jugendeinrichtung veranstalten als Abschluss einer bestimmten Programmphase ein Fest.

- Die Teilnehmer eines Fortbildungsseminars erhalten ein Zertifikat.

9.2   Dienstleistungen als Bündel von Prozessabschnitten oder Einzelleistungen

Im Rahmen der bisherigen Überlegungen zu dem Phänomen Dienstleistungen wurde davon ausgegangen, dass der Dienstleistungsprozess sich als einheitlicher, gleichbleibender Prozess darstellt. Dies ist aber nicht der Fall. Viele Dienstleistungen setzen sich aus einzelnen Prozessabschnitten oder der Einzelleistung verschiedener Mitarbeiterinnen und Mitarbeiter zu-

sammen. Man nennt deshalb Dienstleistungen auch **Leistungsbündel** [88]. Ein Leistungsbündel ist ein Bündel von Leistungen, die in verschiedenen Prozessabschnitten einer Dienstleistung erbracht werden.

Auch religiöse Dienstleistungen sind in den meisten Fällen einzelne Prozesse, die sich zu einer
ganzen Dienstleistung zusammenfügen, z.B der Hausmeister/Küster schafft eine angenehme Atmosphäre durch das Beheizen der Räume, der Organist unterstützt den Gottesdienst durch eine gefällige Musik, die Sekretärin stellt die Informationen zusammen, die im
Gottesdienst bekannt gegeben werden sollen.

Eine wichtige Marketingaufgabe besteht darin, **die einzelnen Prozessabschnitte** oder
unterschiedlichen Leistungen des Personals (Hausmeister, Musiker, Sekretärin, Pfarrer u.a.)
zu einem **einheitlichen Dienstleistungsprozess** mit einer gleichbleibenden Qualität
zusammenzufügen. Wenn die Integration einzelner Leistungen zu einem ganzen Bündel
gelingt, erfährt der Kunde die Dienstleistung als befriedigend.

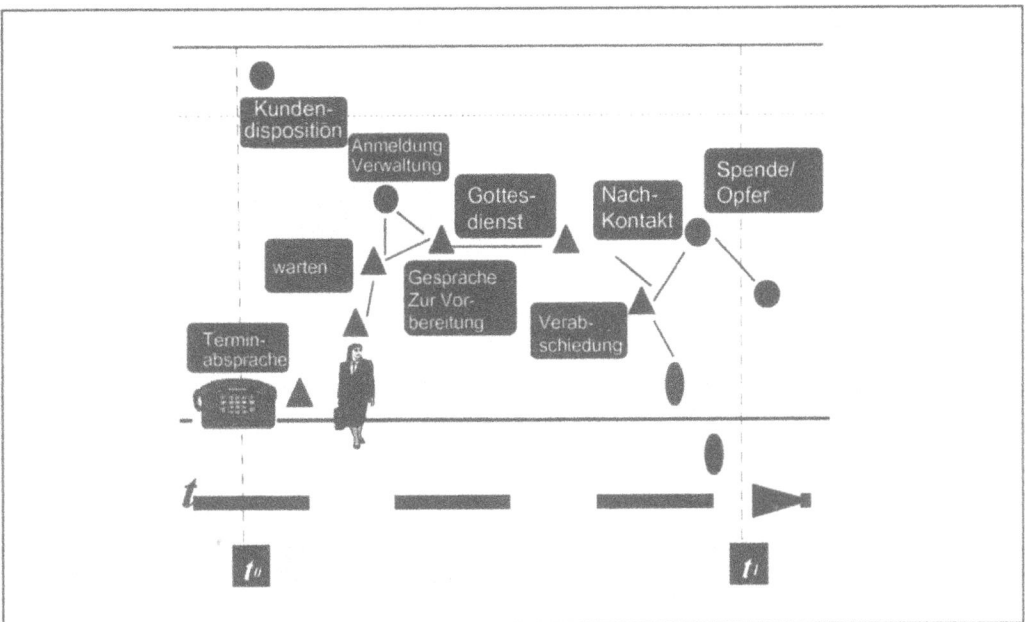

Abbildung 67: Beispielhafte Darstellung einer Dienstleistung als Bündel von Prozessabschnitten oder
Einzelleistungen

[88] Engelhardt, W. H. (Hrsg.): Schriften zum Marketing. Nr. 32, Bochum 1994

Eine besondere Herausforderung für das Dienstleistungsmarketing besteht aber nicht nur darin, die einzelnen Prozessabschnitte **von Anbieterseite** zu einem ganzheitlichen Prozess zusammenzufügen. Auch **von Seiten des Nachfragers** sind die Voraussetzungen und Bedingungen für die einzelnen Prozessabschnitte nicht immer definitiv vorgegeben, sondern im Fluss. So kann die persönliche Verfassung eines Mitgliedes während der Trau- oder Taufhandlung sich verändern (Stress, Tränen, Ergriffensein u. a.). Eine wichtige Marketingaufgabe besteht deshalb darin, dass sich der Dienstleistungsanbieter auf diese Veränderungen der externen Potentiale einlassen kann. Flexibilität und Dynamik des Dienstleistungsanbieters können deshalb als entscheidende Marketingmaßnahmen betrachtet werden, die den Erfolg einer Dienstleistung bewirken.

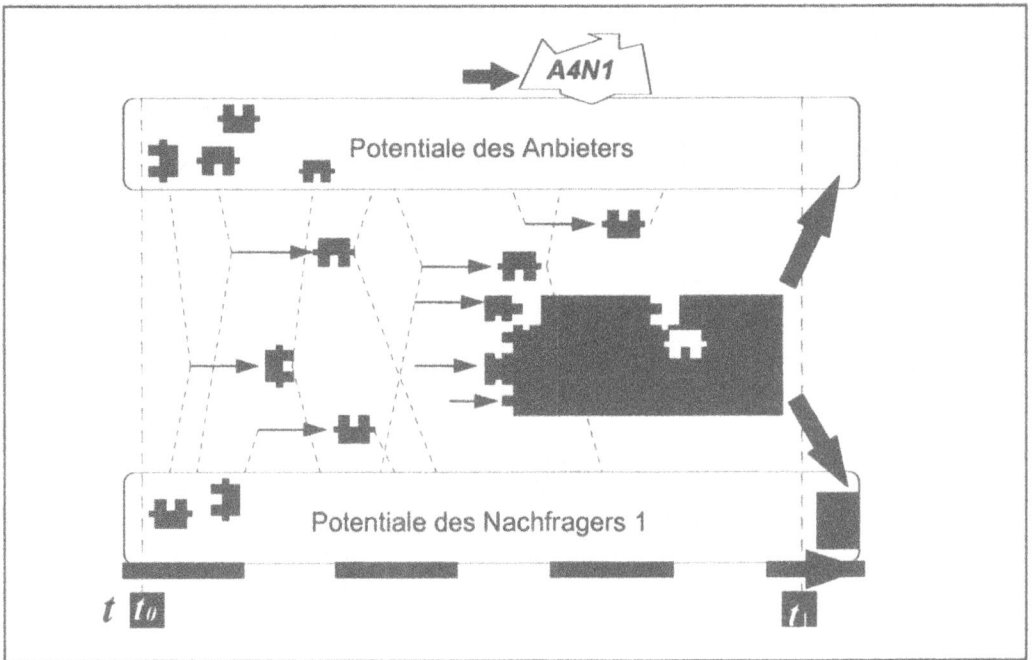

Abbildung 68: Bildhafte Darstellung der Dienstleistung als Bündel von Prozessabschnitten oder Einzelleistungen. Quelle: Gersch, Martin: Leistungserstellungsprozesse und Potentiale. In: Engelhardt, W. H. (Hrsg.): Schriften zum Marketing. Nr. 32, Bochum 1994, S. 94

9.3   Konstitutive Elemente und Definition einer Dienstleistung

Die beschriebenen Aspekte einer Dienstleistung haben deutlich gemacht, dass eine Dienstleistung einen sehr komplexen Vorgang darstellt. Um diesen Vorgang in seiner ganzen Komplexität besser zu erfassen, ist es wichtig, die konstitutiven Elemente einer Dienstleistung

theoretisch zu erfassen. In der wis-senschaftlichen Literatur werden im wesentlichen drei Kriterien festgelegt, die eine Dienstleistung definieren [89].

Definition von **personalen** Dienstleistungen:

Eine personale Dienstleistung ist eine von Menschen angebotene bzw. praktizierte Leistungsfähigkeit (Potentiale, Kompetenzen, organisatorische Voraussetzungen u.a.), die **direkt** und **immateriell** und **mit Hilfe der Integration der Potentiale,** die ein Mensch **extern** für den Dienstleistungsprozess zur Verfügung stellt, an Menschen mit dem Ziel der Erhaltung oder Veränderung, erbracht wird.

Die drei konstitutiven Kriterien bestehen darin, dass eine Dienstleistung
* überwiegend **immateriell** angeboten und erbracht wird,
* **direkt** zwischen Anbieter und Nachfrager geschieht und
* notwendigerweise auf **die Integration externer Potentiale** angewiesen ist.

Eine Dienstleistung ist deshalb nicht lagerungsfähig und kann deshalb nicht zu einem anderen Zeitpunkt, außer bei der direkten Erstellung, in Anspruch genommen werden. Sie kann auch nicht stellvertretend durch eine andere Person wahrgenommen werden.

9.4 Die Geschäftslogik von Dienstleistungsunternehmen

In der vorausgehenden Darstellung einer Dienstleistung als Potential, Prozess und Ergebnis bzw. Wirkung wurden die besonderen konstitutiven Elemente einer Dienstleistung beschrieben. Auf diese Weise wurde die Dienstleistung als komplexer Vorgang transparent und darstellbar.

Die Frage, die sich daraus weiter ergibt, lautet: **Welche Handlungslogik** ergibt sich aus den gemachten Beobachtungen für ein Dienstleistungsunternehmen?

Mit einer möglichen Antwort wird auf einer abstrakten, logischen Ebene beschrieben, welche **Logik für das wirtschaftliche Handeln eines Dienstleistungsunternehmens sinn- und sachgemäß** ist und sich aus den praktischen Beobachtungen ergibt. Die Logik für das wirtschaftliche Handeln eines Dienstleistungsunternehmens besteht in der Herstellung einer hundertprozentigen Kundenzufriedenheit, einem Qualitätsmanagement, einer positiven Mitarbeiterkultur und einer Dienstleistungsethik.

---

[89] Meyer, A.: Dienstleistungen. In: Corsten, H.: Lexikon der Betriebswirtschaftslehre. 1992, S. 171

9.4.1 Kundenzufriedenheit: Das absolute Ziel des wirtschaftlichen Handelns von Dienstleistungsunternehmen liegt im Erreichen der Kundenzufriedenheit

Aus der Beschreibung und Definition der persönlich erbrachten Dienstleistung ergibt sich, dass die Logik einer wirtschaftlich erfolgreichen Geschäftstätigkeit von Dienstleistungsunternehmen darin besteht, **eine hundertprozentige Kundenzufriedenheit** zu erreichen. Anders formuliert: Ein Dienstleistungsunternehmen ist dann wirtschaftlich erfolgreich, wenn es hundertprozentige Kundenzufriedenheit erzielt.

Dieser erste Aspekt einer Handlungslogik für Dienstleistungsunternehmen ergibt sich vorwiegend daraus, dass eine **Dienstleistung immateriell und direkt zwischen Anbieter und Nachfrager** erbracht wird. Wenn ein Mensch eine materielle Ware oder Produkt kauft, dann kann er auf Grund der Materialität konkret überprüfen, ob sich der Kauf dieser Ware für ihn gelohnt hat und ob dieser Kauf für ihn sinnvoll war. Der Kunde einer Dienstleistung hat meistens nichts Konkretes in der Hand. Zum einen geschieht die Dienstleistung direkt und ist beendet, wenn sie erbracht worden ist, zum anderen ist die Dienstleistung überwiegend immateriell.

Die einzige Konkretion, an der ein Nachfrager überprüfen kann, ob eine Dienstleistung für ihn sinnvoll und zufriedenstellend war, **ist seine subjektive Zufriedenheit** bzw. die erlebte Qualität einer Dienstleistung. Die Handlungslogik eines Dienstleistungsunternehmens zielt also immer darauf ab, eine hundertprozentige Kundenzufriedenheit zu erreichen. Eine hundertprozentige Kundenzufriedenheit ist dann erreicht, wenn der Kunde von seiner Person aus sagt, dass er zufrieden ist.

Die besondere Logik für die Geschäftstätigkeit eines Dienstleistungsunternehmens liegt darin, dass es dann wirtschaftlich erfolgreich ist und eine Dienstleistung erfolgreich verkauft wird, wenn dabei eine hundertprozentige Kundenzufriedenheit erreicht wird. Kundenzufriedenheit ist deshalb ein wirtschaftlicher Faktor für ein Dienstleistungsunternehmen.

Zufriedenheit ist **ein emotionaler subjektiver Wert,** der sich dann einstellt, wenn bestimmte Gefühle, Instinkte, Triebe befriedigt werden (z.B. Hunger, Durst, Anerkennung, Freizeitgestaltung usw.). Das Dienstleistungsmarketing legt deshalb einen besonderen Schwerpunkt auf die emotionalen Faktoren im Marketing. Da diese Faktoren schwanken, erfordert das Dienstleistungsmarketing eine hohe Dynamik und Flexibilität von einer Dienstleistungsorganisation und ihren Mitarbeitern bzw. Mitarbeiterinnen.

9.4.2 Dienstleistungsqualität

Eine besondere Art, Kundenzufriedenheit herzustellen bzw. zu vermitteln, kann über die **Qualität von Dienstleistungen** erreicht werden. Viele Dienstleistungsunternehmen gehen gegenwärtig diesen Weg und führen ein Qualitätsmanagement ein. Dabei wird zum einen das gesamte Dienstleistungsangebot in bestimmte Module oder Standards unterteilt. Ein Dienstleistungsunternehmen entwickelt dabei bestimmte **Qualitätsstandards** für die einzelnen Aspekte seines Dienstleistungsangebotes, die verkauft und im Dienstleistungsprozess erreicht werden sollen. Darüber hinaus besteht eine weitere wichtige Aufgabe für ein Dienstleistungsunternehmen, **die Dienstleistungsqualität** kontinuierlich **zu messen** und im Rahmen **eines Qualitätsmanagements** die Dienstleistung in der versprochenen Qualität tatsächlich zu erbringen.

Wie bei der Kundenzufriedenheit liegt auch bei der Dienstleistungsqualität die letzte Entscheidung beim Kunden. Es zählt also nicht, welche Qualitätsstandards versprochen oder mit Hilfe eines Qualitätsmanagements von Seiten des Anbieters umgesetzt und realisiert worden sind. Vielmehr muss aus Kundensicht die erlebte Qualität und Zufriedenheit als Maßstab der Tätigkeit von Dienstleistungsunternehmen herangezogen werden.

Die Dienstleistungsqualität und das Qualitätsmanagement kann aber nur als ein Aspekt des Dienstleistungsmarketing betrachtet werden. Das Dienstleistungsmarketing umfasst nicht nur die Bewertung oder Vermittlung von Qualitätsstandards, sondern vor allem **die aktive Steuerung aller Potentiale und Möglichkeiten** innerhalb der Komplexität einer Dienstleistung.

9.4.3 Mitarbeiterzufriedenheit

Nicht nur der Kunde, sondern auch das Personal eines Dienstleistungsunternehmens erlebt den Dienstleistungsprozess immateriell. Es ist deshalb eine große Herausforderung an das Management sowie an die Führungskräfte eines Dienstleistungsunternehmens, **den eigenen Mitarbeitern Sinn und Wertschätzung** im Dienstleistungsprozess zu **vermitteln**. Dies geschieht vorwiegend mit Hilfe der **internen Kommunikation** innerhalb eines Unternehmens, wie z.B. durch regelmäßige Mitarbeitergespräche zwischen Führungskräften und Personal. Die Mitarbeiterinnen und Mitarbeiter, die in direktem Kundenkontakt stehen und mit ihren Kompetenzen und Potentialen einen Teil des komplexen Vorganges einer Dienstleistung darstellen, brauchen **die notwendige Unterstützung** durch die Organisation und durch die Mitarbeiterinnen und Mitarbeiter, die ihnen zuarbeiten (Beispiel: Haupt- und ehrenamtliche Mitarbeiter). Diese Organisationseinheiten, die den Mitarbeiterinnen und Mitarbeitern im Kundenkontakt zuarbeiten, nennt man **back-office**. Das **teamorientierte Handeln sowie**

die Vernetzung einzelner Teams ist eine weitere wichtige Managementaufgabe in Dienstleistungsunternehmen.

Darüber hinaus brauchen die Mitarbeiterinnen und Mitarbeiter, die in direktem Kundenkontakt stehen, einen genügend **großen Handlungsspielraum und eine Entscheidungsfreiheit,** um mit der Komplexität des Dienstleistungsprozesses schnell und unkompliziert umzugehen. Bleiben diese unterstützenden Faktoren aus, dann kommt es zu einer Unzufriedenheit der Mitarbeiterinnen und Mitarbeiter, die im Kundenkontakt bzw. im eigentlichen Dienstleistungsprozess stehen. Selbst die professionellsten Mitarbeiterinnen und Mitarbeiter, die im Kundenkontakt stehen, werden niemals eine Zufriedenheit des Kunden erreichen, wenn sie selber als Mitarbeiter unzufrieden sind. Eine weitere Geschäftslogik für das wirtschaftliche Handeln von Dienstleistungsunternehmen liegt deshalb darin, Mitarbeiterzufriedenheit herzustellen, indem die Entscheidungsbefugnis an sie delegiert wird und sie genügend Unterstützung und Wertschätzung durch das eigene Unternehmen und durch das Management erhalten.

9.4.4 Dienstleistungsethik

Mit den bisherigen Erkenntnissen wurde der komplexe Vorgang einer Dienstleistung **formal** in einem Theoriemodell beschrieben. Dieses Theoriemodell (Potential, Prozess, Ergebnis/ Wirkung) mit seinen konstitutiven Kriterien (immateriell, direkt, Notwendigkeit der Integration externer Potentiale des Kunden) ist das Ergebnis der konkreten Beobachtungen und praktischen Erfahrungen mit Dienstleistungen, die innerhalb eines Modells theoretisch reflektiert werden. Gegenwärtig gewinnt innerhalb der wissenschaftlichen Diskussion immer mehr die Erkenntnis an Bedeutung, dass eine formal-theoretische Beschreibung einer Dienstleistung nicht ausreicht, sondern durch eine **inhaltliche, normative** ergänzt werden muss. Eine Dienstleistung lässt sich nicht ausschließlich unter den betriebswirtschaftlichen Merkmalen von Käufer und Verkäufer, Nachfrage und Angebot definieren. Dadurch, dass der Käufer sich selber und seine externen Potentiale, d.h. seine Person und seine Fähigkeiten und seine Bereitschaft, beim Dienstleistungsprozess mitzuwirken, für den Dienstleistungsprozess zur Verfügung stellt, entsteht nicht nur die betriebswirtschaftlich formal kalkulierbare Beziehung, sondern auch **eine personale Beziehung,** die durch eine besondere **Dienstleistungsethik** geschützt und gefördert werden soll.

Die Besonderheit einer Dienstleistungsethik ergibt sich aus folgenden Überlegungen:

- Jeder Mensch ist als **individuelle Person und unabhängiges Individuum** zu betrachten, das sich allein durch seine Freiheit und Individualität definiert. Diese individuelle Freiheit und Persönlichkeit eines Dienstleistungskunden ist mit Hilfe einer

Dienstleistungsethik gerade deshalb besonders zu schützen, weil während der Dienstleistung der Mensch **einen Teil seiner Freiheit und seiner individuellen Persönlichkeit** (als externe Potentiale) aufgibt („opfert") und zur Herstellung (Produktion!) der Dienstleistung zu Verfügung stellt.

- Eine Dienstleistungsethik schützt die Freiheit und individuelle Wesensbestimmung des Menschen, indem sie **einen normativen Handlungsrahmen für das wirtschaftliche Handeln des Menschen zur Verfügung stellt und im partnerschaftlichen Dialog mit dem Kunden kommuniziert.** Dieser normative Handlungsrahmen **(Dienstleistungsethik)** ist **weder Fremdkörper innerhalb des wirtschaftlichen Handelns noch steht er in Opposition** dazu. Vielmehr ist eine Dienstleistungsethik ein **integrativer Bestandteil für das wirtschaftliche Handeln** von Menschen, indem sie **die personalen, ethischen Werte** von Dienstleistungsanbietern und Dienstleistungskunden **deutlich macht und kommuniziert.**

- Der normative Handlungsrahmen von Dienstleistungen beschränkt sich nicht auf die Definition oder Kommunikation von Normen im Sinne von absoluten Wertaussagen. Der normative Handlungsrahmen einer Dienstleistungsethik schafft vielmehr die Basis für das **personale Vertrauen und die Achtung der Person** von Dienstleistungskunde und Dienstleistungsanbieter. Im Mittelpunkt der Überlegung für eine Dienstleistungsethik steht deshalb die Beziehung von Menschen, ihre gegenseitige **Anerkennung und Achtung.** Eine Dienstleistungsethik ist **eine Ethik,** die sich **als Prozess** versteht.

Dass Vertrauen nicht nur der Inhalt einer Dienstleistungsethik ist, sondern auch die Grundlage für eine Dienstleistung darstellt, wird bei der Analyse der Ausgangssituation deutlich. Die Ausgangssituation zwischen Dienstleistungsanbieter und Dienstleistungskunde ist asymmetrisch. Der Anbieter verfügt über **ein hohes Maß an Informationen** über den Dienstleistungsprozess. Da er eine Dienstleistung wahrscheinlich schon öfters erstellt hat, ist ihm **der Prozess** und der Ablauf einer Dienstleistung **vertraut.** Der Dienstleistungsanbieter kann sich auf sein Wissen und auf seine Erfahrung verlassen.

Für den Dienstleistungskunden, der weder über ein umfangreiches Wissen verfügt noch eine konkrete Erfahrung mit einer Dienstleistung hat, kann die Bereitschaft, sich in einen Dienstleistungsprozess einzulassen, ein hohes Risiko bedeuten.

- **Beispiel:** Asymmetrische Ausgangssituation zwischen Brautpaar und Pfarrer kommt dadurch zustande, dass eine Hochzeit für das Brautpaar zum ersten Mal stattfindet, während der Pfarrer schon mehrere Hochzeiten von anderen Brautpaaren mit gefeiert hat.

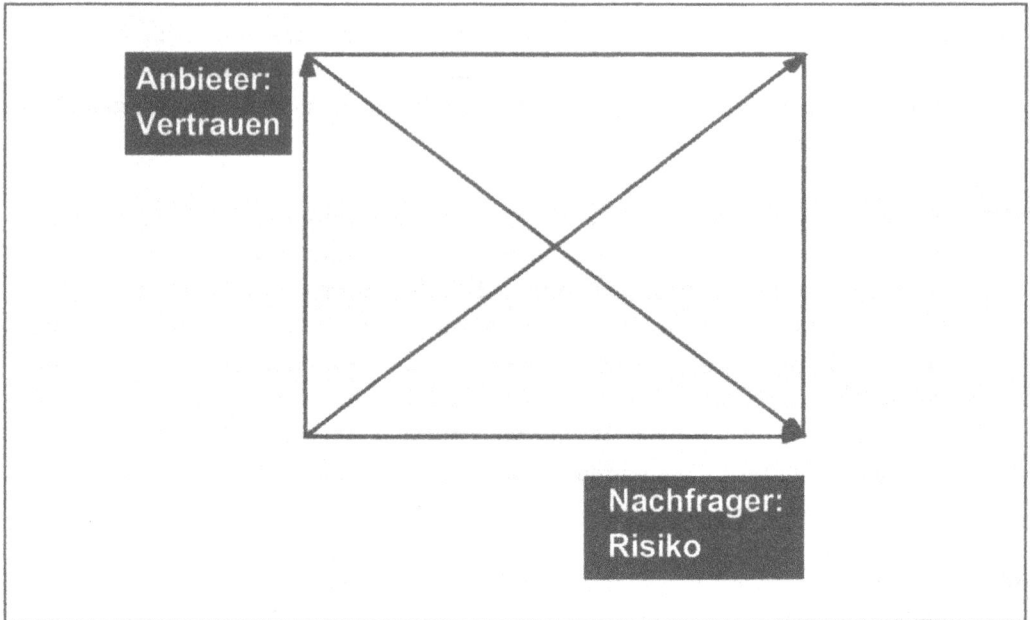

Abbildung 69:   Asymmetrische Ausgangssituation zwischen Anbieter und Nachfrager von Dienstleistungen

Die konkrete Herausforderung und Aufgabenstellung für die Entwicklung und Umsetzung einer Dienstleistungsethik liegen vor allem beim Management. Die besondere Aufgabe für das Management eines Dienstleistungsunternehmens liegt darin, eine Dienstleistungsethik zu entwickeln und die Mitarbeiterinnen und Mitarbeiter eines Dienstleistungsunternehmens so zu führen, dass diese im Rahmen der Organisations- und Marketingprozesse eines Unternehmens die formulierte Dienstleistungsethik umsetzen können. Gegenwärtig wird diese Managementaufgabe mit dem Schlagwort „leadership" beschrieben. Leadership bedeutet, die betriebswirtschaftlichen Organisations- und Entscheidungsprozesse nicht nur einfach zu managen, sondern betriebswirtschaftliche Entscheidungsprozesse **mit Sinn und Werten** (Unternehmensstandards) zu versehen.

Ein wichtiger Faktor dabei ist **die Integrität** [90] **und der verantwortliche Umgang mit Macht**. Integrität bedeutet das „unversehrte Handeln" eines Menschen. Gerade in Dienstleistungsprozessen, in denen sich der Kunde dem Anbieter im Prozess anvertraut und der

---

[90] Vgl. Leanard L. Berr: Der Bravo-Faktor: Leadership in Dienstleistungs-Organisationen. In: Meyer, A.: Handbuch des Dienstleistungsmarketing. 1998, S. 153

Anbieter Macht über den Kunden und seine Potentiale gewinnt, spielt die Integrität bzw. der verantwortliche Umgang mit Macht eine große Rolle.

Das Vertrauen eines Menschen zu einem anderen ist schnell und grundlegend verspielt, wenn er das Gefühl hat, dass es missbraucht wird.

Die Unversehrtheit des Handelns kann aber auch durch folgende Umstände verletzt werden:

- Der Dienstleistungsanbieter nimmt den Kunden nicht ernst, weil er von sich selber zu sehr überzeugt ist oder den Kunden aus seiner Expertensicht zu einseitig wahrnimmt. Einbildung, Eitelkeiten, Hochmut, Unfreundlichkeit, zu geringe Mitmenschlichkeit oder individuelles Einfühlungsvermögen oder die zu einseitige spezielle Wahrnehmung des Kunden durch das Expertenwissen, das der Dienstleistungsanbieter über den Kunden hat, können die Gründe dafür sein.

- Der Dienstleistungsanbieter nimmt den Kunden auf Grund interner organisatorischer Gegebenheiten nicht ernst. Er lässt den Kunden warten, ist unzuverlässig oder unpünktlich.

Es ist die Aufgabe des Dienstleistungsmanagements, für die „Unversehrtheit des Handelns" (Integrität) auf der Managementebene zu sorgen und auch auf der Mitarbeiterebene die Voraussetzung zu schaffen, dass eine Integrität des Handelns bewahrt bleibt. Diese Aufgabe wird gegenwärtig dadurch gelöst, dass sich Mitarbeiterinnen und Mitarbeiter von Dienstleistungsunternehmen den so genannten **Codes of Ethics** [91] eines Unternehmens verpflichten, die auch dem Kunden gegenwärtig sind.

9.5   Grundlagen des Dienstleistungsmarketing

Die besonderen Grundlagen des Dienstleistungsmarketing werden im Vergleich mit dem Marketing für ein Produkt deutlich. Während ein materielles Produkt bzw. eine messbare Ware **in einem linearen Prozess** beschafft, produziert und verkauft werden kann, ist die Erstellung und der Verkauf einer Dienstleistung **ein nicht linearer Prozess**. Dieser wird durch die verschiedenen Bestandteile des Prozesses beeinflusst und kann verändert werden.

---

[91]   Wieland, Josef: Formen der Institutionalisierung von Moral in amerikanischen Unternehmen. Die amerikanische Business-Ethics-Bewegung. 1993

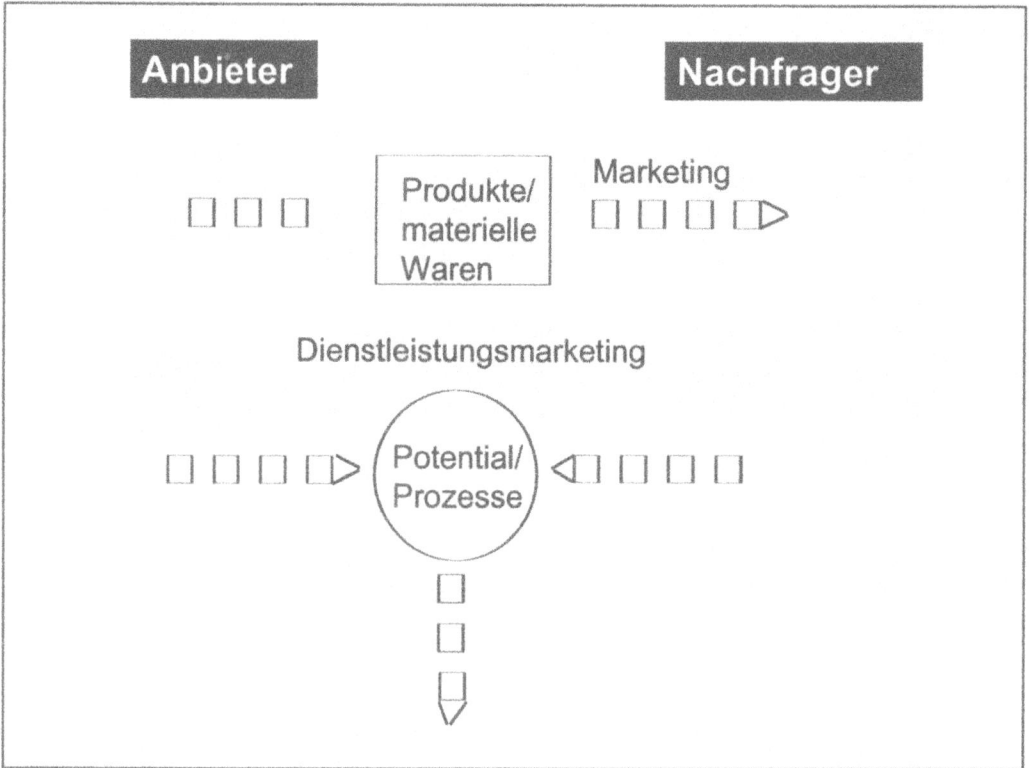

Abbildung 70:   Prozess des Dienstleistungsmarketing als mehrgliedriger Prozess im Gegensatz zum Marketing
von Produkten oder materiellen Waren

Diese Grundeinsichten für das Dienstleistungsmarketing bzw. für das Management von
Dienstleistungsprozessen sind auch dann noch gültig, wenn der Nachfrager nicht mehr
bewusst über seine externen Potentiale verfügt, z. B. in der Seelsorge, Trauer oder Freude u. a.
Der Dienstleistungsanbieter geht zu jedem Zeitpunkt im Dienstleistungsprozess **die
ethische Verpflichtung** ein, die vom Nachfrager für den Dienstleistungsprozess extern zur
Verfügung gestellten Potentiale so zu betrachten, dass **ausschließlich der Nachfrager** über
die externen Potentiale autonom verfügt. Der Dienstleistungsanbieter kann sich also nicht
willkürlich der externen Potentiale des Nachfragers bedienen oder sich deren bemächtigen.
Da die Dienstleistung ein komplexer Vorgang, der auf unsichtbaren Potentialen aufbaut, darstellt und deshalb **auf einer Vertrauensbasis** zwischen Anbieter und Nachfrager geschieht,
wäre in diesem Fall der Dienstleistungsprozess beendet. Die Verhaltensweise, mit der dann
ein Anbieter einem Nachfrager gegenübertritt, liegt dann auf einer anderen Ebene und muss
als Fürsorge-Tätigkeit, Bevormundung, Manipulation u. a. bezeichnet werden.

9.5.1 Die vier Dimensionen einer Dienstleistung

Die innere Logik einer Dienstleistung, die dadurch zum Ausdruck kommt, dass der Anbieter nicht über die Potentiale des Nachfragers verfügt, erzwingt also **einen mehrgliedrigen Prozess**, der verschiedene Dimensionen beinhaltet. Die Grundlagenforschung im Bereich der Dienstleistung bzw. des Dienstleistungsmarketing macht vier Dimensionen deutlich [92].

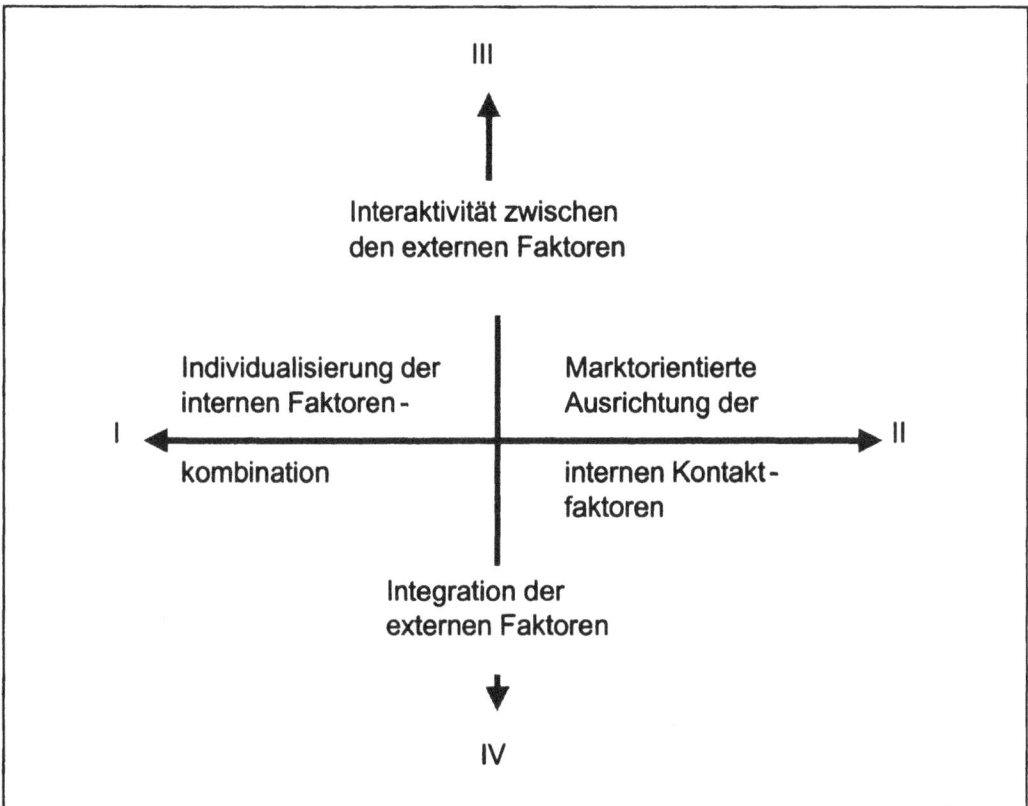

Abbildung 71:   Die vier Dimensionen des Dienstleistungsmarketing

● **Dimension I:** Die erste Marketingdimension von Dienstleistungen beinhaltet **die Individualisierung** der einzelnen internen Faktoren und Potentiale des Anbieters.

---

[92]   Meyer, Anton: Dienstleistungs-Marketing. Erkenntnisse und praktische Beispiele. Augsburg 1990, S. 91

- **Dimension II:** Die zweite Dimension des Dienstleistungsmarketing beinhaltet **eine optimale Ausrichtung** der internen Potentiale des Anbieters mit Blick auf den Markt bzw. mit Blick auf die externen Potentiale des Kunden.

- **Dimension III:** Die dritte Marketingdimension von Dienstleistungen versucht, die **Interaktivitäten** zwischen den externen Potentialen des Nachfragers zu beeinflussen, damit diese besser in den Dienstleistungsprozess integriert werden können.

- **Dimension IV:** Die vierte Dimension des Dienstleistungsmarketing beinhaltet die **optimale Integration** der vom Nachfrager extern zur Verfügung gestellten Potentiale.

Die Voraussetzungen und Aktivitäten innerhalb der verschiedenen Dimensionen werden mit unterschiedlichen Marketingmaßnahmen [93] gesteuert.

- **Variabilitätsmarketing** (Dimension I)
- **Kontaktmarketing** (Dimension II)
- **Interaktivitätsmarketing** (Dimension III)
- **Integrationsmarketing** (Dimension IV)

Die verschiedenen Marketingaktivitäten in den verschiedenen Dimensionen lassen sich in **ein internes Marketing** (Variabilitätsmarketing und Kontaktmarketing) mit Blick auf die interne Organisation eines Unternehmens und seine Mitarbeiter sowie in **ein interaktives Marketing** (Interaktivitätsmarketing und Integrationsmarketing) mit Blick auf die (inter-)aktive Gestaltung der Beziehung zum Kunden zusammenfassen.

Internes Marketing: Marketing mit Blick auf die interne Organisation und mit Blick auf das Personal eines Dienstleistungsunternehmens.

Das interne Marketing umfasst alle Aktivitäten, durch die **eine optimale Voraussetzung** zum Verkauf der internen Potentiale eines Dienstleistungsunternehms sowie **der Verkauf der internen Potentiale** selbst erreicht wird. Das interne Marketing richtet sich nach innen, also auf das Personal, die Organisationen, die Infrastruktur sowie auf das interne Management eines Dienstleistungsunternehmens usw. Zum internen Marketing gehört das **Variabilitäts- und das Kontaktmarketing.**

---

93 Meyer, Anton: Dienstleistungsmarketing. Erkenntnisse und praktische Beispiele. Augsburg 1990, S. 98

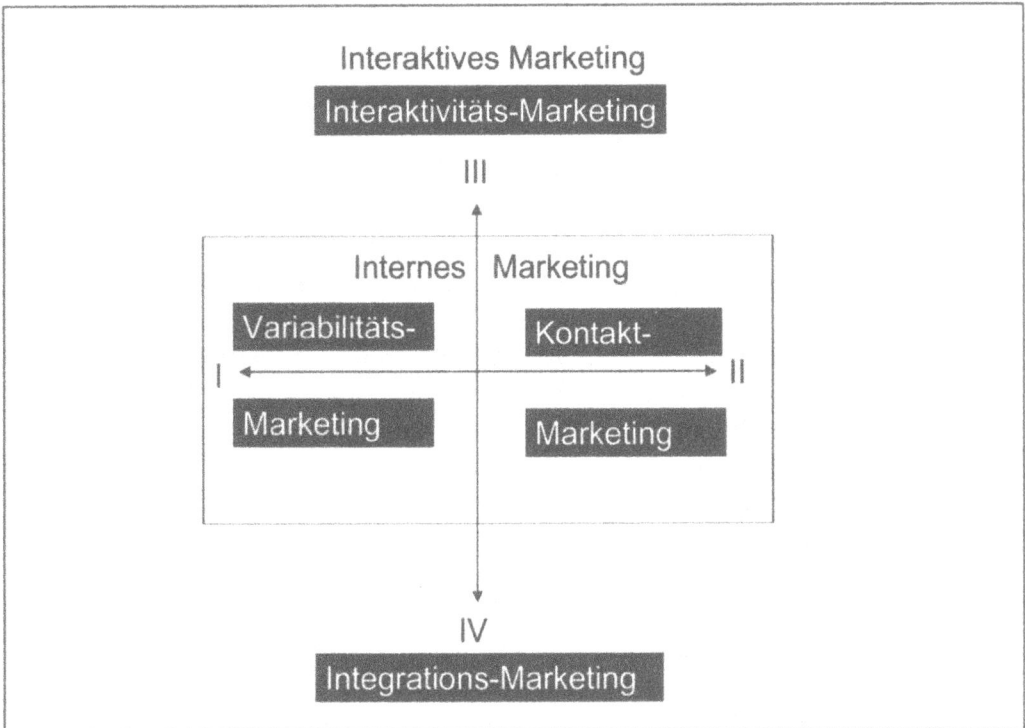

Abbildung 72: Marketingmaßnahmen hinsichtlich der vier Marketingdimensionen des Dienstleistungsmarketing

9.5.2 Variabilitätsmarketing

Ziel des Variabilitätsmarketing ist die Variabilität und Spezifizierung des internen Potentials eines Dienstleistungsunternehmens. Eine größtmöglichste Variabilität bzw. die Spezifizierung der internen Potentiale kann als ein wichtiges Verkaufsargument betrachtet werden, weil ein Dienstleistungsunternehmen damit besser auf die unterschiedlichen Voraussetzungen des Kunden eingehen kann. Die Variabilität bzw. Spezifizierung des internen Potentials bezieht sich zum einen auf das Personal, zum anderen auf die organisatorischen, strukturellen Voraussetzungen eines Dienstleistungsunternehmens.

Variabilitätsmarketing mit Blick auf das Personal
Ein Dienstleistungsunternehmen kann mit Blick auf **sein Personal** dadurch eine gewisse Variabilität schaffen, indem es Mitarbeiterinnen und Mitarbeiter mit unterschiedlichen Ausbildungen und beruflichen Qualifikationen einstellt und beschäftigt.

Eine solche Entscheidung über die Beschäftigung von Mitarbeiterinnen und Mitarbeitern mit unterschiedlichen Ausbildungen ist eine grundsätzliche strategische Entscheidung. Aber auch im Alltag gibt es Marketingmaßnahmen, durch die eine Variabilität des internen Potentials erhöht werden und mit deren Hilfe sich eine Dienstleistung besser verkauft.

Eine Variabilität mit Blick auf das Personal wird nicht nur dadurch erreicht, dass ein Dienstleistungsunternehmen Mitarbeiter mit verschiedenen variablen beruflichen Qualifikationen beschäftigt, sondern auch mit Blick auf deren **zeitlich variablen Einsatz**.

Die Variabilität mit Blick auf das Personal wird auch dadurch gefördert, dass ein Unternehmen seine Mitarbeiterinnen und Mitarbeiter hinsichtlich ihrer Hobbys, Freizeitaktivitäten oder **zusätzlichen Qualifikationen außerhalb der beruflichen Ausbildung** befragt und sie dann in den Dienstleistungen einsetzt, in denen diese zusätzlichen, außerberuflichen Qualifikationen besonders wertvoll sein können. Ein so genanntes skillsmanagement erweitert die Variabilität eines Dienstleistungsunternehmens.

Entscheidend dabei ist **die freiwillige Motivation**. Mitarbeiterinnen und Mitarbeiter sollen durch geeignete interne Kommunikations- oder Marketingmaßnahmen (Gespräche, Informationen an die Mitarbeiter usw.) motiviert werden, freiwillig außerberufliche Zusatzqualifikationen als Variabilitätsfaktoren im Dienstleistungsprozess zur Verfügung zu stellen. Dies erfordert aber **Anerkennung und persönliche Wertschätzung** des einzelnen Mitarbeiters durch den Vorgesetzten und das Management.

Die Aufgabe des Variabilitätsmarketing ist aber nicht ausschließlich darin zu sehen, quantitativ immer mehr Variabilitätsmerkmale oder Spezifikationen der internen Mitarbeiterpotentiale zu generieren. Variabilität und Spezifikation der internen Potentiale kann auch bedeuten, dass eine bestimmte Person immer von derselben Person besucht wird (Beispiel: Kranken- oder Geburtstagsbesuch). Dann ist es die Aufgabe des Variabilitätsmarketing, diese **qualitative Spezifikation durch Reduktion der variablen Möglichkeiten** zu gewährleisten. Diese Spezifikation hat nicht nur wirtschaftliche, sondern auch natürliche Grenzen, z.B. wenn ein Pfarrer/in Urlaub hat oder krank wird. Um so wichtiger ist es, dem Kunden im Gespräch aktiv zu verkaufen, was von der Seite der internen Potentiale und deren Spezifikation möglich ist. Kommt in der Urlaubszeit z.B. eine Vertretung, so sollte diese Veränderung aktiv verkauft werden, indem man sich Zeit für ein vorbereitendes Gespräch nimmt und den Übergang von einem Mitarbeiter zum anderen, z.B. bei der Urlaubsvertretung, dem Kunden aktiv verkauft.

Reflexion
In vielen religiösen Unternehmen hat sich im Laufe der Zeit ein falsches Verständnis entwickelt, wie Personal variabel eingesetzt werden kann. Variabilität wird dabei nicht unter dem

Gesichtspunkt des Marketing, sondern unter dem Gesichtspunkt der Organisation entwickelt und erreicht. So ist der Zivildienstleistende, der Praktikant oder das Personal im Rahmen einer Arbeitsbeschaffungsmaßnahme (ABM-Stelle) usw. oft das variabelste Personal, das für alle möglichen Tätigkeiten kurzfristig und unkompliziert einsetzbar ist. Da diese Stellen oft keine Planstellen sind, kann das Personal auch für die Tätigkeiten eingesetzt werden, die sonst keiner tut. Außerdem werden die Inhaber solcher Stellen schnell wieder ausgewechselt. Diese Art von Variabilität kann nur in beschränktem Umfang Sinn und Ziel der internen Marketingaktivitäten sein, mit deren Hilfe eine größere Spezifikation des Personals erreicht werden soll. Entscheidend ist der Ausgangspunkt bzw. das Ziel, das mit Hilfe der Spezifikation erreicht werden soll: Das Variabilitätsmarketing geht **von der Position des Kunden aus** und fragt nach den Maßnahmen, die den Kunden mehr zufrieden stellen können, weil auf Grund der Variabilität des Anbieters die Bedürfnisse eines Kunden individueller erfüllt werden können. Auf Grund der internen Variabilität lässt sich eine Dienstleistung als solche besser verkaufen. Dies sichert das wirtschaftliche Handeln eines Unternehmens.

Maßnahmen des Variabilitätsmarketing mit Blick auf das Personal

Teambildung und Teamtraining
Maßnahmen und Methoden, mit deren Hilfe eine höhere Variabilität des internen Mitarbeiterpotentials erreicht werden kann, liegen im personellen und organisatorischstrukturellen Bereich eines Unternehmens. Eine höhere Variabilität und Spezifizierung entsteht dann, wenn der einzelne Mitarbeiter **im Team seine Fähigkeiten besser entfalten** kann. Nicht der Einzelkämpfer entfaltet das Höchstmaß an Variabilität. Vielmehr ist ein Team der Ort, an dem ein Mitarbeiter ein Höchstmaß an Variabilität entfalten kann, weil er zugleich in ein Beziehungsgeflecht mit anderen Mitarbeitern eingebunden ist. Innerhalb des Teams kann der einzelne seine Variabilität am meisten entfalten, weil er durch die anderen Teammitglieder ergänzt wird. Teambildung und kontinuierliches Teamtraining ist deshalb eine wichtige Maßnahme im Rahmen des Variabilitätsmarketing. Im Team ist der Mitarbeiter nicht nur auf der funktionalen hierarchischen Ebene mit Blick auf seinen Vorgesetzten eingebunden, sondern auf der **horizontalen, beziehungsorientierten Ebene mit anderen Mitarbeitern.** Gerade diese Einbindung schafft die Voraussetzung, gemeinsam ein Höchstmaß an Variabilität zu erreichen. Diese Erweiterung wird auch mit den Fachwörtern **job enrichment, job enlargement** bezeichnet. Untersuchungen im industriellen Produktionsbereich haben gezeigt, dass ein Mitarbeiter im Team, z. B. bei der Produktion eines Autos, mehr leistet als bei einer Fließbandtätigkeit.

Grundlagen zur Teambildung sind folgende Kriterien:

- Festlegung der Teamteilnehmer: Wer gehört zum Team?

- Festlegung der Aufgabenstellung und Zielsetzung des Teams: Festlegung der Rolle und der Aufgabe, die der Einzelne als Teamteilnehmer übernimmt.

- Festlegung der Kommunikation im Team: Welche Konflikte, aber auch welche konstruktive Ergänzung gibt es durch die verschiedenen Rollen im Team?

Lean Management
Um Teams innerhalb eines Unternehmens zu etablieren, bedarf es eines organisatorischen Rahmens und der Möglichkeiten innerhalb der Organisationsstruktur eines Unternehmens. Organisations- und Entscheidungsprozesse, die früher auf der hierarischen Funktionsebene zwischen Vorgesetzten und Mitarbeitern stattgefunden haben, werden jetzt auf die horizontale Ebene der Teams verlagert. Dies hat zur Folge, dass bestimmte Aufgaben und Funktionen des Managements hinfällig werden und überflüssig sind. Die hierarische Struktur eines Unternehmens wird also „schlanker". Es gibt nicht mehr so viele Funktionsebenen oder Entscheidungsträger innerhalb der Hierarchie, weil viele Tätigkeiten und Funktionen in die Teams verlagert worden sind. Ein Unternehmen muss also innerhalb seiner Organisationsstruktur einen Handlungsrahmen für die Teams schaffen, indem es die hierarchische Struktur vereinfacht und bestimmte Entscheidungen, die früher auf einer hierarchischen Funktionsebene getroffen wurden, in die Teams verlagert. Diese Handlungsweise nennt man lean management.

Maßnahmen des Variabilitätsmarketing mit Blick auf die Organisation eines Dienstleistungsunternehmens

Neben den internen Marketingmaßnahmen, die eine Variabilität des Personals fördern, muss ein Unternehmen weitere Maßnahmen innerhalb der Organisation durchführen, mit deren Hilfe die organisatorischen Strukturen variabler gestaltet werden können. Dabei geht es zum einen um die technischen Voraussetzungen einer Organisation an sich als auch um die Optimierung von strukturellen Organisationsprozessen.

Interne Marketingmaßnahmen, mit deren Hilfe eine Variabilität und Flexibilität mit Blick auf die technischen, organisatorischen Voraussetzungen erzielt werden können, sind zum Beispiel

- die Installation einer neuen Telefonanlage mit einer eigenen Mailbox der einzelnen Teilnehmer,

- ein Faxgerät steht nicht nur im Büro für die Verwaltung zur Verfügung, sondern in einzelnen Abteilungen,

- die Installation eines Intranet,

- die Schlüsselgewalt über das Gemeindehaus liegt nicht nur beim Pfarrer oder Hausmeister, sondern auch bei den Mitarbeiter/innen.

Auch mit Blick auf den Ablauf von Organisationsprozessen müssen interne Maßnahmen getroffen werden, die diese optimieren und variabel gestalten.

9.5.3 Kontaktmarketing

Mit Hilfe des Kontaktmarketing soll nicht nur eine Spezifikation oder Variabilität der internen Potentiale erreicht werden. Die Aufgabe des Kontaktmarketing besteht vielmehr darin, alle Faktoren und Spezifikationen, die **in direktem Kontakt mit dem Kunden** stehen, mit

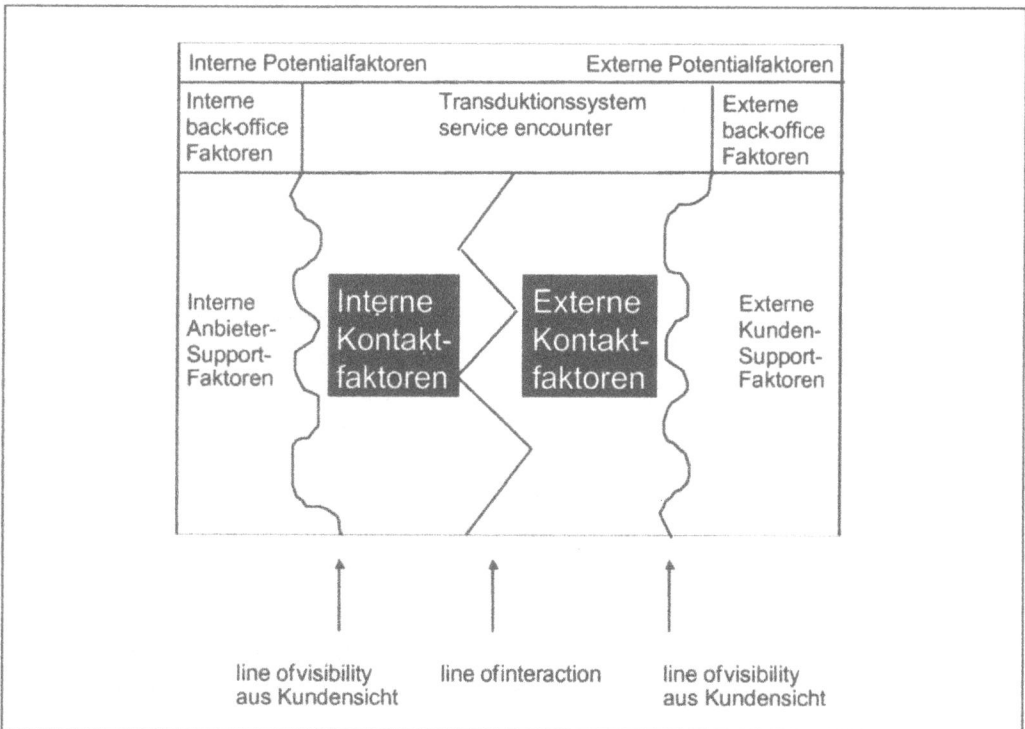

Abbildung 73:   Darstellung der Kontaktsituation mit dem Kunden

Hilfe von geeigneten Verkaufsmaßnahmen zu unterstützen. Dabei müssen solche Marketing-maßnahmen entwickelt werden, durch die zum einen **das Personal im direkten Kunden-kontakt eine optimale Unterstützung erhält**. Zum anderen müssen solche Verkaufsmaß-nahmen umgesetzt werden, durch die **eine Kontaktsituation und alle Faktoren**, die diese beeinflussen, erfolgreich gesteuert werden können und damit den Verkauf der Dienstleistung ermöglichen.

Maßnahmen des Kontaktmarketings mit Blick auf die Mitarbeiterinnen und Mitarbeiter im Kundenkontakt

Das Marketing von Dienstleistungen besteht in einem Prozess, der nicht linear stattfindet, weil der Dienstleistungsanbieter auf die Potentiale angewiesen ist, die ihm der Kunde extern für den Dienstleistungsprozess zur Verfügung stellt. Obwohl der Kunde dieses so genannte externe Potential für den Prozess der Dienstleistungsherstellung in die Verfügungsgewalt des Anbieters stellt, verfügt nicht der Anbieter, sondern ausschließlich der Kunde autonom und selbständig über dieses Potential. Eine Zufriedenheit bzw. ein erfolgreicher Verkauf einer Dienstleistung wird nur dann erreicht werden können, wenn die Mitarbeiter im Kunden-kontakt diese Voraussetzungen wahrnehmen.

Mitarbeiter, die in direktem Kundenkontakt stehen, sind in dieser besonderen Situation mit zwei verschiedenen Herausforderungen konfrontiert:

● Da der Kunde trotz der Bereitstellung der externen Potentiale immer noch autonom über diese verfügt, können sich im Dienstleistungsprozess kurzfristige, schnelle Veränderungen ergeben. Die Mitarbeiter im Kundenkontakt brauchen deshalb **einen großen Handlungsspielraum** und eine eindeutig übertragene **Entscheidungsbe-fugnis in der Kontaktsituation** und im Dienstleistungsprozess. Um eine Zufrieden-heit beim Kunden und einen erfolgreichen Verkauf einer Dienstleistung im Dienst-leistungsprozess zu ermöglichen, brauchen die Mitarbeiter im Kundenkontakt **eine größtmögliche Unterstützung der Mitarbeiter bzw. der Organisation im Hintergrund (back-office)**.

Um einen größtmöglichen Handlungsspielraum zu ermöglichen, drehen Dienstleistungs-unternehmen die Unternehmenspyramide „gedanklich" um. Normalerweise ist ein Unter-nehmen mehr oder weniger starr von oben nach unten organisiert. An der Spitze der Hierarchie steht das Führungspersonal bzw. das Management, dessen Anweisung durch das nachfolgende Personal umgesetzt wird. Bei Dienstleistungsunternehmen wird die Unter-nehmenspyramide umgedreht. Die „oberste" wichtigste Position in der Unternehmenspyra-mide hat nicht das Management inne, sondern die Mitarbeiterinnen und Mitarbeiter im Kundenkontakt. Sie sind die so genannten **„part-time-manager"**, die Manager, die den

Kundenkontakt und die Situation mit dem Kunden mit dem Ziel der Herstellung von Kundenzufriedenheit managen. Da es im Verkauf und in der Erstellung einer Dienstleistung ganz entscheidend auf diese Position in einem Unternehmen ankommt, wird diese **an die erste Stelle** gestellt.

Eine solche **„gedankliche Umdrehung"** der Unternehmenspyramide kann nur dann gelingen, wenn die Entscheidungsbefugnis dem Personal im Kundenkontakt übertragen wird und **das Management Vertrauen in die Handlungskompetenz seiner Mitarbeiter, die im Kundenkontakt stehen, hat**. Das Vertrauen, das Führungskräfte in die Fähigkeiten seiner Mitarbeiterinnen und Mitarbeiter haben, kann als wesentliches Verkaufsargument eines internen Marketing gegenüber den Mitarbeiterinnen und Mitarbeitern betrachtet werden.

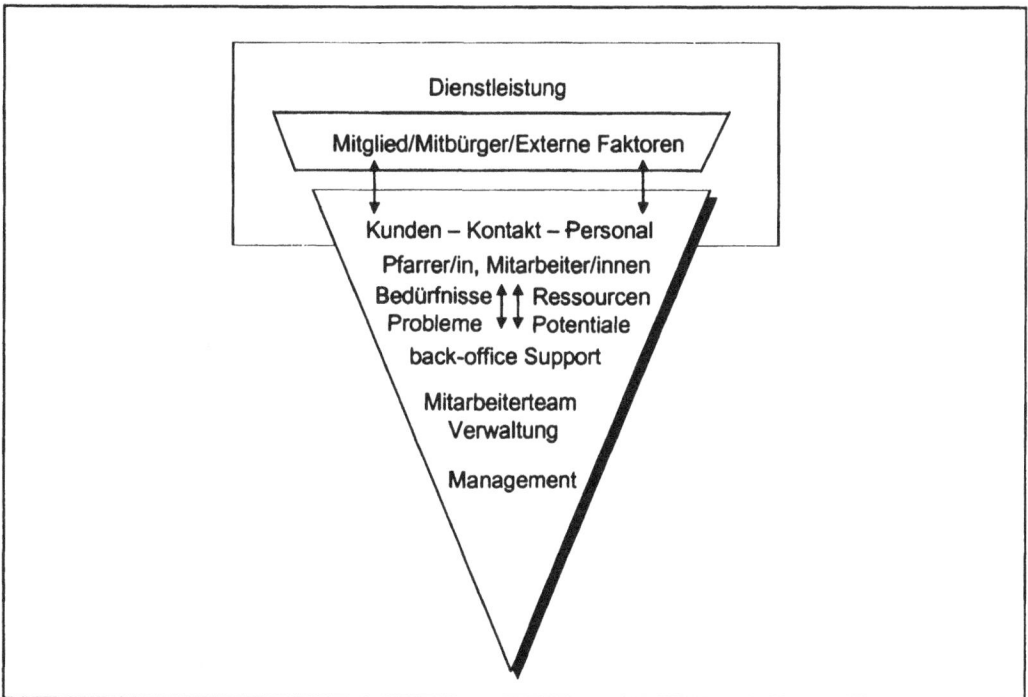

Abbildung 74:   Die Umdrehung der Unternehmenspyramide bei Dienstleistungsunternehmen zu Gunsten der Mitarbeiter im Kundenkontakt (Manager der Situation bzw. des Kundenkontakts).

Werteorientiertes Management
Um jemandem zu vertrauen, muss man in einer vertrauensvollen Beziehung zu ihm stehen. Eine Vertrauensbeziehung ist keine funktionalisierte Beziehung, die sich auf Anweisung, Ausführung und Kontrolle beschränkt. Eine Beziehung, innerhalb der er Menschen sich

gegenseitig vertrauen, ist keine formale, sondern eine **ganzheitliche, soziale Beziehung** zwischen Menschen. In den sozialen Beziehungen geht es nicht nur darum, zu reden oder in bestimmten Funktionen Anweisungen zu geben, sondern auch **zu hören, zu sehen und zu fragen.** Um diese Beziehung herzustellen und aktiv zu leben, muss eine Führungskraft ihre funktionale Position ein Stück weit verlassen und sich auf diese ganzheitliche soziale Beziehung einlassen. Das bedeutet konkret:

- Führungskräfte in Dienstleistungsunternehmen sind **eher Coach als Macher.** Die Führungskraft in Dienstleistungsunternehmen versteht sich mehr als **Coach der Mitarbeiterinnen und Mitarbeiter.**

- Dies bedeutet, dass das Führungspersonal **Zeit für die Mitarbeiterinnen und Mitarbeiter** haben muss. Es herrscht das so genannte **open door Prinzip.** Das Führungspersonal von Dienstleistungsunternehmen lässt sich nicht mit administrativen oder strategischen Aufgaben zudecken. Vielmehr verfügt es über genügend Zeit und Flexibilität, Mitarbeiterinnen und Mitarbeiter im Kundenkontakten zu jeder Zeit zu empfangen und ihnen zuzuhören.

- Dienstleistungsunternehmen werden vorwiegend nach dem Prinzip **Management by wandering around** geführt. Das bedeutet, dass das Führungspersonal an der Kontaktsituation seiner Mitarbeiter punktuell teilnimmt. Dabei können Managemententscheidungen in der Situation des Mitarbeiters gefällt werden.

- Die Kontaktsituation mit dem Kunden kann aber auch oft ohne äußerlich erkennbaren Grund misslingen. Eine solche misslungene Kontaktsituation bringt der Kunde vor allem mit seiner Unzufriedenheit zum Ausdruck. Der Mitarbeiter oder die Mitarbeiterin eines Dienstleistungsunternehmens steht dann in einer für ihn bzw. für sie offenen Situation: Er oder sie sucht nach Gründen, warum eine Kontaktsituation nicht gelungen ist. Dabei ist der Grund oft nicht direkt ausfindig zu machen, weil der Kunde mit seinem externen Potential mit über das Gelingen oder Misslingen von Kontaktsituationen entscheidet. In einer solchen Situation ist es eine wichtige Aufgabe des Führungspersonals, **den Mitarbeiterinnen und Mitarbeitern** im persönlichen Gespräch **Sinn, Anerkennung, Wertschätzung des einzelnen usw. zu geben und aktiv zu vermitteln.**

- Neben dem operativen und dem strategischen Management muss das Management eines Dienstleistungsunternehmens deshalb kontinuierlich die Aufgabe übernehmen, **soziale, ethische Normen und Werte eines Unternehmens aktiv zu vermitteln.**

Kurt Bleicher hat Ende der 90er Jahre diese Aufgaben der Führungskräfte **in einem integrierten Managementkonzept** zusammengefasst [94].

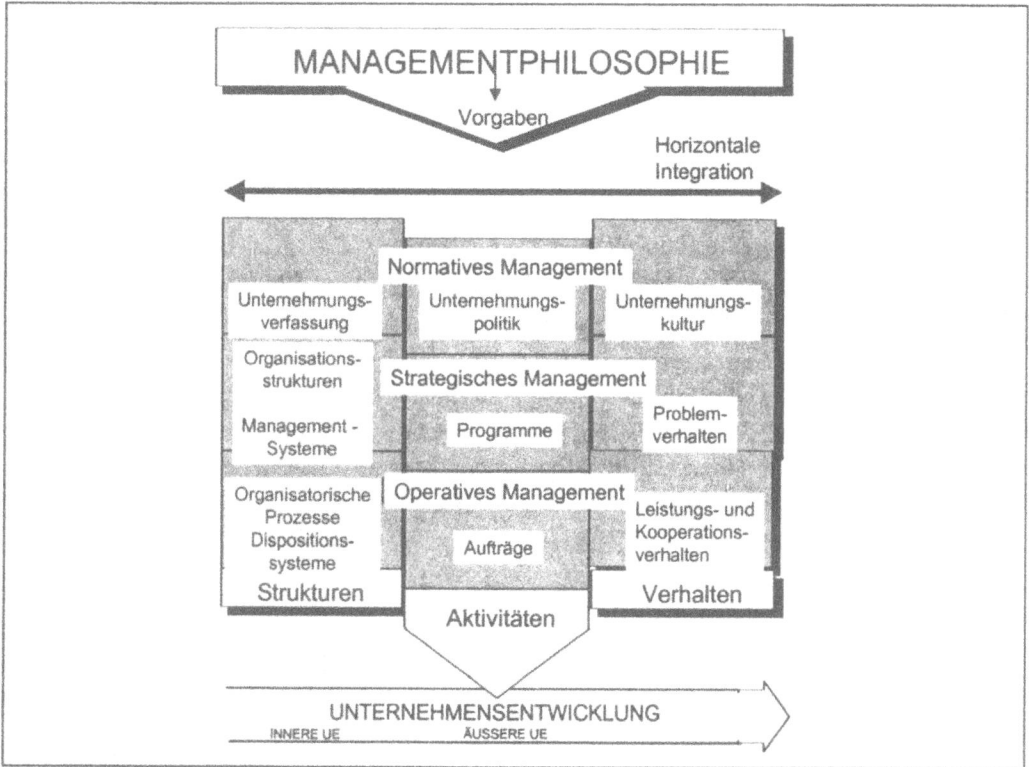

Abbildung 75:   Das integrierte Managementkonzept (Quelle: Bleicher, K.: Das Konzept Integriertes
Management. Frankfurt a. M., New York 1995, S.72)

Die **Aufgabe des operativen Management** ist das Führen von Mitarbeitern im operativen Bereich, also in der Planung und Ausführung von Managemententscheidungen im alltäglichen Arbeitsprozess.

Mit Hilfe des **strategischen Management** werden langfristige strategische Managemententscheidungen geplant und realisiert. Das strategische Management beschäftigt sich vor allem damit, wie das Personal unter wirtschaftlich-strategischen Gesichtspunkten in Tätigkeitsfeldern eingesetzt und geführt werden kann.

---

[94]   Bleicher, K.: Das Konzept Integriertes Management. Frankfurt, New York 1995

Das operative und **strategische Management** ist in **ein normatives Management** eingebettet. Mit Hilfe des normativen Managements versucht das Management eines Dienstleistungsunternehmens, ein äußeres Gerüst von **verlässlichen Werten und Normen aufzustellen** und **aktiv in den Management- bzw. Geschäftsprozess** eines Unternehmens hinein zu vermitteln.

Diese Werte und Normen können auf **einer juristischen Ebene** liegen. Wenn ein Unternehmen seine Rechtsform den Entwicklungen des Marktes anpasst, dann ist dies eine wichtige normative Managemententscheidung. Diese Entscheidung sollte keine von der Basis bzw. vom Personal losgelöste Managemententscheidung sein. Es ist vielmehr die Aufgabe des normativen Managements, diese Veränderung aktiv gegenüber den Mitarbeiterinnen und Mitarbeitern als neuer Wert bzw. neue Norm zu verkaufen.

Neben der juristischen Ebene gibt es aber auch **die soziale, psychologische Ebene.** Auch innerhalb dieser Ebene entstehen Werte, die das normative Management analysiert, zusammenfasst und als Norm bzw. Wert den Mitarbeitern wieder verkauft. Greifbar werden diese Werte vor allem in der so genannten **Unternehmenskultur.** Zur Unternehmenskultur gehören Normen, Regeln, Statussymbole, Gewohnheiten, Geschichten usw.

● **Beispiel:** Welche(r) Mitarbeiter/in darf zu welchem Zeitpunkt zu welcher Fortbildung?

Ein weiterer wichtiger Bestandteil sind die Unternehmensleitlinien. Das normative Management hat die Aufgabe, die sozialen, psychologischen Werte z.B. **in den Unternehmensleitlinien oder Unternehmensstandards** greifbar zu machen und im Rahmen **der Unternehmenspolitik** gemeinsam mit den Mitarbeiterinnen und Mitarbeitern aktiv zu leben.

Knowledge flow- und values management

Das Dienstleistungsmarketing beschäftigt sich nicht nur mit den formalen und sozialen Verhaltensweisen, die durch die Reflexion und den Rückblick dem Menschen bekannt sind. Vielmehr verändern sich diese Verhaltensweisen im Dienstleistungsprozess selbst auf eine grundlegende Art und Weise: Durch das Erleben und die Erfahrung anderer Menschen nimmt der Mensch nicht nur Informationen und Handlungsimpulse auf, sondern bewertet diese mit seinem Bewusstsein für die Werte, die für seine Person wichtig sind. Eine wichtige Aufgabe des Dienstleistungsmanagements besteht darin, eine anonyme Informationsmenge **zu einem Wert** zu machen, die Menschen als etwas Bedeutungsvolles für ihr Leben und Handeln betrachten. Umgekehrt muss ein Dienstleistungsanbieter auch die Informationen kennen, die ein Kunde für sich selbst als besonders wertvoll erachtet.

Das Dienstleistungsmanagement beschränkt sich also nicht auf die vorhandene Information bzw. auf das Management bereits konditionierter Verhaltensweisen und Informationen, sondern setzt sich immer wieder neu **mit dem Prozess auseinander**, Informationen zu bewerten und zu etwas Bedeutungsvollem zu machen. Das Dienstleistungsmanagement ist im weitesten Sinne **ein Management von Wissen und Werten** (knowledge flow management und values management).

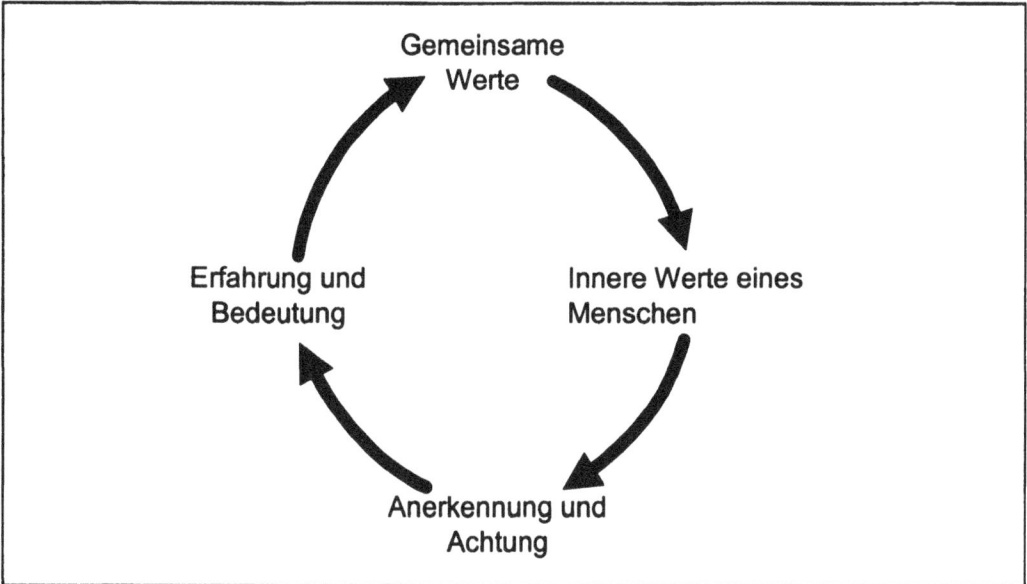

Abbildung 76:   Vermittlung von Wissen und Werten durch Anerkennung und Wertschätzung

Wissen und Werte werden nicht ausschließlich auf einer direkten rationalen Ebene vermittelt. Um Wissen zu einem Wert zu machen, muss es **mit der Erfahrung** verbunden werden, die dem Menschen etwas bedeutet und wertvoll für ihn ist. Das Wissen wird dann zu einem wertvollen Gut, wenn es in die **Erfahrung einer personalen Wertschätzung** eingebunden ist.

Eine wichtige Besonderheit des Dienstleistungsmarketing wird in Zukunft darin bestehen, Wissen mit einer besonderen Wertschätzung von Personen zu vermitteln bzw. wahrzunehmen. Die Umsetzung erfolgt dadurch, dass Unternehmen selbst und ihre Produkte zu so genannten **lernenden Organisationen** werden.

Ein Dienstleistungsangebot mit einer lernenden Oberfläche ist in der Lage, Informationen im Dienstleistungsprozess **schnell mit einem Wert für den Kunden zu versehen**. Umgekehrt bietet eine Dienstleistung mit einer Lernoberfläche die Möglichkeit, Wissen zu speichern und damit das Verhalten zu verändern.

Three Steps of Service

1
A warm and sincere greeting. Use the guest name, if and when possible.

2
Anticipation and compliance with guest needs.

3
Fond farewell. Give them a warm good-bye and use their name, if and when possible.

"We Are Ladies and Gentlemen Serving Ladies and Gentlemen"

The Ritz-Carlton®

Credo
The Ritz-Carlton Hotel is a place where the genuine care and comfort of our guests is our highest mission.

We pledge to provide the finest personal service and facilities for our guests who will always enjoy a warm, relaxed yet refined ambience.

The Ritz-Carlton experience enlivens the senses, instills well-being, and fulfills even the unexpressed wishes and needs

The Employee Promise

At The Ritz-Carlton, our Ladies and Gentlemen are the most important resource in our service commitment to our guests.

By applying the principles of trust, honesty, respect, integrity and commitment, we nurture and maximize talent to the benefit of each individual and the company.

The Ritz-Carlton fosters a work environment where diversity is valued, quality of life is enhanced, and individual aspirations are fulfilled, and The

Abbildung 77: Das Dienstleistungsangebot eines Unternehmens mit einer lernenden Oberfläche, den Namen von Kunden zu lernen und den Kunden persönlich anzusprechen (Quelle: www.ritzcarlton.com [Stand 24.06.2000])

Interne Kommunikation als Marketinginstrument des internen Marketing

Neben dem Positionswechsel des Managements vom Macher zum Coach und der Entwicklung einer vertrauensvollen Beziehung zu den Mitarbeiterinnen und Mitarbeitern, liegt in der **Kommunikation zwischen Mitarbeiter und Management** eine wichtige Bedeutung. Diese besteht darin, dass die Unternehmensleitung den Mitarbeiterinnen und Mitarbeitern Wertschätzung, Motivation und Sinn mit Hilfe der direkten persönlichen Kommunikation oder mit Hilfe von systematisierten Kommunikationsstrukturen zukommen lässt. Diese internen Marketingaktivitäten werden normalerweise unter dem Stichwort **interne Kommunikation** zusammengefasst. Die interne Kommunikation besteht aus einer Abwärts- und aus einer Aufwärtskommunikation.

Empirische Untersuchungen haben gezeigt, dass für Mitarbeiterinnen und Mitarbeiter der Wunsch nach mehr Informationen an erster Stelle steht, wenn es darum geht, ihre Arbeitssituation zu verbessern. Die Firmenzeitschrift, der interne Aushang, schriftliche oder mündliche Mitarbeiterinformationen sind deshalb wichtige Marketingmaßnahmen nach innen.

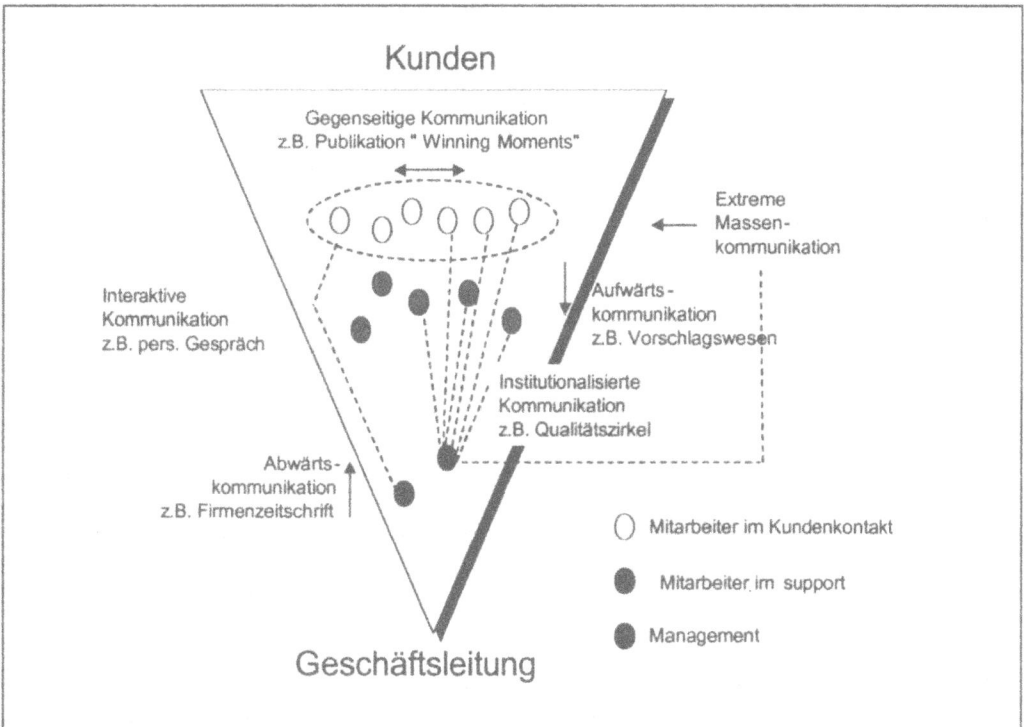

Abbildung 78: Abwärts- und Aufwärtskommunikation als Internes Marketing

Außer diesen strukturierten Formen der internen Kommunikation sind regelmäßige Mitarbeitergespräche besonders hilfreich. Das Ziel dieser Mitarbeitergespräche besteht darin, die individuellen Ziele des Mitarbeiters mit den unternehmerischen Zielen zusammenzubringen. Diese Mitarbeitergespräche sind Bestandteil eines Managements, das mit Hilfe von Zielvereinbarungen seine Tätigkeit ausübt **(management by objectives)**. Beim Führen durch Zielvereinbarung sind den jeweiligen Führungskräften immer nur eine überschaubare Anzahl von Mitarbeiterinnen und Mitarbeitern anvertraut, mit denen regelmäßig, z.B. einmal im Quartal, Zielvereinbarungsgespräche geführt werden. In den Zielvereinbarungsgesprächen geht es darum, dass das Management und der Mitarbeiter Zielvorstellungen je für sich formulieren und daraus ein gemeinsames Ziel vereinbaren. Ob dieses gemeinsame Ziel erreicht worden ist oder welche Veränderungen sich ergeben haben, wird bei einem nächsten Mitarbeitergespräch geklärt.

Neben der Abwärtskommunikation, die vorwiegend von Seiten des Managements angeregt und gesteuert wird, gibt es die **Aufwärtskommunikation**. Im Rahmen der Aufwärtskommunikation geben die Mitarbeiter, die im Kundenkontakt stehen, Rückmeldung in die Organisation eines Unternehmens. Diese Rückmeldung lässt sich wiederum in verschiedenen Formen institutionalisieren. Eine weitere Form der Mitarbeitergespräche sind so genannte **Qualitätszirkel**. In regelmäßigen Gesprächen sollen dabei Mitarbeiterinnen und Mitarbeiter, die im Kundenkontakt stehen, die Qualität einer Dienstleistung sichern oder steigern. Zur Aufwärtskommunikation gehört auch das so genannte betriebliche Vorschlagswesen. Mitarbeiterinnen und Mitarbeiter können dabei organisatorische, fachliche Vorschläge usw. gegenüber einer internen Stelle machen. Diese Vorschläge werden geprüft, umgesetzt und können prämiert werden.

Auch die Aufwärtskommunikation muss nicht nur in vorgegebenen Bahnen institutionalisiert werden. Sie kann auch punktuell geschehen und wahrgenommen werden, indem z.B. die Mitarbeiter einen Slogan für den Tag der Offenen Tür, für eine Messe, für ein Jubiläum oder für das wirtschaftliche Handeln eines bestimmten Zeitraums (Beispiel: Jahresmotto eines Unternehmens) vorschlagen und definieren.

Die oben dargestellten Maßnahmen stellen eine Auswahl der wichtigen internen Marketingmaßnahmen dar, die ein Dienstleistungsunternehmen anwenden kann, um die Voraussetzungen der internen Potentiale im Kundenkontakt zu optimieren. Da sie im wesentlichen darauf ausgerichtet sind, **den Kontakt mit dem Kunden besser zu gestalten,** um eine Dienstleistung zu verkaufen, wurden diese Maßnahmen unter dem Stichwort Kontaktmarketing zusammen gefasst. Die bisher dargestellten Marketingmaßnahmen beschäftigten sich vorwiegend mit **der besseren Ausrichtung der internen Potentiale auf den Kundenkontakt.** Im Rahmen des Kontaktmarketing muss ein Unternehmen aber auch solche

Marketingaktivitäten entwickeln, die den gesamten Prozess des Kundenkontakts steuern und damit zum Verkauf der Dienstleistung aktiv beitragen.

9.5.4 Interaktionsmarketing

Die Maßnahmen und Methoden des Interaktionsmarketing beschäftigen sich mit dem **Potential,** das **der Kunde extern** für den Dienstleistungsprozess zur Verfügung stellt. Dieses externe Potential kann zum einen durch bestimmte (externe) Interaktivitäten nachhaltig beeinflusst werden. Zum anderen wird es dadurch beeinflusst, dass die Vorkenntnis und die Bereitschaft des Kunden, sich auf einen Dienstleistungsprozess einzulassen (zu integrieren), schwanken kann. Mit Hilfe eines **Interaktivitätsmarketing** und eines **Integrationsmarketing** versucht ein Dienstleistungsunternehmen das externe Potential optimal in den Dienstleistungsprozess zu integrieren.

Interaktivitätsmarketing, Marketing mit Blick auf den Kunden, seine Voraussetzungen und seine Situation.

Ein Dienstleistungsunternehmen muss mit Hilfe der Maßnahmen und Methoden eines Interaktivitätsmarketing die Interaktivitäten positiv steuern und ordnen, die auf den Dienstleistungsprozess Einfluss haben können.

- **Beispiele:** Eltern, die ihre Kinder mit zu einer Veranstaltung für Erwachsene mitbringen, schaffen damit eine Ursache für eine Interaktivität. Für die Zeit des Vortrags wird deshalb eine Kinderbetreuung angeboten.

- Eltern verbieten ihrem Kind den Kontakt zu einer Jugendeinrichtung.

Um die Interaktivitäten besser zu steuern und geeignete Verkaufsaktivitäten zu entwickeln, ist es hilfreich, die Art der Interaktivitäten, ihre Intensität und ihre Wirkung auf das externe Potential genau zu kennen. Interaktivitäten können eine positive, neutrale oder negative Auswirkung bzw. Intensität haben. Die Auswirkung kann physisch, intellektuell oder emotional sein [95].

---

[95] Meyer, Anton: Dienstleistungsmarketing. Erkenntnisse und praktische Beispiele. 1990, S. 87

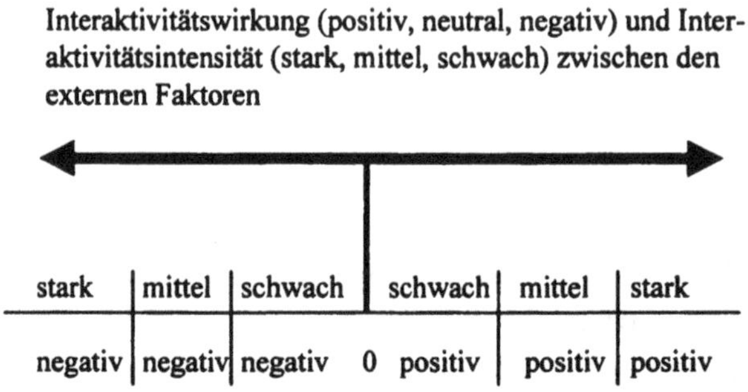

Interaktivitätswirkung (positiv, neutral, negativ) und Inter-
aktivitätsintensität (stark, mittel, schwach) zwischen den
externen Faktoren

stark	mittel	schwach	schwach	mittel	stark
negativ	negativ	negativ	0 positiv	positiv	positiv

Abbildung 79:   Interaktivitäten des externen Potentials im Dienstleistungsprozess (Quelle: Meyer, A.: 1990, S. 90)

Interaktivitätsformen/ Beispiele von Dienstleis- tungen	physisch	intellektuell	emotional
Rivalisierende Fußball- fans vor, während oder nach einem Fußballspiel	---	0	---
Patienten warten im Wartezimmer	0	+	++
Die Erziehungsberech- tigten einer Mutter-Kind- Gruppe unterstützen sich gegenseitig mit praktischen Tipps mit Blick auf die Kinder und	+	+	++
Jugendlichen in einer Skigruppe	-	0	++
Fahrgäste in einem überbesetzten Linienbus	---	0	---

Abbildung 80:   Beispiele für die Wirkungen von Interaktivitäten

Integrationsmarketing: Marketing mit Blick auf die Integration der externen Potentiale des Kunden in den Dienstleistungsprozess

Die Bereitschaft und die Fähigkeit, sich auf den Dienstleistungsprozess aktiv einzulassen, ist bei den jeweiligen Kunden unterschiedlich ausgeprägt. Die Aufgabe des Integrationsmarketing besteht darin, Marketingmaßnahmen zu entwickeln, damit die Fähigkeit und Bereitschaft des Kunden, sich auf den Dienstleistungsprozess einzulassen, positiv gestaltet werden kann. Das Integrationsmarketing findet vorwiegend in einer bestimmten Vorbereitungsphase, aber auch innerhalb des Dienstleistungsprozesses selber statt.

- In einer Konfliktsituation (mit der Schule, Behörde oder den Eltern) sucht ein Jugendlicher die Unterstützung eines Sozialarbeiters einer Jugendeinrichtung. Der Sozialarbeiter versucht, diese Konfliktsituation nicht nur oberflächlich zu lösen. Im kontinuierlichen Gespräch ist er darum bemüht, den Jugendlichen mit seinen (Konflikt-)Potentialen an einer grundlegenden Änderung seiner Situation zu beteiligen.

Es gehört mit zur Aufgabe des Integrationsmarketing, die Integration erfolgreich zu gewährleisten oder, wenn diese nicht möglich ist, eine Deintegration mit Hilfe von geeigneten Marketingaktivitäten herbeizuführen. Das macht folgendes Beispiel deutlich:

- Ein Konfirmand bleibt mehrmals vom Konfirmandenunterricht fern. Als erste Maßnahmen eines Integrationsmarketing werden Gespräche direkt mit dem Konfirmanden gesucht. Weitere Maßnahmen sind Gespräche mit den Eltern.

Die Aufgabe des Integrationsmarketing besteht also

- in der **Herstellung der optimalen Voraussetzung** (Beispiel: Steigerung der Integrationsfähigkeit durch die Auswahl des Zeitpunktes, wann eine Dienstleistung stattfindet, durch die Erhöhung der emotionalen Bereitschaft, durch das Steigern des Vertrauens und durch umfassende Informationen über den Dienstleistungsprozess) für die Integration externer Potentiale in den Dienstleistungsprozess,

- im **Ausgleich von Schwankungen bei der Bereitschaft**, sich auf den Dienstleistungsprozess einzulassen,

- in der **Deintegration**, wenn der Kunde keine Bereitschaft aufbringt, sich in den Dienstleistungsprozess mit seinen externen Potentialen einzulassen.

Die Fähigkeit und Bereitschaft zur Integration in den Dienstleistungsprozess von Seiten des Nachfragers lässt sich entsprechend der Wirkung (positiv, neutral, negativ) und der Intensität (stark, mittel, schwach) erfassen.

Integrationsformen/ Beispiele von Dienstleistungen	physisch	intellektuell	emotional
Sportangebote einer Freizeiteinrichtung für Jugendliche	+++	+	++
Vorgespräch zwischen Arzt und Patienten	+++	++	++
Zahnbehandlung bei Kindern	--	0	---
Besuch beim Sozialamt, Arbeitsamt	+++	+	----
Schmerzempfinden eines Patienten	++	0	---

Abbildung 81: Beispiel für die Wirkung von Interdependenzen

9.6   Kundenbindungsmarketing (Customer Relationship Marketing)

Die Maßnahmen des Variabilitäts-, des Kontakt-, des Interaktivitäts- und des Integrationsmarketing haben sich vorwiegend damit beschäftigt, **eine gute Ausgangssituation** für die internen Potentiale des Anbieters und für die Integration und Handhabung der externen Potentiale des Nachfragers zu schaffen, damit es überhaupt zu einem Verkauf der Dienstleistung kommen kann. Die Marketingmaßnahmen, die in diesem Kapitel unter dem Stichwort Kundenzufriedenheit, Beschwerdemanagement, Qualitätsmanagement, Service-Versprechen behandelt werden, haben vorwiegend **den Prozess bzw. den Verlauf der Dienstleistung** im Blick. Dabei geht es darum, den Verlauf und den Prozess der Dienstleistung so zu gestalten, dass der Kunde zufrieden ist und es zum erfolgreichen Verkauf der Dienstleistung an sich kommt. Von der Logik der Handlungsmaßnahmen, die zu einem

Verkauf der Dienstleistung führen und die im Verlauf bzw. im Prozess der Dienstleistung angewandt werden sollen, stehen zwei wichtige Aspekte im Mittelpunkt:

● **Ausschließlich der Kunde beurteilt,** wann er mit welchem Verlauf einer Dienstleistung **zufrieden ist.**

● Der Kunde äußert selten seine Zufriedenheit. Er meldet sich aber dann zu Wort, wenn er **mit einer Dienstleistung unzufrieden** ist. Sowohl die kontinuierliche Messung der Kundenzufriedenheit als auch das Management von Unzufriedenheit sind deshalb zwei wichtige, sich ergänzende Marketingaktivitäten mit Blick auf den Verkauf von Dienstleistungsprozessen.

Blue Prints und Moments of Truth

Im Dienstleistungsprozess erlebt der Kunde verschiedene Kontaktpunkte, in denen das interne Potential des Anbieters und das vom Kunden extern für den Dienstleistungsprozess zur Verfügung gestellte Potential direkt aufeinander treffen und aufeinander wirken. Da die Dienstleistung überwiegend unsichtbar ist, bewertet der Kunde diese (Kontakt-)Punkte überwiegend mit seinen Gefühlen. Eine wichtige Marketingaufgabe besteht darin, diese **Kontaktpunkte aufzuspüren** sowie in Gedanken **den Prozess aus der Sicht des Kunden aufzuzeichnen.** Die Ermittlung dieser Kontakterlebnisse sowie die gedankliche Darstellung des Dienstleistungsprozesses (blue printing) aus Kundensicht ist ein Analyseverfahren, mit dessen Hilfe die Faktoren aufgedeckt werden können, die aus Kundensicht im Dienstleistungsprozess seine Unzufriedenheit bewirken und damit den Verkauf einer Dienstleistung verhindern. Zunächst lassen sich diese Kontaktpunkterlebnisse (moments of truth) in einem Überblick in verschiedene Kategorien zusammenfassen.

Es gibt
● Kontaktpunkterlebnisse **mit** dem Dienstleistungspersonal,

● Kontaktpunkterlebnisse **ohne** das Dienstleistungspersonal, aber **mit anderen Menschen** in der Umgebung, innerhalb der die Dienstleistung stattfindet,

● Kontaktpunkterlebnisse ohne Dienstleistungspersonal mit der physischen Umgebung, innerhalb der eine Dienstleistung stattfindet.

Auch die quantitativen Kontaktpunkterlebnisse mit Menschen im Dienstleistungsprozess (leere Kirchen, Wartezonen, Warteschlangen, dunkle Verbindungsgänge, Gerüche in Gebäuden usw.) können maßgeblich über Zufriedenheit oder Unzufriedenheit eines Kunden entscheiden.

Beispiele für die Kontakterlebnisse **mit dem Personal** des Dienstleistungsanbieters ist die Aufmerksamkeit und Hilfsbereitschaft, die dem Kunden zuteil wird, Professionalität und fachliche Kompetenz, die der Kunde spürt.

Beispiel für Kontakterlebnisse ohne Dienstleistungsmitarbeiter, aber **mit anderen Menschen** bestehen in der Erfahrung mit Teilnehmern anderer Gruppen im Gemeindehaus, anderer Gottesdienstteilnehmer, Menschen auf dem Friedhof, die ihre Anteilnahme aussprechen wollen u.a.

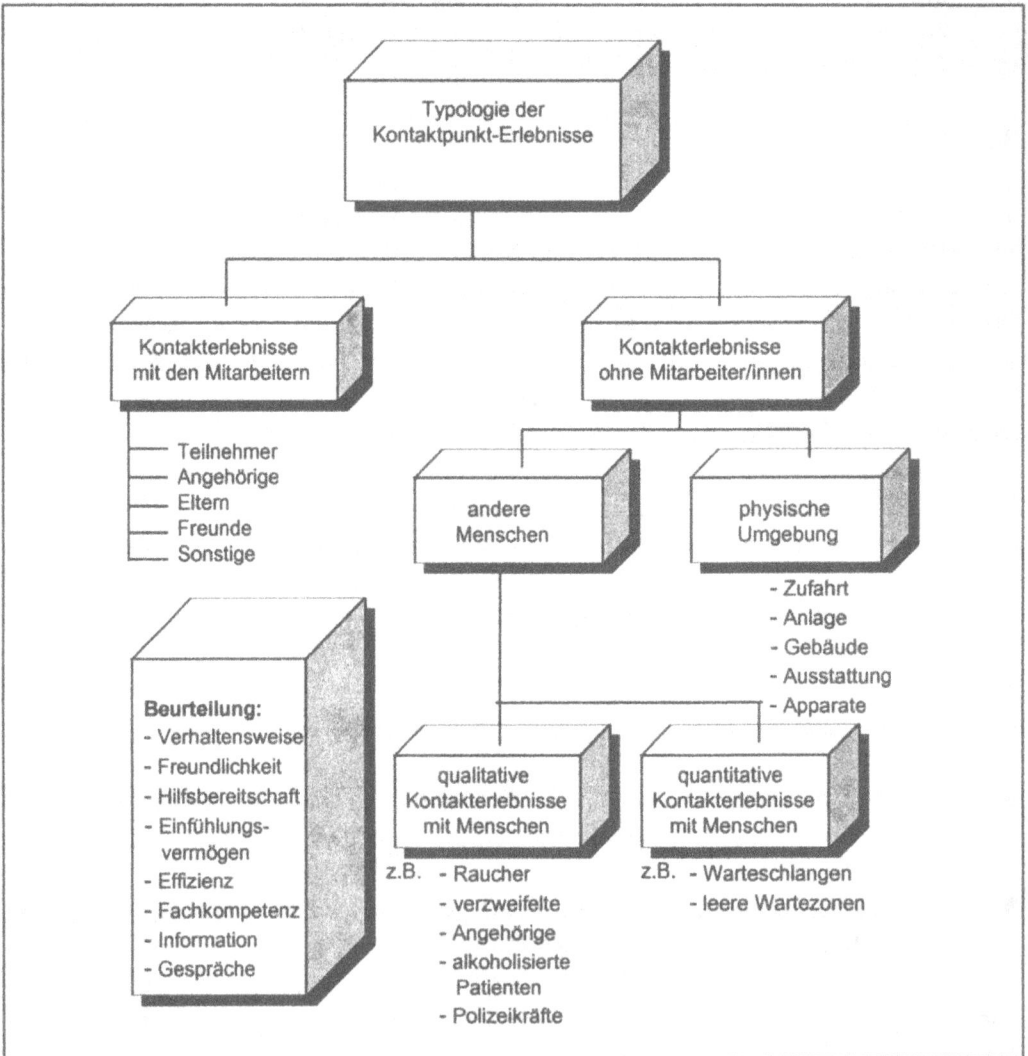

Abbildung 82:   Kontaktpunkterlebnisse

Außer der Erstellung einer solchen Typologie ist das so genannte **blue printing** eine wichtige Marketingmaßnahme, mit deren Hilfe die Ursache für eine Unzufriedenheit im Dienstleistungsprozess im voraus aufgedeckt und analysiert werden kann. Mit Hilfe eines blue print vollzieht der Anbieter den Prozess der Dienstleistung aus der Sicht des Kunden nach, indem er den tatsächlichen Dienstleistungsprozess gedanklich auf ein Papier paust (blue print = Blaupause). Die Methode des blue printing gibt dem Anbieter die Möglichkeit, sich von seiner Rolle als Anbieter zu distanzieren und die kritischen Momente, die zur Unzufriedenheit des Nachfragers im Dienstleistungsprozess führen könnten, zu spüren. Diese Analyse schafft die Voraussetzung, im Dienstleistungsprozess solche Marketingaktivitäten zu entfalten, durch die eine Unzufriedenheit verhindert und mit deren Hilfe überhaupt eine hundertprozentige Kundenzufriedenheit erreicht werden kann. Das folgende blue printing zeigt den Prozess und die so genannten Moments of Truth (MOT).

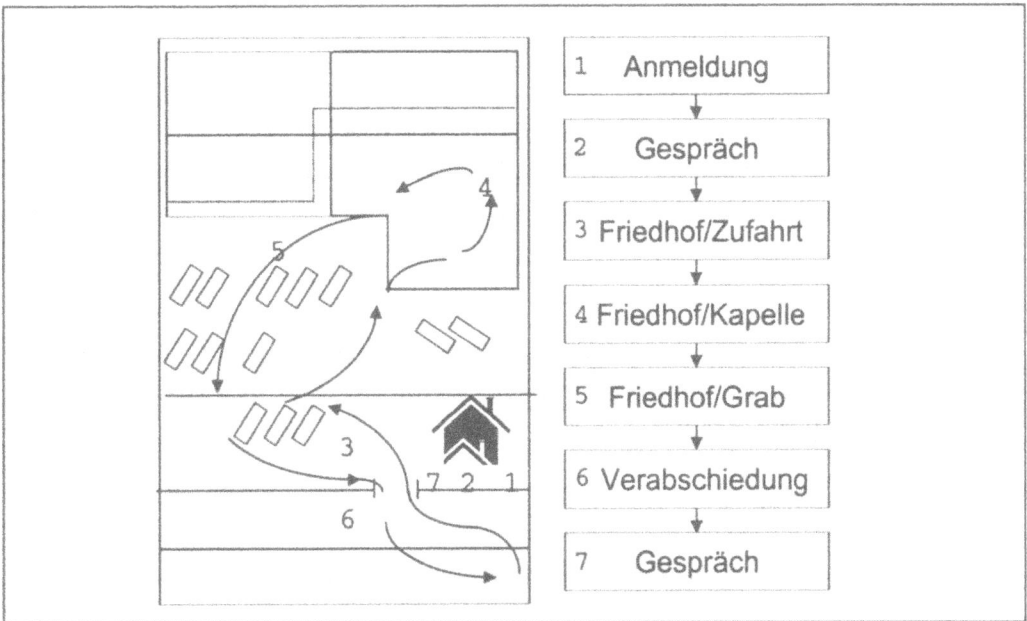

Abbildung 83: Beispiel für ein blue printing

MOT 1: Anmeldung

Der erste kritische Kontaktpunkt, durch den eine Unzufriedenheit beim Kunden entstehen kann, ist die telefonische oder persönliche Anmeldung einer Beerdigung. Dabei stellt sich vor allem die Frage nach der Erreichbarkeit des zuständigen Pfarrers/der Pfarrerin. Wenn die verantwortliche Person nicht erreichbar ist, kann durch eine qualifizierte Auskunft z. B. durch das Sekretariat eine erste Unzufriedenheit verhindert werden. Eine weiterer Ursache, durch die Unzufriedenheit entstehen kann, besteht in der Tatsache der Verfügbarkeit und Flexibilität. Dabei steht die Frage im Raum, wie schnell und zu welchem Zeitpunkt ein zuständiger Pfarrer/eine Pfarrerin ein Gespräch für die Seelsorge und zur Vorbereitung der Beerdigung vereinbaren kann.

MOT 2: Seelsorgerliches Gespräch zur Vorbereitung der Beerdigung

Das Vorbereitungsgespräch für die Beerdigung findet meistens im Pfarrhaus oder in der Wohnung der Angehörigen statt. Während des Gesprächs können einige kritische Momente auftreten, die Unzufriedenheit verursachen wie z.B. ein klingelndes Telefon im Pfarramtssekretariat, eine gestresste Atmosphäre u.a.

MOT 3: Der Friedhof als Betriebsgelände, Zufahrt und Parkmöglichkeiten

Mit dem Betriebsgelände betritt der Kunden den äußeren Bereich eines Dienstleistungsunternehmens. Auch wenn der Pfarrer oder die Pfarrerin nicht unmittelbar für den Friedhof verantwortlich sind, so tragen sie dennoch die Verantwortung für den gesamten Dienstleistungsprozess. Dabei stellt sich aus der Sicht der Angehörigen die Frage, wie das Betriebsgelände angeordnet ist. Ist das Betriebsgelände aus der Sicht des Kunden übersichtlich angeordnet? Findet der Kunde schnell und in unmittelbarer Nähe zum Eingang der Kapelle einen Parkplatz? In vielen Unternehmen wird die strategische Anordnung des Betriebsgeländes aus der Sicht der Kunden vernachlässigt. Das Blue Printing, das aus der Sicht des Kunden den Dienstleistungsprozess deutlich macht, kann diese kritischen Momente bewusst machen.

MOT 4: Friedhof/Kapelle

Der vierte Kontaktpunkt, an dem es zu positiven oder negativen Erlebnissen oder Erfahrungen für den Kunden kommen kann, ist die Friedhofskapelle selbst. Dabei ergeben sich folgende kritische Faktoren: Gibt es genügend Sitzplätze? Wie finden sich Angehörige in einem fremden Raum zurecht? Ist die Übertragung der Ansprache ausreichend? Wie viel Zeit steht für den Aufenthalt in der Kapelle zur Verfügung u.a.?

MOT 5: Friedhof/Grab

Ein weiterer Kontaktpunkt ist das Grab auf dem Friedhof. Meistens ist die Versenkung des Sarges eine sehr offene Situation, die auf dem Friedhof im Freien stattfindet. Dabei können die Angehörigen den Blicken der anderen sich ausgeliefert fühlen. Ein wichtiges Merkmal, durch das Unzufriedenheit oder Zufriedenheit entstehen kann, liegt deshalb in der Dauer und Intensität dieser offenen Situation.

MOT 6: Verabschiedungen

Die Verabschiedung stellt einen weiteren kritischen Kontaktpunkt dar. Dabei stellt sich die Frage, wie lange der Pfarrer bei den Angehörigen am Grab bleibt, von wem er sich in welcher Reihenfolge zuerst verabschiedet u.a.

MOT 7: Besuch nach der Beerdigung

Die Pfarrerin oder der Pfarrer hat die Möglichkeit, einen weiteren Besuch nach der Beerdigung bei den Angehörigen zu machen. Dabei stellt sich die Frage, wie viel Zeit zwischen der Beerdigung und dem Besuch liegt und in welcher Atmosphäre dieser stattfindet. Eventuell besteht die Möglichkeit eine Abschrift der Predigt bei einem weiteren seelsorgerlichen Besuch zu übergeben.

Das **blue printing** stellt für den Dienstleistungsanbieter die Möglichkeit dar, **aus Kundensicht den Dienstleistungsprozess zu erleben** und die kritischen Augenblicke bzw. Erfahrungen zu analysieren, denen **der Kunde** eine Bedeutung bzw. **einen (negativen) Wert zumisst**. Das blue printing ist ein Analyseverfahren, auf dem weitere Maßnahmen aufbauen.

Kundenbarometer und Beschwerdemanagement

Die Kontaktpunkterlebnisse lassen sich im Überblick in die unkritischen und die kritischen Kontaktpunkterlebnisse einteilen. Kontaktpunkterlebnisse, bei denen keine kritischen Erlebnisse bzw. Unzufriedenheit des Kunden festzustellen sind, werden mit Hilfe von so genannten **Kundenbarometern** analysiert und festgehalten. Ein Kundenbarometer ist eine schriftliche oder mündliche Befragung des Kunden über den Verlauf einer Dienstleistung und die erlebte Zufriedenheit. Die Messung der Kundenzufriedenheit wird deshalb als Barometer bezeichnet, weil beim Kunden zum einen **kontinuierlich** und zum anderen nicht nur die rationalen, sondern auch **die gefühlsorientierten Werte wie Zufriedenheit gemessen werden**. Eine solche Kundenzufriedenheitsmessung kann schriftlich im Anschluss an eine Dienstleistung von einer neutralen Stelle durchgeführt und ausgewertet werden.

Neben der schriftlichen Form, bei der die Zufriedenheit der Kunden mit Hilfe eines Barometers gemessen wird, gibt es auch die Form der direkten Befragung und der Beobachtung. Bei der direkten Befragung durch ein persönliches Gespräch oder mit Hilfe des Telefons geht es vor allem darum, dass sich der Kunde an einzelne Sequenzen erinnert und von seinen Erlebnissen und Erfahrungen aus den einzelnen Prozessabschnitten der Dienstleistung berichten kann. Mit Hilfe eines Interviewleitfadens wird diese so genannte **sequentielle Ereignis-methode** umgesetzt.

Die Zufriedenheit der Kunden bzw. die kritischen Momente, die während des Dienstleis-tungsprozesses zur Unzufriedenheit führen können, lassen sich auch mit Hilfe der Beobachtung ermitteln. Dabei kann ein Mitarbeiter eines Unternehmens als so genannter **silent shopper** fungieren. Die Beobachtungsmethode hat aber Grenzen: zum einen wird die Analyse und Beobachtung des Dienstleistungsprozesses nicht aus der tatsächlichen Sicht des Kunden, sondern aus der Sicht eines subjektiven Beobachters durchgeführt. Zum anderen kann von Seiten der Mitarbeiterinnen und Mitarbeiter die Beobachtung auch als Kontrolle empfunden werden. Die Beobachtungsmethode mit Unterstützung der silent shopper wird deshalb überwiegend in großen Kaufhäusern u.a. eingesetzt.

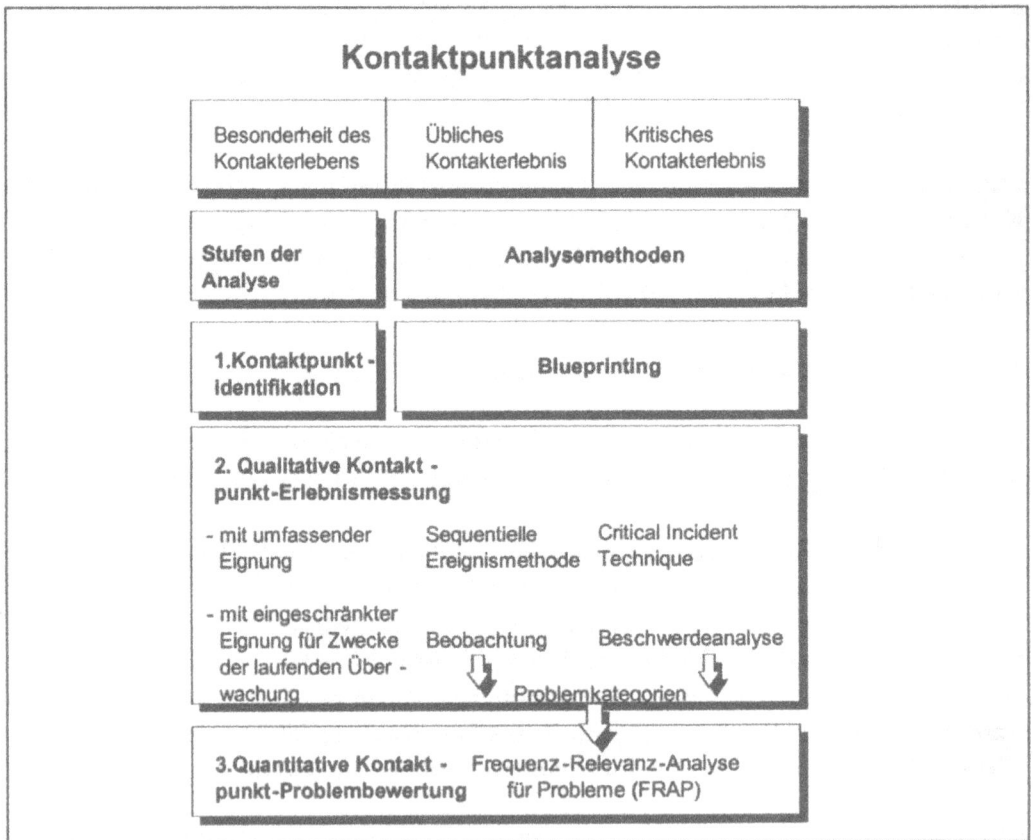

Kontaktpunktanalyse

Besonderheit des Kontakterlebens	Übliches Kontakterlebnis	Kritisches Kontakterlebnis

Stufen der Analyse	Analysemethoden

1.Kontaktpunkt - identifikation	Blueprinting

2. Qualitative Kontakt - punkt-Erlebnismessung

- mit umfassender Eignung   Sequentielle Ereignismethode   Critical Incident Technique

- mit eingeschränkter Eignung für Zwecke der laufenden Über - wachung   Beobachtung   Beschwerdeanalyse

Problemkategorien

3.Quantitative Kontakt - punkt-Problembewertung   Frequenz-Relevanz-Analyse für Probleme (FRAP)

Abbildung 84:   Messung der Kundenzufriedenheit und Beschwerdemanagement im Überblick
(Quelle: Stauss, Bernd: Augenblicke der Wahrheit. In: der Dienstleistungserstellung.
In: Bruhn, Manfred / Stauss, Bernd (Hrsg.): Dienstleistungsqualität. 1991, S. 361)

Neben der Ermittlung der Zufriedenheit bzw. der qualitativen Messung der Erlebnisse an Kontaktpunkten von Kunde und Anbieter gibt es verschiedene Methoden, um kritische Kontaktpunkterlebnisse und damit die Unzufriedenheit festzustellen und zu analysieren. Eine Methode ist die so genannte **Critical Incident Technique**. Mit Hilfe der Critical Incident Technique wird speziell nach den Erlebnissen und Erfahrungen innerhalb eines Dienstleistungsprozesses gefragt, die Unmut oder Unzufriedenheit beim Kunden ausgelöst haben. Diese Methode kann durch standardisierte Fragebögen oder mit Hilfe von Interviews angewandt werden. Das **Beschwerdemanagement bzw. die Beschwerdeanalyse** nimmt die vom Kunden frei geäußerte Beschwerde wahr und analysiert die Information der Beschwerde, die Ursache und die Bedeutung der Beschwerde. Entscheidend ist dabei die Erkenntnis und das Bewusstsein, dass eine Beschwerde nicht als destruktive, vernichtende Kritik verstanden wird. Lässt sich die Beschwerde objektiv betrachten (das bedeutet: nicht persönlich), dann kann aus jeder Beschwerde ein konstruktiver Ansatz gewonnen werden, mit dessen Hilfe ein Dienstleistungsprozess noch besser und damit noch wettbewerbsfähiger und wirtschaftlich erfolgreicher gemacht werden kann. Praktisch kann die Beschwerdeanalyse mit Hilfe der Wahrnehmung des Personals, mit Hilfe von direkten Gesprächen oder eines so genannten „Kummerkastens" umgesetzt werden.

Die Analyse der unkritischen und der kritischen Kontakterlebnisse können in eine **quantitative Kontaktpunkt-Problembewertung (Frequenz-Relevanz-Analyse of Problems (FRAP)** einfließen. Dabei wird die Häufigkeit der kritischen Momente bzw. die Unzufriedenheiten innerhalb einer Dienstleistung in einer Matrix aufgezeichnet, die zugleich die Bedeutung bzw. Relevanz der Unzufriedenheit deutlich macht.

Dadurch kann z. B. deutlich werden, dass die unverständliche Rechnungsstellung zwar nicht so häufig vorkommt, aber dennoch eine hohe Bedeutung bzw. eine hohe Relevanz für den Kunden hat. Gewinnt ein Dienstleistungsunternehmen mit Hilfe der Frequenz-Relevanz-Analyse diese Erkenntnisse, dann kann es mit Hilfe geeigneter Marketingmaß-nahmen Abhilfe schaffen.

Service Versprechen, Garantien, Zertifikate, Auszeichnungen

Service Versprechen, Garantien, Zertifikate oder Auszeichnungen sind praktische Marketing-Instrumente mit deren Hilfe ein Unternehmen seine immaterielle, nicht sichtbare Kompetenz und Potentiale vermarkten kann. Diese Leistungsversprechen dokumentieren einen bestimmten Standard (Garantie), der dem Kunden für die Zukunft versprochen wird oder der im Vergleich mit anderen Wettbewerbern erreicht wurde (Zertifikat, Auszeichnung u.a.). Diese Serviceversprechen können innerhalb verschiedener Werbemedien wie z.B. Gemeindebrief, Informationsbroschüren u.a. deutlich gemacht werden.

9.7   Marketing und Management der Dienstleistungsqualität

Die besondere Beschaffenheit von Dienstleistungen erzwingt eine besondere Handlungsweise, um Dienstleistungen aktiv zu vermarkten und zu verkaufen. So spielt im Bereich des
Dienstleistungsmarketing neben der Herstellung der Kundenzufriedenheit die Vermittlung
einer gleichbleibenden **Dienstleistungsqualität** eine große Rolle. Die Qualität von Dienstleistungen kann als ein Merkmal von Dienstleistungen betrachtet werden, mit dessen Hilfe
die Unsichtbarkeit und Immaterialität von Dienstleistungen dargestellt werden kann. Mit der
Aufstellung von Qualitätsstandards und mit der Entwicklung und Anwendung eines Qualitätsmanagements kann die Dienstleistung in Form ihrer Qualität überprüfbar und damit
nachvollziehbar gemacht werden. Allerdings stellt die Komplexität einer Dienstleistung eine
besondere Herausforderung an das Management und Marketing der Dienstleistungsqualität.
Deshalb müssen folgende grundlegende Aspekte berücksichtigt werden:

● Die Dienstleistungsqualität lässt sich nicht ausschließlich durch einzelne Standards formulieren, sondern entsteht durch das Zusammenwirken und durch die **Qualitäten
der (internen und externen) Potentiale, des Dienstleistungsprozesses und dessen Ergebnis oder Wirkung.**

● Entscheidend ist nicht die Dienstleistungsqualität, die der Anbieter in Form von Standards festlegt und vermitteln möchte. Da der Kunde aktiv durch die Bereitstellung
seiner externen Potentiale im Dienstleistungsprozess direkt beteiligt ist, entscheidet er
selbst, was er als Dienstleistungsqualität empfindet und beurteilt.

Modelle zur Messung und Herstellung von Dienstleistungsqualität
Für das Management und Marketing von Dienstleistungsqualitäten gibt es im wesentlichen
drei Modelle:

● Das Modell von Donabedia
● Das Modell von Grönross
● Das Modell von Meyer/Mattmüller

Das Modell von Donabedian [96]

Donabedian hatte die Erkenntnis, dass die Dienstleistungsqualität auf die Qualitäten im Bereich der Potentiale, des Prozesses und dessen Ergebnisse aufbaut und im Zusammenwirken

---

[96]   Donabedian, A.: The Definition of Quality and Approaches to its Assessment. Explorations in Quality,
Assessment and Monitoring. Volume I, Ann Arbor, Michigan 1980

dieser Bereiche bzw. Einzelqualitäten hergestellt wird. Donabedian nennt diese drei Bereiche structure, process und outcome. Diese Erkenntnis wurde zur Grundlage der Qualitätsmestung und für die Entwicklung eines Qualitätsmanagements für Produkte und Dienstleistungen.

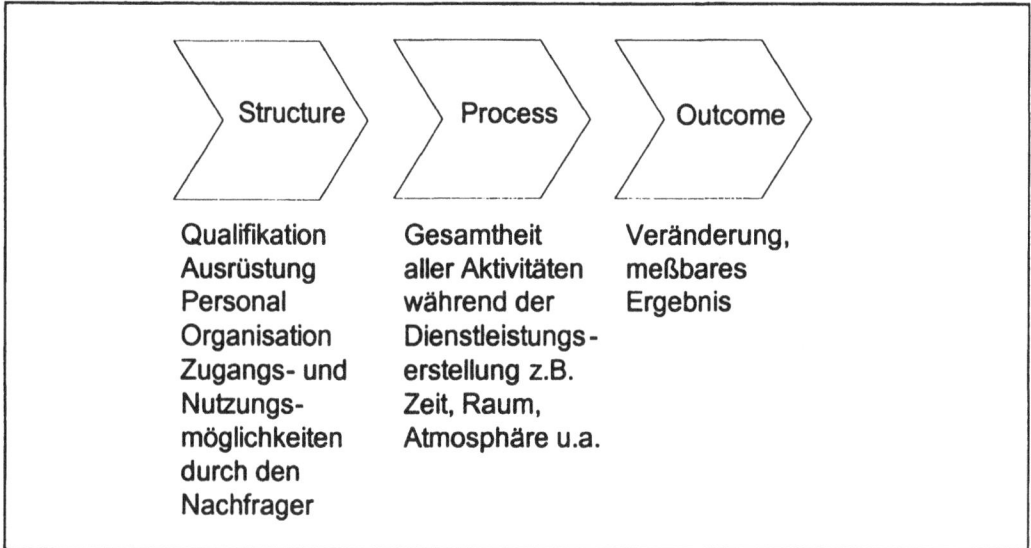

Abbildung 85:   Das Qualitätsmodell von Donabedian: Grundlagen der Entwicklung von Qualität für Produkte und Dienstleistungen (Quelle: Meyer, A./Mattmüller, R.: Qualität von Dienstleistungen. In: Markting ZEP 3/87, August 1987, S. 190)

Die wichtige Erkenntnis von Donabedian besteht darin, dass die Qualität nicht am Schluss eines Produktions- oder Dienstleistungsprozesses entsteht oder gemessen werden darf. Die Qualität von Produkten oder Dienstleistungen wird vielmehr schon am Anfang durch das Ausgangspotential (structure) und durch den Prozess selbst beeinflusst. Für Donabedian findet die Herstellung der Qualität aber noch in einem einlinearen Prozess von structure – process – und out-come statt. Die Eindimensionalität reicht aber nicht aus, um alle Qualitätsmerkmale im Dienstleistungsprozess zu messen bzw. zu einer optimalen Qualität zu führen. Es gibt weitere Qualitätsmodelle, die diese besonderen Herausforderungen der Qualitätssicherung von Dienstleistungsprozessen untersuchen und darstellen.

Das Modell von Grönross [97]

Grönroos klärt vor allem das Zusammenwirken einzelner Qualitäten im Dienstleistungsprozess. Das integrative Element, das die unterschiedlichen Qualitäten der Ausgangspotentiale sowie des Prozesses trichterähnlich zusammenführt, ist **das Image**. Die Erkenntnis von Donabedian, dass die Dienstleistungsqualität innerhalb der einzelnen Abschnitte von Struktur, Prozess und Ergebnis zustande kommt, spielt bei Grönoos keine so große Rolle mehr. Der Schwerpunkt der Erkenntnis von Grönoss liegt in der **Unterscheidung zwischen tech und touch quality**.

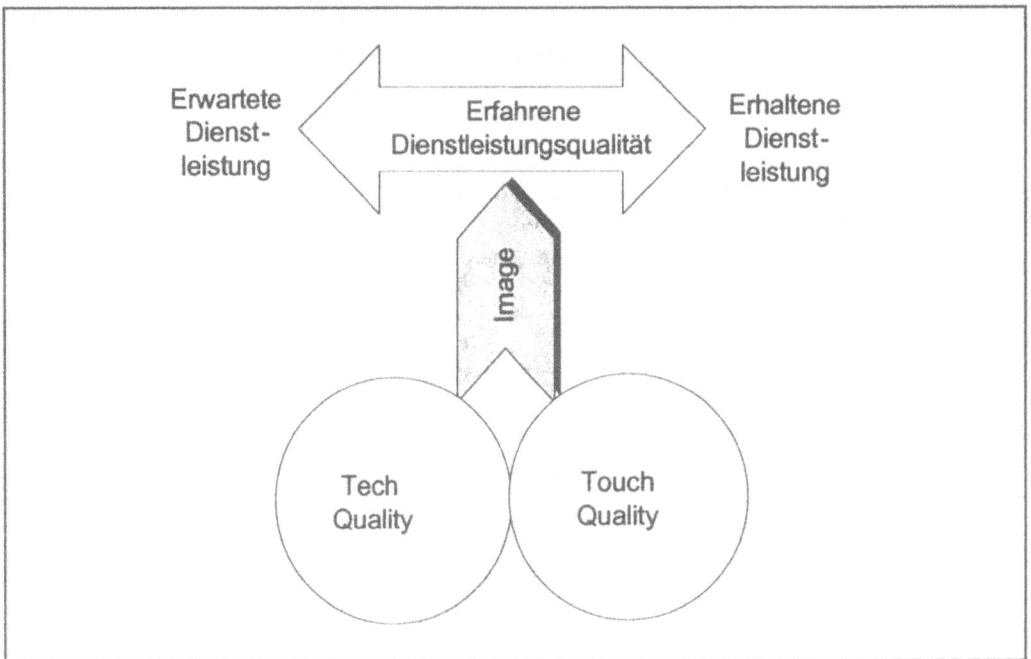

Abbildung 86:   Das Qualitätsmodell von Grönoss: Grundlagen der Entwicklung von Qualität durch tec und touch quality sowie durch das Image (Quelle: Meyer, A./Mattmüller, R.: Qualität von Dienstleistungen. In: Markting, ZEP 3/87, August 1987, S. 191)

Die Eingrenzung auf das Image als einziger Träger der Qualitätserfahrung ist zu eng. Das Image ist zwar ein wichtiger Faktor, an dem der Kunde die Qualität einer Dienstleistung bzw. eines Dienstleistungsunternehmens wahrnimmt. Über das Image hinaus empfindet der

---

[97] Grönross, C.: Strategic Management and Marketing in the Service Sektor, research report Nr. 8 of the Swedish School of Economics and Business Administration, Helsingfors 1982

Kunde die Qualität aber auch im persönlichen Verhalten von Mitarbeitern, in der Flexibilität von Mitarbeiterverhalten oder organisatorischen Strukturen (z. B. Erreichbarkeit, Wahrnehmung, Spontaneität von Mitarbeiterverhalten in bestimmten Situationen usw.) u. a. Tech und Touch Qualität müssen nicht nur durch das Image, sondern innerhalb des gesamten Prozesses einer Dienstleistung für den Kunden erfahrbar werden.

Das Modell Meyer/Mattmüller [98]

Das Modell von Anton Meyer und Roland Mattmüller verknüpft die beiden Modelle von Donabedian und Grönross und bringt die Erkenntnisse in ein ganzheitliches Modell der Qualitätssicherung. Grundlage ist die Erkenntnis, dass die Dienstleistungsqualität sich aus den Einzelqualitäten im Bereich der **Potentiale des Anbieters und Nachfragers**, aus der Qualität, die im **Dienstleistungsprozess** entsteht sowie aus **der Qualität des Ergebnisses** bzw. **der Wirkung** der Dienstleistung zusammensetzt. Die Qualitäten in diesen Einzelqualitäten ergeben sich wiederum unter dem Aspekt einer tech (was?) und einer touch quality (wie?). Entscheidend bei dem Modell von Meyer/Mattmüller ist die Erkenntnis, die Potentialqualität des Nachfragers einzubeziehen. Damit wird das lineare Grundmodell von Donabedian, das nur von den Potentialqualitäten des Anbieters ausgeht, grundlegend verändert. Gleichzeitig wird die Erkenntnis von Grönross aufgenommen, dass die Dienstleistungsqualität tatsächlich durch fachliche (tech quality) und menschlich-emotionale Qualität (touch qulity) zustande kommt.

Servqual – eine Methode zur Messung und zur Herstellung von Dienstleistungsqualität aus Kundensicht

Die empirische Untersuchung von Zeithaml, Berry, und Parasuraman und die daraus entwickelte Servqual-Methode [99] wird der Erkenntnis gerecht, dass die Qualität der Dienstleistung eigentlich **nur durch den Kunden beurteilt** werden kann. Mit der Dienstleistungsqualität verhält es sich so wie mit der Kundenzufriedenheit: Auf Grund der Immaterialität der Dienstleistung kann eigentlich nur der Kunde sagen und beurteilen, wann er mit welcher erhaltenen Qualität zufrieden ist.

---

[98] Meyer, A./Mattmüller, R.: Qualität von Dienstleistungen. In: Markting ZEP 3/87, August 1987, S. 187 ff.
[99] Zeithaml/Berry/Parasuraman: Communication and Controll Processes in the Delivery of Service Quality. Journal of Marketing, Chicago 4/1988

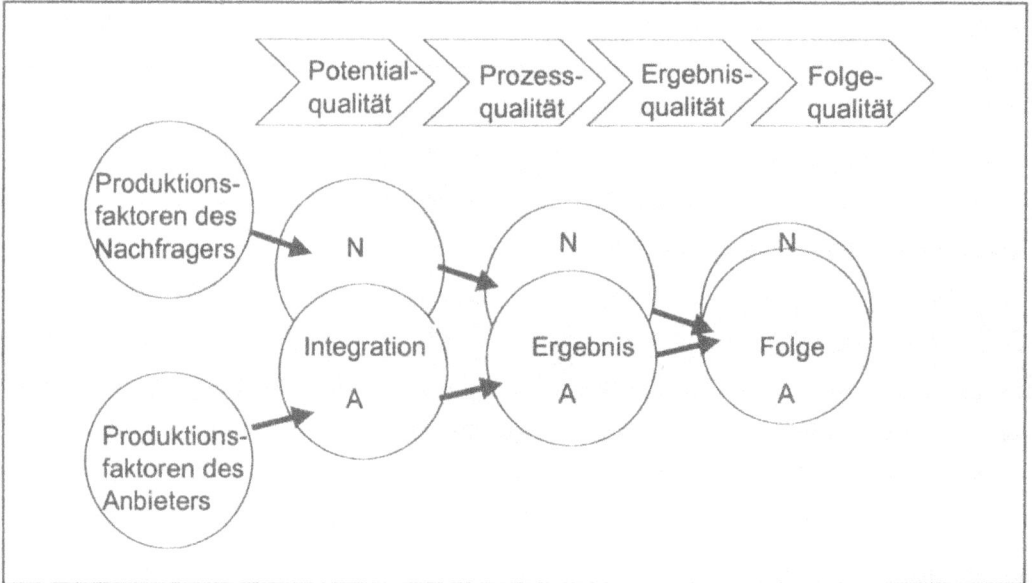

Abbildung 87:   Modell zu Herstellung der Dienstleistungsqualität nach Meyer/Mattmüller
(Quelle: In Anlehnung an: Meyer, A./Mattmüller, R.: Qualität von Dienstleistungen.
In: Markting ZEP 3/87, August 1987, S. 192)

Zeithaml, Berry und Parasuraman haben diese Überlegung in den Mittelpunkt einer empirischen, explorativen Studie gestellt:

- In einer ersten Phase wurden Interviews mit offenen Fragen zu den Erwartungen an die Dienstleistungsqualität aus der Sicht der Kunden an die Führungskräfte aus den verschiedenen Dienstleistungsunternehmen (KfZ-Kundenservice, Finanzanlageberatung, Banken u.a.) und ihre Funktion (Geschäftsführer, Marketingleiter, Kundenservice u.a.) gestellt.

- Innerhalb der zweiten Phase wurde eine Fallstudie in einer in Amerika landesweit tätigen Bank durchgeführt. Dabei wurden sieben Fokusgruppen in drei Regionen aus Teilnehmern verschiedener Hierarchiestufen gebildet (Angestellte am Schalter, Kundendienstmitarbeiter, Filialleiter, Mitarbeiter der Kreditabteilung u.a.)

- In der dritten Phase wurden Gruppeninterviews mit elf Vorstandsmitgliedern aus sechs landesweit tätigen Dienstleistungsunternehmen durchgeführt, um die Ergebnisse und Erkenntnisse aus Phase 1 und 2 noch einmal zu kontrollieren.

Das Ergebnis dieser Untersuchung lässt sich in dem so genannten GAP-Modell und in der Serqual-Methode darstellen.

Das GAP-Modell von Zeitlhaml, Berry und Parasuraman

Auf Grund ihrer empirischen Untersuchungen haben Zeithaml, Berry, und Parasuraman festgestellt, dass es zu fünf unterschiedlichen Lücken (GAP) in der Erwartung und im Verständnis von Dienstleistungsqualität zwischen Dienstleistungsanbieter und Kunden kommen kann.

- **Gap 1:** Die erste Lücke entsteht zwischen der tatsächlichen Erwartung des Kunden und **der Wahrnehmung der Kundenerwartung** durch das Management. Das Management von Dienstleistungsunternehmen (Beispiel: Geschäftsführung oder Vorstand) ist oft sehr weit weg von der Basis und dem direkten Kontakt zum Kunden. Auf Grund dieser Situation entsteht eine Lücke zwischen der Wahrnehmung der Kundenbedürfnisse durch Management und den tatsächlichen Erwartungen des Kunden.

- **Gap 2:** Auf Grund der falschen Wahrnehmung trifft das Management falsche Entscheidungen. Es werden **falsche Managemententscheidungen bzw. falsche Maßnahmen** zur Umsetzung und Spezifikation der Dienstleistungsqualität getroffen (Beispiel: Anschaffung technischer Geräte, Anstellung von Personal mit einer speziellen Qualifizierung, die für den Kunden keinen Qualitätsaspekt darstellen und die er deshalb gar nicht wünscht).

- **Gap 3:** Die Kette von Fehlern und Lücken setzt sich in der Umsetzung und **in der tatsächlichen Erstellung einer Dienstleistung** fort. Durch die falsche Wahrnehmung und die falsche Umsetzung bzw. Spezifikation von Managemententscheidungen werden tatsächlich solche Dienstleistungen erbracht, die den Erwartungen oder Bedürfnissen des Kunden nicht entsprechen.

- **Gap 4:** Eine vierte Lücke zwischen Kundenerwartung und tatsächlich erstellter Dienstleistungsqualität haben Zeithaml, Berry, und Parasuraman deshalb entdeckt, weil sie in ihrer Untersuchung auch Mitarbeiter der Werbeabteilung, der internen und externen Kommunikation eines Dienstleistungsunternehmens mit einbezogen haben. Oft verselbständigt sich auf Grund der Kreativität und der Beteiligung von Organisationen, die außerhalb eines Dienstleistungsunternehmens stehen (Beispiel: beratende Werbeagentur), die Kommunikation über die Dienstleistungsqualität. Eine Lücke kann dann entstehen, wenn die Werbung und Kommunikation über die Dienstleistung und ihre Qualität mehr verspricht als diese wirklich einhalten kann.

● **Gap 5:** Eine letzte Lücke kann dadurch entstehen, dass **eine Diskrepanz zwischen der Erwartung und der Beurteilung** einer tatsächlich erhaltenen Dienstleistung **beim Kunden** entsteht.

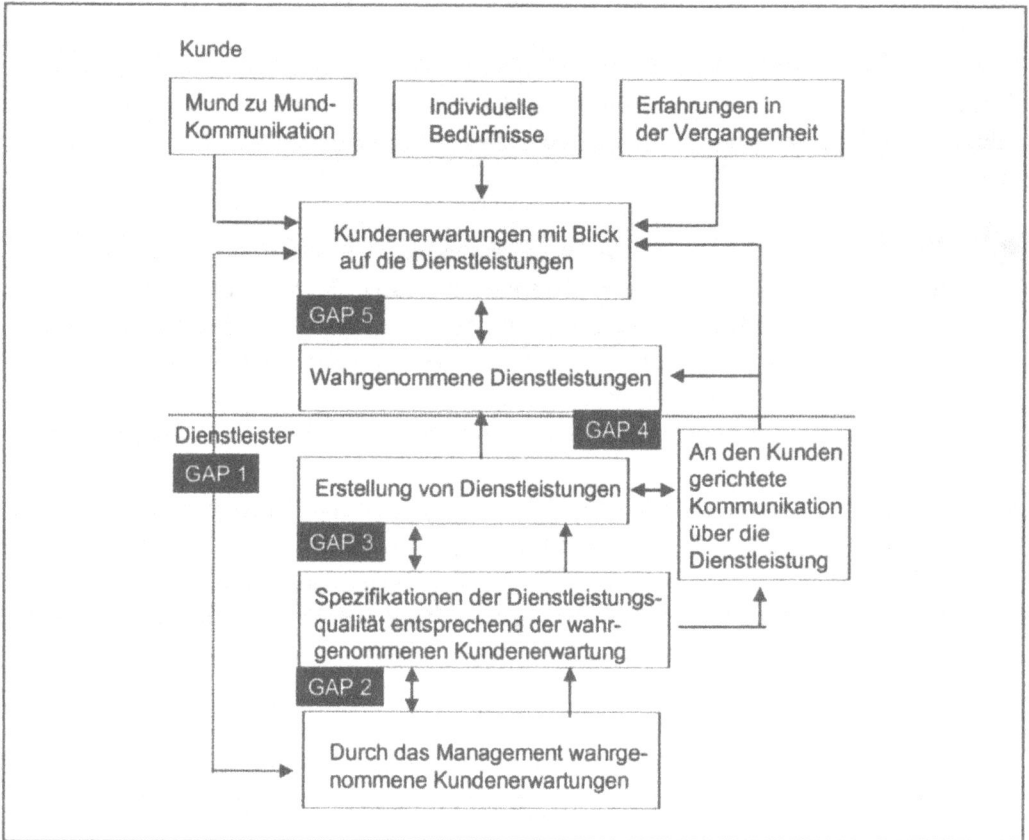

Abbildung 88:   Das GAP-Modell (Quelle: Zeithaml/Berry/Parasuraman: Communication and Controll Processes in the Delivery of Service Quality. Journal of Marketing, Vol. 52, April 1988, S. 35-48)

Um die einzelnen Lücken zu verhindern und eine befriedigende Dienstleistungsqualität aus Kundensicht zu erhalten, schlagen Zeithaml, Berry und Parasuraman folgende Marketing-maßnahmen vor:

Marketingmaßnahmen, um die erste Lücke zu verhindern (Gap 1)

Dienstleistungsunternehmen führen noch weniger Marktforschung durch als Unternehmen, die Produkte herstellen und verkaufen. Diese Erkenntnis hängt mit verschiedenen Umständen zusammen: zum einen ist die Marktforschung auf Grund der Immaterialität der Dienstleistung schwierig. Zum anderen ist aber auch ein Gefälle im dem Sinne zu erkennen, dass die Dienstleistungsanbieter viel zu sehr von sich selber und ihren internen Potentialen (Fachkompetenzen) überzeugt sind und sich viel zu wenig auf die tatsächlichen Bedürfnisse und Voraussetzungen des Kunden einlassen. Um die Lücke zwischen den tatsächlichen Kundenbedürfnissen und den aus der Sicht des Managements wahrgenommenen Bedürfnissen des Kunden zu schließen, ist eine **Marktforschung,** die **eine Einstellungs- und zufriedenheitsorientierte Messung der Kundenbedürfnisse** in den Mittelpunkt stellt, ein entscheidendes Instrument. Im Rahmen der Marktforschung muss die **Frage nach der Kundenzufriedenheit** und der Dienstleistungsqualität aus Kundensicht im Mittelpunkt stehen. Neben einer stärkeren Aktivierung und Berücksichtigung der Marktforschung durch das

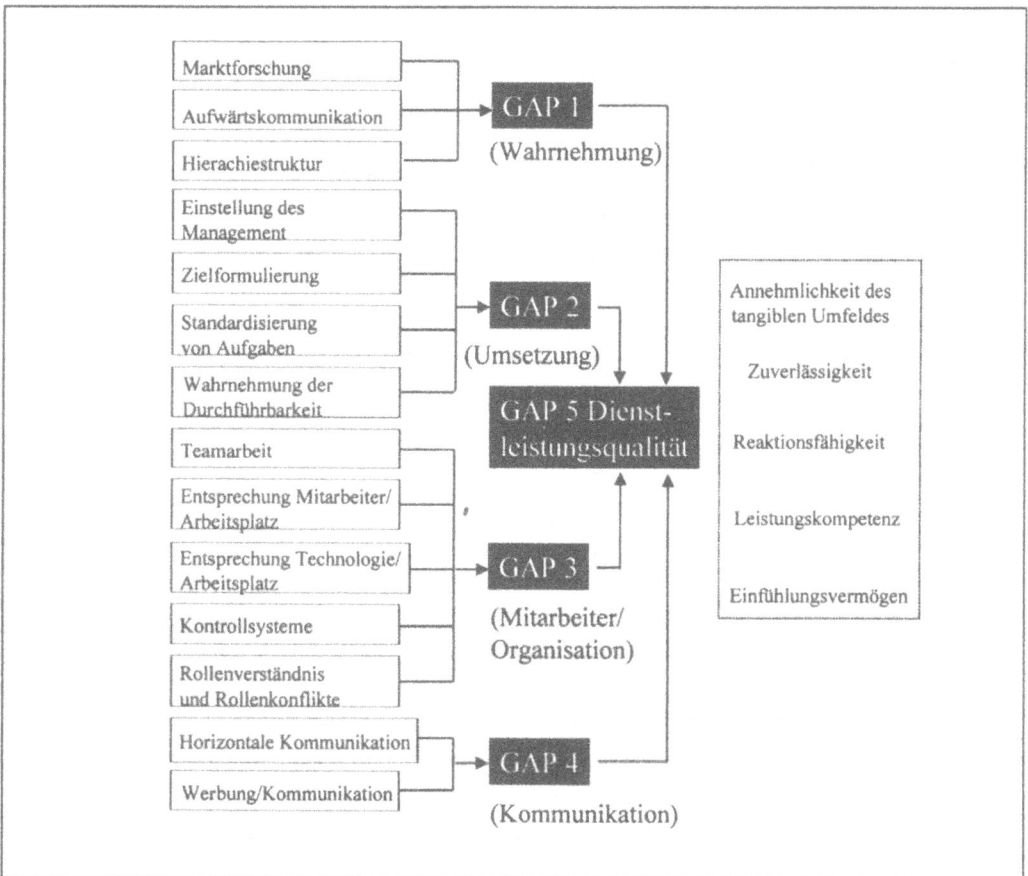

Abbildung 89: Maßnahmen zur Vermeidung einzelner Qualitätslücken (Quelle: Zeithaml/Berry/Parasuraman: Communication and Controll Processes in the Delivery of Service Quality. Journal of Marketing. Vol. 52, April 1988, S. 35-48)

Management bedarf es einer **direkten „Aufwärts"-Kommunikation** in Dienstleistungsunternehmen. Mitarbeiter, die in direktem Kundenkontakt stehen, müssen mit Hilfe einer
Kommunikation innerhalb eines Unternehmens die Anregungen weitergeben können, die sie
von den Kunden selber erhalten oder im direkten Kundenkontakt machen. Damit diese
Kommunikation besser gelingt, muss **die Anzahl der Hierachiestufen** zwischen dem
Personal im Kundenkontakt und dem Management **verringert** werden. Das **Management**
selber muss mit Hilfe konkreter Maßnahmen, wie z. B. **„on the line"**- oder **„adopt a store"**-
Programme, wieder **in den direkten Kontakt mit dem Kunden** kommen.

Marketingmaßnahmen, um die zweite Lücke zu verhindern (Gap 2)

Um die zweite Lücke (falsche Umsetzung bzw. Spezifikation von Handlungsmaßnahmen,
durch die eine Dienstleistung erstellt wird) zu verhindern, fordern Zeitlhaml, Berry und
Parasuraman eine veränderte Einstellung bzw. Bewusstsein des Management in Dienstleistungsunternehmen. Das Management von Dienstleistungsunternehmen ist bei Umsetzung
bzw. Erstellung von Dienstleistungsunternehmen viel zu sehr „produktorientiert" als vielmehr „nachfrageorientiert". Mit Blick auf die Managemententscheidung zählen oft nur die
kurzfristigen Strategien anstatt langfristiger Strategien. Das Management in Dienstleistungs-
organisationen plant und realisiert oft nur kurzfristige Verkaufsaktionen anstatt langfristige
Maßnahmen, die zu einer ganzheitlichen Zufriedenheit und zur intensiven Kundenbindung
führt. Eine wichtige Marketingmaßnahme, die eine Lücke zwischen der vom Kunden erwarteten Dienstleistungsqualität und den Entscheidungen des Management schließen oder ganz
verhindern soll, ist eine veränderte **Einstellung des Management in Dienstleistungs-**
unternehmen: Das Management muss auf langfristige Strategien (Kundenorientierung,
Kundenbindung), auf ein Qualitätsbewusstsein und auf eine nutzenbringende und nicht nur
monetäre gewinnmaximierende Einstellung ausgerichtet sein. Diese Einstellung gilt es mit
Hilfe einer **Zielformulierung zu konkretisieren**.

● **Beispiel:** Das Erreichen von einer aus Kundensicht befriedigenden Qualität kann als
Unternehmensziel und damit als Managementziel formuliert werden.

Eine weitere wichtige Aufgabe des Managements, um die zweite Lücke zu verhindern, liegt
darin, Entscheidungen zu treffen, **welche Dienstleistungen** mit Hilfe von „weicher oder
harter Technologie" **automatisiert** werden sollen und welche auch in Zukunft von Mensch
zu Mensch persönlich erbracht werden müssen. Automatisierte Dienstleistungen können die
Wettbewerbsfähigkeit eines Dienstleistungsunternehmens erhöhen und zu einer höheren
Dienstleistungsqualität führen, weil das zur Verfügung stehende Personal damit entlastet wird
und sich intensiver in die persönlich zu erbringende Dienstleistung einbringen kann. Unter
der Automatisierung von Dienstleistungen **mit Hilfe einer harten Technologie** verstehen
Zeitlhaml, Berry und Parasuraman die Automatisierung mit Hilfe von Geräten oder Maschi-

nen (Beispiel: Kontodruckerautomat, Dialysegeräte, Anrufbeantworter). Die Automatisierung **mit Hilfe weicher Technologie** richtet sich mehr an **die Selbstversorgung** bzw. an die Möglichkeiten, die der Kunde hat, um einen Teil der Dienstleistungen selber zu erbringen (Beispiel: Selbstrasur vor der Operation, ein Pflegepatient zieht sich nach der Pflege selbständig an u.a.). Eine weitere Möglichkeit, um die Lücke zwischen Management und Kundenerwartung zu schließen, besteht in **der Wahrnehmung der Durchführbarkeit von Dienstleistungsaktivitäten** durch das Management mit Blick auf das, was ein Kunde erwartet. So erwarten die pflegebedürftigen Patienten eines ambulanten Pflegedienstes, dass sie möglichst am Morgen gewaschen und gepflegt werden. Eine Spezifikation dieser Dienstleistung in diesem Sinne ist aber gar nicht durchführbar, weil möglichst alle Pflegepatienten im gleichen Zeitraum gepflegt werden wollen. Das Management muss diese Schwierigkeit bei der Durchführung von Dienstleistungsaktivitäten wahrnehmen und durch aktives Marketing wie z.B. durch ein aufklärendes Gespräch mit den Patienten oder durch die Beschäftigung von Aushilfspersonal, für einen bestimmten Zeitraum dagegen steuern.

Marketingmaßnahmen, um die dritte Lücke zu verhindern (Gap 3)

Eine dritte Lücke, die zwischen der erwarteten und der erbrachten Dienstleistungsqualität entstehen kann, betrifft **die organisatorischen Strukturen und die Mitarbeiterinnen und Mitarbeiter** eines Dienstleistungsunternehmens, die die Managemententscheidungen umsetzen und ausführen. Das **teamorientierte Denken und Handeln der Mitarbeiterinnen und Mitarbeiter** ist eine grundlegende Entscheidung. Mitarbeiter betrachten andere Mitarbeiter als Kunden und entwickeln gemeinsam das Bewusstsein, dass sie gemeinsam im Team das Beste für den Kunden und damit seine Zufriedenheit erreichen können. Um dies zu erreichen, müssen sich die Mitarbeiterinnen und Mitarbeiter über ihre Zugehörigkeit und ihre Rolle im Team bewusst sein, ihre Dienstleistungstätigkeit sollte ihren Fähigkeiten entsprechen **(Entsprechung Mitarbeiter/Arbeitsplatz)** und sie sollten von der organisatorischen Struktur bzw. von der technischen Ausstattung genügend Unterstützung erhalten **(Entsprechung Mitarbeiter/Technologie, Organisation)**. Eine Marketingaktivität auf der Mitarbeiter-Organisationsebene sind alle Entlastungsmaßnahmen, die der Mitarbeiter in Stress- oder Konfliktsituationen ergreifen kann (Beispiel: Moderation, Supervision u.a.). In der Umsetzung der Managemententscheidung stehen die Mitarbeiterinnen und Mitarbeiter oft in der Zwickmühle (Rollenkonflikt) zwischen den Vorgaben des Managements (Beispiel: Wirtschaftlichkeit) und den Bedürfnissen des Kunden. Eine wichtige Marketing- bzw. Managementaufgabe besteht darin, **diese Rollenkonflikte zu klären** und die Kommunikation zwischen Mitarbeiter und Management zu verbessern.

Marketingmaßnahmen, um die vierte Lücke zu verhindern (Gap 4)

Die vierte Lücke, die durch die Diskrepanz zwischen der erstellten Dienstleistung und der an den Kunden gerichteten Kommunikation über diese Dienstleistung entstehen kann, kann dadurch geschlossen werden, dass die Kommunikation über eine Dienstleistung (Werbung, Öffentlichkeitsarbeit) intensiv in den Prozess der Dienstleistungsherstellung eingebunden ist. Dies gilt vor allem dann, wenn eine externe Beratungsagentur (Werbeagentur, PR-Agentur) damit beauftragt wird. Allerdings ergibt sich in diesem Bereich auch mit Blick auf die einzelnen Mitarbeiterinnen oder Mitarbeiter eine gewisse Konfliktsituation, wenn diese zu positiv über ein Dienstleistungsangebot kommunizieren, weil sie durch das Management unter Druck stehen, neue Kunden anwerben zu müssen oder das Dienstleistungsangebot eines Mitbewerbers überbieten wollen. Eine solche Lücke kann wiederum nur in der internen Kommunikation mit den Mitarbeitern auf der Basis einer wertorientierten Führung durch Unternehmensleitlinien und durch eine wertorientierte Unternehmenskultur geschlossen werden.

Marketingmaßnahmen, um die fünfte Lücke zu verhindern (Gap 5)

Die letzte Lücke, die es mit Blick auf Dienstleistungsqualität ergibt, wird durch den Kunden dadurch geschlossen, wenn der Kunde eine Dienstleistung mit fünf Qualitätsmerkmalen erfährt:

- **ein äußeres, tangibles Umfeld,** innerhalb dessen die Dienstleistung stattfindet,
- eine **Zuverlässigkeit** des Personals bzw. der Dienstleistungsunternehmen **(reliabity),**
- eine **Flexibilität und Reaktionsfähigkeit** des Dienstleistungsunternehmens **(responsiveness),**
- die **Leistungsfähigkeit und Fachkompetenz** des Personals bzw. Dienstleistungsunternehmens **(assurance)** sowie
- **ein gewisses Einfühlungsvermögen** der Mitarbeiter und des Managements eines Dienstleistungsunternehmens **(empathy).**

Um Qualität in diesen fünf Leistungsdimensionen zu erreichen, haben Zeitlhaml, Berry und Parasuraman eine Methode entwickelt, die unter dem Schlagwort **Servqual** (Service-Qualitäts-Methode) bekannt geworden ist.

Grundlage der Serqual-Methode ist eine so genannte **Divergenzmessung.** Diese Divergenzmessung beinhaltet den Vergleich zwischen erhaltener und deshalb beurteilbarer Leistung bzw. Qualität und der erwarteten bzw. versprochenen Leistung bzw. Qualität **(perception-expection-scale).**

Diese(r) Meinung...						
stimme ich völlig zu				lehne ich entschieden ab		

expectation scale

Die Geschäftsräume von Banken sollten ansprechend gestaltet sein	7	6	5	4	3	2	1

perception scale

| Die Geschäftsräume der Bank _____ sind ansprechend gestaltet | 7 | 6 | 5 | 4 | 3 | 2 | 1 |

Abbildung 90: Divergenzmessung am Beispiel eines Fragebogens von Zeitlhaml, Berry, und Parasuraman (Quelle: Parasuraman, A./Zeithaml, V. A./Berry, L. L. SERQUAL: A Multiple-Item Scale for Measuring Customer Perceptions of Service Quality. Cambridge, Report No. 86-108)

Die Serqual-Methode entspricht dem aktuellen Stand der Messtechnik innerhalb der empirischen Sozialforschung. Allerdings weist sie mit Blick auf die Plausibilität einen wichtigen Kritikpunkt auf: Legt beispielsweise Kunde A hohen Wert auf die Gestaltung der Geschäftsräume (expected skala = 7) und findet diese seiner Erwartung entsprechend gestaltet (perceived skala = 7), dann ergibt sich eine Differenz von 0. Bankkunde B dagegen hat keine besondere Erwartung an die Gestaltung und vergibt beispielsweise einen Wert von +1 auf der expected skala. Die tatsächliche erfahren Ausstattung beurteilt er aber mit +7 auf der perceived skala. Damit ergibt sich ein positives Qualitätsempfinden von +6. Es reicht deshalb nicht aus, nur die Serqual-Methode zur Messung der Qualität, die vom Kunden erfahren worden ist, einzusetzen. Die Serqual-Methode braucht deshalb eine Ergänzung in Form von Beobachtung, Befragung u.a. [100]

---

[100] Vgl. Hentschel, Bernd: Multiattributive Messung von Dienstleistungsqualitäten. In: Bruhn, M./Stauss, B. (Hrsg.): Dienstleistungsqualität. 1991, S. 313 ff.

9.8   Dienstleistungsmarketing als Interaktionsmanagement

Ein Teil der klassischen Managementlehre geht davon aus, dass der Führungserfolg im wesentlichen mit den Eigenschaften der Führungsperson zusammenhängt. Die unter dem Stichwort „Eigenschaftstheorie" [101] bekannt gewordene Managementlehre stellt dabei die Diskussion um **die Eigenschaften** und Fähigkeiten der Führungskraft ganz in den Mittelpunkt. Das Verhalten des Mitarbeiters wird dabei vorwiegend auf die Funktion reduziert, die er zu erfüllen hat. Erst mit den Arbeiten von Fiedler [102], Blake/Mouton [103] u. a. wurde deutlich, dass außer den Eigenschaften eines Vorgesetzten oder der Funktion eines Mitarbeiters **die Situation** von Mitarbeitern und Vorgesetzten eine große Rolle für den Führungsprozess spielt.

Die Anforderungen an das Dienstleistungsmarketing gehen noch einen Schritt weiter. Die bisherigen Erkenntnisse haben deutlich gemacht, dass innerhalb der Dienstleistung Menschen **nicht nur in ihrer Funktion** oder in ihren Eigenschaften, sondern vor allem auch **in ihrem persönlichen Verhalten** gefordert sind. Elementare Aspekte einer Dienstleistung wie z. B. Freundlichkeit, Höflichkeit, Zuverlässigkeit oder auch Sauberkeit und korrekter Auftritt, Ausdruckstärke, Zugänglichkeit u. a. lassen sich nur bis zu einem bestimmten Teil als Funktion vermitteln bzw. ausüben.

● **Beispiel:** Um ein kundenfreundliches Verhalten zu entwickeln, hat das Personal an den Kassen bei Wal Mart ein so genanntes Cashier Informationen Flip Chart mit folgenden funktionalen Instruktionen für die Kassiererin:

1.   Greet your customers with a smile. „Hello how are you today?"

2.   „Did you find everything you needed"? Be personable! Use C.H.A.N.T. – Customer Has A Name Too. Always thank your customer at the end of a sale.

3.   Look for L.I.S.A – Look Inside Always and B.O.B. – Bottom Of the Basket.

4.   Go to the red line and practice aggressive customer service between customers.

5.   Keep your area and conveyor system clean.

---

[101] v. Rosenstil, L.: Grundlagen der Führung. In: v. Rosenstil, L./Regent, E./Domsch, M. (Hrsg.): Führen von Mitarbeitern. Stuttgart 1993, S. 3-37

[102] Fiedler, F. E.: 1967

[103] Vgl. dazu Staehle, W. H.: 1994, S. 791 ff.

Für die aggressive Kundenfreundlichkeit hat Wal Mart die so genannte **10 feet-Regel (10-feet attitude)** entwickelt. Diese beinhaltet folgende Anweisung: Tritt ein Mensch in ein Umfeld von drei Metern, dann muss er von den Mitarbeitern aktiv wahrgenommen, angelächelt und mit einem freundlichen „Hallo" angesprochen werden.

Durch ein so genanntes **Script-based-Training** [104] werden Verhaltensformen eingeübt, die im Dienstleistungsprozess umgesetzt werden. Die formalen Vorgaben unterstützen die Mitarbeiter im Dienstleistungsprozess und erinnern ihn an **ein kundenfreundliches Verhalten**. Da innerhalb des Dienstleistungsprozesses eine starke personelle Beanspruchung der Mitarbeiter stattfindet, können solche funktionalen Informationen eine wichtige Unterstützung geben. Allerdings besteht auch die Gefahr, dass das Verhalten, das auf einer funktionalen Instruktion beruht, antrainiert und nicht authentisch wirkt. Die besondere Herausforderung für das Dienstleistungsmanagement liegt deshalb darin, soziale, menschliche Verhaltensweisen **zu professionalisieren ohne es zu entpersonalisieren**.

Neben den funktionalen Managementinstruktionen gewinnen deshalb die Methoden im Dienstleistungsmarketing immer mehr an Bedeutung, die **die Rolle des Mitarbeiters als Mensch und Person** abklären und bewusst machen. Das Ziel dieser Methoden besteht darin, die Verhaltensweisen der Mitarbeiter auf der einen Seite so zu professionalisieren, dass diese nicht willkürlich oder nach Lust und Laune des Mitarbeiters angewandt werden. Auf der anderen Seite sollte das Verhalten eines Mitarbeiters ehrlich sein und seiner Person bzw. inneren Überzeugung entsprechen.

Im Rahmen des Dienstleistungsmarketing gibt es unterschiedliche Ansätze, um der besonderen Anforderung **der Professionalisierung ohne Entpersonalisierung** von Mitarbeiterverhalten im Dienstleistungsprozess gerecht zu werden. Eine Methode ist das Interaktionsmanagement.

Interaktionsmanagement [105]

Der Ansatz des Interaktionsmanagement beruht darauf, die Interaktionen zwischen Mitarbeiter und Kunden nicht nur unter einem funktionalen, sondern vorwiegend unter einem **sozialen Aspekt** zu klären. Eine Interaktion findet nicht nur auf der funktionalen Ebene statt, innerhalb der der Mitarbeiter und Kunde ausschließlich ihre Funktionen als Käufer und Verkäufer wahrnehmen. Die Interaktion ist vor allem **ein Erleben von Menschen und Per-**

---

[104] Tasnik, D. A.: 1990, S. 152 ff.

[105] Vgl. dazu Friedemann, W. Nerdinger, 1998a, S. 1178 ff. sowie 1998b, S. 195 ff. und Staehle, 1994, S. 288 ff.

sonen, die miteinander in einer sozialen Beziehung bzw. sozialen Kontakt stehen und diesen als Erlebnis und Erfahrung wahrnehmen und gestalten. Dabei ist der Mensch mit seinem ganzen Leben, und nicht nur innerhalb seiner Funktion als Käufer oder Verkäufer, gefordert.

Unter diesem Aspekt, dass eine Dienstleistung nicht nur ein funktionaler betriebswirtschaftlicher Prozess, sondern auch **soziale Interaktionen** zwischen Menschen darstellt, haben verschiedene Autoren den Begriff der Dienstleistung neu definiert: Daniel Bell sieht in der Dienstleistung ein „Spiel zwischen Menschen" [106], Grove und Fisk [107] definieren die Dienstleistung unter **dramaturgischen** Aspekten, bei der Dienstleister und Bediente eine Rolle spielen. Jede Dienstleistung wird damit zu einem dramaturgischen Akt, innerhalb dessen Menschen aus freien Stücken bestimmte Rollen übernehmen und spielen. Die Gestaltung einer Dienstleistung im Sinne einer Beziehung bzw. Kontaktes mit einer sozialen Komponente hat folgende Aspekte:

- Die Interaktion
- Die Rollen
- Das Rollenskript
- Die Regie
- Ergebnis bzw. Wirkung einer Interaktion

Die Interaktion

Durch die Dienstleistung treten Menschen in eine **soziale Beziehung** bzw. sozialen Kontakt, den sie miteinander gestalten. Die soziale Komponente ist dadurch charakterisiert, dass jeder Mensch danach strebt, die Beziehung zu einem anderen Menschen durch ein Höchstmaß **an Freiheit und Freiwilligkeit zu gestalten.** Das bedeutet, dass der Mensch als eine Persönlichkeit mit **einem Selbstwert** eine Beziehung zu einem anderen Menschen gestaltet, der wiederum diesen sozialen Kontakt als Person mit einem Selbstwertgefühl gestaltet.

Die Interaktion wird allgemein als wechselseitige Beeinflussung zwischen zwei Akteuren verstanden [108]. Die Interaktion setzt voraus, dass Menschen sich als selbständige Personen gegenübertreten und ihre Beziehung bzw. Kontakt aus freien Stücken gestalten. Da die Freiheit bzw. Persönlichkeit des einen Akteurs nicht in der Freiheit bzw. Persönlichkeit des anderen Akteurs aufgeht, kommt es bei jeder Interaktion zu **einem aktivem Erleben** des Menschen als Persönlichkeit mit seinen Überzeugungen und Werten.

---

[106] Daniell Bell: 1975
[107] Grove, St. J./Fisk, R. P.: 1989, S. 427-438
[108] Piontkowki: 1976

Die Instrumente, mit denen Menschen Interaktionen gestalten, sind vorwiegend Instrumente **der nonverbalen und verbalen Kommunikation**. Interaktionen werden vorwiegend durch **einen gegenseitigen Informationsaustausch** gestaltet. Der Austausch von Informationen gelingt dann am besten, wenn **eine hohe (soziale) Akzeptanz und Anerkennung der Akteure** als Personen gegeben ist. Eine solche Voraussetzung schaffen die Akteure einer Interaktion nicht ausschließlich auf einer rationalen, kognitiven Ebene, sondern vorwiegend auf einer emotionalen: Akzeptanz und Anerkennung der Akteure wird vorwiegend auf der emotionalen Ebene vermittelt, wobei sich diese in einem reziproken Verhältnis aufbaut, z.B.:

- Selbstvertrauen zu sich selbst und Vertrauen zum anderen
- eigener Selbstwert und Wertschätzung des anderen
- das eigene Leben in Freiheit zu gestalten und die Freiheit des anderen anerkennen
- u.a.

Rollen

Da ein solches reziprokes Vertrauensverhältnis nicht immer neu von Anfangen aufgebaut werden kann, übernehmen Menschen in Interaktionen bestimmte Rollen. Diese **Rollen** sind Ausdruck **einer Verlässlichkeit** und **eines Vertrauens** in ein Verhalten, das auf der einen Seite ein Mensch erwartet und auf der anderen ein Mensch verspricht. Die Rolle, die ein Mensch aus einer persönlichen authentischen Überzeugung übernimmt und professionell in der Interaktion spielt, ist **ein Vertrauensvorschuss** in die **Kommunikationsfähigkeit** und **soziale Kompetenz** des Menschen.

Die Rolle eines Kunden oder Mitarbeiters in einer Interaktion ist damit umfassender und erschöpft sich nicht darin, ausschließlich eine Funktion wahrzunehmen. Die Rolle beinhaltet auch die soziale Komponente menschlichen Verhaltens, mit deren Hilfe **eine Atmosphäre der gegenseitigen Anerkennung und des Vertrauens** geschaffen werden kann. In der Rolle der Akteure einer Interaktion werden **die Erwartungen gebündelt**, die an den Inhaber einer Rolle gerichtet sind. Die Erwartungen können als Grundlage für **das Anforderungsprofil** genommen werden, das sich an den Inhaber einer Rolle richtet. Das bedeutet, dass das Verhalten von Mitarbeitern im Dienstleistungsprozess zum einen durch die Erwartungen des Kunden definiert wird, zum anderen aber auch durch die persönliche Akzeptanz und Kompetenz des Mitarbeiters selbst, sich auf diese Erwartungen einzulassen.

Aus der Beobachtung, dass die Rolle eines Akteurs als Bündel von Erwartungen an das Verhalten dieses Akteurs verstanden wird, ergeben sich verschiedene Anforderungen an das Dienstleistungsmanagement. Eine besondere Anforderung besteht z.B. darin, die Erwartungen an die Rolle eines Akteurs **eindeutig zu klären**. Weiter muss die Frage beantwortet

werden, ob ein Akteur die Motivation und Kompetenz hat, zu jedem Augenblick des Dienstleistungsprozesses diese Erwartung zu erfüllen und eine Rolle in der Interaktion kompetent
zu übernehmen. Deshalb ist die Motivation bzw. persönliche Begeisterung für die Aufgabenstellung bzw. Tätigkeit eines Mitarbeiters in Dienstleistungen von hoher Priorität.
Schwindet diese persönliche innere Einstellung zur eigenen Rolle, dann kann es zu **einer
emotionalen Dissonanz** kommen. Eine emotionale Dissonanz entsteht dort, wo ein Mitarbeiter die Begeisterung für seine Tätigkeit als Dienstleister verliert und sich gezwungen
sieht, seine Person ständig in Einklang mit seiner Rolle zu bringen. Eine weitere Störung im
Rollenverhalten ist ein **Inter-Senderkonflikt** oder die so genannte **Rollenambiguität,** wo-
nach von einem Akteur unterschiedliche Rollen erwartet werden. So ist die Erwartung an die
Rolle eines Kundenberaters von Seiten des Kunden eine umfassende Beratung, die unter Umständen mehr Zeit beanspruchen kann als dies von der Rollenerwartung des Unternehmens
definiert wird.

Neben diesen internen Störungen innerhalb eines Rollenverhaltens kann es aber auch zu
solchen Störungen kommen, die im Interaktionsprozess bzw. im Dienstleistungsprozess
selbst liegen. So kann die äußere externe Situation beider Akteure Einfluss auf das Rollenverhalten nehmen.

Das Rollenskript

Ein Rollenskript ist sozusagen „ein gedankliches Drehbuch", durch das die Rolle der einzelnen Akteure im Dienstleistungsprozess festgelegt wird. Dieses Skript [109] entsteht nicht
ausschließlich über die kognitiv festgestellten Erwartungen, sondern beinhaltet auch die tatsächlichen emotionalen Wahrnehmungen und Erfahrungen. Wird das Rollenskript nicht ausschließlich durch eine rationale Festlegung definiert, dann ist es sowohl auf der Seite des
Anbieters als auch auf der Seite des Nachfragers immer im Fluss. Auf beiden Seiten besteht
ein Rollenskript, das die Handlungsweisen und Verhaltensformen von einem Standpunkt
vorgibt, der vor einer Handlung bzw. vor der Ausübung einer Rolle (kognitiv bzw. rational)
eingenommen wurde. Durch die Ausübung der eigenen Rolle erlebt und erfährt ein Dienst-
leistungsakteur sich selbst. Diese Erfahrung und Wahrnehmung bestätigt oder korrigiert
kontinuierlich sein Rollenskript. Ein weiterer Input entsteht dadurch, dass ein anderer
Akteur seine Rolle ausübt und damit ebenfalls Einfluss auf das Rollenskript nimmt.

Neben der kontinuierlichen Arbeit am eigenen Rollenskript steht der Dienstleistungsanbieter vor der Aufgabe, das Rollenskript des Nachfragers wahrzunehmen. Die Kenntnis des
Rollenskripts des anderen ist eine wichtige Voraussetzung, dass eine Interaktion erfolgreich

---

[109] Smith/Houston: 1983, S. 60

gestaltet wird. Der Dienstleistungsanbieter erhält damit die Möglichkeit, sein Rollenskript so zu verändern, dass er ein durch das Nachfragerskript gewünschtes Anbieterverhalten vorweg nimmt und damit den Kunden positiv überrascht. Diese **in der Antizipation** vorweggenommene Rollendefinition bzw. Rollenverhalten hat eine positive Auswirkung auf die Interaktion bzw. den Dienstleistungsprozess.

Im Vergleich der beiden Rollenskripte von Anbieter und Nachfrager besteht die Möglichkeit, zu große Unterschiede festzustellen. Weicht die Erwartung an die Rolle des Anbieters zu weit von den Erwartungen ab, die im Rollenskript des Nachfragers definiert wurden, dann führt dies zur Unzufriedenheit innerhalb der Dienstleistungen.

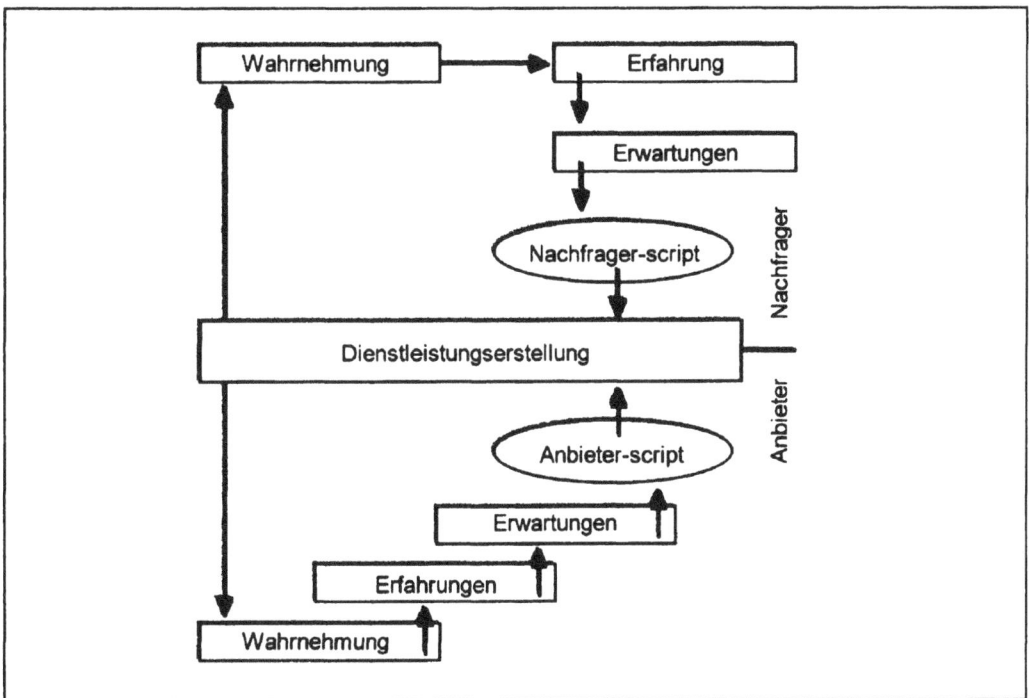

Abbildung 91:   Festlegung eines Skripts der Rolle von Anbieter und Nachfrager in der Interaktion sowie die gegenseitige Wirkung der Skripte

Die Regie: Selbstüberwachung und Expressivität

Mit der Umsetzung bzw. Anwendung des Rollenskriptes übernehmen die Akteure selbst die Regie für ihr Verhalten. Innerhalb der Interaktion bzw. der Dienstleistung sind die Akteure darin gefordert, ihre Rolle zu spielen und gleichzeitig Regie für ihr Rollenverhalten zu führen.

Die Regie mir Blick auf das Verhalten von Mitarbeitern übernimmt eine doppelte Aufgabe: der Mitarbeiter im Dienstleistungsprozess sollte seine Rolle so umsetzen, dass **eine kontinuierliche Selbstüberwachung** [110] stattfindet. Eine kontinuierliche Selbstüberwachung führt dazu, dass Menschen ihr Verhalten nicht durch die eigenen Persönlichkeitsmerkmale steuern, sondern durch **die sozialen Impulse**, die innerhalb der Interaktion durch einen anderen Akteur gegeben werden. Die höhere Sensibilität für die sozialen Impulse führt dazu, dass Menschen mit einer hohen Selbstüberwachung ihr Verhalten besser an anderen Menschen ausrichten können [111]. Diese Beobachtung führt dazu, dass weder der aggressive noch der sich unterwerfende, schmeichelnde Verkäufer erfolgreich ist, sondern jener, der sein Rollenverhalten durch die innere Regie an das Sozialverhalten des Kunden anpasst und auf die tatsächlichen sozialen Impulse aktiv reagiert. [112]

Eine zweite wichtige Regieaufgabe übernimmt der Mitarbeiter im Kundenkontakt dadurch, dass er **seiner Rolle Ausdruck** verleiht. Damit gibt er seinem Handeln eine „**Expressivität**" [113]. Das durch die innere Regie hergestellte expressive Verhalten erzeugt auf der Seite des Kunden mit hoher Wahrscheinlichkeit ebenfalls ein expressives Verhalten. Durch die zum Ausdruck gebrachten Gefühle kommt es zum komplementären Gefühlsausdruck auf Kundenseite. Dieses führt wiederum zu einem intensiven Erleben der Interaktion.

Das Ergebnis bzw. die Wirkung der Interaktion

Das Ergebnis bzw. die Wirkung einer Interaktion besteht in einem punktuellen Erlebnis der Zufriedenheit bzw. Unzufriedenheit auf Seiten beider Akteure. Die nachhaltige Wirkung der Interaktion wird z.B. in Form von Sympathie oder Antipathie im Rollenskript neu aufgenommen und formuliert. Die Kundenbindung ist um so stärker, je länger und intensiver sich die Nachhaltigkeit einer Interaktion erleben lässt.

---

[110] Snyeder, M.: 1987
[111] Hester, L./Koger, P./McCauley, C.: 1985, S. 453-456
[112] Vgl. dazu Nerdinger, F. W.: 1994
[113] Buck, R.: 1989, S. 144-163

Fallbeispiel Script-Based-Training: Das Willkommensteam beim Gottesdienst

Aus dem Mitarbeiterteam, das monatlich einen Familiengottesdienst vorbereitet und durchführt, hat sich ein kleines Team gebildet, das sich vor allem um die Begrüßung der Kinder und Erwachsenen vor dem Gottesdienst bemüht. Neben den kleinen Aufmerksamkeiten, die jeder Gottesdienstbesucher zur Begrüßung erhält, wird vor allem das Verhalten der einzelnen Mitarbeiter des Willkommensteam durch ein Script-Based-Training gefördert. Das Script-Based-Training für die Mitarbeiter/innen im Willkommensteam enthält folgende Anregungen für die Begrüßung der Gottesdienstteilnehmer:

1. *Ich nehme jeden Gottesdienstbesucher, der die Kirche betritt, mit einem aufmerksamen Blick und einem freundlichen Gruß (Augenkontakt und freundliches Hallo, Herzlich Willkommen, Grüß Gott ...) wahr.*

2. *Wenn es möglich ist, begrüße ich die Gottesdienstbesucher persönlich mit ihrem Namen. Kinder begrüße ich mit einer besonderen Aufmerksamkeit und nenne ihren Vornamen.*

3. *Ich versuche, den Zugang zu der gemeinsamen Gottesdienstatmosphäre für den einzelnen Gottesdienstteilnehmer zu erleichtern, indem ich sie oder ihn nach ihrem oder seinem Wohlbefinden frage. Dabei nenne ich nach Möglichkeit Namen von den Personen, die bereits anwesend sind und ihr oder ihm vertraut sind.*

4. *Ich begleite – wenn möglich – die Gottesdienstbesucher ein Stück weit zu einem freien Platz.*

5. *Bei der Begrüßung und Begleitung von Menschen zum Gottesdienst lasse ich mich nicht von anderen Menschen oder Umständen ablenken.*

Nachwort

Kirche auf dem silbernen Tablett servieren ...

Die Antwort lautet entschieden „Ja". Die Begründung ist einfach, wenn man ein negatives Ausschlussverfahren wählt:

● Welche Gründe gibt es, dass sich eine kirchliche oder religiöse Gemeinschaft schlecht verkaufen soll?

● Warum sollte die Kirche auf Marketing verzichten?

● Warum eine falsche Bescheidenheit an den Tag legen?

Nicht nur die Kirche oder religiöse Gemeinschaften als solche sind es wert, unter einem optimalen Einsatz an Ressourcen einen wertvollen Gewinn zu erwirtschaften, sondern vor allem ihre Kunden: Viele Menschen investieren ein großes Engagement in die Zukunft der Kirche und religiösen Gemeinschaften. Ihr regelmäßiger (finanzieller) Beitrag ist ein Ausdruck von hohem Engagement und Interesse an der Kirche oder anderen religiösen Gemeinschaften. Auch die Teilnahme an einem Angebot, z.B. am Sonntags-Gottesdienst, ist eine Wertschätzung, die nicht missachtet werden darf: Rechnet man die Opportunitätskosten eines Gottesdienstbesuchers zu seinem eigentlichen Gottesdienstbesuch dazu, und vergleicht den Gottesdienstbesuch am Sonntag morgen mit den übrigen Konkurrenzangeboten, dann lässt sich daraus die Wertigkeit und Reputation eines kirchlichen religiösen Angebotes erkennen. Warum sollte ein Angebot, das einem Mitglied oder Mitbürger so viel bedeutet, von den eigentlichen Initiatoren dadurch entwertet werden, dass es schlecht vermittelt und vermarktet wird? Die erfolgreiche Präsentation eines kirchlichen Angebotes liegt überwiegend in den Bedürfnissen und Interessen begründet, welche die Menschen gegenüber einer religiösen Gemeinschaft bzw. einer Kirche äußern.

Natürlich erscheint das Gebiet des Marketing wie ein fremdes Land. Der Mensch, der über den Tellerrand hinausschaut, kann dies als etwas Bedrohliches erleben. Warum? Der Glaube an Gott beinhaltet die Gewissheit, dass auch der Mensch, der sich den neuen Methoden des Marketing und Management zuwendet, immer noch in Gottes Hand geborgen ist. Er selbst und seine Kirche!

Abbildung 92:   Kirche auf dem silbernen Tablett servieren. © 2001 Karikatur von W. Mandzel

Abbildung 93:   Auch wenn sich der Mensch den neuen Methoden des Marketing zuwendet, bleibt er und „seine"
Kirche in Gottes Hand geborgen. © 2001 Karikatur von W. Mandzel

Literatur

Absatzwirtschaft: Kirche auf neuen Wegen. Kann Marketing helfen? 1992

Acta Apostolicae Sedis: Zweites Vatikanisches Konzil, Konstitution über die Kirche. Authentischer lateinischer Text, Münster 1966

Backhaus, K.: Industriegütermarketing. 5. Aufl., München 1997

Barth, K.: Quousque tandem ...?. In: Zwischen den Zeiten. München 1930, Seite 1-6

Barmer: Theologische Erklärungen 31. Mai 1934. In: Glaubenszeugnisse aus dem 20.Jahrhundert, Evangelisches Gesangbuch. 1. Aufl., Stuttgart 1996, S. 1506-1509

Barna, G.: Marketing the Church. Colorado Springs (USA), 1991

Barna, G.: A step-by-step guide to Church Marketing. Ventura (USA), 1992

Becker, J.: Marketing-Konzeption: Grundlagen des strategischen Marketing-Management. 5. Aufl., München 1993, 6. Aufl. 1998

Bell, D.: Die nachindustrielle Gesellschaft. Frankfurt 1975

Berry, L. L.: Der Bravo-Faktor: Leadership in Dienstleistungs-Organisationen. In: Meyer, A.: Handbuch Dienstleistungs-Marketing. 1998, S. 153-162

Bleicher, K.: Das Konzept Integriertes Management. Frankfurt a. M., New York 1995

Bruhn, M./Tilmes J.: Social Marketing, Stuttgart 1994

Bruhn, M.: Hyperwettbewerb – Merkmale, treibende Kräfte und Management einer neuen Wettbewerbs-dimension. In: Die Unternehmung, 51. Jg., Nr. 5, 1997, S. 339-357

Bruhn, M./Meffert, H.: Handbuch Dienstleistungsmanagement, Wiesbaden 1998

Buck, R.: Emotional Communication in Personal Relationship. A Development-Interactionist View. In: Review of Personality and Social Psychology. Vol. 10, 1989, pp.144-163

Busch, S. (1999) Marketing und Christentum – Widerspruch oder Notwendigkeit? In: Hochschulbildung im aus? 2. Symposium des Professorenforums 20./21. März 1999 hrsg. von Becker, E., Gießen, S. 41-58

Campenhausen, A. F. v.: Staatskirchenrecht. München 1983

Carthy, Mc. E. J.: Basis Marketing. A Managerial Approach, Third Edition (Homewood 1968, III, Richard D. Irwin, Inc.)

Changes – Das Endress+Hauser Magazin 6/1996, CH-4153 Reinach/BL

Church Ad Project Catalog (1992/93), Eagan, MN USA

Confessio Augustana, 25. Juni 1530. In: Die Bekenntnisschriften der ev.-luth. Kirche, 1956, VELK-Ausgabe oder in: Evangelisches Gesangbuch, 1. Aufl., Stuttgart 1996, S. 1494-1555

Das Beste Reader's Digest, Nr. 11 (11/1993). Verlieren die Deutschen den Glauben? S. 41-49

Datenreport: Bundesamt für politische Bildung. Bonn 1999

D'Aveni, R.:Hyperwettbewerb – Strategien für die neue Dynamik der Märkte. Frankfurt a. M., New York 1995

Der Spiegel, Nr. 25/15. Juni 1992, Abschied von Gott. Spiegelumfrage: Was glauben die Deutschen?

Der Spiegel, Nr. 52/25.12.2000, Jenseits des Wissens – warum glaubt der Mensch?

Die Zeit, (1992) Nr. 17 1992, Schlag nach in der Bibel! S. 89

Donabedian, A.: The Definition of Quality and Approaches to its Assessment. Explorations in Quality Assessments and Monitoring. Volume I Ann Arbor, Michigan 1980

Engelhardt, W. H. (Hrsg.): Schriften zum Marketing. Nr. 32, Bochum 1994

Engelhardt, K./v. Loewenich, H./Steinacker, P.: Fremde Heimat Kirche. Dritte EKD Erhebung über Kirchenmitgliedschaft, Gütersloh 1997

Feige, A.: Kirchenmitgliedschaft in der Bundesrepublik Deutschland. Gütersloh 1990

Fiedler, F. E.: A Theory of Leadership Effectiveness. New York 1967

Finis-Siegler, B.: Ökonomie sozialer Arbeit. Freiburg 1997

Gilbert, X./Strebel, P. J.: Outpacing Strategies. In: IMEDE – Perspektive for Managers. Vol. 9, 1985

Gep-Texte 2/1978, Social Marketing oder Werbung im Dienst sozialer Ideen. Hrsg. Gemeinschaftswerk der Evangelischen Publizistik e.V., Frankfurt a. M.

Gep-Texte 2/1983, Werbung für den Glauben. Hrsg. Gemeinschaftswerk der Evangelischen Publizistik e.V., Frankfurt a. M.

GEP/Gemeinschaftswerk evangelischer Publizistik. Brücken bauen. Ein Kommunikations-Modell für die evangelische Kirche, Frankfurt 1992

GEP/Gemeinschaftswerk evangelischer Publizistik. Werbende Gemeinde – Ein Handbuch, Frankfurt 1995

Gerken, G.: Abschied vom Marketing: Interfusion statt Marketing. Düsseldorf, Wien, New York 1991

Gerken, G./Merk. J. M. (Hrsg.): Szenen statt Zielgruppen. Frankfurt a. M. 1996

Glock, Ch. Y.1965: Über die Dimension der Religiosität. 1965. In: Matthes, J.: Kirche und Gesellschaft, Einführung in die Religionssoziologie II, Hamburg 1969

Grönross, C.: Strategic Managment and Marketing in the Service Sektor. research report Nr. 8 of Swedish School of Econonics and Business Administration, Helsingfors 1982

Gollwitzer, H.: Befreiung zur Solidarität. München 1978

Grove, St. J./Fisk, R. P.: Impression Management in Services Marketing: A Dramatugical Perspective. In: Giacalone, R. A./Hillsdale, P.: Impression Management in Organization. 1989, pp. 427-438

Hauser, A./Neubarth, R./Obermeier, R.: Handbuch sozialer Dienstleistungen. Neuwied 1997

Hentschel, B.: Multiattributive Messung von Dienstleistungsqualität. In: Bruhn, M./Stauss, B. (Hrsg): Dienstleistungsqualität. Wiesbaden 1991, S. 311-344

Herbst, M.: Missionarischer Gemeindeaufbau in der Volkskirche. Stuttgart 1987

Hester, L./Koger, P./McCauley, C. (1985), Individual Differences in Customer Sociability. In: Euorpean Journal of Social Psychology. Vol. 15, No. 4, 1985, pp. 453-456

Heymann, D.: Die Kirche als Dienstleistungsbetrieb. In: Deutsches Pfarrersblatt 71.1971, 1971, S. 104-105

Hillebrecht, S. W.: Kirchliche Werbung. Ein Abriss ihrer Geschichte und Problematik. In: Communicatio Socialis, Internationale Zeitschrift für Kommunikation in Religion, Kirche und Gesellschaft. 28/1995, S. 228

Hillebrecht, S. W.:Grundlagen des kirchlichen Marketing. In: Marketing ZFP, H. 4, 4. Quartal 1995

Hillebrecht, S. W.: Kirchliches Marketing. Paderborn 1997

Hillebrecht, S. W.: Die Praxis des Kirchlichen Marketings – Die Vermittlung religiöser Werte in der modernen Gesellschaft. Hamburg 2000

Hoffmann-Tauschwitz, M.: Neue Nutzung von Alten Kirchen. Berlin 1990

Hoffnung für alle. Das Neue Testament, Giessen 1989

Homans, G. C.: Social Behaviour as Exchange. In: The American Journal of Sociology. 1958

Holstein, P.: Kirchliche Werbetätigkeit. In: Das Plakat 12, Berlin 1921, S. 585-587

Huber, W.: Die Kirchensteuer als wirtschaftliches Grundrecht. In: Lienemann, W.: Die Finanzen der Kirche.
   München 1989, S. 130-154

Hybels, B.: Bekehre nicht – lebe! So wird Ihr Christsein ansteckend. Gießen 1995

Jung, C. G.: Die transzendente Funktion. In: Gesammelte Werke (GW). Bd. 8, Zürich 1967

Jung, C. G.: Seelenprobleme der Gegenwart. Taschenbuchausgabe in elf Bänden. Jung, L. (Hrsg.) auf der
   Grundlage der Ausgabe „Gesammelte Werke", München 1991

Jung, C. G.: Die Beziehung zwischen dem Ich und dem Unbewussten. Taschenbuchausgabe in elf Bänden.
   Jung, L. (Hrsg.) auf der Grundlage der Ausgabe „Gesammelte Werke", München 1991

Jung, C. G.: Psychologie und Religion. Taschenbuchausgabe in elf Bänden. Jung, L. (Hrsg.) auf der Grundlage
   der Ausgabe „Gesammelte Werke" München 1991

Jung, C. G.: Gott existiert. Hrsg. KJK, Königsbach 1992

Knoblauch, J. u. a.: Gemeindegründen in der Volkskirche. Modelle der Hoffnung. Moers 1992

Kock, M. (Hrsg.): Misch Dich ein – Die Kommunikationskampagne des Evangelischen Stadtkirchenverbandes.
   Köln 1994

Kosial, E.: Organisation der Unternehmung. Wiesbaden 1976

Kotler, P./Levy, S. J.: Broadening the Concept of Marketing. In: Journal of Marketing, Vol. 33, 1/1969

Kotler, P./Zaltmann, G.: Social Marketing. An Approach to Planned Social Change. In: Journal of Marketing.
   Vol. 35, 7/71, 1971

Kotler, P.: The Generic Concept of Marketing. In: Journal of Marketing, Vol. 36, 4/1972

Kotler, P.: Nonprofit-Marketing. Stuttgart 1978

Kotler, P./Roberto, E.: Social Marketing. Düsseldorf 1991

Kotler, P./Bliemel, F.: Marketing-Management. Stuttgart 1993

Kotler, P./Andreasen, M./Mödinger, W.: Social Marketing. Stuttgart 2001

Lautenborn, R.: New Marketing Litary 4P's Passe's, C-Words Take Over. In: Advertising Age, Oct. 1990

Luther, M. (1520): Tractus de Libertate Christiana. In: Schmitt, L. E.: Martin Luther. Von der Freiheit eines
   Christenmenschen. 3. Aufl., Tübingen 1954

Magrath, A. J.: When Marketing Service 4 Ps are Not Enough. In: Business Horizons, Vol. 29,
   May/June 1986, pp. 44-50

Meffert, H.: Marketing-Management. Analyse, Strategie, Implementierung. Wiesbaden 1994

Maslow, A. H.: Persönlichkeit und Motivation, Reinbeck bei Hamburg 1996

Meyer, A.: Dienstleistungs-Marketing. Erkenntnisse und praktische Beispiele (Dissertation 1983). Augsburg 1990

Meyer, A. (Hrsg.): Handbuch Dienstleistungs-Marketing. Stuttgart 1999

Meyer, A.: Dienstleistungen. In: Corsten, H.: Lexikon der Betriebswirtschaftslehre. München 1992

Meyer, A./Mattmüller, R.: Qualität von Dienstleistungen. In: Marketing. ZEP 3/1987 August

Meyer, A./Mattmüller: Marketing. In: Corsten, H./Reiß, M.: Betriebswirtschaftslehre. München 1994,
   S. 839-926

Meyer, A.: Integriertes Marketing – Abschied vom Marketing-Mix und Ressortdenken. In: Absatzwirtschaft. 9/1994, S. 94-98 und 10/1994, S. 102-108

Mödinger, W.: Die Kirche braucht eine Kommunikationsstrategie. In: w&v Nr. 46, 18.11.1988

Mödinger, W.: Direct-Mailing in der Kirchengemeinde. In: Tremel, H. (Hrsg.): Öffentlichkeitsarbeit der Kirche. Frankfurt 1990, S. 299-308

Mödinger, W.: Kirche als Dienstleistungsorganisation – Einladung zum Dialog zwischen Kirche und Betriebswirtschaftslehre. In: Braun, P.: Unternehmen Kirche. Organisationshandbuch für Pfarrer und Gemeinde. Stadtbergen 1994, 3-3-2, S. 9-22

Mödinger, W.: Kirchliche Angebote als Dienstleistungen – die Umsetzung des Leistungsprogramms mit Hilfe von Qualitätsstandards. In: Braun, P.: Unternehmen Kirche. Organisationshandbuch für Pfarrer und Gemeinde. Stadtbergen 1995, 5-4-2, S. 13-33

Mödinger, W.: Werbung für die Kirchengemeinde – eine Einführung. In: Braun, P.: Unternehmen Kirche Organisationshandbuch für Pfarrer und Gemeinde, Stadtbergen 1996, 5-4-3, S. 21-36

Mödinger, W.: Marketing für religiöse Angebote (Dissertation 1996). München 1996

Mödinger, W.: Seminarhandbuch: Die drei Social Marketing Ordner. 3. Aufl., Bönnigheim 1998

Mödinger, W.: Werteorientiertes Marketing. In: Handbuch Sozialmanagement. Ausgabe 4/2000, Berlin 2000

Mödinger, W.: Dienstleistungsmarketing. In: Poth, L. G./Poth G. S.: Marketing, 33. Akt.-Lfg., Neuwied 2000

Nerdinger, F.: Interaktionsmanagement – Verbale und nonverbale Kommunikation als Erfolgsfaktoren in dem Augenblick der Wahrheit. In: Meyer, A. (Hrsg.): Handbuch Dienstleistungs-Marketing. Stuttgart 1998, S. 1177-1193

Nerdinger, F.: Psychologische Aspekte der Tätigkeit im Dienstleistungsbereich. In: Bruhn, M./ Meffert, H. (Hrsg.): Handbuch Dienstleistungsmanagement. Wiesbaden 1998

Neumann, H.: 25 Jahre kirchliche Werbung. Litfasssäule des Glaubens. Frankfurt 1988

Nethöfel, W.: Gebet und Controlling – Die Chancen des Unternehmens Kirche. In: Brummer, A./ Nethöfel,W. (Hrsg.): Vom Klingelbeutel zum Profitcenter? – Strategien und Modelle für das Unternehmen Kirche. Hamburg 1997, S. 15-24

Nethöfel, W./Schnell, M.: Cyber Church? Kirche im Internet. Frankfurt 1998

Nieschlag, R./Dichtl, E./Hörschgen, H.: Marketing. 17. Aufl. 1994

Nipkow, K. E./Schweitzer, F./Fowler, J. W.: Glaubensentwicklung und Erziehung. Gütersloh 1989

Perels, H.-U.:Wie führe ich eine Kirchengemeinde? Modelle des Marketing. Gütersloh 1991

Piontkowski, U.: Psychologie der Interaktion. München 1976

Porter, M. E.: Competitive Advantage: Creating and sustaining competitive performance. New York 1985

Publizistischer Gesamtplan der Evangelischen Kirche in Deutschland. Gütersloh 1979

Raffée, H.: Perspektiven des nicht-kommerziellen Marketing. In: zfbf 23/1976

Raffée, H.: Kirchenmarketing – Irrweg oder Gebot der Vernunft? In: Bauer, H. H./Diller, H. (Hrsg.): Festschrift zum 60. Geburtstag von Erwin Dichtl. Berlin 1995, S. 161

v. Rosenstil, L. (1993): Grundlagen der Führung. In: v. Rosenstil, L./Regent, E./Domsch, M. (Hrsg.): Führen von Mitarbeitern. Stuttgart 1991, Seite 3-37

Rühle, E.: Hypercompetition. In: Handelszeitung, 136 Jg., Nr. 30, 1997

Seifert, T.: Lebensperspektiven der Psychologie. 1981

Selmayr, M.: Marketing eines „Glaubens"-Gutes (Magisterarbeit). Universität Lüneburg 1998

Schloz, R.: Fremde Heimat Kirche, Ansichten ihrer Mitglieder, Studien- und Planungsgruppe der EKD, Erste Ergebnisse der dritten EKD-Umfrage über Kirchenmitgliedschaft. Evangelische Kirche in Deutschland. Hannover 1993

Schriften zur Kommunikationsarbeit: Werbung für den Glauben. Dokumentation über einen BDW-Kreativ-Workshop III, BDW (Hrsg.), Deutscher Kommunikationsverband, Bonn 1980

Schulze, G.: Die Erlebnisgesellschaft – Kultursoziologie der Gegenwart. Frankfurt, New York 1992

Shawchuck, N./Kotler, P. u.a.: Marketing for Congregations. Nashville (USA) 1992

Specht, H.: Marketing – Management und Qualität des Lebens. 1974

Sinn, H.: Entwicklung einer Marketingkonzeption für Freikirchen, dargestellt am Beispiel der freien evangelischen Gemeinde Dortmund-Kröne, (Diplomarbeit). Dortmund 1993

Smith, R. A./Houston, M. J.: Scriptbased Evaluation of Satisfaction with Services. In: Berry, L. L./Shostack, G. L./Upah, G. D. (Hrsgb.): Emerging Perspectives on Service Marketing. Chicago 1983, pp. 58-83

Snyeder, M.: Public Appearances – Private Realities. New York 1987

Stauss, B.: Augenblicke der Wahrheit. In: Bruhn, M./Stauss, B. (Hrsg.): Dienstleistungsqualität, Wiesbaden 1991, S. 345-366

Staehle, W. H.: Management. 7. Aufl., München 1994

Steinherr, L.: Strategische Optionen. In: Managment-Praxis: Hauser, A. u.a. (Hrsg.): Handbuch sozialer Dienstleistungen. Neuwied, Kriftel, Berlin 1997

Strachwitz, R. Graf (Hrsg.): Dritter Sektor – Dritte Kraft. Versuch einer Standortbestimmung. Düsseldorf 1998

Tansik, D. A.: Managing Human Resource Issues for High-Contract Service Personnel. In: Nowen, D. E./Chase, R. B./Cumming, T. G.: Service Management Effectiveness. San Franxisco 1990, pp. 152-178

Tremel, H. (Hrsg.): Öffentlichkeitsarbeit der Kirche, Frankfurt a. M. 1990

Wehr G./C. G. Jung: rowohlts monographie. Hamburg 1992

Wieland, J.: Formen der Institutionalisierung von Moral in amerikanischen Unternehmen. Die amerikanische Business-Ethics-Bewegung, Bern 1993

Wilken, W.: Die Werbung der Kirche. Berlin 1960

Wirtschaftswoche: Nr. 48, 1988, Kirchenmarketing: „Oh, Gott Herr Pfarrer"

Zeithaml, V. A./Berry, L. L./Parasuramann, A.: Communication and Controll Process in the Delivery of Service Quality. In: Journal of Marketing. Vol. 52, Chicago 4/1988

Internetadressen

Missionaries of Charity – Mutter Teresa **www.allinda.com/mother** (Stand 31.01.2000)

Freizeitforschungsinstitut der B.A.T. **www.bat.de** (Stand 30.11.1999)

Quo vadis, Sonntag? **www.bat.de/freizeit/aktuell/freizeit_18.html** (Stand 30.11.2000)

Freizeitmonitor 2000 **www.bat.de/freizeit/aktuell/freizeit_24.html** (Stand 08.12.2000)

Was Menschen zur Jahrtausendwende fasziniert **www.bat.de/freizeit/aktuell/freizeit_17.html** (Stand 08.12.2000)

Leitsätze der Evangelischen Landeskirche Baden **www.ekiba.de/keitsatz/index.html** (Stand 22.11.2000)

John Hopkins University **www.jhu.edu** (Stand 29.10.2000)

Three Steps of Service/Ritz Carlton Hotel **www.ritzcarlton.com** (Stand 24.6.2000)

Presbyterian Church West Hill, USA **www.westhillspc.org** (Stand 05.12.2000)

Wissenschaftliches Zentrum Berlin **www.wz-berlin.de/sb/fp/fp3/de.htm** (Stand 29.10.2000)

Forum *Marketing & Management*

PROBLEME • KONZEPTE • LÖSUNGEN

Aufgrund des gesellschaftlichen Wandels kann sich heutzutage kaum ein Bereich menschlichen Handelns einem bisweilen intensiven Wettbewerb entziehen. In dieser Situation werden Entscheidungs- und Handlungsspielräume mit dem Ziel ausgelotet, sich gegenüber anderen bzw. der Konkurrenz vorteilhaft abzuheben.

Daß nicht nur Unternehmen, sondern nahezu jedwede Organisation versucht, ihre Leistungen vor dem Hintergrund anderer Institutionen zu differenzieren, hat einerseits etwas mit der Deregulierurung, Privatisierung und Globalisierung und infolgedessen mit dem immer stärkeren Eindringen des Marktes bzw. der Marktverhältnisse in menschliche Lebensverhältnisse. zu tun. Andererseits läßt sich diese Vermarktlichung auch auf die Individualisierung des (post-)modernen Lebens zurückführen: Der Mensch sucht sich aus den schier unendlichen Optionen das aus, was er/sie (gerade) für passend hält, aus dem traditionsorientierten Nutzer wird ein frei auswählender Nachfrager.

Die zentrale Bedeutung des Marktes für den heutigen Menschen rührt demnach von seiner - pathetisch gesprochen - Freiheit her. Mit einem Schlag sehen sich damit jegliche Anbieter von Dienstleistungen und Gütern vor das Problem gestellt, mit überlegenen Angeboten marktpräsent zu sein.

Marktpräsenz verlangt Marketing und Management. Ob nun Verwaltungen, Schulen, Kirchen, Vereine oder Krankenhäuser, Städte oder Regionen, sie alle müssen aus der Sicht potentieller Nachfrager besser als die Konkurrenz sein. Daher ist es notwendig, diese Aufgaben auf der Grundlage des Wissens um die eigenen internen und externen Handlungs- und Entscheidungsspielräume „in die Hand" zu nehmen (= managen; kommt vom Lateinischen "manus", Hand) und mittels Marketingmaßnahmen den potentiellen Kunden zu erreichen. Dabei werden die Instrumente des Marketing und die Wege zum Kunden immer vielschichtiger und diversifizierter.

Die Reihe „Forum Marketing & Management" will mit ihren Bänden einerseits jene Bereiche des sozialen, ökonomischen und kulturellen Lebens erfassen, für die diese beschriebenen Wettbewerbsbedingungen zutreffen, bislang aber noch nicht unter ihren spezifischen Management-/Marketingkonstellationen dargestellt worden sind. Auf der anderen Seite werden auch Prozesse und bestimmte Marketinginstrumente, mittels derer potentielle Kunden erfolgreich erreicht werden sollen, als eigene Marketing-/Managamentgegenstände behandelt. Die einzelnen Bände richten sich in erster Linie an Praktiker, die

- auf der Basis des jeweiligen Forschungs- und Diskussionsstandes ihr spezifisches Marketing-/Managementproblem analysiert haben wollen,

- vor dem Hintergrund strategischer Setzungen bzw. Ziele mögliche Marketingmaßnahmen als ihre Problemlösungen kennenlernen wollen,

- die Durchsetzung von Marketingkonzeptionen beispielhaft demonstriert sehen wollen und

- anhand eines Fallbeispiels erfahren wollen, wie man andernorts vorgegangen ist.

Die Besonderheit der Reihe besteht demnach sowohl in der wissens- als auch praxisgestützten Aufarbeitung und Darstellung der Gegenstandsbereiche. Aufgrund des theoriegeleiteten Vorgehens sind die Bände ebenso für Wissenschaftler und Studenten an Universitäten und eine gute Arbeitsgrundlage. Darüber hinaus gewährleistet der textliche Aufbau der Bände, daß der Leser die Wissens-, Diskussions- und Anwendungsebenen leicht erschließen kann. Er erhält somit einen begründeten "Leitfaden" in die Hand, mit dem er seine Praxis fundiert gestalten (=managen) kann.

Forum Marketing und Management

Band 1   I. Balderjahn, **Standort-Marketing**
2000. X, 161 S., gb.
DM 48,- / sFr 42,90
(ISBN 3-8282-0125-3)

Das vorliegende Buch liefert in gut strukturierter Form grundle-
gende Hinweise zur Entwicklung einer Standortmarketing-Kon-
zeption. Dazu gehört eine umfassende Standortanalyse, die
Formulierung von Leitlinien und Zielen der Standortentwicklung
sowie die Implementierung von Strategien zur Profilierung eines
Standortes und die Durchführung geeigneter Maßnahmen.

Band 2   W. Mödinger, **Kirchenmarketing**
2001. XII, 282 S., mit 93 Abb., gb.
DM 58,- / sFr 51,60
(ISBN 3-8282-0177-6)

Die religiöse Basis alles kirchlichen Handelns oder die persönli-
chen Glaubensüberzeugungen können keine Begründung liefern,
ohne Strategie und wirtschaftliches Bewußtsein zu handeln. Im
Gegenteil: ein klarer Bezug zwischen religiöser Überzeugung
und wirtschaftlichem Handeln bringt die starke Verantwortung
zum Ausdruck, mit den anvertrauten Pfunden zu wirtschaften.

in Vorbereitung:

Band 3   C. Zanger, **Event-Marketing**
2001. ca. 260 S., ca. 50 Abb., gb.
ca. DM 58,- / sFr 51,60.
(ISBN 3-8282-0110-5)

in Planung:

Band 4   C. Fantapié-Altobelli / M. Sander, **Internet-Branding**
Marketing und Markenführung im Internet

Band 5   I. Balderjahn, **Nachhaltigkeitsmarketing und -management**

Band 6   B. Sandberg, **Marketing für die öffentliche Verwaltung**

Lucius & Lucius

www.ingramcontent.com/pod-product-compliance
Lightning Source LLC
Chambersburg PA
CBHW082147150426

42812CB00076B/2295